激励约束视角下中国出版上市企业“双效”协同提升研究

JILI YUESHU SHIJIAO XIA
ZHONGGUO CHUBAN SHANGSHI QIYE
“SHUANGXIAO” XIETONG TISHENG YANJIU

徐志武 著

中山大學出版社
SUN YAT-SEN UNIVERSITY PRESS
·广州·

版权所有　翻印必究

图书在版编目（CIP）数据

激励约束视角下中国出版上市企业“双效”协同提升研究/徐志武著.—广州：中山大学出版社，2024.11
ISBN 978-7-306-08052-3

Ⅰ.①激…　Ⅱ.①徐…　Ⅲ.①出版业—上市公司—企业管理—激励　Ⅳ.①G239.2

中国国家版本馆 CIP 数据核字（2024）第 047941 号

出 版 人：王天琪
策划编辑：曾育林
责任编辑：曾育林
封面设计：曾　斌
责任校对：赵悦妍
责任技编：靳晓虹
出版发行：中山大学出版社
电　　话：编辑部 020-84113349，84110776，84111997，84110779，84110283
　　　　　发行部 020-84111998，84111981，84111160
地　　址：广州市新港西路 135 号
邮　　编：510275　　传　　真：020-84036565
网　　址：http：//www.zsup.com.cn　　E-mail：zdcbs@mail.sysu.edu.cn
印 刷 者：广东虎彩云印刷有限公司
规　　格：787mm×1092mm　1/16　31 印张　545 千字
版次印次：2024 年 11 月第 1 版　2024 年 11 月第 1 次印刷
定　　价：138.00 元

如发现本书因印装质量影响阅读，请与出版社发行部联系调换

国家社科基金后期资助项目
出版说明

后期资助项目是国家社科基金设立的一类重要项目，旨在鼓励广大社科研究者潜心治学，支持基础研究多出优秀成果。它是经过严格评审，从接近完成的科研成果中遴选立项的。为扩大后期资助项目的影响，更好地推动学术发展，促成成果转化，全国哲学社会科学工作办公室按照“统一设计、统一标识、统一版式、形成系列”的总体要求，组织出版国家社科基金后期资助项目成果。

全国哲学社会科学工作办公室

前　言

所谓“双效”，即社会效益与经济效益的简称，其本质是绩效概念。“双效”协同提升是指在优先实现社会效益的前提下，实现社会效益和经济效益共同提升。

党的十八大以来，以习近平同志为核心的党中央对文化体制改革尤为重视。习近平总书记明确指出：“在推进文化体制改革、繁荣发展文化事业和文化产业的过程中，要把握好意识形态属性和产业属性、社会效益和经济效益的关系，始终坚持社会主义先进文化前进方向，始终把社会效益放在首位。”党的二十大报告提出要加快构建“把社会效益放在首位、社会效益和经济效益相统一”的文化体制机制。近年来，越来越多的国有经营性文化单位转企改制成为市场主体，并通过上市的方式做大做强。如何健全确保文化企业把社会效益放在首位、实现社会效益和经济效益相统一的体制机制，已成为衡量文化体制机制创新成效的重要标准。国有出版企业，尤其是 23 家已上市出版企业（涉及商务印书馆、中华书局、科学出版社、人民文学出版社、岳麓书社等 131 家优质出版社），作为我国文化产业的主力军和建设社会主义先进文化的重要力量，在两个效益相统一方面必须发挥示范引领和表率带动作用，推动出版企业实现两个效益相统一。优先实现社会效益，追求“双效”协同提升，一直是中国出版企业极力追求的经营目标。

由于管理层关系到出版企业的行权方式和行权效果，因此，面向管理层的激励约束机制（亦称激励与约束机制）是驱动“双效”协同提升的重要内生力量。通过对包括出版企业在内的国有文化企业的激励约束机制进行改革，以促进“双效”协同提升，已成为近年来中央文化体制改革和发展工作领导小组的重要任务。由于我国出版业需要承担维护国家意识形态安全、传播知识、传承文化等重任，故其激励约束机制改革工作比其他行业要复杂得多。为保证我国出版企业激励约束机制改革顺利进行，理应要有充分的理论支撑。虽然当前国外已有一些相关研究，但由于国外出版企业的激励约束机制、政治体制、市场经济环境等与我国并不完全相同，因此，这些研究对我国出版企业的指导意义并不太大。而国内又缺乏以出版企业为对象的系统性研究，这为本书研究提供了重要契机。

围绕激励约束视角下中国出版上市企业"双效"协同提升这一核心研究问题，本书将此核心问题分解为五个子问题。为解决这一核心问题及其五个子问题，本书借助最优契约理论、管理层权力理论、锦标赛理论、利益相关者理论、出版双效益等相关理论，综合运用深度访谈、数理统计等方法。首先，研究激励约束机制的深层含义、功能、维度、现状及特征。其中，激励机制被划分为薪酬激励、股权激励、控制权激励、晋升激励、声誉激励共五方面；内部约束包括控股股东约束、制衡股东约束、机构投资者约束、独立董事约束、顶层管理者约束、编辑委员会约束共六方面；外部约束包括市场化进程约束、政府对市场干预带来的约束、出版物市场约束、要素市场约束、法律制度环境约束共五方面。其次，探究中国出版上市企业绩效的维度、社会效益与经济效益的内容及其计量方法。再次，按照"激励约束机制要素——激励约束机制功能——社会效益或者经济效益提升"的研究思路，分别构建激励约束机制各要素对社会效益和对经济效益的理论影响。在此基础上，利用数理统计分析方法对理论关系进行验证。复次，研究中国出版上市企业社会效益与经济效益之间的理论影响，并对其进行实证研究，以此作为优化和改革中国出版上市企业激励约束机制的理论指导。最后，结合相关理论对研究结果进行讨论，揭示中国出版上市企业激励约束机制存在的问题及其成因。据此向中国已上市、待上市的出版企业及其主管主办机构提出激励约束机制的优化对策，以促进"双效"协同提升。

研究发现，在激励机制中，晋升激励是唯一可同时直接促进社会效益、经济效益提升的要素。控制权激励、声誉激励仅对社会效益提升具有直接促进作用，对经济效益没有明显直接正向影响。股权激励对社会效益没有直接促进作用，但对经济效益有直接益处。值得关注的是，薪酬激励、控制权激励对经济效益有显著直接负向影响，这一反常现象说明在中国出版上市企业中可能存在一定程度的"内部人控制"问题，要防范管理层群体利用手中控制权开展自利行为。薪酬激励、控制权激励不仅不是解决"委托－代理问题"的有效工具，反而极有可能是

“委托－代理问题”的反映，这一点值得我国出版上市企业的主管机构及股东大会警惕。

在内部约束中，控股股东约束对社会效益提升具有显著直接正向作用，但对经济效益提升的影响是倒U形的，这说明适中的控股股东持股比例更有利于社会效益、经济效益同时提升。制衡股东约束对社会效益、经济效益提升均没有显著直接影响，这说明在我国出版上市企业中制衡股东约束效果不佳。值得关注的是，机构投资者约束能够显著直接促进经济效益提升，并且不会影响或威胁社会效益。由此可见，中国出版上市企业中适度引入机构投资者进行约束是可行且有价值的。独立董事约束对“双效”提升均无明显直接正向影响，这在一定程度上说明要防范我国出版上市企业独立董事监督不力风险。保持董事长对总经理的约束虽对经济效益有直接益处，但不利于直接促进社会效益提升。在董事会旗下设立编辑委员会，保持其对出版企业内容生产活动的约束确实可以对社会效益提升起促进作用，说明当前出版主管机构要求中国出版上市企业成立编辑委员会的管理措施是非常正确的，也是十分必要的。

在外部约束中，仅有出版物产品市场约束能够同时显著直接促进我国出版上市企业社会效益、经济效益提升。市场化进程约束、政府对市场干预带来的约束、要素市场约束、法律制度环境约束均对社会效益、经济效益提升没有直接明显影响。这一结论亦说明目前在我国出版上市企业中，能够产生有效约束的力量主要还是来自出版企业内部，对出版上市企业进行有效约束的外部力量还存在巨大的、值得主管机构培育的空间。

在对研究结果进行讨论的基础上，结合深度访谈结果，文章以优先实现社会效益、同时亦有助于经济效益提升为原则向我国出版上市企业的主管主办机构及股东大会提出促进“双效”协同提升的对策建议。本书指出，要在优先实现社会效益情况下促进“双效”协同提升。首先，在激励机制方面，要明确晋升依据，继续将晋升机制作为优秀管理层的激励手段。要真正建立与“双效”挂钩的薪酬与股权激励机制，降低“内部人控制”风险。要重视声誉及控制权激励对社会效益的价值，进一步扩大其激励效应。其次，在内部约束机制方面，要建立国有股份适度集中且多元股东共同约束的内部约束机制。可适度引入机构投资者并提高其持股比例。要培育敢于担当、积极作为的独立董事，持续提升并保持内部约束力量的独立性。要继续要求出版上市企业在董事会旗下设立编辑委员会，统一优先实现社会效益的认知。最后，在外部约束机制方面，要重视出版物产品市场的约束作用，持续培育出版物产品市场。要持续完善经理人市场和面向管理层的相关法律制度，建设更为有力的外部约束环境。

关键词：激励约束机制；出版企业；出版文化

目　录

附表索引

插图索引

1 绪论

所谓“双效”，即社会效益与经济效益的简称，其本质是绩效概念[①]。“双效”协同提升是指在优先实现社会效益的前提下，实现社会效益和经济效益共同提升。党的十八大以来，以习近平同志为核心的党中央对文化体制改革尤为重视。习近平总书记多次明确指出：“在推进文化体制改革、繁荣发展文化事业和文化产业的过程中，要把握好意识形态属性和产业属性、社会效益和经济效益的关系，始终坚持社会主义先进文化前进方向，始终把社会效益放在首位”。党的二十大报告提出要加快构建“把社会效益放在首位、社会效益和经济效益相统一”的文化体制机制[②]。“两个效益”相统一成为习近平总书记对国有文化企业改革的最高要求[③]。2015 年，中共中央办公厅、国务院办公厅印发《关于推动国有文化企业把社会效益放在首位、实现社会效益和经济效益相统一的指导意见》；2018 年底，中共中央宣传部印发《图书出版单位社会效益评价考核试行办法》。如果说前者还偏重于指导性，后者则具有明显的制度性。“双效统一”经营目标正逐渐上升为国家的文化战略[④]。如何健全确保出版企业把社会效益放在首位、实现社会效益和经济效益相统一的体制机制，已成为衡量文化体制机制创新成效的重要标准，亦成为加快推动文化产业发展的重大研究课题。

近年来，随着文化产业迅猛发展和文化市场日益繁荣，越来越多的出版企业通过上市融资的方式做大做强。国有出版上市企业作为我国文化产业的主力军和建设社会主义先进文化的重要骨干力量，在两个效益

① 张志强：《现代出版学》，苏州，苏州大学出版社，2003 年，第 103 页。

② 中国政府网：《习近平：高举中国特色社会主义伟大旗帜 为全面建设社会主义现代化国家而团结奋斗——在中国共产党第二十次全国代表大会上的报告》，2022 年 10 月 25 日，http：//www. gov. cn/xinwen/2022 - 10/25/content_5721685. htm.

③ 李慧：《十八大以来文化建设和文化体制改革综述》，《光明日报》2016 年 1 月 5 日，第 1 版。

④ 于殿利：《论出版经济的文化性》，《现代出版》2017 年第 2 期。

相统一方面必须发挥示范引领和表率带动作用。在出版领域，把社会效益放在首位、实现社会效益与经济效益的统一，这是一个老生常谈的问题，然而，如何建立健全包括激励约束机制在内的“双效”协同提升体制机制，又是一个新的话题[①]。虽然已有一些研究从激励约束视角关注不同行业内的绩效提升问题，但激励约束视角下中国出版上市企业“双效”协同提升的相关研究仍暂付阙如。随着我国越来越多出版企业已经上市或准备上市，为实现绩效最大化，从激励约束视角探究“双效”协同提升成为一项迫切的研究课题。

1.1 研究背景及意义

以中国出版上市企业为对象，研究激励约束视角下的“双效”协同提升问题，是基于一定的理论及我国出版行业的现实情况所做出的适时选择。

1.1.1 研究背景

（1）与一般企业相比，出版企业的绩效具有特殊性。

在优先实现社会效益的前提下，保持“双效”协同提升一直是我国出版企业出资人及利益相关者的焦点目标，同时亦是难点目标。与一般企业将经济效益最大化作为最终经营目标不同，出版物的生产与流通在本质上属于一种“意义”经济，这种包含有知识、价值、观念、认知等的“意义”，不仅会影响受众，而且还会影响社会进程、影响社会决策、影响市场消费和人们的社会行为，具有上层建筑性质[②③]。因此，我国出版业亦具有较强的意识形态属性。坚持将社会效益放在首位，实现社会效益和经济效益相统一，是我国出版企业的根本经营目标，亦是

① 范军：《加强和完善出版业的制度建设》，《出版科学》2020 年第 3 期。

② 李良荣，蔡颖：《传媒经济发展的非经济因素》，《新闻界》2004 年第 1 期。

③ 谭天：《传媒经济的本质是意义经济》，《国际新闻界》2010 年第 7 期。

我国出版业发展的本质要求[①]。如何协同提升出版企业的两个效益，既是中国出版业改革的焦点问题，也是难点问题，这个问题一直贯穿出版业改革和发展的全过程[②]。

从20世纪80年代开始，党和政府一直突出强调坚持社会效益放首位、实现两个效益有机统一这个经营目标。习近平总书记强调，包括出版业在内的文化领域是党必须坚守而且决不能放弃的阵地。他说："关于文化体制改革，我只强调一点，就是要在继续大胆推进改革、推动文化事业全面繁荣和文化产业快速发展、建设社会主义文化强国的同时，把握好意识形态属性和产业属性、社会效益和经济效益的关系，始终坚持社会主义先进文化前进方向，始终把社会效益放在首位。无论改什么、怎么改，导向不能改，阵地不能丢。"[③] 2015年，国务院印发的《关于推动国有文化企业把社会效益放在首位、实现社会效益和经济效益相统一的指导意见》亦指出，要正确处理社会效益和经济效益、社会价值和市场价值的关系，当两个效益、两种价值发生矛盾时，经济效益服从社会效益、市场价值服从社会价值，越是深化改革、创新发展，越要把社会效益放在首位[④]。2016年12月国务院发布的《出版管理条例》再次明确要求，出版企业在从事出版活动时，在将出版社会效益放在首位的同时，亦要实现出版经济效益[⑤]。

虽然自从20世纪80年代开始，党和政府就一直突出强调将社会效益放首位，实现社会效益和经济效益统一，但如何保障出版单位将社会效益放在首位、实现两个效益统一，彼时主管机构并没有建立起有效的保障机制。因此，很多出版单位在经济效益的驱动下，出版违规、低俗、质量低劣甚至淫秽、有严重政治错误或不良导向等问题的出版物，

---

① 蒋茂凝：《新时代出版业两个效益辩证统一的理论和实践》，《中国编辑》2020年第5期。

② 周蔚华：《中国出版体制改革40年：历程、主要任务和启示》，《出版发行研究》2018年第8期。

③ 中共中央文献研究室：《习近平关于社会主义文化建设论述摘编》，北京，中央文献出版社，2017年，第185页。

④ 中华人民共和国中央人民政府：《关于推动国有文化企业把社会效益放在首位、实现社会效益和经济效益相统一的指导意见》，2015年9月14日，http://www.gov.cn/xinwen/2015-09/14/content_2931437.htm.

⑤ 中华人民共和国中央人民政府：《出版管理条例》，2016年2月6日，http://www.gov.cn/gongbao/content/2016/content_5139389.htm.

产生了不良的社会效果，付出了沉重代价。不少出版单位片面追求经济效益，忽略了图书质量，偏离了出版业的本质和特性，致使社会效益受损。面对纷繁复杂的市场格局，出版业迫切需要找到社会效益和经济效益的平衡点①。

近年来，随着文化产业的迅猛发展和文化市场的日益繁荣，随着越来越多的国有经营性文化单位转企改制成为市场主体，如何健全确保文化企业把社会效益放在首位、实现社会效益和经济效益相统一的体制机制，防止唯发行量、唯点击率是从，已成为加快推动文化改革发展的重大课题，成为衡量文化体制机制创新成效的重要标准。可以说，这个问题处理得好，就可以把握文化改革发展正确方向，使国有文化企业在社会主义市场经济环境下既把牢导向又持续健康发展。在这个问题上含糊不清，就会偏离改革初衷，背离文化改革发展的基本原则。出版上市企业作为我国文化产业的主力军和建设社会主义先进文化的重要力量，在两个效益相统一方面，必须发挥示范引领和表率带动作用，推动各类文化企业实现两个效益相统一。这也是本文得以展开研究的重要现实基础，即通过为中国已上市出版企业和亟待上市出版集团设计一套科学合理的激励约束制度以促进出版单位将社会效益放首位，实现社会效益和经济效益统一发展。

（2）随着愈来愈多出版集团上市，出版上市企业已成为推动“双效”协同提升的“领头羊”和中坚力量。

2006 年 7 月，原新闻出版总署提出“积极推动有条件的出版、发行集团上市融资”政策后，上海新华传媒股份有限公司借壳“华联超市”在上海证券交易所成功上市②。自此以后，我国诸多出版集团通过上市来做大做强。为进一步推动我国出版产业做大做强，2015 年 9 月，中共中央办公厅、国务院办公厅印发《关于推动国有文化企业把社会效益放在首位、实现社会效益和经济效益相统一的指导意见》，这一文件明确指出，推动国有文化企业加快公司制股份制改造，着力提高规模

① 连星星：《出版企业社会效益评价指标研究》，北京印刷学院硕士学位论文，2016 年。

② 张焱：《怎样看出版发行上市企业的标杆意义》，《光明日报》2016 年 3 月 13 日，第 3 版。

化集约化专业化水平，鼓励符合条件的国有文化企业上市融资[①]。为积极响应国家的这一重要政策，真正走向市场化发展，打造一流国际出版集团，从2016年2月至2020年5月，我国的出版集团出现“扎堆”上市现象，包括中信出版集团、中国科传、中国出版、南方传媒、新经典、山东出版、新华文轩、世纪天鸿等相继成功上市[②③④]。

根据国家新闻出版署2023年2月22日发布的《2021年新闻出版业基本情况》，截至2021年底，我国共有587家出版社。除115家高校出版社外，其他482家出版社基本隶属于全国67家出版集团，占全国出版社总数的82.39%[⑤⑥]。截至2020年第1季度，这67家出版集团中，共有23家以图书出版发行为主营业务的企业在A股成功上市[⑦]，涉及131家出版社[⑧]，其中包括人民文学出版社、中华书局、科学出版社、中国大百科全书出版社、中信出版社、岳麓书社，以及2019年营业收入迈进10亿大关的江苏凤凰教育出版社、大象出版社和商务印书馆等众多业界龙头和优质出版社[⑨]。这些出版集团上市后，实施市场化、产业化、跨区域化、竞合化、融合化、民生化和本地化模式相结合的模式集聚发展战略[⑩⑪]。这些战略已取得不错成效，上市出版企业已

---

① 中华人民共和国中央人民政府：《关于推动国有文化企业把社会效益放在首位、实现社会效益和经济效益相统一的指导意见》，2015年9月14日，http：//www.gov.cn/xinwen/2015-09/14/content_2931437.htm.

② 每经网：《各地出版企业争相上市，“国家队”中国出版“赶个晚集”》，2017年7月25日，http：//www.nbd.com.cn/articles/2017-07-25/1132052.html.

③ 喻国明：《传媒上市的利弊谱系——传媒上市的利弊分析与风险评估》，《编辑之友》2009年第7期。

④ 范军：《中国内地新闻出版上市企业一瞥》，《中国出版史研究》2015年第1期。

⑤ 赵强：《中国出版业参与国际竞争，能!》，《中国新闻出版广电报》2019年9月19日，第3版。

⑥ 南长森：《高校出版社转制后的生存发展之道》，《出版发行研究》2012年第3期。

⑦ 中国证券监督管理委员会：《2020年1季度上市公司行业分类结果》，2020年4月14日，http：//www.csrc.gov.cn/csrc/c100103/c1451995/content.shtml.

⑧ 涉及的出版社数量由笔者手工统计得出。

⑨ 出版商务周刊：《上市书企旗下出版机构业绩盘点》，2020年5月11日，https：//mp.weixin.qq.com/s/UeJZMe5X0usQJC2ttv1AeA.

⑩ 周鸿铎：《传媒融合时代的“模式集聚”发展战略选择》，《新闻前哨》2011年第1期。

⑪ 翁昌寿：《金融危机下的出版产业：发展及瓶颈——解读国内上市出版公司2008年报及2009年一季报》，《国际新闻界》2009年第6期。

成为引领中国出版产业蓬勃发展的“领头羊”[①]。从总资产规模来看，2022年23家上市公司中总资产超过100亿元的共有7家[②]。凤凰传媒总资产更是超过200亿元[③④]。虽然出版上市企业取得较好的经济效益，但出版人也必须清醒地认识到，出版的精神属性并没有随着出版企业化和产业化的发展势头而消失，出版的文化价值依然是上市书企需要追求的重要目标[⑤]。从包括出版在内的国内传媒业作为完全的行政体系构件，到“事业单位，企业化管理”的双轨试验，再到传媒集团的组建、资本运作及上市，出版企业在制度上实现了巨大的时空转换。对于学术研究来说，传媒制度和产业规则的演变，使得上市出版企业成为一个难得的研究样本[⑥⑦]。

（3）激励约束机制是推动我国出版上市企业“双效”协同提升的关键驱动力。

之所以以激励与约束机制作为研究“双效”协同提升的切入点，一方面是考虑到激励与约束机制是直接推动出版“双效”协同提升的关键力量。出版企业“双效”既受市场竞争、政府政策支持、出版物市场需求等外部要素影响，也受员工激励、制度约束、组织架构、企业文化、管理者能力与行为等内部因素影响。在影响“双效”提升的内因与外因之间，内因往往是影响出版企业绩效提升的根本原因。而在影响“双效”提升的内部因素中，由于激励与约束机制是一套有关出版上市企业内部剩余控制权配置和行使的制度安排，它直接关系到出版企业内部的行权方式及行权效果，亦是出版企业内部组织结构、人力资源

---

① 巨潮资讯网：《中原传媒2020年度报告》，2021年4月，http：//static. cninfo. com. cn/finalpage/2021-04-27/1209811631. PDF.

② 出版商务周刊：《出版上市企业资产、营收、利润哪家强?》，2020年4月30日，https：//mp. weixin. qq. com/s/ZKgFquuhLWcwXQElQ8sEWw.

③ 人民网：《我国报纸出版下滑趋缓 数字出版持续高速增长》，2017年7月26日，http：//media. people. com. cn.

④ 出版商务周刊：《出版上市企业资产、营收、利润哪家强?》，2020年4月30日，https：//mp. weixin. qq. com/s/ZKgFquuhLWcwXQElQ8sEWw.

⑤ 师曾志：《新形势下出版价值观的追问》，《中国出版》2005年第1期。

⑥ 周鸿铎：《传媒经济不是经济学科——我的传媒经济理论形成过程》，《现代传播（中国传媒大学学报）》2006年第1期。

⑦ 支庭荣，谭天，吴文虎：《传媒经济不是经济学的弃儿——与周鸿铎教授商榷》，《现代传播》2006年第5期。

管理制度、管理层行为、企业文化、治理能力等管理要素形成的重要源泉[①②]。因此，激励与约束机制是影响出版企业“双效”提升的关键驱动因素之一[③④]。而在出版领域已有的研究中，亦有少数研究已观察到并证实激励与约束机制确实对中国出版企业社会效益、经济效益具有重要影响，这些研究说明出版企业激励约束机制与“双效”之间确实存在某种关联。从出版行业的现实情况看，我国一些出版上市企业的“内部人”出现了受贿、贪污等侵害企业、“掏空”公司的自利行为[⑤]。对此，有必要在传媒企业内部建立一种有效的激励约束制度，使得作为代理人的“内部人”的行为尽可能接近最终委托人——政府出资人及其他股东所要求的目标[⑥]。2023 年 1 月，为推动央企经济效益提升，国资委启动新一轮制度改革，建立以管理层成员任期制和契约化管理为核心的新型经营责任制，管理层签约实现全覆盖，有序推进关键岗位核心人才中长期激励措施[⑦]。2015 年 8 月，中共中央、国务院发布的《关于深化国有企业改革的指导意见》也明确指出，要重点“推进董事会建设，建立健全权责对等、运转协调、有效制衡的决策执行监督机制，规范董事长、总经理行权行为，充分发挥董事会的决策作用、监事会的监督作用、管理层的经营管理作用、党组织的政治核心作用，切实解决一些企业董事会形同虚设、‘一把手’说了算的问题”[⑧] 另一方面是考虑到从激励约束视角研究“双效”协同提升在传媒经济领域属于一项具体且极具应用价值的研究。在传媒经济领域，过于关注宏观的问题，可

---

① 张志华：《以高质量治理推动文化创新、融合发展》，《董事会》2022 年第 11 期。

② 徐志武：《我国出版上市公司高级管理层激励与绩效关系研究》，《现代出版》2018 年第 5 期。

③ 王关义：《中国出版业绩效评估研究》，北京，中国财政经济出版社，2010 年，第 107～131 页。

④ 王丽娟，何妍：《绩效管理》，北京，清华大学出版社，2009 年，第 226 页。

⑤ 卢金增，寇文一：《出版集团原董事刘强因贪腐受审》，《检察日报》2017 年 10 月 21 日，第 6 版。

⑥ 潘力剑：《传媒经济学的研究范式——传媒经济研究的一个基础问题》，《新闻记者》2007 年第 7 期。

⑦ 中华人民共和国国务院新闻办公室：《国资委圈定央企 2023 年发展重点 新一轮改革将启》，2023 年 1 月 6 日，http：//www. scio. gov. cn/xwfbh/xwbfbh/wqfbh/49421/49486/xgbd49493/Document/1735390/1735390. htm.

⑧ 中华人民共和国中央人民政府：《中共中央、国务院关于深化国有企业改革的指导意见》，2015 年 9 月 13 日，http：//www. gov. cn/zhengce/2015 – 09/13/content_2930440. htm.

能妨碍对于中微观领域的深入研究。尤其是对包括出版业在内的生机勃勃的中国传媒业来说，更需要的是具体而微观的研究。传媒经济如果不能以个体产业及其中的微观问题为具体的研究对象，则很难解决实际问题，也很难有所创新[①]。面向出版上市企业的激励约束问题以及“双效”协同提升问题属于相对微观、具体的问题，对此展开研究能够在一定程度上为出版主管机构及出版上市企业解决如何对激励约束机制进行改革以促进“双效”协同提升的难题。需要说明的是，本文之所以将激励、约束这两个不同的概念合在一起展开研究，主要是因为某种机制的“激励”作用和“约束”作用间的关系是非常“微妙”的，常常不能严格区分开来。激励本身也是一种约束，某种机制的激励作用越大，约束作用亦愈大。反之，某种机制的约束作用越大，在达成约束机制的预期目标上，亦具有较强的激励作用。

综览激励约束视角下企业绩效相关研究，可以发现当前大多数研究只涉及激励与约束机制促进绩效提升的普遍性规律，忽略了出版行业中激励约束机制促进绩效提升的特殊性规律。这就使得已有的面向一般企业的激励约束机制视角下的绩效提升相关研究，其结论对中国出版上市企业激励约束机制优化及“双效”协同提升工作的指导意义不大，这为本文研究提供重要契机。在中央支持和鼓励出版集团上市，以及中央要求中国出版上市企业始终将社会效益放在首位，实现社会效益和经济效益协同发展的背景下，如何设计一套科学合理的激励与约束机制，保证中国出版上市企业既能始终将社会效益放在首位，又能够正确处理社会效益和经济效益的矛盾，实现“双效”协同提升，成为我国出版领域一项重要且迫切的研究课题。这一研究不仅可以在理论上丰富激励约束及绩效理论，又能在实践上对我国已上市及未上市出版集团激励约束机制改革及“双效”协同提升提供些许借鉴，有力促进我国出版产业做大做强，做到文化价值与经济价值有机结合，实现社会效益与个体效益相统一[②][③]。

---

① 支庭荣，谭天，吴文虎：《传媒经济不是经济学的弃儿——与周鸿铎教授商榷》，《现代传播》2006 年第 5 期。

② 周蔚华：《对“在坚持社会效益第一的前提下，实现社会效益和经济效益的统一”重大命题的一点看法》，《中国出版》2009 年第 1 期。

③ 易图强：《出版的社会效益与经济效益的关系新释》，《中国出版》2010 年第 12 期。

1.1.2 研究意义

研究如何改革出版上市企业的激励约束机制，以促进中国出版上市企业在优先实现社会效益的前提下，保持“双效”协同提升，是一项极具理论和应用价值的重要课题。具体来说，文章的研究意义体现于理论和实践两个方面。

理论方面：第一，可为出版领域“双效”协同提升研究引入科学量化研究这一新视角。长期以来，出版领域对于社会效益提升研究、经济效益提升研究、社会效益与经济效益的关系研究、社会效益与经济效益协同提升研究多采取定性和思辨的研究范式，鲜见对于“双效”提升的量化研究。本文克服诸多困难，从出版上市企业的激励与约束机制出发，为出版“双效”提升研究引入量化及实证研究的新范式。第二，科学厘清中国出版上市企业社会效益的内容与结构。学界一直提倡中国出版上市企业将社会效益放在首位，但对于社会效益与社会责任的关系讨论甚少。文章在借鉴国内外相关研究及理论的基础上，力图廓清中国出版企业社会效益的内容及其具体结构，揭示中国出版企业社会效益与社会责任的关系。第三，有力廓清中国出版上市企业激励约束机制各要素对“双效”提升的理论影响。文章立足于中国出版上市企业实际情况，结合最优契约、管理层权力、锦标赛、利益相关者等经典理论，按照“激励约束机制各要素——激励约束机制的功能——社会效益或经济效益提升”的思路，科学建构中国出版上市企业激励约束机制各要素分别影响社会效益提升、经济效益提升的理论假设，这可在一定程度上丰富和拓展激励约束机制影响社会效益提升或经济效益提升的作用理论。

实践方面：第一，可为改革和优化中国已上市和亟待上市出版企业的激励与约束机制提供重要指导。文章发现诸多对出版业改革具有指导价值的结论，比如，薪酬激励、控制权激励不仅不是有效解决“委托－代理问题”的工具，反而极有可能是我国出版上市企业内“委托－代理问题”的反映，这一点值得我国出版上市企业的主管机构及其股东大会警惕。在中国出版上市企业中适度引入机构投资者，是可行且有价值的。在董事会旗下设立编辑委员会，保持其对出版内容生产经营活动的约束确实可以对社会效益提升起促进作用。同时，文章也重点对理论假设与实证研究结果相悖部分的机理展开研究，既可以帮助中国出版上市企业及其主管机构及时发现激励机制各要素、约束机制各要素存在的缺陷及问题，为中国已上市出版企业主管机构及其股东大会指明改革激励约束机制的方向，也为正准备上市出版企业的激励约束机制改革工作提供参考和借鉴。第二，可有效促进中国出版上市企业在实现社会效益的同时，保持“双效”协同提升。本书根据研究结果提出优先实现社会效益的同时促进“双效”协同提升的激励约束机制改革对策与建议。这些对策建议有助于完善中国出版上市企业的激励与约束机制，有效促进作为代理人的管理层与出版企业所有者利益之间形成激励相容，加强内外约束力量对“内部人”的监督和限制，约束其逆向选择及自利行为。同时，这些对策建议也能有力提高我国出版上市企业的整体科学决策水平及抵御经营风险的能力，提升其经营管理水平，最终帮助中国出版企业显著提升社会效益和经济效益。

1.2 研究综述

要深入理解激励约束视角下我国出版上市企业“双效”协同提升问题，就有必要先全面了解出版学界乃至传媒领域对这一问题的总体研究现状。在批判性吸收前人研究成果的基础上，为本文科学建立研究框架、选择研究方法、构建理论基础等提供借鉴。

1.2.1 出版行业社会效益与经济效益协同提升研究

社会效益与经济效益协同提升是我国出版学界长期以来持续关注的重点、热点问题。学者们对这一问题的研究着墨甚多。总体来看，学者们关注“双效”协同提升研究的切入点主要聚焦于三方面：一是强调“双效”协同研究的价值及其机理；二是构建“双效”协同提升的路径；三是提出防范“双效”失衡风险的方法。

（1）关注出版行业“双效”协同提升的价值及其机理。

社会效益包括以出版社荣誉成果为表征的潜在社会效益和以出版社

社会贡献在内的显在社会效益，经济效益包含出版社的个体直接经济效益和对社会整体的间接经济效益[①]。长期以来，围绕我国出版企业社会效益与经济效益究竟存在何种关系的争论从未停歇，亦未有明确定论。关于“双效”关系的观点，仍莫衷一是，“服从说”“并重说”“非矛盾说”成为不少学者坚持的观点[②③]，“为主论”“通过论”和“最大化论”亦得到部分学者的支持[④]。有效实现社会效益是我国出版企业存在的根本价值[⑤]。当社会效益与经济效益发生矛盾时，要坚持把社会效益放在首位，经济效益服从社会效益[⑥]。坚持社会效益第一的前提下，努力实现“双效”结合成为较为权威的说法[⑦]。不过，周蔚华提出，应将“把社会效益放在首位，做到社会效益与经济效益相统一”的提法，改为没有内在逻辑矛盾的“把文化价值放在首位，把文化价值与经济价值有机结合起来；在坚持社会效益的前提下，实现社会效益与个体效益的统一”的提法[⑧⑨]。刘杲先生提出的“出版产业中文化是目的，经济是手段，两者的关系不能颠倒”，徐柏容先生所提“一损俱损、一荣俱荣”的观点以及叶至善先生所强调“一不亏心，二不亏本”的出版理念均是对上述理念的典型诠释[⑩⑪]。

我国出版企业之所以需要坚持将社会效益放在首位、实现社会效益与经济效益相统一，既是由国有文化企业所担负的责任以及图书出版物的特殊产品性质决定的，也是由社会主义出版产业的社会意识形态性质

---

① 孙惠玉：《学术出版理念从树立到践行》，《科技与出版》2019 年第 2 期。

② 段维：《转企改制背景下出版工作如何坚持社会主义核心价值观》，《中国出版》2011 年第 13 期。

③ 梁上启，严定友：《论转企改制后大学出版社价值追求的新变化》，《出版发行研究》2013 年第 5 期。

④ 窦鸿潭：《转企改制背景下对出版物社会效益问题的一点思考》，《出版科学》2010 年第 6 期。

⑤ 方卿，许洁：《论出版的价值引导功能》，《出版科学》2015 年第 4 期。

⑥ 张红彬：《新时代新闻出版业供给侧结构性改革思考》，《中国编辑》2018 年第 4 期。

⑦ 段维：《转企改制背景下出版工作如何坚持社会主义核心价值观》，《中国出版》2011 年第 13 期。

⑧ 周蔚华：《出版物的价值和效益评价辨析——兼评“两个效益”重大命题》，《中国人民大学学报》2009 年第 4 期。

⑨ 易图强：《出版的社会效益与经济效益的关系新释》，《中国出版》2010 年第 12 期。

⑩ 韦干鹏：《近几年出版物社会效益研究述评》，《东南传播》2012 年第 11 期。

⑪ 徐柏容：《编辑出版工作和质量与效益同步规律》，《出版发行研究》2002 年第 12 期。

决定的[1][2]。将社会效益放在首位、注重出版社会效益也是我国社会主义出版业的一个本质要求[3]。尤其是在教材出版领域，不能因为迎合市场需要就放弃社会主流意识形态教育[4]。出版社会效益与出版经济效益本质上是完整统一体，从总体看，两者是正向发展的。社会效益越好，其经济效益也能得到提升，对于那些影响深远、泽惠后世的优秀出版物，其价值无法仅用金钱予以衡量[5]。唯有社会效益佳且能够经得起市场考验的出版物，方能带来稳固的经济收益[6]。

（2）注重从学理角度构建“双效”协同提升的路径。

如何处理社会效益和经济效益的关系既是我国出版行业改革的焦点问题，也是难点问题，它一直贯穿我国出版业改革和发展的全过程[7][8]。对于出版活动的“双效”关系，社会效益与经济效益之间能够互相促进、相得益彰的关系得到了诸多学者的认同。出版企业的社会效益与经济效益是矛盾对立的统一，但是并非绝对的相互对立[9]。社会效益好的图书，经济效益也可以好，已经成为我国不少出版学者认同的理念和共识[10]。将社会效益放在首位、实现社会效益与经济效益相统一，这也并不意味着经济效益与社会效益相比是次要的、低一等的，两者实质是辩证关系[11]。在市场经济条件下，出版产品社会效益的实现以经济效益的实现为前提[12]。强调社会效益的首要位置，并不意味着可以

---

① 王广照：《出版社社会效益考核的实践与探索——以中原大地传媒股份有限公司为例》，《出版发行研究》2015 年第 11 期。

② 聂震宁：《抓住重点环节发展出版产业》，《北京观察》2003 年第 9 期。

③ 阎现章：《试论中国当代出版理念与出版思想体系的建设和发展》，《河南大学学报（社会科学版）》2001 年第 3 期。

④ 查朱和：《教材出版领域的意识形态建设探析》，《中国编辑》2015 年第 2 期。

⑤ 于友先：《论现代出版产业的双效益活力》，《出版发行研究》2003 年第 8 期。

⑥ 石峰：《论出版工作的文化取向》，《出版科学》2004 年第 5 期。

⑦ 周蔚华：《中国出版体制改革 40 年：历程、主要任务和启示》，《出版发行研究》2018 年第 8 期。

⑧ 邵益文：《出版单位转制与编辑工作》，《编辑之友》2005 年第 1 期。

⑨ 珞珈：《出版“两个效益”的有机统一》，《出版科学》2011 年第 3 期。

⑩ 孙惠玉：《学术出版理念从树立到践行》，《科技与出版》2019 年第 2 期。

⑪ 田建平：《我国出版产业中“两个效益”问题之辨析》，《出版发行研究》2005 年第 5 期。

⑫ 蔡晓宇：《思维，认识与举措：出版业改革发展的战略思考》，《出版广角》2015 年第 6 期。

忽视经济效益[①②]。过分地强调出版企业的社会效益而忽视出版企业的经济效益，甚至人为割裂社会效益与经济效益之间存在的辩证关系，刻意地否认经济效益存在，则极易造成出版从业者对出版属性认识的局限和偏颇，致使编辑思维的固化以及出版意识、出版行为的扭曲，对出版行业的健康发展产生不利影响[③]。

保持“双效”协同提升，正确处理社会效益与经济效益的关系，关键在于出版社能够统筹安排年度社会效益与经济效益相关选题出版物，不必过分强调每一本书都是“双效”书，否则可能导致广种薄收，而以盈补亏是出版业界正确处理两者关系的通例[④]。社会效益与经济效益并非水火不容的相对概念，虽然在某些情况下，出版企业追求社会效益，可能会造成经济效益降低，不过在多数情况下我国出版企业在追求社会效益的同时，实质也可以促进其经济效益增长[⑤]。当出版物的社会效益与经济效益出现矛盾时，要确保优先社会效益。对于那些有经济效益但社会效益不佳的出版物，出版企业需要坚决抵制。而对于社会效益好但没有经济效益的出版物，政府要发挥扶持和引导作用[⑥]。从出版企业内部看，制度建设、运营模式、人才管理等管理模块应该是促进“双效”提升的重要保障[⑦]。

（3）现有关于防范和化解“双效”失衡风险的方法。

在处理社会效益与经济效益的关系时，学者们提出需要避免两种可能出现的极端情况：一是将政治效益作为社会效益的全部；二是将经济利润作为出版企业的最高追求目标[⑧⑨]。刘杲先生也指出，出版业界推

---

① 徐同亮：《出版单位社会效益论析》，《出版发行研究》2017 年第 1 期。

② 虞文军：《把握正确导向 积极开拓市场 坚持“专而特”——对转企后地方人民社发展的一些思考》，《中国出版》2012 年第 19 期。

③ 阎现章：《试论中国当代出版理念与出版思想体系的建设和发展》，《河南大学学报（社会科学版）》2001 年第 3 期。

④ 刘杲：《总编辑要积极探讨新形势提出的新课题》，《科技与出版》2008 年第 7 期。

⑤ 冯彦良：《出版企业社会效益、经济效益与社会责任之间的关系》，《合作经济与科技》2014 年第 24 期。

⑥ 司马长风：《在两个效益之间——写在“两个效益”提出二十周年之际》，《传媒》2003 年第 8 期。

⑦ 张啸：《新时期国有 F 出版集团实践“两效”相统一问题研究》，南京理工大学硕士学位论文，2019 年。

⑧ 李继峰：《论编辑出版效益机制的重建》，《出版发行研究》2004 年第 11 期。

⑨ 吴培华：《出版业应该走出两个效益认识上的误区》，《中国出版》2005 年第 10 期。

崇的“在不损害出版社社会效益的前提下追求出版经济效益最大化，以及在出版经济上能够承受的条件下追求出版社社会效益的最大化”的观点也存在走极端的倾向，因为前者主动降低了对社会效益的追求，后者则较为含混[①]。在实践过程中，出版发行企业还有可能出现三种倾向：一是只看重自身的经济效益，忽视出版发行活动整体的社会效益；二是以实现出版社会效益为借口，掩盖出版企业经济效益低下的事实；三是不重视履行出版企业社会责任[②]。出版企业应从追求提升国民素质、强化出版文化本质的视角出发，寻求社会效益与经济效益的深度平衡，实现兼顾“双效”基础上的最大化[③]。只要找到合适的结合点，出版企业的社会效益与经济效益完全可以有效地平衡起来，而如何有效平衡出版产业的“双效”，正是亟待学界与业界研究的[④]。

出版社比一般商业企业更需要计划调节与市场调节相结合的调节方式[⑤]。从宏观角度看，主管机构必须建立健全面向“双效”的考核机制，并将两种考核机制统一起来，以完善政策、制度等方式来保证出版企业将社会效益放在首位[⑥]。同时，主管机构应当持续完善市场机制，规范市场秩序，并加大调控力度，依靠道德、法律的规范作用，使之能够约束出版企业的市场经济活动，督促和约束出版企业在实现社会效益的框架内，追求经济效益最大化[⑦]。要提升出版法规的震慑力，维护出版工作的严肃性，从而保证出版市场的正常运作和形成良好的市场秩序[⑧]。在此基础上，帮助和督促出版企业妥善解决大行业与小产业、数量与质量、更新快与产出慢、高大上与接地气、创新发展与文化传承五

---

① 刘杲：《总编辑要积极探讨新形势提出的新课题》，《科技与出版》2008 年第 7 期。

② 本刊记者：《出版社社会效益量化评价中的几个关键问题》，《编辑之友》2016 年第 12 期。

③ 周玉波，田常清：《企业化背景下出版物的价值追求》，《出版发行研究》2011 年第 1 期。

④ 杨石华，陶盎然：《出版产业社会效益与经济效益的双元型平衡模式——基于利益相关者理论》，《科技与出版》2018 年第 10 期。

⑤ 郭毅青：《厉以宁教授谈出版社的承包经营》，《中国出版》2008 年第 10 期。

⑥ 郑保卫：《论马克思主义新闻出版观与编辑出版工作》，《中国编辑》2015 年第 2 期。

⑦ 李继峰：《经济效益是编辑出版的基本目标》，《编辑之友》2004 年第 2 期。

⑧ 汤伏祥：《出版产业发展需要认识和解决的几个问题》，《中国出版》2005 年第 5 期。

对矛盾，才有助于建立“双效益”统一发展的机制[①]。从微观角度看，出版企业负责人需要统筹安排编辑出版工作，为编辑人员创造提高出版物质量的环境和条件，避免简单直接地给编辑下经济指标[②]。

1.2.2 出版企业的激励与约束研究

市场经济环境下的制度安排可以给经济决策者的生产和创新提供强有力的激励，使其保持积极性，同时也对每一个经济决策者有约束作用，若造成坏的经济效果则要受到相应惩罚[③]。激励与约束两者缺一不可，激励就像汽车的发动机，约束则像汽车的刹车装置[④]。出版界对激励约束问题的研究肇始于20世纪90年代。当时出版界提出有必要加强对出版从业者进行激励约束的背景源于全国大多数出版社实行承包责任制度。对此，学者们认为有必要围绕优质高效目标，以津贴、奖金、道德、制度、舆论等物质要素及精神要素对出版从业者进行激励和约束，以使得出版从业者始终以出版质量为工作中心[⑤][⑥]。到21世纪20年代，围绕出版产业高质量发展的激励约束机制仍是学者们关注的重点问题。尤其是对于出版上市企业来说，有必要建立有效的激励约束机制，通过资本化运营和项目拉动，进一步提升企业盈利能力，从而有效提升出版企业的市场地位[⑦]。同时，有必要对出版企业及其内部管理层进行有效的激励与约束，促使其最大限度地提升出版企业的运营效率，以确保出版行业的国有资本实现保值增值[⑧]。但是，目前中国出版企业尚未形成和建立规范的激励与约束机制框架[⑨]。

---

① 李天燕，蒋姗姗：《大学出版社“双效益”统一发展机制构建》，《科技与出版》2018年第8期。

② 珞珈：《把出版内容建设放在突出位置》，《出版科学》2011年第4期。

③ 钱颖一：《激励与约束》，《经济社会体制比较》1999年第5期。

④ 钱颖一：《激励与约束》，《经济社会体制比较》1999年第5期。

⑤ 杨咸海：《建立以质量为中心的激励和约束机制》，《中国出版》1995年第6期。

⑥ 石洪印：《建立与完善出好书的保障，激励，约束机制》，《出版发行研究》1994年第5期。

⑦ 曲柏龙：《出版高质量发展路径探析——以黑龙江出版集团为例》，《出版参考》2020年第11期。

⑧ 康苗：《出版企业内部控制的国际比较及启示》，《出版广角》2013年第21期。

⑨ 曾庆宾：《中国出版企业家的激励和约束机制研究》，《学术研究》2004年第2期。

在知识经济场域下，我国传媒行业的核心资本是传媒人才的智力资本，给予传媒精英人才充足的产权激励是传媒企业获得竞争力的关键[①]。不管是大众出版、教育出版，还是学术出版，建立出版企业内部人员的激励约束机制，使出版企业加强编辑人员的质量意识和责任意识，都是新媒体环境下提升出版整体质量的重要方法[②]。而在借鉴国内外丰富的实践以及先进理论的基础上，制定符合我国国情且符合现代企业制度要求的国企管理层激励约束机制亦十分必要[③]。构建企业所有者对管理层的激励约束机制，建立具有行权能力的股东大会以及科学有效的出版企业内部治理结构是建立有文化特色的现代出版企业制度的改革路径之一[④]。

至于我国出版企业内部建立有效激励约束机制的难点，主要体现在没有现成的经验可以借鉴，既要实践摸索，亦要理论创新。设计面向出版企业管理层的最优激励约束机制，要考虑使管理层与出资人的利益满足 3 个条件：参与约束、激励相容以及效用最大化[⑤]。给予出版企业管理层与经营绩效挂钩的年薪以及股票期权是有效的激励约束手段[⑥⑦]。声誉、经理人市场竞争机制、控制权回报亦是对出版企业家进行激励和约束的途径[⑧]。在出版企业内部引进战略投资者，实现外部约束和内部监督相结合，建立面向中国出版企业管理层的有效的激励和约束机制是提高国有出版企业经营绩效的关键[⑨⑩]。

---

① 赵明超：《传媒治理问题：理论与实践的比较研究》，复旦大学硕士学位论文，2012 年。

② 王华生：《数字网络环境下学术期刊创新发展研究》，《河南大学学报（社会科学版）》，2014 年第 54 期。

③ 褚振东：《国有企业经营者激励约束机制研究》，山东大学硕士学位论文，2006 年。

④ 邹石川，郝婷：《建立有文化特色的现代出版企业制度改革之路径选择》，《出版发行研究》2017 年第 7 期。

⑤ 倪庆华：《新制度经济学视角下我国出版业转企改制研究》，武汉大学博士学位论文，2011 年。

⑥ 倪庆华：《新制度经济学视角下我国出版业转企改制研究》，武汉大学博士学位论文，2011 年。

⑦ 宋丽梅，高路遥：《出版企业人力资源管控有效性评价体系的构建与应用研究》，《出版参考》2020 年第 9 期。

⑧ 曾庆宾：《中国出版企业家的激励和约束机制研究》，《学术研究》2004 年第 2 期。

⑨ 余璐：《湖南出版投资控股集团治理机制优化设计》，湘潭大学硕士学位论文，2014 年。

⑩ 曾庆宾：《中国出版企业家的激励和约束机制研究》，《学术研究》2004 年第 2 期。

1.2.3 激励约束机制对“双效”提升的影响研究

出版研究领域已有极少数研究探及激励约束机制对“双效”提升影响这一问题。这些研究相对较多地是从公司治理及治理结构视角对约束问题展开研究。比如，姚德权、李倩等人的研究证实，集中股权和更高的控股股东持股比例对出版企业绩效更为有利，而股权制衡对绩效有显著负面影响，不利于出版企业绩效[①][②]。而王关义、李俊明的研究结论与之不同，其研究显示，控股股东持股比例与绩效影响呈现的是倒U型关系[③]。丁汉青、王军则发现，控股股东持股比例对出版上市企业的营业收入增长有显著负向影响且国有股份并未对经济效益产生显著正向影响，引入机构投资者则对经济效益有积极促进作用[④]。从上述学者的研究不难看出，究竟控股股东持股数量及其约束力量对出版企业经济效益存在何种影响，并没有形成一致结论。这种结论差异与研究者所采用的解释变量及被解释变量的衡量方法、研究样本及其数量、多元回归分析方法等研究要素存在差异有较大关系。这些学者的研究也为本书提供启示，即要对研究过程中的各步骤进行缜密的斟酌、思辨，在学习专家学者研究经验的基础上，尽可能降低研究过程中可能出现的误差。此外，值得一提的是，从公司治理视角研究治理结构与绩效的关系与本文从激励约束视角研究激励约束机制对绩效提升的影响，二者之间虽然存在一定关系，但亦存在显著差异。两种研究视角的联系在于都是为缓解出版企业出资人（即委托人）与代理人之间的矛盾，降低委托代理成本。但是两者差异是明显的，前者视角除研究缓解出资人与代理人之间的矛盾，还需要重点研究大股东与中小股东的利益矛盾，而后者视角主要研究的仅是如何缓解出版企业出资人（即委托人）与代理人之间的

---

① 姚德权，李倩，张佳：《出版上市企业股权结构对企业效率影响的实证研究》，《现代出版》2012 年第 6 期。

② 杜俊娟：《出版业上市公司治理结构与经营业绩关联性研究》，《安徽建筑大学学报》2016 年第 24 期。

③ 王关义，李俊明：《出版上市公司股权结构与绩效关系实证分析》，《首都经济贸易大学学报》2013 年第 2 期。

④ 丁汉青，王军：《中国传媒上市公司股权结构对经营绩效的影响》，《当代传播（汉文版）》2016 年第 3 期。

矛盾，不会同时研究大股东与中小股东的利益矛盾。与治理结构视角相比，本文研究激励约束视角下的绩效提升问题更为聚焦且更具针对性。

由于管理层的每一个决策均关系着出版企业的命运和前途，影响着出版企业绩效，因此，他们在出版企业中具有举足轻重的地位①。学界除了关注管理层约束问题，已有少数研究探讨出版企业管理层激励对出版企业绩效可能造成的影响。姚德权、李倩等人的研究发现，管理层薪酬激励对传媒上市企业的经营绩效可以起显著促进作用②③④⑤。但亦有研究证实，在我国出版上市企业中，面向管理层的薪酬激励、股权激励对社会效益、经济效益提升均未发挥应有的激励效果⑥。给予传媒上市企业管理层股权激励对传媒企业的成长、盈利以及偿债等能力提升均没有明显促进作用⑦。从上述学者的研究不难看出，管理层薪酬激励对出版企业绩效提升究竟存在怎样的影响，还没有形成一致结论。这种结论差异亦与研究者所采用的解释变量及被解释变量的衡量方法、研究样本及其数量、多元回归分析方法等研究要素存在差异有密切关系。此外，从已有研究看，薪酬和股权这两类物质激励对绩效提升的影响是研究者们关注的焦点，而对于物质激励之外的精神激励，如声誉激励、控制权激励及晋升激励等，相关研究鲜有顾及，这也为本文研究我国出版上市企业管理层声誉激励、控制权激励以及晋升激励对绩效提升的影响留下空间。

---

① 相宇航：《出版业上市公司高管薪酬对财务绩效的影响研究》，北京印刷学院硕士学位论文，2021 年。

② 姚德权，李倩：《传媒上市公司高管薪酬激励与经营绩效实证研究》，《现代传播（中国传媒大学学报）》2011 年第 12 期。

③ 相宇航：《出版业上市公司高管薪酬对财务绩效的影响研究》，北京印刷学院硕士学位论文，2021 年。

④ 杜俊娟：《出版业上市公司治理结构与经营业绩关联性研究》，《安徽建筑大学学报》2016 年第 5 期。

⑤ 杨萱：《我国出版企业高管团队特征与企业绩效关系研究——基于出版业上市公司的经验数据》，《编辑之友》2016 年第 7 期。

⑥ 徐志武：《我国出版上市公司治理结构与绩效关系研究》，武汉大学博士学位论文，2018 年。

⑦ 丁汉青，王军：《中国传媒上市公司股权结构对经营绩效的影响》，《当代传播（汉文版）》2016 年第 3 期。

1.2.4 研究述评

围绕激励约束视角下我国出版上市企业“双效”协同提升这一问题，已有少数学者从多个方面展开研究。这些研究主要聚焦于三个方面：一是我国出版企业社会效益与经济效益的关系以及出版企业在处理这两种效益的关系时如何得以自洽；二是出版企业应该如何进行激励约束才能促进绩效提升，以实现国有资本的保值增值；三是出版企业的激励约束机制对绩效提升会产生何种影响。已有研究不仅开拓了本文的研究视野，也为文章建立严谨的研究框架、选择科学的研究方法、搭建缜密的理论基础提供重要启示。总览、对比这些研究，可以发现其研究思路、研究范畴与本文存在明显差异。

首先，已有研究注重从定性和思辨视角研究我国出版企业社会效益与经济效益的关系，而本文注重从实证角度对其展开探究。出版企业绩效研究作为传媒经济研究的重要组成部分，其具有强烈的应用导向，必须与社会需求及国家对出版业治理需求形成有效联结[①]。在出版学科刚成立不久的20世纪90年代，囿于产业现状、研究条件等因素，从定性和思辨视角研究社会效益与经济效益的关系有其合理性。但是随着出版学科发展及出版产业日趋兴盛，仅从定性和思辨视角对社会效益与经济效益关系展开研究已不能完全满足指导学科发展以及出版产业运营的需要，而从实证的角度探究我国出版企业社会效益与经济效益的关系并得出科学严谨的结论成为一种必然趋势。

其次，对出版企业激励约束问题的已有研究，注重强调给予激励和约束的必要性和重要性，但是目前中国出版企业的激励机制与约束机制框架究竟应该由哪些要素构成，框架要素之间存在何种关系，已有研究鲜有触及。与国外现代企业及国内其他行业企业的激励约束机制相比，我国出版企业的激励约束机制有其特殊性。本文着力构建面向我国出版企业的激励约束机制框架。虽然已有一些研究提出企业激励约束的具体策略，但是这些策略大多是从经验总结和主观思辨视角提出，存在可能

---

① 章平，池见星：《10年来中国传媒经济研究回顾——对1996年至2005年〈新闻与传播研究〉〈新闻大学〉的实证分析》，《新闻大学》2007年第2期。

并不适应我国出版产业发展情况的风险。本文从研究和发现我国出版上市企业激励约束机制确实存在的问题出发，提出极具针对性的策略，尽可能保证提出的对策建议在出版企业应用中的适应性。

最后，已有激励约束机制对绩效影响的实证研究总体上缺乏系统性，忽略将社会效益作为绩效的范畴进行考量以及忽略对外部约束力量的考量。社会效益是我国出版企业绩效的核心组成部分。研究激励约束机制对绩效提升的影响，显然无法回避研究其对社会效益的影响。已有实证研究仅将经济效益作为出版企业绩效的全部，鲜有关注激励约束机制对社会效益提升影响的实证研究。本文既考虑我国出版企业激励约束机制对经济效益提升的影响，也探究其对社会效益提升的影响，这种综合研究范式有助于更全面、透彻地理解激励约束视角下我国出版上市企业的绩效提升问题。与此类似，包括职业经理人市场、出版物产品市场、法律制度环境等外部要素亦属于出版企业外部约束力量的范畴，而学界关于外部约束力量对绩效提升影响的研究暂付阙如。本文亦将外部约束力量纳入出版企业激励约束机制框架并对其影响“双效”提升的现状及机理展开研究。

综上所述，虽然已有少数研究从多个方面对出版企业的激励约束机制、出版企业绩效以及激励约束机制对绩效的影响展开研究，但是与本文在研究框架、研究方法以及研究思路上存在明显不同。同时，虽然亦有极少数相关研究，但是这些研究或多或少存在系统性不够强、尚未形成一致结论的缺点，这也为本文深入研究出版企业激励约束视角下的“双效”提升问题留下巨大拓展空间。不过，已有研究也为本文研究提供启示，即需要注重研究过程的科学性，包括严谨衡量出版企业社会效益、经济效益，构建全面系统的出版企业激励约束机制框架、采用有效的面板数据及科学的实证研究方法等。

1.3 研究内容及方法

研究激励约束视角下中国出版上市企业“双效”协同提升问题既涉及激励约束机制，又涉及“双效”协同提升问题，这是一项系统性强且较为复杂的研究工作。而梳理出清晰可行的研究思路以及采用科学严谨的研究方法对于完成此项研究工作十分必要。

1.3.1　研究问题与思路

梳理出可行的研究思路有赖于确立清晰的核心问题以及相关子问题。逐一解决研究的子问题才可系统性地解决核心问题。本书亦遵循这一思考过程，在确立核心研究问题及子问题的基础上，为后续研究梳理出清晰可行的研究思路。

（1）研究问题。

本研究的核心问题是：应如何改革和优化中国出版上市企业管理层的激励约束机制，以促进中国出版上市企业在优先实现社会效益的前提下，实现社会效益与经济效益协同提升。这是一项庞大而复杂的研究课题，为解决这一核心问题，笔者将其分解为5个子问题。

子问题1：中国出版上市企业激励约束机制的结构、现状及特征如何？

子问题2：中国出版上市企业的社会效益、经济效益应如何分别进行衡量？

子问题3：物质激励、精神激励、内部约束机制、外部约束机制分别对社会效益提升、经济效益提升产生何种影响？

子问题4：中国出版上市企业社会效益与经济效益之间存在何种相互影响关系？

子问题5：结合社会效益与经济效益之间的相互影响关系、激励约束机制现状及其对“双效”的影响，从“双效”协同提升视角提出改革中国出版上市企业激励约束机制的对策建议。

（2）研究思路。

围绕激励约束视角下中国出版上市企业“双效”协同提升这一核心研究问题，本书的研究思路是首先廓清并建构中国出版上市企业激励约束机制的结构，据此探究中国出版上市企业激励约束机制的价值、现状、制度背景及其特殊性。本研究中将中国出版上市企业激励约束机制的结构划分为4个维度，共16个具体要素，包括物质激励机制（薪酬激励、股权激励），精神激励机制（控制权激励、晋升激励、声誉激励），内部约束机制（控股股东约束、制衡股东约束、机构投资者约束、独立董事约束、顶层管理者约束、编辑委员会约束），外部约束机制（市场化进程约束、政府对市场干预带来的约束、出版物产品市场约束、出版要素市场约束、法律制度环境约束）。其次，分别探索并确立中国出版上市企业社会效益和经济效益的范畴、内涵及衡量方法。再次，按照“激励约束要素——激励约束机制的功能与价值——绩效”的分析思路，结合最优契约、管理层权力、锦标赛等理论，研究物质激励、精神激励、内部约束、外部约束分别对中国出版上市企业社会效益提升、经济效益提升可能产生的理论影响并建立假设。在此基础上，运用我国出版上市企业的激励约束及绩效数据对上述理论假设进行科学严谨的验证，发现并探究理论假设与实证结果相悖之处。复次，为保证文章所提出的“双效”协同提升的对策建议更为精准，运用实证分析方法研究中国出版上市企业社会效益与经济效益之间的相互影响，为从激励约束视角提出优先实现社会效益的同时保持“双效”协同提升的对策做铺垫。最后，深入剖析理论假设与实证研究结果相悖的机理，结合中国出版上市企业激励约束机制的现状、制度背景及其特殊性，以优先实现社会效益并保持“双效”协同提升为原则，向中国已上市出版企业、待上市出版企业及其主管机构提出高质量的、可操作的激励约束机制优化建议。本书的研究问题及研究思路如图 1－1 所示。

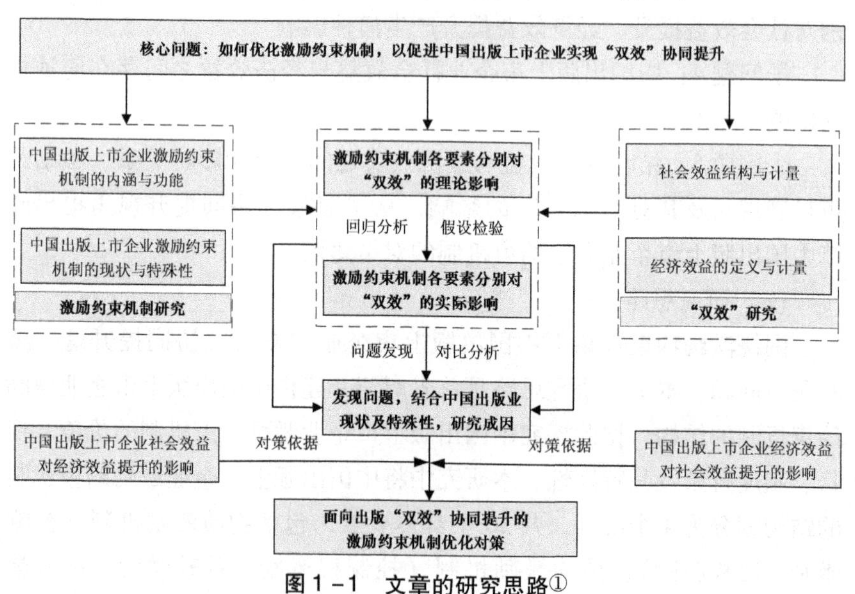

图 1－1　文章的研究思路①

① 资料来源：作者根据分析结果自行整理制作。

1.3.2 核心内容

激励约束视角下中国出版上市企业“双效”协同提升研究的核心内容如下：

第1章：此章主要探究开展此项研究的必要性及其重要价值，并在此基础上梳理研究的思路及方法。根据社会效益、经济效益在中国出版上市企业主管主办机构及利益相关者群体中的重要地位，激励约束机制直接关系到出版上市企业内的行权方式及行权效果，以及激励约束视角下中国出版上市企业“双效”协同提升的精准研究暂付阙如等因素，文章确立了开展此项研究工作的必要性及迫切性。在此基础上，确立文章的核心研究问题及其附属5个子问题、研究思路、研究方法，为文章深入研究提供理论指导。

第2章：此章主要解决开展此项研究工作的理论基础问题。在系统分析最优契约理论、管理层权力理论、锦标赛理论、利益相关者理论、出版双效兼顾理论的基础上，确立文章选择上述理论作为理论基础的机理及应用上述理论的具体过程。根据核心研究问题及其附属5个子问题、理论基础确立研究工作的具体框架，为后续正式研究指明具体方向。

第3章：此章主要解决子问题1，即出版企业激励约束机制的具体框架、现状及特征问题。依据最优契约、管理层权力等理论，在选择性地吸收借鉴经典研究并参考我国出版上市企业激励约束机制实际情况的基础上，将中国出版上市企业激励约束机制划分为物质激励机制、精神激励机制、内部约束机制、外部约束机制共4个维度，16个具体要素。同时，厘清激励约束机制在促进“双效”提升过程中的功能与价值。梳理中国出版上市企业激励约束机制的现状、制度背景及其特殊性。

第4章：此章主要解决子问题2，即中国出版上市企业的社会效益、经济效益衡量问题。在深入分析我国出版企业社会效益、经济效益的内涵、结构的基础上，参考借鉴已有科学权威的社会效益、经济效益衡量方法，结合我国出版上市企业的实际情况，设计本文的社会效益、经济效益计量方法。为更全面科学地衡量社会效益，此章还重点研究并廓清社会效益与出版企业社会责任绩效之间的关系。

第5章：此章部分解决子问题3和子问题4：管理层物质激励、精神激励分别对中国出版上市企业社会效益、经济效益提升的影响。根据第2章所确立的理论基础、物质激励和精神激励的功能与价值、我国出版上市企业的体制机制特征，建构管理层的物质激励机制（薪酬激励、股权激励）、精神激励机制（控制权激励、晋升激励、声誉激励）分别对社会效益提升、对经济效益提升的理论影响。为检验这些假设是否成立，此章运用数理统计分析方法对其展开实证研究。同时，采用多组稳健性分析验证所得结果，确保所得研究结论是稳健可靠的。

第6章：此章部分解决子问题3和子问题4：内部约束机制分别对中国出版上市企业社会效益、经济效益提升的影响。根据第2章所确立的基础理论、内部约束的功能与价值、我国出版上市企业的体制机制特征，建构中国出版上市企业内部约束机制（控股股东约束、制衡股东约束、机构投资者约束、独立董事约束、顶层管理者约束、编辑委员会约束）分别对社会效益提升、对经济效益提升的理论影响。为检验这些假设是否成立，此章运用数理统计分析方法对其展开实证研究。同时，采用多组稳健性分析验证所得结果，确保所得研究结论是稳健可靠的。

第7章：此章部分解决子问题3和子问题4：外部约束机制分别对中国出版上市企业社会效益、经济效益提升的影响。根据第2章所确立的基础理论、外部约束的功能与价值、中国出版上市企业的体制机制特征，建构中国出版上市企业外部约束机制（市场化进程约束、政府对市场干预带来的约束、出版物产品市场约束、出版要素市场约束、法律制度环境约束）分别对社会效益提升、对经济效益提升的理论影响。为检验这些假设是否成立，此章运用数理统计分析方法对其展开实证研究。同时，为确保所得研究结论是稳健可靠的，采用多组稳健性分析验证所得结果。

第8章：此章主要解决子问题5：中国出版上市企业社会效益与经济效益之间存在何种相互影响关系。为更精准地提出“双效”协同的对策建议，此章运用实证分析方法研究中国出版上市企业社会效益与经济效益的相互影响关系。首先，研究“双效”的理论影响关系并提出研究假设。其次，采用中国出版上市企业的面板数据对理论假设展开实证研究，并据此确定社会效益与经济效益之间的关系，为科学精准提出

在激励约束视角下中国出版上市企业“双效”协同提升对策奠定重要基础。

第9章：结合研究结果和讨论分析，并根据第8章“双效”的相互关系，按照优先实现社会效益的同时保持社会效益、经济效益协同提升的原则，面向中国已上市出版企业、待上市出版企业及其主管机构提出高质量、可操作的激励约束机制优化策略以及相应的体制改革建议。最后，对文章的研究结论及主要贡献进行总结。在说明研究局限性的基础上，展望未来研究方向。

1.3.3 研究方法

为精准、严谨地研究激励约束视域下的“双效”协同提升问题，需要采用科学的研究方法。本书在学界经典研究的基础上，结合实际情况，决定采用文献研究法、深度访谈法、德尔菲法以及数理统计分析方法开展深入研究。

1.3.3.1 文献研究法

严谨、扎实的学术研究需要大量学习和借鉴学界的经典成果，掌握相关领域的最新研究动态。文献研究法能够使作者全面、系统、深入地了解和掌握某一领域的学术进展及其动态演化过程。本书在研究过程也采用这一方法梳理激励约束研究及“双效”提升研究领域的学术进展，厘清研究思路，构建研究框架。具体而言：①检索并收集国内外关于公司激励机制、约束机制、公司绩效、激励约束对绩效提升影响等领域的高水平文献资料，对其中的理论基础、研究方法、研究脉络等逐步梳理，形成本文的研究问题、研究思路和分析框架。②利用 Web of Science、中国知网、维普、百度学术等全文数据库，以“出版”“激励”，“出版”“约束”，“出版”“体制改革”，“出版”“效益”为关键词，查找 1980—2023 年文献数据，对主题相关文献进行整理，提取中国出版企业激励约束机制的变迁、功能、特殊性等信息以及出版业激励约束机制对“双效”作用机理的信息。根据最优契约、管理层权力、锦标赛、利益相关者等理论进行归纳梳理，得到激励约束机制影响“双效”提升的理论模型，为采用面板数据实证研究激励约束机制分别对社会效益提升的影响、对经济效益提升的影响做铺垫。

1.3.3.2 深度访谈法

深度访谈法是通过对多位专家学者进行访谈后获取有价值信息，再将这些信息进一步提取、凝练、归纳、总结，得出关于研究问题的结论的方法。本研究主要在3个阶段采用深度访谈法对包括主管主办机构的管理者、出版上市企业高管、出版学领域专家在内的25位业内人士进行访谈以解决遇到的问题。①在正式开始研究之前，笔者就本研究的必要性及重要价值、中国出版上市企业激励约束机制的结构、现状、特殊性、改革中遇到的难点、“双效”协同提升的目标等问题访谈多位专家，确立本课题的研究目标及大致研究思路。②在研究过程中，为解决我国出版企业社会效益衡量方法这一关键难题以及研究中国出版上市企业激励约束机制对“双效”提升的理论影响，笔者访谈了6位出版领域专家。访谈提纲见附录一。③实证研究结果确立后，通过深度访谈探究实证结果的科学性与合理性、激励约束机制对“双效”实际影响与理论假设相悖的机理。此外，就如何以优先实现社会效益的同时实现出版业“双效”协同提升为核心原则对中国出版业已上市公司和亟待上市公司的激励约束机制进行改革，再次请教专家学者们的意见，为科学精准提出中国出版上市企业激励约束机制改革的对策建议做铺垫，尽力提升研究结论的可操作性及应用性。

1.3.3.3 德尔菲法

德尔菲法本质上是一种集体匿名反馈的函询法。其大致流程为：在对所要预测的问题征得专家意见之后，进行整理、归纳、统计，再匿名反馈给各专家，再次征求意见，再集中，再反馈，直至得到稳定的意见[①]。它具有匿名性、多次有控制的反馈、统计小组回答等特点。本文主要使用该方法衡量中国出版上市企业的社会效益，尤其是其履行文化责任的绩效。具体使用过程包括：①最初精心挑选了17位专家作为社会效益评价专家。其中，来自中国出版上市企业的专家、非出版上市企业专家以及国内高校的出版研究领域专家分别为10位、4位和3位。

① 朱建平：《经济预测与决策》，厦门，厦门大学出版社，2019年，第15页。

②提取中国出版上市企业年报中的“董事会（或管理层）对经营情况的分析与讨论”以及中国出版上市企业的“社会责任报告”，以此作为发放给专家衡量社会效益的资料。③每轮意见征询后，对评价结果进行整理、归纳、统计，再匿名反馈给各专家，再次征求意见，直至最后就社会效益评价结果的标准差变动基本稳定。④为确定我国出版企业履行文化责任绩效和履行对利益相关者责任的绩效分别在中国出版上市企业社会效益中的权重，也采用德尔菲法邀请专家提供意见。

1.3.3.4 数理统计方法

数理统计方法是一种对被研究对象的数量特征、数量关系及数量变化进行分析的方法。文章主要采用该方法研究激励约束机制各要素分别对社会效益和经济效益提升的影响以及社会效益与经济效益之间的相互影响。为此，①文章首先提出激励约束机制分别对社会效益和经济效益提升影响的假设，分别构建理论影响模型。类似地，亦提出社会效益与经济效益之间相互影响理论假设，并结合控制变量构建理论影响模型。②对上述数学模型中的被解释变量、解释变量和控制变量进行描述性统计分析，以了解中国出版上市企业中这些变量的基本状态。再对被解释变量、解释变量和控制变量展开相关分析，以检验因变量与自变量之间是否具有强相关性，自变量与控制变量之间是否存在弱相关性。③在此基础上，运用 STATA 14.0 对模型数据展开 Hausman 检验，以选择合适的模型估计方法。根据已选的模型估计方法，对数据展开多元回归分析，以确定分别影响社会效益提升和经济效益提升的激励约束机制要素。同时，采用类似的方法确定社会效益与经济效益之间的相互影响。④依据中国出版上市企业激励约束机制各要素对“双效”提升的实际影响，结合中国出版上市企业激励约束机制的现状及特征，探究在优先实现社会效益的同时促进“双效”协同提升视角下，中国出版上市企业中激励约束机制存在的问题及其成因，并据此向我国出版上市企业主管机构及其股东大会提出改革和优化激励约束机制以促进“双效”协同提升的关键路径及有效策略。

1.4 本文创新点

本书在吸收、借鉴前人已有经典研究成果的基础上，借助最优契约、管理层权力、锦标赛理论、利益相关者、出版双效兼顾等理论，综合运用深度访谈法、德尔菲法、数理统计等多种分析方法，对激励约束视角下中国出版上市企业“双效”协同提升问题进行研究。相较于前人已有研究成果，本书试图有所创新。具体来说，本书的创新之处主要体现于三个方面。

（1）从激励约束视角研究发现影响中国出版上市企业“双效”协同提升的因素，结论具有一定创新性。文章借助最优契约、管理层权力、锦标赛等经典理论，结合中国出版行业激励约束机制现状及其绩效的特殊性，按照“激励约束机制要素——激励约束机制功能——社会效益或经济效益提升”的思路，构建激励约束机制各要素分别对社会效益和经济效益提升的理论影响，并运用数理统计分析方法对这些理论影响展开严谨的验证工作，力图弥补关于“双效”协同提升的理论与实证研究的不足。本书发现诸多具有创新价值及应用价值的结论。

第一，在影响“双效”协同提升的因素方面，作者发现，在激励机制中，晋升激励是唯一可同时直接促进社会效益、经济效益提升的激励要素。薪酬激励、控制权激励对经济效益提升有显著的直接负向影响，这说明在中国出版上市企业中，薪酬激励、控制权激励不仅不是有效解决“委托－代理问题”的工具，反而极有可能是“委托－代理问题”的突出反映，这一点值得我国出版上市企业的主管机构及股东大会警惕。在内部约束机制中，控股股东约束虽对社会效益提升具有显著的直接正向作用，但对经济效益提升的影响呈倒 U 型，这说明适中的控股股东持股比例更有利于社会效益、经济效益协同提升。制衡股东约束效果不佳。要防范我国出版上市企业独立董事约束失效的风险。在董事会旗下设立编辑委员会，保持其对出版内容生产活动的约束确实有必要。在外部约束机制中，仅有出版物产品市场约束能够同时显著直接促进我国出版上市企业社会效益、经济效益提升。这说明我国出版上市企业中约束管理层的有效力量主要还是来自企业内部。能够对我国出版上

市企业管理层进行有效约束的外部力量还存在巨大的、值得主管机构培育的空间。

根据上述研究发现，本书厘定了中国出版上市企业中面向管理层的优质、劣势及权变激励约束机制要素。其一，可同时显著直接促进我国出版上市企业社会效益、经济效益提升的优质激励约束要素包括晋升激励、控股股东约束、出版物产品市场约束。其二，仅直接促进社会效益提升的权变要素是控制权激励、声誉激励、编辑委员会约束，仅可直接促进经济效益提升的权变要素是股权激励、机构投资者约束、顶层管理者约束。其三，对我国出版上市企业社会效益和经济效益提升都没有显著直接正向影响，甚至具有显著直接负向影响的劣势要素包括薪酬激励、制衡股东约束、独立董事约束、市场化进程约束、政府对市场干预带来的约束、要素市场约束、法律制度环境约束。

第二，本书运用实证研究方法证实社会效益与经济效益之间具有相互正向影响，即经济效益对社会效益提升具有显著直接正向影响，而社会效益对经济效益提升亦具有明显直接促进作用。虽然以往出版领域部分学者提出相似观点，但这些观点多是从定性和思辨视角做出的理论层面的论断。本书上述结论弥补了以往定性和思辨论断中实证研究的不足，为证实上述理论提供了重要的支撑。这一研究结论也为我国出版企业主管主办机构制定管理方针政策，及出版企业决策者制定经营战略和管理策略提供重要且科学的理论支撑。当前，与新闻学、传播学和文献学等相对成熟的学科相比，出版学的学术体系存在理论观点或原理尚有待检验等问题①。出版企业社会效益与经济效益能够相互影响的研究发现为出版学界和业界澄清了关于“双效”关系的猜测和疑虑，也为出版领域的后续相关研究提供一定的启示。

（2）廓清社会效益与社会责任绩效的关系，观点具有一定创新性。文章通过全方位深度梳理中国出版企业的社会效益及社会责任绩效的内涵，借助企业伦理学领域的相关理论，有力廓清了出版行业中社会效益与社会责任绩效的理论关系。本研究明确提出这样的观点：在我国出版行业中，社会责任绩效应属于社会效益的下位概念，社会责任绩效应隶

---

① 周蔚华，方卿，张志强，等：《出版学“三大体系”建设（笔谈）》，《华中师范大学学报（人文社会科学版）》2021 年第 3 期。

属于社会效益。然而，过往出版领域的相关研究并未充分认识社会效益与社会责任绩效之间存在的界限与区别，多将出版企业的社会效益和社会责任绩效等同为同一概念，未做明显区分。本书经分析发现，狭义的出版企业的社会效益是指出版企业履行维护意识形态、传播知识与人类精神文明成果、传承文化等责任的效益。而除了履行上述文化方面的责任之外，出版企业履行对读者、作者、债权人等利益相关者责任的效益亦应纳入其实现社会效益的范畴。由此，本文提出，出版企业的社会效益与其社会责任绩效间存在明显区别，两者并非同一概念，社会责任绩效的范围及边界小于社会效益，其应属于社会效益的下位概念。这一观点不仅符合 2018 年 12 月中宣部发布的对出版企业社会效益考核的内在要求，也符合当今国内外企业伦理研究界所倡导的将履行对利益相关者责任纳入绩效评价范畴的趋势。同时，这一研究成果亦突破现有研究更多关注出版企业履行文化责任的特点，延伸和拓展了社会效益的内涵、外延及边界，为中国出版企业社会效益的内在结构提供了新的解释。这既有助于全面准确地计量中国出版上市企业的社会效益，也为中国出版企业绩效研究构建了新的分析框架，为后续面向出版企业的绩效研究提供重要的理论支撑，具有较强的参考和借鉴价值。当前，与新闻学、传播学和文献学等相对成熟的学科相比，出版学的学术体系还存在理论基础薄弱、基本概念或范畴模糊等问题①。本书对出版企业的社会效益与社会责任绩效关系的深入梳理与澄清，为推动解决出版研究领域中存在的理论基础薄弱、基本概念或范畴模糊问题迈出极小但坚实有力的一步。

（3）为出版企业“双效”研究引入从激励约束角度展开研究的新视角，以及引入量化研究的新方法，在研究视角与方法上具有一定创新性。然而，出版学对自身专门方法论的研究还没有取得突破性共识，这是一个缺憾。创新出版学专门方法论成为出版学研究中的一个重要课题②。出版学本质上属于综合性学科，离不开其他学科的辅助，采用多元方法开展跨学科研究极有必要③。本书是一项跨学科研究，将出版学

① 周蔚华，方卿，张志强，等：《出版学“三大体系”建设（笔谈）》，《华中师范大学学报（人文社会科学版）》2021 年第 3 期。

② 耿相新：《出版学定位研究方法论纲要》，《科技与出版》2022 年第 1 期。

③ 于殿利：《论三大认知革命与出版学科建设》，《现代出版》2022 年第 3 期。

领域“双效”研究与企业管理、公司治理、企业伦理等管理学领域的激励约束机制研究紧密结合起来。

首先，本书在研究视角方面力图有所创新。已有研究多从体制改革、政策引导、考核管理等角度研究出版社会效益或经济效益提升问题，鲜有研究关注出版上市企业管理层激励约束这一关键要素对“双效”提升的影响。本书突破传统研究视角，采用跨学科研究的方式，为出版领域和传媒领域开拓从激励约束这一企业治理角度研究“双效”协同提升的新视角，亦为出版“双效”研究开拓新的思路。

其次，在研究方法上，本书亦克服多重困难，力图有所创新。在定性研究中国出版上市企业激励约束机制的结构、功能及特殊性，“双效”的内涵、构成及评价基础上，本书采用数理统计分析方法，定量研究激励约束机制对社会效益和经济效益提升的影响，以及社会效益与经济效益之间的相互影响，探讨在优先实现中国出版上市企业社会效益的情况下，如何对激励约束机制进行改革和优化，才可以实现“双效”协同提升。这一研究方法，突破了以往出版研究领域多从定性视角研究“双效”提升的范式，为出版“双效”研究开拓了基于数理统计分析方法展开量化研究的新视角，与国际传媒经济研究中偏向量化方法的趋势一致①。同时，依托经济模型所得的研究成果具有可证伪性，进一步丰富了传媒经济研究领域中的理性成分②。本书所构建的“双效”计量方法、激励约束机制的量化方法、研究激励约束机制分别对“双效”提升影响的方法，可为后续相关研究提供重要启示，具有较高的参考价值。

1.5 小结

此章主要探究开展激励约束视角下中国出版上市企业“双效”协同提升研究的必要性及重要价值，并在此基础上梳理研究的思路及方

① 吴信训，储靖伦：《我国传媒经济学的研究进展（下）》，《新闻与写作》2017 年第 2 期。

② 石义彬，周劲：《传媒经济学研究的回顾与反思》，《新闻与传播评论》2003 年第 1 期。

法。根据社会效益、经济效益在中国出版上市企业主管主办机构及利益相关者群体中的重要地位，激励约束机制直接关系到出版上市企业内部的行权方式及行权效果，以及激励约束视角下中国出版上市企业“双效”协同提升的精准研究暂付阙如等因素，确立了开展此项研究工作的必要性及迫切性。在此基础上，确立研究的核心问题及其附属5个子问题。其中，本书核心问题是：应如何对中国出版上市企业的激励约束机制进行改革，以促进中国出版上市企业在优先实现出版社会效益的同时，实现社会效益与经济效益协同提升。为解决这一核心问题，笔者将此核心问题分解为5个子问题。子问题1：中国出版上市企业激励约束机制的结构、现状及特征如何？子问题2：中国出版上市企业的社会效益、经济效益应如何分别进行衡量？子问题3：物质激励、精神激励、内部约束机制、外部约束机制分别对社会效益提升、经济效益提升会产生何种影响？子问题4：中国出版上市企业社会效益与经济效益之间存在何种相互影响关系？子问题5：结合社会效益与经济效益之间的相互影响关系、激励约束机制现状及其对“双效”的影响，从“双效”协同提升视角提出改革中国出版上市企业激励约束机制的对策建议。除了研究思路和研究方法，科学的学术研究还需要深厚的理论基础及清晰的研究框架作为支撑。本书在下一章中将重点研究理论基础以及围绕理论基础构建的研究框架。

2 理论基础与研究框架

优秀的学术研究往往建立在深厚的理论基础之上。要解决激励约束视角下中国出版上市企业“双效”协同提升问题，也需要理论基础做支撑。在此基础上，搭建解决本书核心问题的研究框架，为后续的科学研究提供理论指导。

2.1 理论基础

一项科学研究，到底应该选用何种理论作为支撑，学界鲜有明确的规定。不过，纵览、对比学界的经典研究可以发现，学者们所选的理论往往对全文的研究框架具有明显的支撑作用。根据这一研究惯例，文章亦选择对整体框架具有强支撑作用的理论作为研究基础并据此搭建研究框架。

2.1.1 最优契约理论

1932 年 Berle 及 Means 提出的最优契约理论（Optimal Contracting Approach）指出，在现代企业中作为企业实际经营者的管理者（亦即代理人），其行为并不完全与企业股东（亦即委托人）的期望一致，管理者与企业股东存在利益冲突的情形①。管理者在实际代理过程中往往会偏离委托人——企业股东的利益期望，而实现自身利益最大化。因此，在股东与管理者的委托代理关系中，囿于代理行为的不可观察性，容易

---

① Berle, M. et al, The Modern Corporation and Private Property, New York: Commerce Cleaning House, 1932.

出现道德风险、风险规避等现象①。其中，所谓代理行为的不可观察性，指在现代企业中囿于管理者（亦即代理人）人数较多，团队性工作导致委托人（亦即股东）对代理人行为进行直接观察的难度有所增加，因此，委托人实际上难以真正清楚了解代理人具体工作的真实情况②。而委托人与代理人之间的这种信息不对称现象，显然会增加代理成本。道德风险多指管理者的偷懒等以牺牲股东利益或公司整体利益为代价的谋私或败德行为，包括管理者利用掌握的权力将企业资源提供给自身的利益关系者，或以牺牲股东或公司利益为代价与自身利益关系者签订合同等。风险回避多指当管理者面临可为股东及企业带来收益，但亦有可能会给自身或者企业带来风险的商业机会时，管理者为防范风险而放弃可能为股东及企业带来收益的好机会。也就是说，当管理者在面临权衡收益与风险的关键决策时，其往往将自身的既得利益与安危放在比股东与企业利益更优先的位置③。上述道德风险、风险回避等现象致使股东（亦即委托人）与管理者（亦即代理人）之间极易产生“委托-代理问题”。有鉴于此，倘若管理者获得股东委托，而缺乏有效的激励或约束机制，则管理者的行为必然会偏离委托人的预期轨道。因此，委托人需要通过激励或者约束机制，在给予管理者一定激励的同时，又要给予管理者适当的监督约束加以制衡，用来激励或监督管理层为实现股东价值最大化的目标而努力工作④。这些激励约束机制既可将股东利益与管理者利益密切地联系在一起，又可极大减少股东因监督管理层付出的高昂花费，有效降低股东所面临的代理成本，是一种双赢策略⑤。

---

① Berle, M. et al, The Modern Corporation and Private Property, New York: Commerce Clearing House, 1932.

② 陈效东：《股权激励动机差异对企业投资决策的影响研究》，上海，立信会计出版社，2018年，第36页。

③ 陈效东：《股权激励动机差异对企业投资决策的影响研究》，上海，立信会计出版社，2018年，第36页。

④ 肖星，陈婵：《激励水平、约束机制与上市公司股权激励计划》，《南开管理评论》2013年第1期。

⑤ 肖星，陈婵：《激励水平、约束机制与上市公司股权激励计划》，《南开管理评论》2013年第1期。

最优契约理论尤其强调薪酬契约的有效性和市场机制的合理性[①]。在最优契约理论下，股东给予管理层更高的薪酬激励，有助于缓解因委托人与代理人之间客观存在的信息不对称而产生的代理成本。而给予管理者薪酬激励虽致使公司支付更高的薪酬，但该高额的薪酬激励亦有助于降低代理成本，提升企业绩效[②③]。当然，上述薪酬的本质具有薪酬包（Compensation Package）含义，其既是劳动资本化的体现，亦是多种物质酬劳的组合概念。其常见的构成要素包括基本薪酬、绩效薪酬、中长期激励以及福利性收入[④]。其中，基本薪酬所提供的稳定且有竞争力的待遇，有助于留住管理层。长期激励则将管理层与股东和企业的长期收益相关联，使得股东收益最大化得到有效保障。包括退休金、补充性高管退休计划和递延薪酬计划等在内的福利性收入则有助于企业长期留住人才，有利于公司各层级的亲密关系以及企业的长期资金积累。值得一提的是，精神性收益虽是一种客观存在的激励形式，但它并不属于薪酬激励的范畴[⑤]。不过，代理人具有公平偏好。代理人在追求自己利益最大化的同时，也关注自己与委托人间的收益分配是否公平。而且代理人的公平偏好极有可能导致股东或企业给予薪酬激励的效率降低。代理人公平偏好愈强，委托人的期望收益可能愈低。此时，作为股东的委托人需要向公平偏好较高的代理人支付较高的薪酬，方可补偿其公平负效用[⑥⑦⑧]。

---

① 肖淑芳:《股权激励实施中经理人机会主义行为基于管理权力视角的研究》，北京，北京理工大学出版社，2018 年，第 1 页。

② Baker, Terry. et al, 2003: " Stock Option Compensation and Earnings Management Incentives", *Journal of Accounting, Auditing & Finance*, October.

③ 肖星，陈婵:《激励水平、约束机制与上市公司股权激励计划》，《南开管理评论》2013 年第 1 期。

④ 臧兴东:《上市公司高管薪酬法律规制研究》，北京，知识产权出版社，2019 年，第 48 页。

⑤ 臧兴东:《上市公司高管薪酬法律规制研究》，北京，知识产权出版社，2019 年，第 48 页。

⑥ Florian Englmaier. et al, 2005: "Optimal Incentive Contracts under Inequity Aversion", *Games and Economic Behavior*, July.

⑦ ltoh, H. 2004: "Moral Hazard and Other-regarding Preferences", *Japanese Economic Review*, March.

⑧ 郭淑娟:《上市公司高管薪酬激励机制研究——基于中国证券市场的理论与实践》，北京，企业管理出版社，2013 年，第 13 页。

此外，市场机制在解决委托人与代理人利益矛盾中也起到关键作用[①]。如法律约束不但赋予股东追究管理者渎职行为的权利，还对管理者在破产后一定时间内不准再从事经理工作或担任董事职位予以规定，对管理者承担相应的经济赔偿责任亦有规定。股东所有权对管理者经营权亦有约束。当管理者经营不善时，小股东会“用脚投票”，大股东可依据合同和章程行使权利，撤换不称职的管理者。机构投资者则可能采取相应的主动措施对管理层结构进行调整。公开、公平的职业经理人市场，可对现有企业管理层形成强有力的竞争压力。迫于这一压力，管理者不得不努力进取，奋发向上，否则面临极高的被替代的风险。来自诉讼机制的约束赋予股东对管理者的不轨行为提起诉讼的权利。当管理者侵害股东或者企业的利益时，股东行使诉讼经济权可对管理者形成强大且有力的威慑效果，有效制约管理者。定期的信息披露机制，亦可约束管理者在企业财务事项、投资决策、债券债务等重大事项方面的随意决策行为，使其格外注重自身的决策行为及其产生的后果[②]。

最优契约理论在研究中的价值及应用突出体现在划分出版上市企业激励约束机制结构方面。一方面，最优契约理论指出，股东给予管理层更高的薪酬激励，可以有效缓解因代理行为的不可观察性而给股东和企业带来的额外委托代理成本，完善公司的治理机制，降低股东及企业的委托代理支出。同时，薪酬还能激励管理层努力工作，提高企业的绩效。立足于该理论，本文将薪酬激励、股权激励纳入管理层薪酬激励的范畴。之所以将股权激励纳入广义薪酬激励的范畴，是考虑到股权激励的本质是一种物质激励，属于薪酬激励的范畴。另一方面，最优契约理论指出，包括法律在内的外部约束机制、不同类型股东在内的市场约束机制可对现有企业管理层形成强有力的压力，督促和约束其努力工作，减少道德风险及败德行为。基于该理论，本研究将出版上市企业的约束机制划分为内部约束机制和外部约束机制两方面。其中，内部约束机制主要包括不同股权结构给出版上市企业带来的约束压力，重点涉及控股股东约束、制衡股东约束以及机构投资者带来的约束压力。外部约束机

① 陈效东：《股权激励动机差异对企业投资决策的影响研究》，上海，立信会计出版社，2018 年，第 36～37 页。

② 陈效东：《股权激励动机差异对企业投资决策的影响研究》，上海，立信会计出版社，2018 年，第 36～37 页。

制主要包括法律、市场及政府在内的外部力量对出版上市企业的约束，本研究重点关注市场化的竞争程度、政府对市场的干预、产品市场、要素市场、中介组织发育及法律环境等。

2.1.2 管理层权力理论

管理层权力理论（Managerial Power Approach），最早源于 Bebchuk 与 Fried 两位学者 2003 年发表的研究论文[①]。该理论的核心含义恰恰与最优契约理论相反。最优契约理论认为，给予管理层薪酬激励能够有效降低代理成本，它是解决委托代理问题的有效途径。而管理层权力理论指出，薪酬契约达到最优的前提在于企业具备独立性强的董事会、完善的经理人机制与资本市场机制、完善的产品市场，以及有效的法律诉讼环境等诸多条件[②]。然而在现实中，这些条件往往难以满足。首先，包括独立董事在内的董事会董事往往与股东之间缺乏长期且紧密的联系，其日常工作往往依赖管理层。这种情况容易导致董事会对管理层的薪酬制定工作缺乏足够的监督动力和能力，甚至出现管理层自定薪酬的情况，由此导致管理层薪酬水平过高、薪酬结构扭曲等问题，降低管理层薪酬与绩效之间的弹性。薪酬激励成为一种负激励，无法发挥激励效果[③]。尤其当管理层中的大部分人员擢升自企业内部而非外部经理人市场时，董事会成员之间的“袍泽之情”极易致使“内部人”通过俘获董事会成员偏好的方式来控制董事会，形成“内部人”控制。在信息不对称的情况下，并不参与企业日常经营管理的股东们难以直接对管理层进行监督，亦难以获得管理层侵犯其利益的证据。因此，管理层权力理论认为，给予管理层薪酬激励并非解决“委托 - 代理问题”的有效途径。

管理层权力理论的核心内涵指出，当公司治理机制出现缺陷时，管

① Bebchuk, L. A. et al, 2003: “Executive Compensation as An Agency Problem”, *Journal of Economic Perspectives*, July.

② 臧兴东：《上市公司高管薪酬法律规制研究》，北京，知识产权出版社，2019 年，第 56 页。

③ 臧兴东：《上市公司高管薪酬法律规制研究》，北京，知识产权出版社，2019 年，第 56 页。

理层可能会利用超越其特定控制权的影响力，绕过董事会的监督来执行决策并实现自己的意愿，运用股东赋予的权力影响甚至决定薪酬机制。虽然从理论角度来说，由股东选举产生的董事会成员理应代表股东利益并代替股东监督管理层。然而在实践中，管理层可在一定程度上影响董事会成员的构成，这种影响力带来的直接后果便是削弱董事会的独立性。在内部监督机制不完善，包括市场在内的外部约束机制亦不健全的情况下，董事会可能无法完全代表股东们的利益，对管理层进行监督。具备执行董事会决策义务和权利的董事，极有可能主动执行并实现管理层意愿。因此，管理层权力越大，董事会与股东对其监督力量则越弱，管理层为自身谋取利益的动机和能力便更强。只有加强股东们的监督力量，方可减少管理层利用权力为自身谋求私利的道德风险与逆向选择行为①。吴育辉和吴世农②、周建波和孙菊生③、吕长江和赵宇恒④等学者的研究发现，我国上市企业中的股权激励计划已出现管理层的自利行为。企业和股东向管理层支付了高额薪酬，但管理层并没有给企业带来应有的业绩成果。

管理层权力理论的核心启示和价值在于在现代企业制度下股东或企业要对管理层的权力进行严格的约束和监督。一是需要建立真正独立的董事会。由独立董事组成的薪酬委员会对管理层薪酬产生影响。而当前中国上市企业中不少独立董事往往由管理层（尤其是董事长和总经理）挑选聘任，这种聘任关系往往容易导致独立董事与管理层形成利益共同体。二是需要完善经理人市场。成熟的经理人市场往往使得管理层拥有一种可能被其他优秀职业经理人替换的职业不安全感。尤其是当其做出一些不合规或违法行为时，被替换风险较高，这会极大地威慑管理层的道德风险与逆向选择行为。三是需要完善有效的法律诉讼环境。管理层亦是理性人，当不法行为面临较高的法律成本时，其亦会自行收敛和约

---

① 李孟洁：《转型经济中的公司治理与变革》，上海，同济大学出版社，2019 年，第 13 页。

② 吴育辉，吴世农：《企业高管自利行为及其影响因素研究——基于我国上市公司股权激励草案的证据》，《管理世界》2010 年第 5 期。

③ 周建波，孙菊生：《经营者股权激励的治理效应研究——来自中国上市公司的经验证据》，《经济研究》2003 年第 5 期。

④ 吕长江，赵宇恒：《国有企业管理者激励效应研究——基于管理者权力的解释》，《管理世界》2008 年第 11 期。

束其自身行为。

之所以将管理层权力理论应用至本书中，主要是因为该理论所指现象在中国出版上市企业中发生的概率极高。管理层权力理论认为，管理者权力越大，对其自身薪酬决策的影响力越大。当前，我国出版上市企业绝大多数都是国有控股，且控股比例较高。同时，我国出版上市企业的公司整体治理水平还不够完善，管理层拥有较大权力，再加上较高的国有控股比例，很容易出现所有人缺位和约束力量弱化现象。管理层权力理论在本书中的应用主要体现为两方面：一是划分激励约束机制的结构。根据管理层权力理论对管理层进行约束和监督的要求，本文将对管理层的约束机制划分为：独立董事约束、市场化进程约束、法律制度环境约束。二是在结果讨论部分，重点应用此理论对结果进行解释。文章后续的研究结果显示，我国出版上市企业中管理层的薪酬激励并没有取得如期的绩效成果。文中应用此理论详细讨论和解释了我国出版上市企业中可能存在一定程度的、隐形的内部人控制现象。

2.1.3 锦标赛理论

锦标赛理论是关于代理人内部激励机制的理论，其最早由 Lazear 和 Rosen 两位学者于 1981 年提出[①]。该理论的核心要义是：虽然委托人因信息不对称无法直接观察到代理人的产出，但是委托人却可以对代理人的产出进行排序。根据代理人的产出排名，委托人向代理人支付差异化的报酬[②]。代理人是否努力工作，取决于产出“获胜者”与产出“失败者”之间的报酬差距。产出“获胜者”与产出“失败者”之间的报酬差距愈大，代理人愈会努力工作[③]。这一理论后被逐渐用于解释管理层团队的激励问题，即与管理层职位晋升相关联的薪酬增长幅度，可激发处于该职位以下管理层工作的积极性。薪酬差距愈大，锦标赛参与者愈会努力工作以获得更高职位。可以说，在职位晋升结果明晰前，管理

---

① Lazear, E. P. et al, 1981: “Rank-Order Tournaments as Optimum Labor Contracts”, *Journal of Political Economy*, October.

② 杜雯翠：《国有垄断企业改革与高管薪酬》，上海，东方出版中心，2016 年，第 183 页。

③ 杜雯翠：《国有垄断企业改革与高管薪酬》，上海，东方出版中心，2016 年，183 页。

层均有动力为获得职位晋升而努力积极工作。有鉴于此，锦标赛理论提出可通过职位晋升来激励管理层。对于这一理论，国内外的一些研究业已证实：薪酬差距与企业绩效之间存在显著关系。也就是说，加大更高级管理层职位与一般管理层间的薪酬差距，可有效降低委托人监管代理人的成本，为委托人与代理人之间的一致利益提供强激励，最终提升企业绩效[①②]。在中国，这种职位晋升不仅意味着所获报酬增加，可能还体现为行政权力与地位的极大提升。因此，职位晋升对管理层具有较大吸引力。

锦标赛理论的应用需要具备一定条件。一是委托人集中掌管人事权，掌握代理人的晋升与提拔标准，对代理人的晋升和提拔拥有绝对话语权，尤其是会根据代理人的客观绩效决定其升迁工作。二是拥有一套委托人、代理人均可接受的、可衡量的客观绩效指标，如经济效益增长率、社会效益增长率等。模糊的竞赛指标，会导致锦标赛参与者无所适从，竞赛结果亦难以服众，激励效益降低。三是代理人的竞赛成绩是可相对分离和相对比较的。倘若代理人的个人成绩无法单独衡量，就没有可对代理人竞赛结果进行比较的标准。四是代理人能够在一定程度上影响和控制最终的竞赛成绩。即竞赛的最终考核指标与代理人的努力之间拥有较强的相关关系。如果这两者之间的关联度过于微弱，则难以起到激励代理人的效果[③]。

之所以选用该理论，是考虑到当前我国出版上市企业管理层的升迁机制符合锦标赛理论的适用条件。首先，主管机构拥有集中的人事权。我国出版上市企业的管理层属于国有控股企业高管一般由政府组织部门集中任免。其次，我国出版上市企业的绩效往往可衡量、可量化。社会效益方面，获得“中国出版政府奖”、“五个一”工程奖、“中华优秀出版物奖”这三项国内出版领域顶尖奖项的数量，往往会被出版界认为是衡量出版企业社会效益优秀程度的重要指标。2018 年 12 月底，中宣部印发《图书出版单位社会效益评价考核试行办法》（以下简称《办

---

① Main, B. G. M. et al, 1993：“Top Executive Pay：Tournament or Teamwork?”, *Journal of Labor Economics*, October.

② 林浚清，黄祖辉，孙永祥：《高管团队内薪酬差距、公司绩效和治理结构》，《经济研究》2003 年第 4 期。

③ 周黎安：《中国地方官员的晋升锦标赛模式研究》，《经济研究》2007 年第 7 期。

法》），进一步推动出版企业社会效益考核指标的量化工作。《办法》采用百分制对社会效益指标进行了量化，以出版质量和社会影响、产品结构和专业特色、内部制度和队伍建设等四大类 9 条 35 项指标作为评分标准，形成了对出版企业社会效益可量化、可核查的要求[①]。这也为全面、科学、准确衡量出版企业管理者实现出版社会效益水平提供重要标准。经济效益方面，与其他行业相似，资产收益率、净资产利润率、资本保值增值率均可作为衡量出版企业管理者创造经济效益水平的有力参考。再次，出版企业管理层的竞赛成绩是可相对分离和相对比较的。由于管理层是企业的真正经营者和决策者，影响出版企业内部的行权方式和行权效果，因此，在评定其成绩过程中，组织部门往往会把企业绩效近似等同于管理层所创造价值的大小。最后，出版企业管理层晋升的最终考核指标与其努力之间具有一定的相关关系。经济效益考察的是管理层的经营能力，社会效益考察的是管理层的选题决策与出版把关能力。对于上述能力，管理层完全可以通过自身努力加以提升，进而正向影响出版企业绩效。因此，设计一个将职位晋升（代理人利益）与出版“双效”（委托人需求）相关联的激励机制以降低委托代理的成本便显得尤为重要。

综上所述，锦标赛理论适用于我国出版上市企业管理层的晋升体制，因此本书将锦标赛理论纳为理论基础之一。锦标赛理论在文中的核心价值在于两方面：一是作为划分激励约束机制的重要依据。锦标赛理论提出可通过职位晋升来激励管理层，根据这一理论，文中将晋升激励纳为激励约束机制的构成要素之一。二是在研究晋升激励对出版上市企业社会效益、经济效益提升的影响过程中，根据锦标赛理论阐述相关假设。根据实证研究结果，利用此理论对研究假设成立与否的原因做进一步深入解释。

2.1.4 利益相关者理论

利益相关者理论（Stakeholder Theory）是解决组织管理中道德和价

---

① 李玉平：《“社会效益评价”助推出版业高质量发展》，2019 年 4 月 11 日，http://media.people.com.cn/n1/2019/0411/c14677-31025058.html.

值问题的组织管理理论和企业伦理理论。该理论的雏形出现于1959年Edith Tilton Penrose所著的《公司成长理论》(*The Theory of the Growth of Firm*)一书，Penrose指出，公司是人力资源和人际关系的集合。[①] 这一概念为利益相关者理论的提出奠定重要基础。后续研究将利益相关者理论拓展为包括资源、市场和社会政治等方面，该理论的核心内涵存在多种解释，但最规范、最常见的版本出现于公司研究领域。它常作为一个描述性理论，试图定义公司具体的利益相关者并作为考察管理者是否将企业相关团体（the parties）视为利益相关者的条件。[②]

对于公司具体的利益相关者，Clarkson主张从狭义视角解释：只有那些在公司中投入了一定人力、物力、财力等有价值的东西，对公司具有直接影响且承担公司一定经营风险的相关者，才可被认定为企业的利益相关者。[③] 按照该理解，社会组织、社会成员、社会团体等都被排除在公司的利益相关者之外。但是，更多的观点主张从广义视角解释利益相关者。斯坦福研究所（Stanford Research Institute，SRI）作为最早提出“stakeholder”一词的机构，“利益相关者是指主动或者被动影响组织目标实现的任何组织和个人”。[④] Bryson也提出一种综合性更强的定义：利益相关者是指任何可以对组织的关注点（attention）、资源（resource）或产出（output）提出要求（claim）或者受到产出影响的人、群体或者组织。[⑤] Freeman的观点与此类似，并且他从所有权、经济依赖性以及社会利益三个维度划分利益相关者：一是股东、持股的董事和经理、其他持股者为公司所有权利益相关者；二是员工、消费者、债权人、供应商、社区等与公司在经济上有依赖关系的相关群体被称为经济依赖性利益相关者；三是特殊群体、媒体、政府领导人等企业在社会上

---

① Penrose, E. T. The Theory of the Growth of the Firm, Oxford: Oxford University Press, 2009, p. 22.

② Phillips, R. Stakeholder Theory and Organizational Ethics, Oakland: Berrett - Koehler Publishers, 2003, p. 15.

③ Clarkson, M. et al, 1994: “The Toronto Conference: Reflections on Stakeholder Theory”, *Business and Society*, April.

④ Freeman, R. E. 1983: “Strategic Management: A Stakeholder Approach”, *Advances in Strategic Management*.

⑤ John Moore Bryson, Strategic Planning for Public and Nonprofit Organizations: A Guide to Strengthening and Sustaining Organizational Achievement, San Francisco: Jossey-Bass Publishers, 1995.

的利益相关者被合称为社会利益相关者。[①]

利益相关者理论认为，现代企业是由不同要素提供者组织起来的庞大系统。在这个系统之下，任何企业都有众多的利益相关者，如股东、员工、政府、供应商、债权人、客户等，而股东只是众多利益相关者之一。企业要实现可持续发展，离不开广大利益相关者的投入与参与。因此，企业应该追求广大利益相关者的整体利益，而并非简单地将股东利益放在至高地位。[②] 为此，企业必须在主要利益相关者之间合理地分配剩余索取权与剩余控制权，协调好公司与各利益相关者的利益关系。经济合作与发展组织（Organization for Economic Co-operation and Development，OECD）也明确指出：在公司治理框架中应该尊重利益相关者受法律保护的权利和双方共同协议确立的权利，当其利益受到侵害时，能够获得补偿；要求企业开发这种机制保证参与公司治理的利益相关者享有充分的知情权；利益相关者可以自由地对董事会违法和败德行为表示看法，而且这种行为不应影响其所享有的权利。[③] 我国证监会、经贸委于2002年发布的《上市公司治理准则》中也明确指出：上市公司应尊重银行及其他债权人、职工等利益相关者的合法权利；与利益相关者合作，共同推动公司的健康、可持续发展；向银行及其他债权人提供必要的信息；鼓励职工与董事会、高级管理层进行直接交流，反映职工对重大决策的意见；关注社区福利、环境保护和公益事业等，承担起社会责任。[④] 虽然目前利益相关者理论在公司治理中并没有形成完整的理论体系，但这一理念早已融入公司治理实践中，如员工代表进入监事会、董事会，债权人代表进入董事会等。

之所以将此理论应用至本书，主要是考虑到我国出版上市企业涉及诸多利益相关者，而这些利益相关者的利益是在衡量出版企业社会效益时必须考量的重要对象。我国出版上市企业的利益相关者主要包括：一

---

① Freeman, R. E. Strategic Management: A Stakeholder Approach, Cambridge: Cambridge University Press, 1984.

② Freeman, E. R. 1983: "Strategic Management: A Stakeholder Approach", *Advances in Strategic Management*.

③ 经济合作与发展组织：《OECD公司治理原则》，张政军、张春霖译，北京，中国财政经济出版社，2005年，第19～21页。

④ 中华人民共和国中央人民政府：《关于发布〈上市公司治理准则〉的通知》，2002年1月7日，http://www.gov.cn/gongbao/content/2003/content_62538.htm.

是出版企业的主管主办机构。主管主办机构通过设立出版资助项目等方式来大力支持出版企业发展，出版企业理应承担起纳税、为其生产所需出版物、担任其喉舌等责任。二是其他股东。这些股东为出版上市企业发展提供大量资金，为这些股东分配应得的红利，保护中小股东利益不受损害是出版上市企业的重要责任。三是出版产业链上下游参与者，包括对出版产业链的作者，纸张、油墨及印刷设备供应商，编辑群体，读者等。这些出版产业链上下游直接参与者为出版物生产活动提供了必要的生产资料以及人力资本，出版上市企业需要承担对这些群体的责任。四是社区，如参与精准扶贫、乡村振兴等国家重大战略计划，亦是出版上市企业作为企业所需担负的基本责任。出版企业是知识服务企业，利用知识扶贫，提升乡村村民文化媒介素养是分内之事①。出版企业不仅应该参与其中，还要起到引领作用②③。

利益相关者理论在本书中的应用主要在于作为厘清我国出版上市企业社会效益内涵的重要依据。目前，出版学界对社会效益研究的重点在于出版企业作为图书出版单位所应承担的特有责任，而对出版企业作为一般商业企业所应承担的社会责任探究不足。应用利益相关者理论，本书试图廓清出版企业作为一般商业企业应对哪些关键利益相关者承担责任，承担何种责任等问题，并根据相关研究结论，拓展出版社会效益的内涵，完善社会效益的内容和结构，为全面、准确、科学衡量出版社会效益提供重要基础。

2.1.5 出版双效兼顾理论

所谓出版双效兼顾理论，是指出版企业在生产经营活动中应该始终坚持将社会效益放在首位，实现社会效益与经济效益协同提升的原则。出版双效兼顾理论，发轫于1979年国家出版局在长沙召开的全国出版工作座谈会。根据该会议精神，1980年国家出版局在其制订的《出版

---

① 秦艳华，杜洁：《媒介素养：乡村文化振兴的重要推动力》，《中国编辑》2021年第11期。

② 左志红：《精准扶贫，上市书企在行动》，《中国出版传媒商报》2020年5月18日。

③ 徐志武：《我国出版上市公司治理结构与绩效关系研究》，武汉大学博士学位论文，2018年。

工作暂行条例》中确立了“两为”“双百”“两用”的出版方针，并提出须坚持质量第一、密切关注社会效果的理念。这也是新中国成立以来政府公开的文件中最早出现“社会效果”一词。1983 年，中共中央、国务院确立“为人民服务、为社会主义服务”是我国出版事业的根本方针。针对一些出版社片面追求经济效益、不顾社会效果的现象，1985 年至 1988 年，文化部、新闻出版署多次提出出版工作应将社会效果放在第一位的要求。① 十八大以来，党中央反复强调，发展各类文化事业和文化产业都要始终把社会效益放在首位。在 2014 年 10 月 15 日的文艺工作座谈会上的重要讲话中，习近平总书记再次强调：“一部好的作品，应该是把社会效益放在首位，同时也应是社会效益和经济效益相统一的作品。文艺不能当市场的奴隶，不要沾满了铜臭气。优秀的文艺作品，最好是既能在思想上、艺术上取得成功，又能在市场上受到欢迎。”②

我国图书出版单位之所以要同时兼顾社会效益与经济效益，是由出版工作具有文化属性和经济性属决定的③。而出版工作的文化特性是由其劳动对象即出版物的文化性属决定的。出版物是满足人民精神文化需求的产品，其所包含的知识与信息是社会价值的反映，具有极强的文化属性。出版工作的生产、流通、消费三个阶段均含有文化意义。在生产过程中，编辑的选题工作往往是从受众的总体需求以及社会对精神产品价值取向的根本要求出发，按照有利于社会传播的标准，对作品进行审识鉴别和增删整理的文化选择与文化整理过程。出版物的流通过程使得出版物中的知识与信息得以传播，具有文化传播价值。读者消费出版物的过程，实际上包括读者取得出版物与读者享有出版物两个环节。读者取得出版物，实质是一个文化选择与接受的过程。而读者享用出版物，是读者对出版物知识内容进行体认、领悟与吸收的过程，是一个满足精神需求与文化知识认知的过程。④ 与此同时，由于出版物本身亦属于用

---

① 新闻出版署图书管理司：《图书出版管理手册》，沈阳，辽宁大学出版社，1994 年，第 15、24～25、31～37、48～66 页。

② 习近平：《坚持以人民为中心的创作导向创作更多无愧于时代的优秀作品》，2014 年 10 月 16 日，http：//news. sohu. com/20141015/n405152687. shtml.

③ 罗紫初，吴赟，王秋林：《出版学基础》，太原，山西人民出版社，2005 年，第 55～61 页。

④ 罗紫初：《出版学基础》，太原，山西人民出版社，2005 年，第 61～63 页。

来交换的劳动商品，凝结着生产者无质差别的抽象劳动，具有满足人们精神文化需要的使用价值，是使用价值与价值的统一体，因此，出版工作亦具有经济属性。对出版工作中文化属性与经济属性两者关系的定位，受到国家制度与国情差异的极大影响。在我国，文化属性是出版工作的根本目的，是出版工作的本质属性。经济属性是手段，是出版工作的非本质属性。可以说，我国出版工作的本质是一种文化活动，其基本功能是传播文化，根本目的是满足社会的精神文化需求，出版单位的根本价值在于对社会发展做出文化贡献。[①]

在出版工作中，图书出版单位如何平衡社会效益与经济效益，在优先实现社会效益的同时兼顾经济效益，成为一项重要的研究课题[②③④]。出版界逐步对“两个效益”的平衡与兼顾方法形成更深入的认识，并形成两种典型关系论：第一，矛盾关系。即社会效益与经济效益是一对天然矛盾。为处理这对矛盾，经济效益必须服从社会效益或者协调两者关系，兼顾社会效益与经济效益。第二，非矛盾关系。即社会效益与经济效益之间的矛盾只是表象，两种效益在本质上是一致的。社会效益是图书出版单位的长远经济效益，而经济效益是实现社会效益必须具备的条件。[⑤⑥] 虽然社会效益有时会与经济效益出现矛盾，但从根本上说，社会效益与经济效益是统一的，其最终都统一于出版物受读者欢迎程度这一落脚点上。在出版导向正确的前提下，凡是受读者欢迎的出版物既能创造社会效益又能创造经济效益。[⑦]

在处理社会效益与经济效益的关系时，图书出版单位需要避免两种极端情况：一是将政治效益当作社会效益的全部，不计一切成本去追求它；二是将利润作为最高追求目标[⑧]，以牺牲社会效益来获取经济效益，这是必须反对的方向性错误。而不计成本，不重经营，只强调社会

---

① 罗紫初：《出版学基础》，太原，山西人民出版社，2005 年，第 55～68 页。

② 邵益文：《出版单位转制与编辑工作》，《编辑之友》2005 年第 1 期。

③ 珞珈：《出版“两个效益”的有机统一》，《出版科学》2011 年第 19 卷第 2 期。

④ 李长春：《文化强国之路（下）》，北京，人民出版社，2013 年，第 803～827 页。

⑤ 梁上启，严定友：《论转企改制后大学出版社价值追求的新变化》，《出版发行研究》2013 年第 5 期。

⑥ 于友先：《论现代出版业的双效益活力》，《出版发行研究》2003 年第 8 期。

⑦ 石峰：《论出版工作的文化取向》，《出版科学》2004 年第 5 期。

⑧ 李继峰：《论编辑出版效益机制的重建》，《出版发行研究》2004 年第 11 期。

效益，亦不可取。[①] 作为文化企业的图书出版单位，经济效益是其经营活动的基础，社会效益是经营目的。出版物作为编辑产品，经济目标是其基础，社会效益是其原则。从已有经营成功的图书出版单位实例看，良好的经济效益必然能够推动其创造良好的社会效益，而任何一个文化企业，经济实力是其生存繁荣的根本。[②] 图书出版单位应该将文化价值放在首位，将文化价值与经济价值有机结合起来，在坚持社会效益的前提下，实现社会效益与经济效益的统一[③④]。"双效"的统一是对图书出版单位年度统筹安排后实现目标的要求，并非强调每一本书均应为"双效书"。即出版单位统筹出版物生产工作，对质量好、印量大、公众接受度高的图书，应该大力做好出版工作，赢得经济效益。而对于专业性强、读者面窄、印量少等社会效益佳而经济效益差的出版物亦要舍得下功夫，通过年度统筹安排，以实现出版物以盈补亏。[⑤]

出版"双效"兼顾理论是本书的理论基础。本书根据该理论将出版企业的绩效划分为社会效益与经济效益，并根据绩效划分结果分别构建激励约束机制对社会效益和经济效益影响的分析框架，以及社会效益与经济效益之间相互影响的分析框架。这两大框架是本书展开研究的重要基础。

2.2 本书研究框架

本书的核心研究问题是：应如何对中国出版上市企业的激励约束机制进行改革，以促进中国出版上市企业在优先实现出版社会效益的同时，实现社会效益与经济效益协同提升。为解决这一核心研究问题，本书将该问题分解为 5 个子问题：

子问题 1：中国出版上市企业激励约束机制的结构、现状及特征

---

① 石峰：《论出版工作的文化取向》，《出版科学》2004 年第 5 期。

② 李继峰：《经济效益是编辑出版的基本目标》，《编辑之友》2004 年第 2 期。

③ 周蔚华：《出版物的价值和效益评价辨析——兼评"两个效益"重大命题》，《中国人民大学学报》2009 年第 4 期。

④ 易图强：《出版的社会效益与经济效益的关系新释》，《中国出版》2010 年第 12 期。

⑤ 刘杲：《总编辑要积极探讨新形势提出的新课题》，《科技与出版》2008 年第 7 期。

如何？

子问题2：中国出版上市企业的社会效益、经济效益应如何分别进行衡量？

子问题3：物质激励、精神激励、内部约束机制、外部约束机制分别对社会效益提升、经济效益提升会产生何种影响？

子问题4：中国出版上市企业社会效益与经济效益之间存在何种相互关系？

子问题5：结合社会效益与经济效益之间的相互影响关系、激励约束机制现状及其对“双效”的影响，从“双效”协同提升视角提出改革中国出版上市企业激励约束机制的对策建议。

完整清晰地回答这5个子问题，是系统、科学解决本书核心研究问题的关键。首先，本书通过研究激励约束机制的缘起、目标及对象，确立本书研究激励约束机制的切入点。在此基础上，依据最优契约、管理层权力、锦标赛等理论，借鉴已有经典研究，结合我国出版上市企业激励约束机制的现状，建立我国出版上市企业激励约束机制的具体结构框架。文章将激励约束机制划分为四个方面，共16个要素：物质激励（薪酬激励、股权激励）、精神激励（控制权激励、晋升激励、声誉激励）、内部约束（控股股东约束、制衡股东约束、机构投资者约束、独立董事约束、顶层管理者约束、编辑委员会约束）、外部约束（市场化进程约束、政府对市场干预带来的约束、出版物产品市场约束、出版要素市场约束、法律制度环境约束）。

其次，根据中国出版上市企业经营目标的特殊性，深入剖析中国出版上市企业绩效的核心内涵，将出版企业绩效划分为社会效益与经济效益。在此过程中，重点研究社会效益的内涵、结构及其与社会责任绩效关系。通过系统梳理已有的关于社会效益、经济效益的计量方法，结合我国出版上市企业的实际情况，本书设计出版企业社会效益、经济效益的计量方法。

再次，按照“激励约束要素——激励约束机制的功能与价值——绩效”的分析思路，结合最优契约、管理层权力、锦标赛等理论，研究物质激励、精神激励、内部约束、外部约束分别对出版上市企业社会效益和经济效益提升可能产生的影响，构建假设。为验证假设是否成立，运用我国23家出版上市企业的激励约束机制及绩效数据对上述假设进行科学严谨的验证，发现并探究假设与实证结果相悖之处。

复次，为更精准地提出“双效”协同提升的对策建议，本书运用实证分析方法研究中国出版上市企业社会效益与经济效益之间的关系。根据“双效”之间关系的相关理论并提出研究假设，再采用中国出版上市企业的“双效”面板数据对研究假设展开实证研究，并据此廓清社会效益与经济效益之间的相互影响。为科学精准提出激励约束视角下中国出版上市企业“双效”协同提升策略提供重要的理论支撑。

最后，对比假设与实证研究结果，对激励约束机制各要素分别影响社会效益、经济效益的结果进行讨论并廓清理论与假设相悖的成因，探究当前中国出版上市企业激励约束机制存在的问题。在此基础上，结合中国出版上市企业所面临的体制机制环境，以优先实现社会效益、同时促进“双效”协同提升为准则，面向中国已上市出版企业、待上市出版企业及其主管机构提出优化和改革激励约束机制的对策建议。本书具体分析框架如图 2－1 所示。

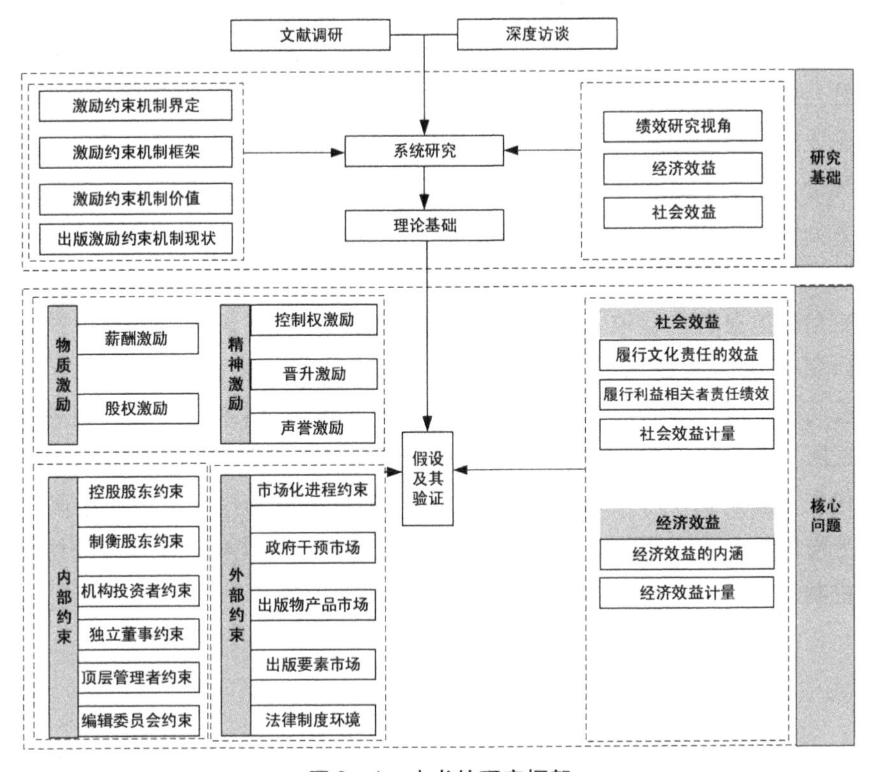

图 2－1　本书的研究框架

2.3 小结

科学的学术研究往往建立在深厚的理论基础之上。要严谨研究激励约束视角下中国出版上市企业“双效”协同提升问题，也需要扎实的理论基础做支撑。本书选择对整体框架具有较强支撑作用的理论作为研究基础，包括最优契约理论、管理层权力理论、锦标赛理论、利益相关者理论及出版双效兼顾理论。其中，将最优契约理论、管理层权力理论、锦标赛理论作为划分中国出版上市企业激励约束机制具体结构的重要依据；将出版双效兼顾理论、利益相关者理论作为将中国出版上市企业绩效划分为社会效益、经济效益的重要依据；将利益相关者理论作为确立出版社会效益内涵、结构的理论来源。

根据上述五大理论，本书搭建后续研究框架。首先，探究中国出版上市企业激励约束机制的结构、价值、现状特征。其次，研究中国出版上市企业社会效益和经济效益的内容、结构，设计科学有效且可操作的社会效益、经济效益计量方法。再次，根据上述研究，从中国出版上市企业激励约束机制的运行机理以及各要素的功能和价值出发，结合经典理论，立足于出版行业特色，探究中国出版上市企业激励约束机制各要素分别对社会效益和经济效益提升的影响，据此发现和廓清激励约束机制中影响“双效”提升的优质要素、劣势要素、权变要素。复次，为更精准地提出“双效”协同提升的对策建议，本文运用实证分析方法研究中国出版上市企业社会效益与经济效益之间的关系。最后，对比假设与实证研究结果，探究中国出版上市企业激励约束机制存在的问题及成因。在此基础上，结合中国出版上市企业所面临的体制机制环境，以优先实现社会效益、同时促进“双效”协同提升为准则，面向中国已上市出版企业、待上市出版企业及其主管机构提出优化和改革激励约束机制的对策建议。

3 中国出版上市企业的激励与约束机制

为深入透彻地研究激励约束视角下我国出版上市企业的“双效”提升问题，首先着力解决核心研究问题的子问题1：中国出版上市企业激励约束机制的结构、现状及特征如何？这正是本章所要解决的关键问题。

3.1 核心概念界定

严谨、清晰地界定核心概念是学术研究的必要步骤。概念界定的结果亦是科学确立研究范畴、明确研究界限的基础。本书的核心研究问题是激励约束视角下我国出版上市企业的“双效”提升问题，根据研究问题，本节重点研究和界定“出版上市企业”“激励约束机制”及“管理层”这三个重要概念。

3.1.1 **出版上市企业**

科学界定“出版上市企业”，关键在于廓清“出版企业”的内涵。而严谨定义“出版企业”的前提在于深刻理解“出版”的内涵。虽然出版活动在我国乃至世界诞生及发展的历史悠久，但是学界对于出版的内涵仍莫衷一是。通过系统梳理学界对“出版”一词的界定，本文将其划分为如下两种典型流派。

一是从广义出版物的视角来理解“出版”，将出版活动的对象定义为图书、报纸、期刊等的生产、复制和发行活动。比如，林穗芳认为，“出版”是“选择文字、图像或音像等方面的作品或资料进行加工，用印刷、电子或其他复制技术制作成为书籍、报纸、杂志、图片、缩微制品、音像制品或机读件等以供出售、传播。现代出版工作包含编辑、制作、发行、管理等环节”①。张志强对“出版”的定义与此类似。他认为，出版是“将文字、图像或其他内容进行加工、整理，通过印刷等方式复制后向社会广泛传播的一种社会活动。现代意义上的出版包括编辑、印刷或复制、发行三个重要的环节”②。罗紫初的定义并没有直接点明出版活动的对象。他指出，“出版”是指“将作品编辑加工后，经过复制向公众发行”③。虽然没有直接点明出版活动的对象，但罗紫初亦清楚地说明出版活动的对象是“作品”。实际上，这也是从广义视角对出版进行界定，毕竟“作品”所涉及的范围十分广泛。作者的文字、图像、音频、视频等内容均可被称为作品。周蔚华界定“出版”一词时，并没有按照出版物类别来阐明出版活动的对象，而是将出版活动的对象界定为知识。他指出，出版业是“对知识进行加工、整合、制作、传播的信息内容服务产业”④。实质上，由于知识的广泛性和不确定性，这一定义比之前3位学者对出版的界定更加广泛。虽然上述学者所理解的出版活动稍有差异，但是从4位学者对出版的界定看，他们对出版活动理解的本质是一致的，那就是认为出版活动的对象是相对广义的。

二是从狭义出版物的形态的角度定义出版，认为出版活动的对象仅限于书籍、杂志。清水英夫指出，“出版”就是书籍、杂志的出版。只有当这些印刷物与书籍、杂志有关时，才能将其作为“出版”来加以研究。这是因为除书籍、杂志之外的其他印刷物，实在太多、太杂，几乎不可能将其统一掌握。⑤清水英夫还明确指出，虽然广义上的“出版”是指印刷物的出版行为，但它并不包括报界的印刷出版行为。在日本，一般都将“出版”一词与报纸出版分开使用。⑥许力以对“出版”的定义与清水英夫有相似性。他主张，“‘出版’是通过一定的物质载体，将著作制成各种形式的出版物以传播科学文化、信息和进行思

① 林穗芳：《明确“出版”概念，加强出版学研究》，《出版发行研究》1990年第6期。

② 张志强：《现代出版学》，苏州，苏州大学出版社，2003年，第10页。

③ 罗紫初，吴赟，王秋林：《出版学基础》，太原，山西人民出版社，2005年，第2页。

④ 周蔚华：《出版企业核心竞争力分析》，《编辑之友》2003年第1期。

⑤ 〔日〕清水英夫：《现代出版学》，沈洵澧、乐惟清译，北京，中国书籍出版社，1991年，第15页。

⑥ 〔日〕清水英夫：《现代出版学》，沈洵澧、乐惟清译，北京，中国书籍出版社，1991年，第13页。

想交流的一种社会活动”[①]。这一定义的本质将出版活动的面向对象限定为著作。综合对比、考量学者们对“出版”的界定，很难说孰是孰非，毕竟学者们所处的时代环境、面对的出版形态、面向的出版产业存在一定差异。对“出版”内涵的理解存在差异，实属正常。应该说，在当时的出版产业环境下，学者们对“出版”的界定是相对科学合理的，对本书及今后学界对“出版”概念的理解亦具有较强的指导和启示意义。

在科学研究中，对研究对象的科学界定应该根据研究条件、研究范围、研究的可操作性等因素展开。结合上述两大流派学者们的研究，本书主张从狭义出版物的形态定义“出版”，认为“出版”是对纸质书籍、杂志或者数字书籍、杂志的加工、复制及发行活动。之所以采用狭义视角理解“出版”概念，主要是考虑到不同产品形态及其核心功能之间的差异。从上述学者们对出版的广义界定看，报纸也应该属于出版活动的对象。当前，学界将报业相关研究划分于新闻学范畴，虽然新闻与出版在国家意识形态管理和导向上有关联性，但新闻学与出版学在遵循的学科原理和目标导向上仍存在些许差异[②]。当前，报业的核心功能体现在舆论引导与主流价值观传播方面，而出版的核心功能主要体现为：在国家文化建设中持续发挥深层次的、长久的作用[③]。有鉴于此，一方面，考虑到两种业态在核心功能方面的差异或多或少会对相关单位的发展战略、经营方式等产生影响，而显著差异化的经营战略与经营方式势必导致截然不同的经营绩效，这种经营战略与绩效差异可能会对研究结果的稳健性产生一定影响。因此，为了保证研究结论的稳健性及可应用性，本书需要以同质的对象来展开研究，同时将出版所面向的对象仅限定为传统纸质书籍、杂志或者数字书籍、杂志。另一方面，考虑到报纸与书籍、杂志类出版物的社会效益衡量标准存在一定区别。衡量报纸的社会效益的标准主要从舆论引导与主流价值观传播展开，衡量书籍、杂志类出版物的社会效益主要从其在国家文化建设中持续发挥深层次的、长久的作用展开。而不同衡量标准产生的结果无法进行比较。因

① 许力以：《中国大百科全书·新闻出版》，北京，中国大百科全书出版社，1990 年，第 8 页。

② 聂震宁：《出版学应该成为一级学科的五个理由》，《现代出版》2020 年第 3 期。

③ 聂震宁：《出版学应该成为一级学科的五个理由》，《现代出版》2020 年第 3 期。

此，为保证研究的可操作性，本书将出版的对象限定为纸质书籍、杂志或者数字书籍、杂志。

“企业”是指以满足社会需求并获取利润为目的，从事商品生产、流通和服务等经济活动的自主经营、自负盈亏、具有法人资格的经济组织①。再根据上述“出版”的定义，即可得出“出版企业”的内涵。所谓“出版企业”，是指以传统纸质书籍、杂志或者数字书籍、杂志等内容出版物的加工、复制及发行为主营业务的自主经营、自负盈亏、具有法人资格的经济组织，其经营目标是在生产满足社会需求的出版物的同时获取合法利润。由于出版物既是物质产品也是精神产品，因此，出版活动和出版物具有物质和精神双重属性。基于此，除了实现经济效益，我国的出版企业还需要将社会效益作为其重要经营目标。出版企业的社会效益与经济效益相互联系、不可分割。② 在社会主义市场经济背景下，将两个效益作为产业的主要目标，实现社会效益和经济效益高度统一，是我国出版产业发展的关键③。考虑到我国出版企业的特殊使命与特有责任，上述对出版企业的界定有必要进一步修改。“出版企业”在我国是指以传统纸质书籍、杂志或者数字书籍、杂志等内容出版物的加工、复制及发行为主营业务的自主经营、自负盈亏、具有法人资格的经济组织，其经营目标是生产满足社会需求的出版物并在经营中实现社会效益优先、社会效益与经济效益的高度统一。

至于上市企业的内涵，按《中华人民共和国公司法》规定，是指公开发行的股票经过国务院或者国务院授权的证券管理部门批准，且在证券交易所上市交易的股份有限公司④。因此，出版上市企业可以理解为，以传统纸质书籍、杂志或者数字书籍、杂志内容出版物的加工、复制及发行为主营业务的自主经营、自负盈亏、具有法人资格的经济组织。其公开发行的股票经过国务院或者国务院授权的证券管理部门批准，且在证券交易所上市交易。其经营目标是生产满足社会需求的出版

---

① 术语在线：《企业》，2013 年，https：//www. termonline. cn/search？ k = % E4% BC% 81% E4% B8% 9 A&r = 1621388061650.

② 王广照：《出版社社会效益考核的实践与探索——以中原大地传媒股份有限公司为例》，《出版发行研究》2015 年第 11 期。

③ 聂震宁：《抓住重点环节发展出版产业》，《北京观察》2003 年第 9 期。

④ 法规应用研究中心：《中华人民共和国公司法一本通》，北京，中国法制出版社，2016 年，第 116 页。

物并在经营中实现社会效益与经济效益的高度统一。从中国证监会2021年4季度公布的上市公司行业分类结果看，凤凰出版传媒股份有限公司、中南出版传媒集团股份有限公司、中文天地出版传媒集团股份有限公司等共27家以传统纸质书籍、杂志或者数字书籍、杂志内容出版物的加工、复制及发行为主营业务的上市企业属于上述定义范畴①。

3.1.2 激励约束机制

对于激励约束机制的具体内涵，目前学界仍聚讼不已。为更科学地定义激励约束机制这一概念，本书在研究激励约束机制的缘起、目标、对象、切入点的基础上，试图全方位厘清激励约束机制的内涵。

3.1.2.1 激励约束机制的缘起

激励约束机制的提出源于现代企业中的委托代理关系。对激励约束问题的探讨最早始于1932年美国法学教授 Adolph A. Berle 和经济学教授 Gardiner C. Means 共同编写的《现代公司与私有财产》一书②。该著作首次明确提出“所有权与控制权分离”（seperation between ownership and control）理念，归纳总结公司股权结构日益分散后所有权与控制权分离所致的委托代理现象，即股东（委托方）将公司能够实现利润的所有资源（包括资金、人员和机会等）全部委托给管理层（代理方），希望其最大限度地为股东创造价值③。然而，由于契约在现实中具有不完善性，任何契约都无法将公司内部（委托方与代理方）之间的所有关系均考虑在内，因此，公司资产的使用无法在事先完全确定。代理方极有可能借此利用委托方的资源牟取私利，偏离委托方所预定和期望的目标价值④。也有一些学者将现代企业中委托方和代理方之间的天然利

---

① 中国证监会：《2021年1季度上市公司行业分类结果》，2021年4月14日，http：//www.csrc.gov.cn/csrc/c100103/c29a6845e0d0b4912adcc1cdfa5f679eb/content.shtml.

② Berle, A. A. et al, The Modern Corporation and Private Property, New Jersey: Transaction Publishers, 1991.

③ Berle, A. A. et al, The Modern Corporation and Private Property, New Jersey: Transaction Publishers, 1991.

④ 周雪光，练宏：《中国政府的治理模式：一个“控制权”理论》，《社会学研究》2012年第5期。

益矛盾定义为两种权威之间的矛盾[①②]。其中一种权威可称为最终权威，即公司的委托方。他们拥有政策制定、激励设置、组织设计、绩效评估等权力。另一种权威是真正权威，即公司的代理方。也就是管理层，他们有责任执行和落实委托方自上而下的指令和政策[③]。在委托代理关系的框架下，正式权威与真正权威之间的矛盾可归纳为如下两种：一种是最终权威与真正权威之间的矛盾。最终权威要求真正权威按照自己的意图行事，以最终权威利益最大化为目标进行决策。而真正权威并不会真正遵照最终权威利益最大化目标进行决策和行事。这种矛盾通常也被称为代理型委托代理矛盾。另一种是最终权威与最终权威之间的矛盾。这一矛盾大约在20世纪90年代才真正被学界和业界予以重视。即公司的大股东与中小股东之间存在利益冲突，大股东有可能借助交叉持股或者不平等投票权等方式，剥夺中小股东的权利，通过“隧道行为”或“掏空行为”实现利益转移，侵害中小股东的利益[④]。这种矛盾通常也被称为剥夺型委托代理矛盾。为解决上述两种矛盾，激励约束机制被学界和业界认为是有效手段。

首先，激励相容理论认为，面向管理层的激励能够有效解决最终权威与真正权威之间的矛盾。激励相容（Incentive compatibility）概念最早由美国经济学家哈维茨（Leonid Hurwiez）在《资源分配的机制设计》（*The Design of Mechanisms for Resource Allocation*）一文中提出。该理论认为，在市场经济中，每个理性经济人都拥有自利的一面，他们的个人行为往往会按照自利规则行动。如果一种制度安排使行为人追求个人利益的行为正好与企业实现集体价值最大化的目标相吻合，那么这一制度安排便实现了“激励相容”[⑤]。解决最终权威与真正权威之间的矛盾需要设计激励相容机制。对于一个公司来说，公司的最终权威即委托

① 郑志刚：《对公司治理内涵的重新认识》，《金融研究》2010年第8期。

② Aghion，P. et al，1997：“Formal and Real Authority in Organizations”，*Journal of Political Economy*，February.

③ 周雪光，练宏：《中国政府的治理模式：一个“控制权”理论》，《社会学研究》2012年第5期。

④ 吕新军：《股权结构、高管激励与上市公司治理效率——基于异质性随机边界模型的研究》，《管理评论》2015年第6期。

⑤ Hurwicz，L. 1973：“The Design of Mechanisms for Resource Allocation”，*The American Economic Review*，May.

人，希望实现公司利润最大化，公司的真正权威即代理人，则希望通过“逆向选择”或“败德行为”为自己谋取利益，实现自身利益的最大化，或者逃避工作，不努力工作以获得更多的闲暇时间。作为最终权威的委托人非常希望作为真正权威的高层管理者能够按照自己的意志来行动，但在信息不对称的情况下，公司所有者，即委托人如何设计一套激励机制使得代理人的行为方式、行为结果符合委托人价值最大化目标，这就是激励相容机制所要解决的问题。[①] 激励相容机制的设计原则就是使拥有信息优势的真正权威能够按照契约的另一方即最终权威的意愿行动，保证行为人按照理性经纪人的要求出发，在最大化自己私人目标的同时，也能够达到设计者所要求的最终目标。至于具体激励手段，既包括正激励手段，如为员工提供职业发展路径的精神激励、提高薪酬的物质激励等，也包括负激励，如对偷懒、怠工、违规行为进行监管、处罚等。

其次，约束机制也被认为是可缓解最终权威与真正权威矛盾的有效方式。一是约束公司的真正权威，即管理层。最终权威可以通过为真正权威设定经营目标来要求其努力工作，创造符合最终权威自身利益的价值。当然，目标设定过程既可能由最终权威单方面制定，以自上而下的科层制度推动实施，也有可能最终权威与真正权威协商，经过谈判达成契约。在目标设定的基础上，最终权威可行使检查验收权来对真正权威的绩效进行评估，以确保真正权威完成契约条款。[②] 真正独立的董事会，其成员能够充分利用自身的专业知识来限制管理层。成熟的外部市场也会使管理层面临被接管或者替代的风险，迫使其努力工作。二是约束公司最终权威中的大股东。其他最终权威的监督是约束大股东的重要方式。比如，与分散的小股东相比，机构投资者有更强烈的意愿、更多的专业知识来监督大股东。再加上机构投资者的持股比例相对较高，他们能够真正参与到公司治理及董事会的决策过程中。应该说，相较于分

---

① 祖强，黄希惠，吴正林：《微观经济学》，哈尔滨，黑龙江人民出版社，2011 年，第 340 页。

② 周雪光，练宏：《中国政府的治理模式：一个“控制权”理论》，《社会学研究》2012 年第 5 期。

散的小股东，他们有更强的能力监督大股东[①]。与激励机制相比，约束机制在解决最终权威与真正权威矛盾中发挥的作用同样重要。若仅仅强调激励机制，忽视约束机制，导致激励与约束机制的失衡，将无法真正有效解决最终权威与真正权威之间的矛盾[②]。

综上所述，根据委托代理理论，参考 Agion 与 Tirole、郑志刚等对公司权威的理解，本书将激励约束问题的缘起理解为：最终权威与真正权威间的利益冲突，即代理型“委托－代理问题”，以及最终权威与最终权威间的利益冲突（即剥夺型委托代理问题）[③④]。一方面，股东（最终权威）将公司能够实现利润的所有资源（包括资金、人员和机会等）全部委托给管理层（真正权威）后，为促使真正权威最大限度地为股东创造价值，需要制定面向管理层的激励约束机制。另一方面，为防止拥有控股地位的大股东通过“掏空（或隧道）行为”侵害中小股东的利益，亦需要对此类最终权威进行监督和约束。[⑤]

需要说明的是，本书研究的我国出版上市企业激励约束问题，遵循的逻辑起点是，重点解决出版上市企业中最终权威与真正权威之间的矛盾，即代理型委托代理问题。之所以重点研究代理型委托代理问题，主要是考虑到我国出版企业经营绩效具有特殊性，既将文化价值放在首位，坚持文化价值与经济价值有机结合，同时在坚持社会效益的前提下，实现社会效益与个体效益的统一，是我国出版企业得以存在之根本[⑥]。实现这一目标的关键在于管理层，即真正权威。在党和政府对出版等文化产业的社会效益日益重视的背景下，如何激励和约束中国出版企业以社会效益优先的同时实现“双效”协同提升的经营目标，就变得尤为重要且迫切。有鉴于此，本书将核心研究逻辑定义为：在委托人

---

① 张红军：《中国上市公司股权结构与公司绩效的理论及实证分析》，《经济科学》2000年第4期。

② 翟文华：《国企高管创新协同激励论》，吉林大学博士学位论文，2017年。

③ Aghion, P. et al, 1997: “Formal and Real Authority in Organizations”, *Journal of Political Economy*, February.

④ 郑志刚：《对公司治理内涵的重新认识》，《金融研究》2010年第8期。

⑤ 徐志武：《我国出版上市公司治理结构与绩效关系研究》，武汉大学博士学位论文，2018年。

⑥ 周蔚华：《出版物的价值和效益评价辨析——兼评“两个效益”重大命题》，《中国人民大学学报》2009年第4期。

（所有者）与代理人（经营者）存在利益冲突的情况下，如何设计面向出版上市企业的激励与约束机制，使其在优先实现出版社会效益的前提下，实现社会效益和经济效益的协同发展。

3.1.2.2 激励约束机制的目标与对象

根据上述逻辑缘起，激励约束机制的目标，理论上应包括两方面：一方面是通过激励、约束管理层，使其以股东利益最大化为目标进行决策和进行经营活动，实现股东利益最大化，即解决委托型代理问题。另一方面，防止大股东凭借其控股地位展开“掏空（或隧道）行为”来侵害中小股东的利益，即解决剥夺型代理问题。[①] 本研究将激励约束机制的重点目标定义为实现股东利益最大化，即解决委托型代理问题。之所以在研究过程中重点关注激励约束机制推动实现股东利益最大化这一目标，主要是考虑到激励约束机制所解决的我国出版企业内部矛盾具有主次之分。

首先，我国出版工作的本质是一种文化活动。其基本功能是传播文化，根本目的是满足社会的精神文化需求。文化价值和精神内涵是出版企业和出版物的生命所在，出版单位的根本价值在于对社会发展做文化贡献。[②][③] 包含文化价值的社会效益是出版企业大股东所应追求的根本目标。同时，出版企业通过出版发行活动促进社会生产力的发展，使出版发行者以外的其他国民经济部门、单位及其成员获得宏观经济利益实质也属于社会效益的一部分[④]。与其他矛盾相比，能否实现社会效益是出版企业面临的首要矛盾及主要矛盾。其次，从我国已上市出版企业的整体情况来看，绝大多数出版企业属国有企业。与民营企业相比，国有控股企业拥有良好的政府信誉背书，其主动损害中小股东的动机及意愿低。国有出版企业需要重点防范的是管理层在企业内部构建私人“商业帝国”，形成“内部人”控制，产生“壕沟防御效应”。应该说，在我国出版上市企业中，与能否实现社会效益这一主要矛盾相比，大股东

---

① 徐志武：《我国出版上市公司治理结构与绩效关系研究》，武汉大学博士学位论文，2018 年。

② 于殿利：《论出版经济的文化性》，《现代出版》2017 年第 2 期。

③ 罗紫初：《出版学基础》，太原，山西人民出版社，2005 年，第 55～68 页。

④ 罗紫初：《出版学基础》，太原，山西人民出版社，2005 年，第 260～261 页。

利用其控股地位展开“掏空（或隧道）行为”来侵害中小股东的利益属次要矛盾。因此，本文抓住事物的主要矛盾，将我国出版企业激励约束机制的主要目标定义为通过激励和约束机制使出版上市企业在实现社会效益最大化的同时，促进社会效益、经济效益协同提升。

根据出版企业中激励约束机制所要解决的主要矛盾，就可以确定本书所提激励约束机制的对象，主要是我国出版上市企业管理层。之所以选择从该视角切入研究激励与约束问题，主要考虑三方面因素：一是实现中国出版业的社会效益、经济效益以及实现“双效”协同提升，关键在于管理层进行科学的战略决策并督促决策执行。对管理层进行激励与约束直接关系到管理层在出版企业中的行权方式及行权效果，如出版企业的战略的科学性、企业实现“双效”协同提升的决心等[①]。二是从战略高度看，一套科学的激励约束机制确实能够提高出版企业的长期绩效，尤其是对于培育出版企业实现社会效益的能力而言更加重要。同时，研究出版上市企业的管理层这一特定群体的激励与约束问题，可加强研究问题的针对性，并最终提高研究结论的准确性及可靠性。

3.1.2.3 激励约束机制研究的切入点

目前，一些观点认为，出版上市企业作为国有企业，可凭借政策优势获取更多资源，学术研究的重点应该聚焦于如何提高企业现有资源的利用率，面向出版上市企业及其管理层的激励约束机制只是在绩效创造中起辅助作用。“管理层的激励约束机制只是一种常规化工作，无须给予足够重视。”[②] 然而，这种传统的国有出版企业治理经验极易导致管理层工作积极性不足，导致国有出版企业在推动社会效益、经济效益提升过程中的动力越来越弱。长此以往，出版企业更难以在我国的出版强国乃至文化强国建设中发挥应有的作用。《中共中央关于制定国民经济和社会发展第十四个五年规划和二〇三五年远景目标的建议》指出，

---

① 徐志武：《中国出版上市企业高级管理层激励与绩效关系研究》，《现代出版》2018年第5期。

② 刘立佳：《国有企业激励机制中的不足及其对策》，《财经界（学术版）》2014年第24期。

到2035年我国将建成文化强国[①]。这无疑对出版产业的发展及社会效益实现提出更高要求，也对出版企业管理层工作的努力程度及工作成效提出更高要求。

本书之所以将激励、约束这两个不同的概念合在一起展开研究，主要是因为某种机制的“激励”作用和“约束”作用的区分是非常“微妙”的，常常不能严格区分开来。激励本身也是一种约束，某种机制的激励作用越大，约束作用亦愈大，反之亦然[②]。比如，薪酬、控制权、声誉等机制并非完全发挥激励作用，而市场竞争机制也并非完全发挥约束作用。因为基本的工资报酬或基本授权可能只会使人达到不至于失去其工作的努力程度，或者达到控股股东及主管机构“没有不满意”的要求。但是，企业所有者给予的有竞争力的薪酬及充分的授权亦对管理层具有约束价值，即没有优秀的成绩则会失去企业所有者给予的有竞争力的薪酬及充分的授权。由此可见，报酬及控制权对管理层的作用不仅限于激励价值。同样，市场竞争中蕴含的更替机制除了有对企业家“劣汰”的约束作用外，还具有“优胜”后满足企业家成就需要的激励作用，因而也就不能将市场竞争完全归为约束机制。追求良好声誉对企业家来说是一种激励，但害怕声誉下降的压力对其而言又是一种约束。有鉴于此，本书认为，激励与约束机制这二者都是使所有者效用最大化的必要条件，须同时存在。并且“激励”和“约束”作用是不可分割的，是协同发生作用的，所以适宜将两者合在一起展开研究。[③]

3.1.3 管理层

目前，国内外学界对管理层的定义，可分为两大流派：一种是将管理层仅限定为首席执行官（CEO）或者董事长与总经理两位。比如，

---

① 新华社：《中共中央关于制定国民经济和社会发展第十四个五年规划和二〇三五年远景目标的建议》，2020年11月3日，http：//www.gov.cn/zhengce/2020-11/03/content_5556991.htm.

② 廖小菲：《基于股权激励的国有企业经营者激励约束机制研究》，南京理工大学博士学位论文，2006年。

③ 廖小菲：《基于股权激励的国有企业经营者激励约束机制研究》，南京理工大学博士学位论文，2006年。

徐向艺等在研究中将管理层界定为董事长和总经理[①]。另一种将管理层的研究对象扩展到整个管理团队成员，包括董事会、监事会成员。如Murphy将在统计年限内连续至少五年出现在股东签署的委托书上的管理人员视作管理层变量[②]。魏刚则将管理层界定为公司董事会成员、总经理（总裁）、副总经理（副总裁）、财务总监、董事会秘书和监事会成员等[③]。出现差异定义的根源在于学者们所研究的企业所在国家不同，导致企业在治理结构与行权方式上亦不同，管理层定义的范围亦有差别。即使是同一国家，由于企业所在领域不同，其文化与制度亦也有些许差别。再加上，不同学者的研究方式存在差异，导致其对管理层的定义亦不相同。

本文拟采用一种稍广义的方式来定义中国出版上市企业的管理层。即管理层不仅包括董事长、总经理、财务总监、副董事长、副总经理等高级经理人员，还包括财务年报中公告的董事、监事、董事会秘书以及子公司负责人等高级管理人员。采用这种较宽松的界定，基于以下四方面原因：第一，与我国多数国有上市企业一样，我国出版上市企业大多属全民所有。虽然大多数董事、监事在出版企业中并不拥有股份，但他们依然对出版企业的经营决策实施有重大影响[④]。比如，出版上市企业董事会部分成员为其旗下出版社的社长，他们在推动出版上市企业整体绩效提升过程中发挥核心领导作用。可以说，出版上市企业的经营决策不仅受到董事长或总经理的个人影响，其他管理层人员在公司决策中也发挥着重要影响。第二，此种稍宽泛的定义更加契合中国的传统文化。与美国崇尚个人主义的文化价值趋向不同，中国传统儒家思想所形成的文化底蕴聚于集体主义价值理念，所以管理层的定义不局限于公司董事长或总经理，而分析公司高级管理层团队的集体激励约束特征可能更具有实际意义[⑤]。第三，从研究的可行性看，当前我国出版上市企业已公

---

① 翟文华：《国企高管创新协同激励论》，吉林大学博士学位论文，2017 年。

② Murphy，K. J. 1985：“Corportate Performance and Managerial Remuneration：An Empirical Analysis”，*Journal of Accounting and Economics*，April.

③ 魏刚：《高级管理层激励与上市公司经营绩效》，《经济研究》2000 年第 3 期。

④ 高雷，宋顺林：《高管人员持股与企业绩效——基于上市公司 2000—2004 年面板数据的经验证据》，《财经研究》2007 年第 3 期。

⑤ 魏颖辉，陈树文：《高管薪酬、股权、控制权组合激励与绩效》，《统计与决策》2008 年第 10 期。

布包括董事长、总经理等在内的董事、监事、董事会秘书等高级管理人员总体的薪酬与持股情况。如果仅研究董事长与总经理的薪酬与持股情况，在研究数据的获取与剥离上亦存在一定困难。因此，考虑到研究中所需的管理层激励约束数据的可获取性、易清洗性、准确性，以及研究结论的可靠性，文章采用稍广义的管理层定义方式①。第四，采用上述稍广义的方式来定义中国出版上市企业的管理层，正好也符合《中华人民共和国公司法》（简称《公司法》）第216条对公司高级管理人员的界定。《公司法》规定，高级管理人员，是指公司的经理、副经理、财务负责人、上市公司董事会秘书和公司章程规定的其他人员②。

3.2 激励约束机制的结构

一般来说，激励与约束作为字面意义相反的两个概念，不适宜合并为同一概念展开研究。本书之所以将激励机制与约束机制相结合展开研究，是因为区分某种机制的“激励”作用和“约束”作用是非常“微妙”的，常常不能严格区分开来。激励本身也是一种约束，某种机制的激励作用越大，约束作用亦越大。虽然激励机制发挥的效果可能强于约束机制发挥的效果，但由于出版企业及其管理层行为的复杂性，某种机制的激励作用不可能完全取代该机制的约束作用。基于上述认识，本文认为，激励与约束机制这二者都是使所有者效用最大化的必要条件，须同时存在。并且“激励”和“约束”作用是不可分割的，是协同发生作用的，所以将两者合在一起展开研究。③

作为一项量化研究，要深入研究激励约束机制如何推动我国出版上市企业“双效”协同提升，就有必要提前确立并建构激励约束机制的具体要素。虽然学术界对面向管理层的激励约束问题关注已久，但目前还没有一套统一划分激励约束机制结构的理论和方法。因此，不同学者

---

① 王莉：《高管薪酬公平对公司绩效的影响研究》，山东大学博士学位论文，2014年。

② 国家工商行政管理总局：《商事制度改革重要文件选编（2013—2017年）》，北京，中国工商出版社，2018年，第51页。

③ 廖小菲：《基于股权激励的国有企业经营者激励约束机制研究》，南京理工大学博士学位论文，2006年。

对于激励约束机制结构的划分仍莫衷一是。这种现状一方面可能与不同学者对于激励约束问题研究的切入点存在差异有关，如有的学者仅关注激励机制中的薪酬、股权等显性激励问题，而有的学者更多关注晋升、声誉、控制权等隐性激励问题。再如，有的学者注重从企业内部探究上市公司的约束机制，包括不同股东之间的相互制衡，独立董事、机构投资者对企业的监督等；而有的学者将研究视角聚焦于外部约束机制可能对企业带来的影响，包括政府施加的影响、企业所受市场接管的风险约束等。另一方面，激励约束机制的结构难以确定可能也与学者们所研究的行业差异有一定关系。不同行业、不同类型企业所面临的激励与约束问题存在显著差异。比如，一般来说，我国民营企业的薪酬与股权激励水平明显高于国有企业，国有企业管理层受到来自国家监察委员会层面的监督可能要略高于民营企业。

3.2.1 确立依据

要科学厘清并确立激励约束机制的具体结构，应该遵循三方面原则：一是参考企业激励约束机制的相关理论，二是选择性地吸收借鉴企业激励约束领域的经典研究，三是充分考虑我国出版上市企业激励约束机制的现状。本书正是依据上述原则划分并确立激励约束机制的具体结构。

首先，最优契约理论、管理层权力理论是划分激励机制和外部约束机制具体结构的重要依据。一方面，最优契约理论指出，股东给予管理层更高的薪酬，可以有效缓解因管理层代理行为的不可观察性而给股东和企业带来的额外委托代理成本，增强公司治理机制，降低股东及企业的委托代理支出。同时，薪酬激励还能激励管理层努力工作，提高企业绩效。立足该理论内涵，本书将薪酬激励、股权激励纳入管理层薪酬激励的范畴。之所以将股权激励纳入薪酬激励的范畴，是考虑到股权激励的本质亦是一种物质激励，属于薪酬激励的范畴。另一方面，最优契约理论亦指出，包括法律在内的外部约束机制、不同类型股东在内的市场约束机制可对现有企业管理层形成强有力的压力，督促和约束其努力工作，减少其道德风险及败德行为。基于该理论内涵，本书将约束机制划分为内部约束机制和外部约束机制两方面。其中，内部约束机制主要包括多元股东给企业带来的约束压力，重点涉及控股股东、制衡股东、机构投资者股东。外部约束主要包括法律、市场及政府等外部力量对企业的约束，重点关注市场化的竞争程度、政府对市场的干预、中介组织发育及法律环境。

管理层权力理论的内涵与最优契约理论相反，其并不认为激励是解决委托代理问题的有效方法，激励有可能是委托代理问题的反映①。管理层权力理论的核心启示和价值在于提示在现代企业制度下股东或企业要对管理层的权力进行严格的约束和监督。一是需要建立真正独立的董事会。由独立董事组成的薪酬委员会对管理层薪酬产生影响。二是需要完善经理人机制。成熟的经理人市场会带给管理层可能被其他优秀职业经理人替换的职业危机感。尤其是当管理层出现一些不合规或违法行为，被替换的风险较高时，会威慑其道德风险与逆向选择行为。三是需要完善有效的法律诉讼环境。管理层亦是理性人，当管理层不法行为面临法律严厉的公正判决时，其亦会收敛和约束其自身行为。

其次，本书在确立激励约束机制的结构时，选择性地吸收借鉴企业激励约束领域专家学者们的经典研究。对于激励机制，部分学者将其划分为物质激励与精神激励两部分②。其中，物质激励包括上述薪酬激励、股权激励，也称为显性激励，而精神激励包括控制权激励、晋升激励、声誉激励，也被认为是一种隐性激励③。对于隐性激励，学者们亦认为应该对其予以足够的重视。在经济社会中，金钱和物质是管理层生存的必要条件。在此情况下，物质因素毫无疑问对管理层的行为有着重要激励作用，它确实能够在一定程度上激励管理层发挥主观能动性，积极努力工作，为企业创造价值。然而，单纯以物质和经济手段来刺激管理层工作的积极性，本质是将管理层完全看成“自然人”“生物人”，而并没有注重其作为人具有社会性的一面。管理层有较高的实现自我、获得尊重等高层次精神追求，片面依靠物质与经济激励会使激励效果大打折扣，难以普遍且持久地激发管理层的积极性，对管理层的激励，有

---

① 廖小菲：《基于股权激励的国有企业经营者激励约束机制研究》，南京理工大学博士学位论文，2006 年。

② 李维安：《公司治理学》，北京，高等教育出版社，2016 年，第 3 版，第 140 页。

③ 卢锐，魏明海、黎文靖：《管理层权力，在职消费与产权效率——来自中国上市公司的证据》，《南开管理评论》2008 年第 5 期。

必要由单一物质与经济激励调整并嬗变为物质与精神需求并重。①

显性激励要达到最优，需要具有独立性的董事会、完善的产品、经理人市场和资本市场机制，以及有效的股东诉讼途径等条件②。这一研究结论也提示，上市企业的约束机制，可能面临内部与外部两方面的监督与约束③。内部监督与约束方面主要来自控股股东、制衡股东、机构投资者、顶层管理者等，是解决股东与管理层之间委托代理问题的有效方法④⑤。外部监督与约束方面，高效的企业治理需要良好的市场化、法制化的外部治理作为依托，一方面要将企业真正推向市场，使其接受“实战”考验；另一方面，需要有强大和严密的法律和规范，培养企业及管理层具备合规意识，促进企业及管理层敬畏市场、敬畏法制⑥。因此，管理层被更替风险、外部市场化程度、外部产品与要素市场发育程度、法制环境对企业及管理层的约束作用亦十分重要⑦⑧⑨。

最后，确立激励约束机制的具体结构必须深入了解我国出版上市企业激励约束机制现状。当前，我国出版上市企业在出版业务板块面临多方面挑战，主要体现在以下方面：一是数字技术对出版业务全流程产生较大冲击，出版企业正积极向数字化、融合化转型；二是通过加强数字选题策划能力建设、增强数字产品生产能力建设、提升传统出版支撑和

---

① 吴云：《西方激励理论的历史演进及其启示》，《学习与探索》1996 年第 6 期。

② 肖星，陈婵：《激励水平、约束机制与上市公司股权激励计划》，《南开管理评论》2013 年第 1 期。

③ 姜付秀，〔美〕肯尼思 · A. 金（Kenneth A. Kim），王运通：《公司治理：西方理论与中国实践》，北京，北京大学出版社，2016 年，第 186 页。

④ Bebchuk，L. A. et al，2003：“Executive Compensation as An Agency Problem”，*Journal of Economic Perspectives*，July.

⑤ 吴育辉，吴世农：《企业高管自利行为及其影响因素研究——基于我国上市公司股权激励草案的证据》，《管理世界》2010 年第 5 期。

⑥ 李维安：《公司外部治理：从“演习”到“实战”》，《南开管理评论》2016 年第 2 期。

⑦ 樊纲，王小鲁，马光荣：《中国市场化进程对经济增长的贡献》，《经济研究》2011 年第 9 期。

⑧ 卢馨，丁艳平，汪柳希：《经理人市场化能抑制国企高管腐败吗？——经理人市场竞争对公司高管权力和行为约束效应分析》，《商业研究》2017 年第 1 期。

⑨ 刘婷婷，高凯，何晓斐：《高管激励，约束机制与企业创新》，《工业技术经济》2018 年第 9 期。

融合出版能力建设，以及加快数字出版运营能力建设等来开展知识服务[①]；三是积极探索多元化经营，寻求更好的经济效益[②]。但目前我国出版上市企业融合出版经验并不充分，跨界经营的历史较短暂，因而出版企业内部的专业团队、操作经验、保障机制等方面均不完善[③④]。以中南传媒、凤凰传媒为代表的上市企业，在其治理结构中增加编辑委员会，一方面利用其编辑委员会成员丰富的出版经验和卓越经营能力辅助出版企业决策，提升出版企业的社会效益与经济效益；另一方面，编辑委员会也可对出版企业开展融合出版业务，或者偏离出版主业的经营行为进行监督和提醒，辅助出版上市企业做出有利于社会效益的决策，对出版企业的决策有一定约束作用。有鉴于此，本书将编辑委员会的监督纳入激励约束机制的构成要素之一。

根据上述激励约束机制的确定依据，本书将激励机制划分为物质激励和精神激励，将约束机制划为内部约束和外部约束。其中，物质激励包括薪酬激励、股权激励，精神激励包括控制权激励、晋升激励、声誉激励。内部约束包括控股股东约束、制衡股东约束、机构投资者约束、独立董事约束、顶层管理者约束、编辑委员会约束，外部约束包括市场化进程约束、政府间接约束、产品市场约束、要素市场约束、法律制度约束。激励约束机制的具体结构如图 3－1 所示。本书对激励约束机制各要素的设立缘由及内涵也展开进一步阐述。

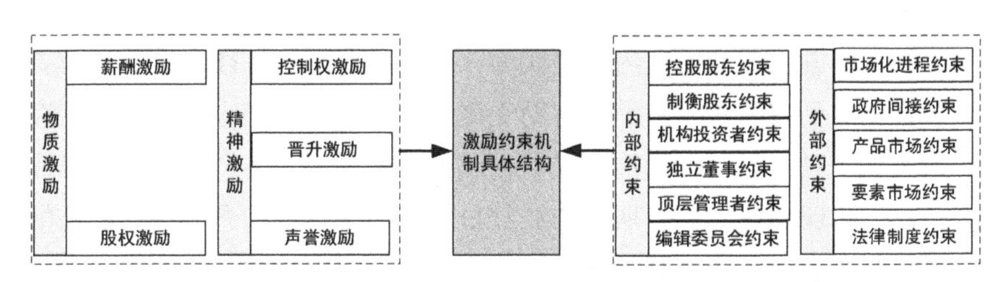

图 3－1　我国出版上市企业激励约束机制的具体结构[⑤]

---

① 刘爱芳：《传统出版企业开展知识服务的四种能力建设》，《出版发行研究》2016 年第 1 期。

② 吴信根：《融合而生，打造文化国企改革“江西样本”》，《董事会》2022 年第 10 期。

③ 梁威：《我国新闻出版企业投融资研究》，湖南师范大学硕士学位论文，2016 年。

④ 陈丹，朱椰琳：《数字经济视域下出版融合发展的启示与思考》，《出版广角》2019 年第 18 期。

⑤ 资料来源：作者根据分析结果自行整理制作。

3.2.2 激励机制

出版企业的发展关键在人，建立健全激励约束机制，要充分调动人才的积极性、主动性和创造性，体现人力资本的价值，为出版企业发展提供重要的组织保障和人才支撑①。本书将我国出版上市企业的激励机制划分为物质激励和精神激励两种方式。其中，物质激励包括薪酬激励和股权激励，精神激励包括控制权激励、晋升激励及声誉激励。

3.2.2.1 物质激励

薪酬与股权是两种最基本、最典型的物质激励方式。研究面向管理层的薪酬激励、股权激励的内涵及设立缘由是科学构建激励机制结构的必要过程。

（1）薪酬激励。

所谓薪酬，主要包括管理层的工资、绩效奖金。在商品经济社会中，包括金钱在内的生活物质是人们生存的必要条件，而工作是赚取金钱谋生的重要手段。在此情况下，包括金钱在内的经济因素无疑对管理层的行为有十分重要的影响。用包括金钱在内的物质激励在过去、当前及未来仍具有较强的合理性和必要性。② 薪酬激励一直被学界认为是有效解决企业正式权威（所有者）与真正权威（管理层）之间委托代理问题的重要方法。最优契约理论认为，合理的薪酬制度或者企业所有者给予管理层更高的薪酬激励，有助于缓解委托人与代理人之间因客观存在的信息不对称而产生的代理成本，激励管理层努力生产经营，提高企业绩效，实现企业股东所期望的经营目标。而不合理的薪酬制度和薪酬水平，往往会导致薪酬对管理层的激励失效，引发管理层为追求自身利益而牺牲出版企业股东利益的行为，最终激化企业所有者与管理层之间

---

① 曲柏龙：《出版高质量发展路径探析——以黑龙江出版集团为例》，《出版参考》2020年第11期。

② 吴云：《西方激励理论的历史演进及其启示》，《学习与探索》1996年第6期。

的矛盾。[①②] 薪酬激励对企业价值的积极影响也在一些研究中得以证实。Hong 发现排名前 5 的管理层薪酬之和会对企业的社会责任绩效产生正向影响[③]。管理层薪酬对经济效益的正向影响也在 Feng 的研究中得以证实[④]。

（2）股权激励。

所谓股权激励，其本质是薪酬激励的一种形式。薪酬的本质具有薪酬包（Compensation Package）含义，是劳动资本化的体现，包括基本薪酬、绩效薪酬、中长期激励以及福利性收入等多种物质酬劳。股权激励的本质是一种除基本薪酬、绩效薪酬之外的长期性的物质激励。出版企业的所有权与经营权分离后，所有者与经营者的利益取向会出现分歧，彼此之间极有可能产生利益冲突[⑤]。最优契约理论尤其强调包括股权激励在内的薪酬契约的有效性[⑥]。股权激励与上述基本薪酬、绩效薪酬等物质激励最大的区别在于，股权激励是一种长期的、动态的物质激励方式，而且这种长期激励方式将管理层利益与出版企业本身的利益绑定在一起，而基本薪酬、绩效薪酬是一种短期的、相对静态的物质激励方式。具体而言，股权激励的突出价值表现在三方面：一是最大限度激励管理层为企业所有者的利益努力工作，减少在经营管理中的短视行为、自利行为等道德风险行为[⑦]。二是激励管理层主动走出“舒适区”，投资风险高的项目，同时也能有效限制其罔顾后果的过度投资行为，从

---

① 吴育辉，吴世农：《高管薪酬：激励还是自利？——来自中国上市公司的证据》，《会计研究》2010 年第 11 期。

② 肖淑芳：《股权激励实施中经理人机会主义行为——基于管理权力视角的研究》，北京，北京理工大学出版社，2018 年，第 1 页。

③ Hong，B. et al，2016：“Minor D. Corporate Governance and Executive Compensation for Corporate Social Responsibility”，*Journal of Business Ethics*，December.

④ Mingming Feng. et al，2015：“Monetary Compensation，Workforce-oriented Corporate Social Responsibility，and Firm Performance”，*American Journal of Business*，August.

⑤ Jensen，M. C. et al，1976：“Theory of the Firm：Managerial Behavior，Agency Costs，and Ownership Structure”，*Journal of Financial Economics*，October.

⑥ 肖淑芳：《股权激励实施中经理人机会主义行为——基于管理权力视角的研究》，北京，北京理工大学出版社，2018 年，第 1 页。

⑦ Tzioumis，K. 2008：“Why do Firms Adopt CEO Stock Options？Evidence from the United States”，*Journal of Economic Behavior & Organization*，October.

总体上抑制投资过度与投资不足等非效率投资路径①。三是合理的股权激励能够改变单一的静态薪酬结构，丰富出版企业管理层的薪酬激励的手段，使薪酬充分发挥“金手铐”效应，吸引并留住优秀的高层管理人才，稳定经营管理团队②③④⑤。

3.2.2.2 精神激励

控制权激励、晋升激励、声誉激励是目前学界较为关注的精神激励方式。理解管理层精神激励的具体结构有必要廓清控制权激励、晋升激励、声誉激励的本质及内涵。

（1）控制权激励。

控制权包括经营控制权及剩余控制权。其中，剩余控制权往往由企业的所有者或者企业所有者的代表——董事会所拥有，比如任命或者解雇总经理，在重大投资、并购或者拍卖等经营战略中的决策权等。本书主要研究的是管理层所拥有的经营控制权。从权力内容看，经营控制权包括企业日常生产、销售及雇佣等权力⑥。

（2）晋升激励。

晋升激励，是指通过组织结构中的职位层级升迁来激励管理者降低代理成本，提高公司的绩效和价值⑦。企业组织中管理层职位晋升意味着在组织中地位、权力的提升，以及薪酬待遇的提高。而面对考核压力和出于争夺职位晋升机会的动机，管理层有较强的动力去提高企业效益。特别是当货币化薪酬受到管制的情况下，职位晋升及附带的更高的

---

① 吕长江，张海平：《股权激励计划对公司投资行为的影响》，《管理世界》2011年第11期。

② 宗文龙，王玉涛，魏紫：《股权激励能留住高管吗？——基于中国证券市场的经验证据》，《会计研究》2013年第9期。

③ Souder, D. et al, 2010: “Constraints and Incentives for Making Long Horizon Corporate Investments”, *Strategic Management Journal*, April.

④ Laux, V. 2012: “Stock Option Vesting Conditions, CEO Turnover, and Myopic Investment”, *Journal of Financial Economics*, June.

⑤ 陈文强，贾生华：《股权激励、代理成本与企业绩效——基于双重委托代理问题的分析框架》，《当代经济科学》2015年第2期。

⑥ 吕长江，赵宇恒：《国有企业管理者激励效应研究——基于管理者权力的解释》，《管理世界》2008年第11期。

⑦ 廖理，廖冠民，沈红波：《经营风险、晋升激励与公司绩效》，《中国工业经济》2009年第8期。

货币薪酬、社会政治地位等隐性福利，会给高管带来更多货币和非货币收益，职位晋升成为管理层重要的替代性激励源泉①②。再加上，政府也往往确实将给予出版企业管理层升职提干、赋予更高的地位作为主要的激励方式。

(3) 声誉激励。

马斯洛（Abraham H. Maslow）在1954年出版的《动机与人格》中提出，自尊需要和自我实现需要是人的最终需求③。按照马斯洛的理论，那么声誉激励才是终极激励手段。管理层努力经营，并非仅仅是为了占有更多的剩余盈余，还期望得到高度评价和尊重，期望有所作为，期望通过企业的发展证明自己的经营才能和价值，达到自我实现。④ 由此可见，声誉是对管理层的一种隐性激励。从另一方面看，声誉激励产生作用的机理，与其具有的约束作用密不可分。管理层刚上任时，由于尚未建立自己的声誉，囿于担心产生不良声誉而失去现有职位，企业家会约束自己的机会主义行为。当获得一定声誉时，为进一步获取良好声誉，增加自身在经理人市场上的竞争能力，管理层会尽最大努力去工作⑤。尤其在良好的声誉成为决定其能否获得职业晋升的重要依据的情况下，声誉的约束作用愈加明显⑥。

3.2.3 约束机制

从内部和外部两个视角构建中国出版上市企业约束机制的具体结构，是一种系统性更强的划分方法。多元股东、独立董事往往是约束管

---

① 徐细雄：《晋升与薪酬的治理效应：产权性质的影响》，《经济科学》2012年第2期。

② 张栋，杨兴全，郑红媛：《高管货币薪酬、晋升激励与国有上市银行绩效》，《南方金融》2016年第5期。

③ 术语在线：《马斯洛需求层次论》，2020年2月2日，http://www.termonline.cn/list.htm?k=%E9%A9%AC%E6%96%AF%E6%B4%9B%E9%9C%80%E6%B1%82%E5%B1%82%E6%AC%A1%E8%AE%BA.

④ 廖小菲：《基于股权激励的国有企业经营者激励约束机制研究》，南京理工大学博士学位论文，2006年。

⑤ 廖小菲：《基于股权激励的国有企业经营者激励约束机制研究》，南京理工大学博士学位论文，2006年。

⑥ 孔峰，张微：《基于双重声誉的国企经理长期激励最优组合研究》，《中国管理科学》2014年第9期。

理层的关键内部力量。除此之外，在中国出版上市企业中，编辑委员会亦是一种特有且不可忽视的辅助决策及监督约束力量。内部约束包括控股股东约束、制衡股东约束、机构投资者约束、独立董事约束、顶层管理者约束及编辑委员会约束共6个要素。外部约束包括市场化进程约束、政府对市场干预带来的约束、出版物产品市场约束、出版要素市场约束、法律制度约束共5个要素。

3.2.3.1 内部约束机制

内部约束机制的本质是一套对公司控制权在组织机构中进行配置的制度安排。通过控制权配置在组织机构内部与组织机构之间产生监督、制衡、激励以及科学决策机制，其最初目的是为解决最终权威与真正权威之间以及最终权威与最终权威之间的利益冲突。就其具体内容而言，内部约束机制的结构包括公司组织结构以及组织结构运行规范两方面。其中，公司组织结构主要指由公司权力机构、决策机构、执行机构及内部监督机构组成的有机体，也就是由公司股东大会、董事会、高级管理层及监事会组成的治理体系。组织结构运行规范主要是指股东大会、董事会、高级管理层和监事会在公司运行过程中的相互关系以及由此形成的监督、制衡、激励和科学决策机制。内部约束机制的结构是公司治理的基础，其目标是保证投资者的投资回报以及维护利益相关者的利益。本文根据李维安的企业内部约束理论①，以及我国出版上市企业的实际情况，将内部约束机制的结构划分为控股股东约束、制衡股东约束、机构投资者约束、独立董事约束、顶层管理者约束及编辑委员会约束。如图3－2所示。

① 李维安：《公司治理》，北京，高等教育出版社，2016年，第3版，第93页。

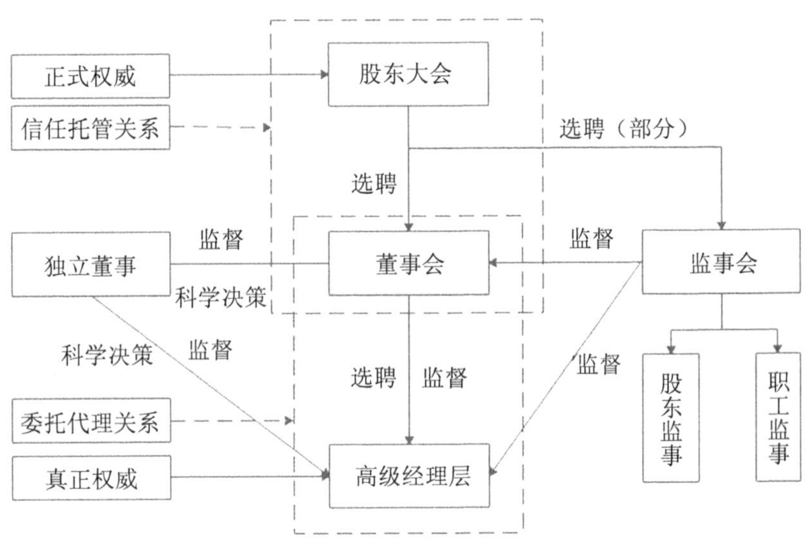

图 3－2 内部约束机制结构①

（1）控股股东约束。

所谓控股股东，根据我国《公司法》第 216 条规定，是指其出资额占有限责任公司资本总额 50% 以上或者其持有的股份占股份有限公司股本总额 50% 以上的股东；出资额或者持有股份的比例虽然不足 50%，但依其出资额或者持有的股份所享有的表决权已足以对股东会、股东大会的决议产生重大影响的股东②。当前，我国绝大多数出版上市企业（如凤凰传媒、中南传媒、中文传媒、山东出版）本质属于国有企业。在其股本结构中，国有股份占比达 50% 以上，国有股份处于控股地位。

之所以要将控股股东约束列为中国出版上市企业内部约束构成要素，一是出版企业的控股股东有足够的动力来监管企业。国家作为我国出版企业的真正所有者，为出版企业的发展注入大量资本，提供了充足的人力、物力。在投入上述资源后，政府监督出版上市企业的经营管理

① 资料来源：参考李维安：《公司治理》，北京，高等教育出版社，2016 年，第 3 版，第 93 页。章彪：《中国上市公司的治理结构与公司绩效：理论与实证研究》，浙江大学博士学位论文，2003 年。

② 国家工商行政管理总局：《商事制度改革重要文件选编（2013—2017 年）》，北京，中国工商出版社，2018 年，第 51 页。

和战略决策，以实现国有资本的保值增值。同时，要求出版企业通过生产优质出版物，为维护国家的意识形态服务，为传播知识、传承文化服务。二是出版企业的控股股东有足够的能力来监管出版企业。对于国有出版上市企业而言，政府有足够的能力监管出版上市企业，以使其规范。如前所述，我国出版上市企业的重要人事任免权、经营行为监督权、出版物产品质量管理权、重大战略决策权等实质上均由政府部门把控。比如，我国出版上市企业赖以生存的产品——出版物，主管机构可以通过审核书号发放数量、执行重大选题备案制度、对重点选题或敏感选题跟踪调审、出版物质量抽查等方式，监督出版企业始终坚持正确出版导向，守好出版阵地，认真贯彻落实意识形态工作责任制，切实保障出版安全[①]。鉴于出版企业的控股股东有足够的动力及能力对出版上市企业进行约束，本书将控股股东约束作为内部约束的构成要素之一。

（2）制衡股东约束。

所谓制衡股东，是指与控股股东分享控制权且能够抑制控股股东侵害中小股东利益行为的大股东[②]。制衡股东在出版企业治理中的突出价值亦体现在有动力和能力制约控股股东和管理层的经营行为。一方面，相较于二级市场持流通股的小股东，制衡股东持有出版上市企业的股份较多，与其他“用脚投票”的中小股东相比，他们更加关注出版上市企业的战略决策与经营行为。从此方面看，制衡股东拥有足够的动力约束出版上市企业。另一方面，相较于二级市场持流通股的小股东，制衡股东持有出版上市企业的股份较多，他们能够凭借持股数量优势参与股东代表大会、董事会，享有一定的“用手投票”的权力，能够参与出版上市企业的重要决策。因此，控股股东没法单独进行战略决策，“内部人”的谋求私利行为或者机会主义行为亦会受到限制[③]。持股数量较多的制衡股东还可以凭借持股优势，通过股东大会选举符合自身利益的管理层进入董事会，参与出版上市企业的日常经营管理并对出版上市企

---

① 巨潮资讯网：《读者传媒2020年年度报告》，2021年4月16日，http：//static. cninfo. com. cn/finalpage/2021－04－16/1209700040. PDF.

② 蔡宁：《中国上市公司股权结构及其代理问题研究》，北京，中国经济出版社，2018年，第167页。

③ 徐志武：《我国出版上市公司治理结构与绩效关系研究》，武汉大学博士学位论文，2018年。

业的经营管理行为进行监督和约束。

之所以将制衡股东约束列为出版企业激励约束机制的构成要素，一方面考虑到管理者权力理论认为，薪酬契约达到最优的前提在于企业具备独立性强的董事会。而出版企业制衡股东有动力和能力通过监督控股股东的战略决策或者选举代表自身利益的管理层进入董事会，使董事会所代表的利益更加多极化，有效增强董事会的独立性。另一方面，当前我国民营出版上市公司（如中文在线、世纪天鸿、天舟文化）中，控股股东的持股数量均未达到50%，制衡股东的持股数量与控股股东势均力敌，股权之间的制衡水平较高。在此情况下，引入制衡股东约束这一变量以廓清股权制衡对出版上市企业及其经营绩效的影响十分必要。

（3）机构投资者约束。

机构投资者是指除中小投资者之外，以较大甚至较大资金规模专门在资本市场从事证券投资而不以控制或经营上市公司为目的的投资机构①。机构投资者包括证券公司、基金公司、信托投资公司、保险公司、资产管理公司、私募基金管理机构、合格境外投资者，以及凡是大量持有并买卖上市公司股票、公司债券的机构等②。之所以将机构投资者约束纳入出版上市企业内部约束机制的构成要素，主要是考虑到两方面因素：一是考虑到机构投资者能够切实对出版上市企业的经营管理决策产生影响。与二级市场中持有流通股的小股东相比，机构投资者有其独特的优势，比如拥有巨大数额的资金规模；拥有专业从事证券职业的“操盘手”以及专业从事证券投资研究的人员；与证券监管机构及相关政府结构保持良好关系，具有显著的信息优势；参股多家上市公司，抗风险能力强；持股份额较高的机构投资者，甚至可以在股东大会中拥有较强话语权等。从整体看，机构投资者的资金资源、信息优势、人脉资源优势以及人力资源优势，可以在一定程度上影响出版上市企业控股股东的重大决策，尤其是关于投资经营决策及利润分配决策③④。二是考虑到当前我国出版上市企业的股权结构中普遍存在机构投资者持股现

① 禄正平：《证券法学》，北京，商务印书馆，2019 年，第 175 页。

② 柯希嘉：《机构投资者与上市公司治理》，上海，东方出版中心，2016 年，第 48 页。

③ 李天钰，辛宇，徐莉萍，朱俏俏：《持股金融机构异质性与上市公司投资效率》，《财贸研究》2020 年第 7 期。

④ 禄正平：《证券法学》，北京，商务印书馆，2019 年，第 175 页。

象，而且持股比例还不低。如从中南传媒2023年前10名股东的持股情况看，香港中央结算有限公司（5.08%）、湖南盛力投资有限责任公司（3.23%）、招商银行股份有限公司（1.74%）等均为机构投者[①]。2023年凤凰传媒前10名股东中，包括中移投资控股有限责任公司、中信证券股份有限公司在内的机构投资者股东达到8家[②]。当前，亦有非公资本以不同方式参与到科技期刊出版产业链中，助力我国一流科技期刊建设[③]。

（4）独立董事约束。

所谓独立董事，是指不在公司担任除董事外的其他职务，并与其所受聘的上市公司及其主要股东不存在可能妨碍其进行独立客观判断的董事[④]。根据中国证券监督管理委员会对独立董事任职及其职责的规定，独立董事在董事会中具有较强的独立性，与公司及其董事会成员没有直接关系。同时，独立董事拥有充分的权力对董事会及出版上市企业的决策进行监管。比如，重大关联交易应由独立董事认可后方可提交董事会讨论，并监督公司是否采取有效措施回收欠款；可以按规定提名或者任免董事；按规定聘任或者解聘高级管理人员；确定上市公司董事以及高级管理人员的薪酬；对公司的利润分配方案、可能损害中小股东权益的事项等发表意见[⑤]。从中国证券监督管理委员会对独立董事职责的界定看，公平公正履职的独立董事能够有效监督董事会的战略决策以及出版上市企业的经营管理行为。当前，我国出版上市企业的独立董事多具备复合专业背景，多为高校的管理学、财务和会计学、计算机学、法学等领域的专家，也有一些为来自其他金融或者科技企业的独立董事。他们

---

① 巨潮资讯网：《中南传媒2020年年报》，2021年4月27日，http：//www. cninfo. com. cn/new/disclosure/detail？orgId=9900015470&announcementId=1209807055&announcementTime.

② 巨潮资讯网：《中南传媒2020年年报》，2021年4月27日，http：//www. cninfo. com. cn/new/disclosure/detail？orgId=9900015470&announcementId=1209807055&announcementTime.

③ 闫群，张凡，彭斌：《非公资本参与我国科技期刊出版产业链的现状与思考》，《中国科技期刊研究》2021年第3期。

④ 中国证券监督管理委员会：《关于在上市公司建立独立董事制度的指导意见》，2001年8月16日，http：//www. csrc. gov. cn/pub/newsite/flb/flfg/bmgf/ssgs/gszl/201012/t20101231_189696. html.

⑤ 中国证券监督管理委员会：《关于在上市公司建立独立董事制度的指导意见》，2001年8月16日，http：//www. csrc. gov. cn/pub/newsite/flb/flfg/bmgf/ssgs/gszl/201012/t20101231_189696. html.

多元的学科背景、深厚的知识储备、丰富的工作经验利于其对出版上市企业的经营管理决策进行有效监管。有鉴于此，文章将独立董事约束纳为内部约束机制的构成要素。

（5）顶层管理者约束。

所谓顶层管理者约束，是指董事长对总经理的约束。目前，我国出版上市企业中董事长对总经理的约束存在两种形式：一种是董事长与总经理两个职位合二为一，不存在董事长对总经理进行监督的情况。这种现象多出现在民营出版上市企业中，如中文在线数字出版集团股份有限公司的董事长与总经理由同一人担任。另一种是董事长与总经理两个职位是分别设置的，董事长可对总经理进行有效监督。从 2008 年《企业国有资产法草案》提出从严掌握国有公司董事长兼任经理现象后，不少国有企业已将董事长与总经理两职分设[①]。当前，我国国有出版上市企业中，董事长与总经理基本是分别设置的。董事长与总经理分别设置，一方面可有效削弱总经理的权力，避免总经理过度控制董事会的决策过程，防止总经理出现损害公司利益的“逆向选择”与“道德风险”行为。另一方面，两职分别设置，使得董事长成为公司的独立领导人，总经理成为战略决策的执行者。这可有力提升公司战略决策的执行力，有力增强董事长对总经理监督的有效性[②]。对于董事长与总经理两职分别设立，增强董事长对总经理的监督与约束到底对出版上市企业是否有益，出版学界关注较少，目前亦没有统一结论。

（6）编辑委员会约束。

所谓编辑委员会，是指在出版上市企业董事会旗下成立的与战略委员会、审计委员会、薪酬与考核委员会、提名委员会并列的主管编辑出版决策事务的委员会。当前，我国出版上市企业中设立编辑委员会的仅有凤凰传媒、中南传媒、时代出版、中国科传等少数几家国有出版企业。之所以将编辑委员会列为约束机制的构成要素，一方面是因为编辑委员会按照公司约定的议事规则积极开展工作，充分发挥政策把关和专

---

① 中华人民共和国中央人民政府：《企业国有资产法草案要求国家出资企业对子公司严格履行出资人职责》，2008 年 6 月 24 日，http：//www. gov. cn/jrzg/2008 - 06/24/content_1026451. htm.

② 杨海芬，胡汉祥：《现代公司董事会治理研究》，北京，中国市场出版社，2007 年，第 111 页。

业判断作用，忠实履行职责[①]。比如，“双减”政策背景下，教育出版的思想理念、市场结构、发展方向等方面也随之发生深刻变化，出版企业应该如何把握目标任务，找准方向定位，创新策划能力，提升出版质量，布局综合服务，作出系统性、根本性调整与创新，需要编辑委员会辅助做出专业判断[②③]。

另一方面，编辑委员会还能够为出版上市企业的决策提供专业技术支持。当前出版行业正在向融合出版转型，需要坚持以先进技术为支撑、内容建设为根本，加强顶层设计和规划指导，实现从单一的传统纸质出版向“纸—声—电”全 IP 打造、全版权运作、全产业链开发、全媒体升级，让出版在技术的赋能下“进群出圈”[④]。在融合出版的环境下，编辑委员会能够加强企业内部的顶层设计和政策支持，为出版融合发展确定指导思想、总体目标、发展方向、基本原则、重点任务和保障措施等，加强融合出版的组织领导和统筹协调，推进融合发展工作。明确出台融合发展专项资金的实施办法，完善“双效”考核评价办法等规章，对出版融合工作进行统一部署、管理与考核。建立容错试错机制，激励和保护创新人员的积极性，为推动出版融合创新提供有力保障。[⑤]

在董事会下设立编辑委员会，还可以统筹出版上市企业整体的导向管理工作，建立自上而下的导向管理体系，为出版企业建立“双效”协同提升的绩效考核指标体系，引导出版企业做好主题出版和重大出版工程，优先实现社会效益[⑥]。近年来，主题出版的选题工作变得更加多元复杂。主题出版“走出去”要在话语内容、话语形式和话语结构等方面，引领我国对外话语体系建设创新突破[⑦]。主题出版选题类型从过

---

① 巨潮资讯网：《中南传媒 2020 年年度报告》，2021 年 4 月 27 日，http：//www. cninfo. com. cn/new/disclosure/detail? orgId =9900015470&announcementId =1209807055&announcementTime.

② 彭玻：《以出版和技术助推教育高质量发展》，《湖南教育》2022 年第 6 期。

③ 宋吉述：《“双减”政策下教育出版发展思路》，《中国出版》2021 年第 20 期。

④ 孙真福：《以更大担当推进文化自信自强》，《群众》2022 年第 23 期。

⑤ 巨潮资讯网：《山东出版 2020 年年度报告》，2021 年 4 月 14 日，http：//www. cninfo. com. cn/new/disclosure/detail? orgId =9900031730&announcementId =1209681640&announcementTime.

⑥ 郭薇灿，徐海瑞：《文化体制改革的“中南传媒样本”》，2018 年 12 月 5 日，https：//hn. qq. com/a/20181205/003239. htm.

⑦ 谢清风，黄璨：《主题出版“走出去”引领对外话语体系建设》，《科技与出版》2022 年第 7 期。

去只重视党史、国史、军史及重大节庆等传统题材，转向不仅重视传统题材，而且开始关注中华优秀传统文化类、科技文化类、国家意志类以及当代中国现实与治国理政类等选题[①]。近两年，出版战线更是积极贯彻党和国家有关文件精神，将主题出版的内涵扩展到宣传传播中华优秀传统文化、革命文化和社会主义先进文化，三种文化的新型复合型选题开始出现。[②]

3.2.3.2 外部约束机制

我国出版上市企业的外部约束要素主要包括市场化进程约束、政府的间接约束、出版物产品市场约束、要素市场约束以及法律制度约束共五个方面[③]。

（1）市场化进程约束。

所谓市场化进程约束，主要包括资本市场的约束及经理人市场的约束[④]。之所以要将资本市场化进程列为外部约束的构成要素，主要是考虑到以银行为主的金融机构以间接融资的方式为投资人与出版上市企业之间搭建桥梁。间接融资后，其有动力和能力监督出版上市企业的经营风险以及经营成果的分配方式，若出版上市企业资不抵债，则会面临破产风险[⑤]。这种监督以及破产风险会给出版上市企业的经营管理行为带来较强的约束作用。之所以将资本市场列为外部约束的构成要素，还考虑到股票市场可为出版上市企业提供直接融资，持出版上市企业股份的小股东们亦会十分关注出版上市企业的经营成果。与机构投资者、银行、控股股东、制衡股东等这些真正有能力参与公司治理的主体不同，小股东们主要以“用脚投票”的方式来行使对出版上市企业的监督权。倘若中小股东对出版上市企业的经营绩效不满或不信任，他们会在股票市场大量抛售所持股票，造成股价下跌。而股价下跌则有可能会引发控

---

① 李永强：《从中国人民大学出版社“走出去”实践谈出版增强中华文明传播力影响力》，《现代出版》2023 年第 1 期。

② 徐海：《如何从传统文化中挖掘主题出版选题》，《出版广角》2021 年第 10 期。

③ 卢馨，方睿孜，郑阳飞：《外部治理环境能够抑制企业高管腐败吗?》，《经济与管理研究》2015 年第 3 期。

④ 吴炯：《公司治理》，北京，北京大学出版社，2015 年，第 309 页。

⑤ 田志龙：《经营者监督与激励——公司治理的理论与实践》，北京，中国发展出版社，2001 年。

股股东和董事会对管理层的不信任，管理层面临被撤换更替的风险。[①]因此，这种来自资本市场的不信任感会对出版上市企业形成一定的压力。证券市场中小股东们“用脚投票”也可在一定程度上形成约束。职业经理人市场化程度实质是指出版上市企业的主管主办机构从职业经理人市场中竞争性地选拔管理层的程度[②]。建立职业经理人的市场化机制有助于通过将优胜劣汰竞争的压力施加给出版上市企业的管理层，督促和约束经理人不断努力，并不断取得优良的管理业绩。

（2）政府间接约束。

所谓政府间接约束，是指政府出台的一系列与出版市场相关的政策或规定对出版上市企业形成的约束作用。之所以将政府的间接约束列为外部约束构成要素，最重要的原因是出版业是受政府与市场关系影响较大的行业。首先，政府的政策影响出版产品供给。如根据中央要求，从2012年开始，教育部统一组织编写义务教育阶段道德与法治、语文和历史三门学科的教材。历时5年编审，于2017年经国家教材委员会审查通过，2017年9月1日秋季学期，道德与法治、语文和历史这三门学科的教材将在全国中小学投入使用。2018年覆盖小学及初中一、二年级，2019年所有年级全部使用统编教材。这标志着道德与法治、语文、历史教材正式进入国家统编、统审、统用轨道[③]。上述三科教材由教育部统一编审后，对各省教育出版社的教材出版工作业绩有不小影响，也在一定程度上波及我国出版上市企业的绩效。其次，政府对出版行业的税收优惠政策有利于出版上市企业的经营活动。根据财政部和税务总局发布的《关于延续宣传文化增值税优惠政策的通知》《关于继续实施文化体制改革中经营性文化事业单位转制为企业若干税收政策的通知》，对我国出版上市企业给予大力的税收优惠政策，这些政策可使出版企业留存更多利润，利于出版企业扩大再生产[④]。目前，很多出版业

---

① 李维安：《公司治理学》，北京，高等教育出版社，2016年，第149页。

② 郑谢臣：《中小企业管理创新视角与运营》，北京，航空工业出版社，2019年，第90页。

③ 中华人民共和国教育部：《统编义务教育三科教材今秋启用》，2017年8月29日，http://www.moe.gov.cn/jyb_xwfb/xw_fbh/moe_2069/xwfbh_2017n/xwfb_20170828/mtbd_20170828/201708/t20170829_312625.html.

④ 巨潮资讯网：《山东出版2020年年度报告》，2021年4月14日，http://www.cninfo.com.cn/new/disclosure/detail?orgId=9900031730&announcementId=1209681640&announcementTime.

上市公司是全国文化体制改革试点单位，其在享受一般文化企业财税优惠政策的同时，也能享受国家对文化体制改革试点单位的财税优惠政策，这些出版上市公司一旦失去目前的税收优惠政策，公司业绩就会受到一定影响[①]。由此可见，我国出版上市企业的经营战略和决策显然会受到上述政府政策的约束。

（3）出版物产品市场与要素市场约束。

出版物产品市场、要素市场对出版上市企业的约束作用主要体现在两方面。一方面，经营绩效不理想将会使管理层面临被更替的风险[②]。出版行业的生产要素，如纸张、印刷机械、油墨等会直接关系到出版物的生产成本。若生产要素价格不稳定，会造成出版物的生产成本上升，出版物定价过高，也势必会造成出版物的销量下滑，极易造成出版企业的经营绩效降低。对于社会效益佳的出版物而言，不充足的销量必然会影响出版社会效益的实现。社会效益、经济效益不佳，会使得我国出版上市企业的控股股东实际所有者及相关主管机构对出版企业管理层不信任，导致管理层陷入被辞退的风险。另一方面，产品市场与要素市场会影响出版企业管理层的薪酬与晋升。产品市场与要素市场的价格波动会波及出版企业的绩效。如果管理层的报酬与职位晋升等激励机制是基于出版企业绩效，那么竞争的产品市场与要素市场在约束管理层方面应能起到积极作用[③]。为获得更高的薪酬或者实现职位晋升，管理层会认真对待产品市场和生产要素市场带来的竞争压力，约束可能侵占出版企业利益的自利行为。在当前薪酬以及职位晋升是不少出版上市企业管理层渴望的激励要素的情况下，产品市场和生产要素市场理应对出版上市企业起约束作用。

（4）法律制度约束。

法律体系至少从两个层次对我国出版上市企业的经营管理活动产生影响：一是通过劳动法、合同法、税法等法律法规或者制定条例，规范

---

① 程丽，周蔚华：《2021 年出版业上市公司发展亮点与展望》，《出版广角》2022 年第9期。

② 郑志刚：《中国公司治理的理论与证据》，北京，北京大学出版社，2016 年，第 204 页。

③ 卢馨，方睿孜，郑阳飞：《外部治理环境能够抑制企业高管腐败吗?》，《经济与管理研究》2015 年第 3 期。

出版上市企业的经营管理行为；二是通过证券法、公司法、破产法等直接规范我国出版上市企业治理体系的建设，促进出版企业的利益相关者监督约束出版上市企业的行为[①]。近年来，政府有关部门出台一系列法规和制度规范我国出版上市企业的经营管理行为，如《深化新闻出版体制改革实施方案》《农家书屋深化改革创新提升服务效能实施方案》《关于延续宣传文化增值税优惠政策的通知》《财政部税务总局中央宣传部关于继续实施文化体制改革中经营性文化事业单位转制为企业若干税收政策的通知》《关于深化教育教学改革全面提高义务教育质量的意见》等系列政策，不断加大对文化事业、文化产业及教育事业的重视程度和扶持力度[②]。其中，最为基础的《出版管理条例》明确要求，出版企业的经营活动应将社会效益放在首位，实现社会效益和经济效益相统一[③]。《公司法》已清楚规范我国出版上市企业的组织和行为，保护出版企业、股东和债权人的合法权益，维护社会经济秩序[④]。上述众多法律法规及制度条例会对出版上市企业的经营管理行为和企业治理行为起约束作用。所以文章将法律体系约束列为外部约束的构成要素之一。

3.3 激励与约束机制的价值

建立科学严密的激励约束机制，能够完善我国出版上市企业的行权方式，进而影响行权效果。对出版上市企业及其利益相关者而言，激励约束机制具有重要价值。

3.3.1 构建利益同盟

西方经济学的诸多命题都是在一定的假设条件下推演出来的。“理

---

① 吴炯：《公司治理》，北京，北京大学出版社，2015 年，第 334 页。

② 巨潮资讯网：《山东出版 2020 年年度报告》，2021 年 4 月 14 日，http：//www.cninfo.com.cn/new/disclosure/detail? orgId =9900031730&announcementId =1209681640&announcementTime.

③ 中华人民共和国中央人民政府：《出版管理条例》，2016 年 2 月 6 日，http：//www.gov.cn/gongbao/content/2016/content_5139389.htm.

④ 全国人民代表大会：《中华人民共和国公司法》，2018 年 10 月 28 日，http：//www.npc.gov.cn/wxzl/gongbao/2014 -03/21/content_1867695.htm.

性人”是西方经济学关于人类经济行为的一个基本假设，这种基本假设尤其被新古典主义经济学家所推崇。理性人定义建议认为，经济活动的所有参与者都是理性的，既不会感情用事，亦不会轻信盲从，而是精于判断和计算，其行为具有完整性、理性选择，符合始终如一的偏好原则[①]。在理性人假设中，经济主体行为的基本动力是自身利益最大化，因而行为准则是既定目标的最优化[②]。出版上市企业的管理层作为理性人，在面对足够的利益时，为获得自身所需利益，会最大限度遵从出版上市企业所有者和利益相关者的价值取向，与企业所有者及利益相关者结成利益同盟。

首先，充足的物质奖励会将出版上市企业经营者与所有者的利益捆绑起来，结成利益共同体[③]。当前，我国大多数出版上市企业采用基本薪酬与变动薪酬相结合的薪酬支付方式，其中，变动薪酬包括绩效年薪及任期激励收入[④]。这些变动薪酬将管理层收入与出版企业所有者的利益紧密关联起来，鼓励管理层按照出版企业所有者利益最大化的目标行事，缓解管理层作为代理人与出版企业所有者作为委托人之间的利益取向不一致矛盾，防止管理层为获得私利而罔顾出版企业所有者利益的行为。

其次，充分的精神激励也会吸引管理层按照出版企业所有者的价值目标展开经营决策。根据马斯洛的需求层次理论，人类的基本需要分为5个层次并以金字塔的结构形式进行排列，从底部到顶端依次是生理需要、安全需要、归属与爱的需要、尊重需要、自我实现需要[⑤]。出版上市企业管理层，作为文化行业的从业者，往往有较高的自我实现需求。而晋升激励、控制权激励、声誉激励作为精神层面的主要激励方式，可以充分满足其实现自我的需求。尤其是晋升激励，作为精神激励的核心

① 崔保国：《传媒经济学研究的理论范式》，《新闻与传播研究》2012年第4期。

② 崔保国：《传媒经济学研究的理论范式》，《新闻与传播研究》2012年第4期。

③ 吕新军：《股权结构、高管激励与上市公司治理效率——基于异质性随机边界模型的研究》，《管理评论》2015年第6期。

④ 徐志武：《我国出版上市公司高级管理层激励与绩效关系研究》，《现代出版》2018年第5期。

⑤ 术语在线：《马斯洛需求动机层次》，2020年2月1日，https://www.termonline.cn/search?k=%E9%A9%AC%E6%96%AF%E6%B4%9B%E9%9C%80%E6%B1%82&r=1622349717113.

要素，对管理层极具吸引力。管理层若想通过职位晋升、获得控制权、建立良好声誉等方式来实现自我，则必须积极工作，想方设法搞好出版企业的经营活动，努力实现出版企业所有者期盼的经营目标。同时，在经营活动中减少偷懒行为、盲目并购行为、过度扩张行为以及拒绝实施风险高的高收益投资决策等。再次，出版企业作为知识资源密集型企业，知识储备丰厚、创新与管理能力强、善于展开跨界多元经营的人才资源是出版企业按照党和政府要求实现良好绩效的关键。充足的物质激励和有吸引力的精神激励，能够为出版企业留住人才，并鼓励人才脚踏实地为出版上市企业服务。有鉴于此，可以看出物质激励和精神激励能够在管理层与出版企业所有者乃至其他利益相关者（如生产要素提供者）之间构建利益同盟。

3.3.2 防范败德行为

在出版上市企业中，当出版企业所有权和经营权分离后，在出版企业所有者与管理层之间会出现生产经营信息不对称情况。管理层作为真正经营者，十分熟悉出版企业的运营情况，而出版企业所有者囿于不具备专门经营管理知识或不参与出版企业的经营管理，对出版企业的经营信息并不十分了解。出版企业所有者与管理层均作为理性经济人，其行为目标均是实现自身利益最大化。出版企业所有者的利益取决于管理层在经营活动中付出的努力。同时，管理层的收益则取决于出版企业所有者支付的报酬。由此可见，出版企业所有者与管理层的利益并不是一致的，甚至彼此相互冲突。在利益冲突及信息不对称的情况下，管理层极有可能利用出版企业所有者委托的剩余决策权为自身谋求利益。

具体而言，出版企业所有者与管理层因信息不对称产生的利益冲突表现为三方面：一是管理层目标的多样化与所有者投资回报（即社会效益和经济效益）最大化单一目标之间的冲突。管理层既有满足衣食住行的物质需求，亦有获得社会认可、自我实现等高层需求。而出版企业所有者的期望是在优先实现社会效益的前提下，实现社会效益与经济效益协同提升。在出版企业中，最需要防范的利益冲突是管理层利用其自身对企业的实际控制权，对出版企业所有者的资金通过关联交易等方式进行窃取、滥用，以及在工作中表现出其他渎职、偷懒等行为。二是管理层与出版企业所有者之间因为对风险的态度差异而形成利益冲突。出版企业所有者在投资上具有较强的经营风险偏好，而管理层则不然。由于经营失败后面临扣罚奖金或被辞退的风险，因此与所有者相比，管理层在投资项目上更偏向风险规避态度，由此可能损害出版企业所有者的利益。三是管理层与出版企业所有者对自由现金流处置方式的差异形成利益冲突。管理层希望利用此现金流构建“商业帝国”或者满足自身在职消费等私人利益，而出版企业所有者们则希望现金流能够以投资回报的形式返回给自身。①

激励约束机制能够规范出版企业及管理层的行为，以协调出版企业所有者与管理层之间的利益冲突，保护出版企业所有者及其他利益相关者的利益。代为行使控股股东职权的国资委、宣传部等政府部门可对出版企业的国有资产保值增值绩效、实现社会效益情况、以权谋私行为及“逆行选择”等行为进行监督和约束。制衡股东和机构投资者在参与公司战略决策中有足够的动机、专业知识、监督能力约束出版企业的经营行为。独立董事一般会重点监督出版企业的关联交易行为。编辑委员会对出版管理者在出版物生产战略布局、出版导向决策等方面提供建议。在外部约束方面，为出版上市企业经营发展提供资本的资本市场以及由股票市场、债券市场组成的可以充分反映和影响出版企业的经营绩效，进而波及管理层的收入，对管理层起约束作用。国家作为代为行使出版企业控股股东职权的力量，通过发布一系列政策文件和法律法规，要求管理层在优先实现社会效益的前提下，追求社会效益与经济效益的协同提升。证券法、公司法、破产法等直接规范出版上市企业治理体系的建设，规范出版上市企业的组织和行为，保护出版企业、股东和债权人的合法权益，促进出版企业的利益相关者监督约束出版企业的经营行为。

3.3.3 辅助决策价值

激励约束机制除了具备在出版企业所有者与经营者之间构建利益同盟、防范管理层的逆向选择行为与败德行为等价值外，还具备一项十分

---

① 郑志刚：《中国公司治理的理论与依据》，北京，北京大学出版社，2016 年，第 36～38 页。

重要的价值，即辅助决策价值。一直以来，由于国有出版企业具有教材教辅独家经营权以及书号资源的专有配置权，因此，我国出版业一直被认为具有一定的优势经营地位。与钢铁、房地产、证券、化工等强周期行业相比，出版行业的盈利基本不受经济周期影响，相对比较稳定，属于弱周期行业。由于优势经营地位和弱周期的行业特征，出版行业往往被认为是低风险行业。

然而，技术进步、国家政策以及出版企业的扩大再生产，使得出版行业所面临的经营风险和责任日益增大。一方面，技术变革给出版行业带来的冲击愈来愈大。随着5G、云计算、人工智能、AR/VR等技术不断成熟和广泛应用，新媒体产业迅速崛起，数字经济在文化领域不断渗透发展，新的业务形态和商业模式相继出现①。传统图书发行、文化消费业态面临较大冲击，技术变革带来商业重塑，要求出版企业形成智能出版的服务能力，打造全媒体的出版形态，构建“内容+服务”的产业布局②③。同时，原材料价格波动亦会带来风险。出版企业多以纸质出版为主业，受纸张等原材料价格影响较大，原材料价格上涨将增加公司生产成本，降低公司盈利水平④。

另一方面，市场竞争加剧出版企业的经营风险。随着产业融合发展加速，在产业投资、资本运营的驱动下，出版领域竞争主体日益多元化，在资源获取、产品业态、消费市场等各方面市场竞争愈演愈烈，资本运作对传播领域的资源配置起着越来越大的作用。而出版上市企业在资本运营人才的专业化建设方面仍较为薄弱。缺乏具备专业管理技能、精通市场经营的专业型复合人才，这导致企业的资本运营工作缺乏专业性的支撑和引导⑤。再加上，我国出版企业普遍面临多元经营和跨界经

---

① 巨潮资讯网：《凤凰传媒2020年年度报告》，2021年4月23日，http://www.cninfo.com.cn/new/disclosure/detail?orgId=9900021782&announcementId=1209768667&announcementTime.

② 巨潮资讯网：《皖新传媒2020年年报》，2021年4月17日，http://www.cninfo.com.cn/new/disclosure/detail?orgId=9900010089&announcementId=1209713565&announcementTime.

③ 孙真福：《新时代教育出版融合发展的思考》，《出版参考》2021年第1期。

④ 巨潮资讯网：《长江传媒2020年年度报告》，2021年4月16日，http://www.cninfo.com.cn/new/disclosure/detail?orgId=gssh0600757&announcementId=1209697591&announcementTime.

⑤ 雷鹤：《全媒体时代出版业资本运营人才建设的问题与对策》，《出版发行研究》2020年第7期。

营经验不足的问题，也导致出版企业的经验风险越来越大[①]。而在教育出版领域，不少出版企业教育融合产品所应用的技术较为简单，大多简单应用互联网、移动互联网技术，尚未与人工智能、AR/VR 等新兴技术充分融合，亟须进行理念重塑、结构重组、流程再造和文化重构[②]。

此外，出版企业担负做强主题出版、壮大主流思想舆论的重要任务。党的二十大报告指出："意识形态工作是为国家立心、为民族立魂的工作。"巩固马克思主义在意识形态领域的指导地位，巩固全国各族人民团结奋斗的共同思想基础，是宣传思想工作的根本任务。国有出版企业落实好这一根本任务，就是要充分发挥主题出版在建设具有强大凝聚力和引领力的社会主义意识形态上的显著优势和突出作用[③④]。

上述风险和责任也使得背负社会效益与经济效益协同提升任务的出版企业在经营过程中决策难度越来越大。而激励约束机制具有辅助出版上市企业做出科学决策的价值。比如出版上市企业中监督决策的独立董事多具有文学、企业管理学、会计学、法学、数字出版学、证券、投融资等领域的知识背景。他们在对董事会的决策进行监督和把关的同时，往往也能够结合自身专业知识，为出版上市企业的决策提供有价值的参考和建议。机构投资者具有信息搜集和分析能力强、注重投资风险和资产安全的特点。他们投入大量资金后，也会关注出版上市企业的决策，有动机和能力将自身持有的信息、人脉、资本等资源嵌入出版企业，对出版上市企业的决策提出富有价值的建议。

3.3.4 平衡多元利益

与一般商业企业以经济效益为核心经营目标相比，出版上市企业的经营任务更加复杂，由此也导致出版企业在经营过程中涉及的利益相关方更多。一方面，因其文化属性，我国出版上市企业需要担负维护意识

---

① 巨潮资讯网：《长江传媒 2020 年年度报告》，2021 年 4 月 16 日，http：//www.cninfo.com.cn/new/disclosure/detail? orgId = gssh0600757&announcementId = 1209697591&announcementTime.

② 胡晓东：《教育融合出版产品现状及发展思路浅析》，《出版广角》2021 年第 13 期。

③ 彭玻：《在实施"三高四新"战略中彰显出版担当作为》，《新湘评论》2021 年第 11 期。

④ 孙真福：《以更大担当推进文化自信自强》，《群众》2022 年第 23 期。

形态、传承知识和传播文化等社会效益重任。比如，在突发公共事件中，图书出版企业需要利用出版物生产工作承担强信心、暖人心、聚民心的责任①。学术期刊出版单位要以高质、高速完成科技期刊在突发公共事件中的学术支撑和智库支持任务②。另一方面，与一般以经济效益为核心目标的商业企业类似，出版企业也需要承担起对出版生产经营活动的利益相关者的责任，维护众多利益相关者的利益。③ 尤其需要注重出版物的质量以及用户满意度，诸多出版物作者这一内容生产主体的满意度，注重维持好与纸张、油墨及印刷机器供应商、图书分销商和零售商、竞争对手等合作伙伴的关系④。而且由于出版业是轻资产、重人力资本的行业，人才决定出版企业的兴衰，因此，出版行业尤其需要注重维护编辑、发行人员及其他岗位工作人员的利益，着力解决改善当前我国出版企业为员工创造价值能力不足的现象，着力解决一直以来我国出版行业，尤其是民营出版企业，面临的人员流动率高、薪酬水平低、员工对企业的向心力不足等问题⑤。

激励约束机制的另一价值便是能够引导并约束出版上市企业在决策时平衡多元利益相关方的利益。首先，独立董事作为保持出版上市企业董事会独立性的重要力量，其会审查出版上市企业的利润分配方案，而利润分配方案是平衡利益相关方利益获得的关键方案。专业客观的、中立负责的独立董事参与利润分配决策中，能够起到多元利益协调的作用，有助于出版上市企业构建和谐的利益相关者关系。其次，管理层丰富的出版从业经验也有利于多元利益平衡。从目前我国出版上市企业董事会中内部董事（也称执行董事）的从业经历看，他们多来自出版上市企业内部的不同业务部门，涉及编辑、发行、物流、印刷、财务等多元业务板块。这些执行董事在不同板块耕耘多年，十分熟悉各个板块的

---

① 王斌会：《新媒体时代突发公共事件中出版企业社会责任与社会效益契合探析》，《科技与出版》2020 年第 3 期。

② 沈锡宾，刘红霞，李鹏，等：《突发重大公共事件下科技期刊数字出版平台的社会责任与使命担当》，《科技与出版》2020 年第 4 期。

③ 刘伟见：《文化体制改革下文化企业社会责任探究——以出版企业为例》，《中国行政管理》2012 年第 3 期。

④ 张悦：《出版传媒企业社会责任分析与提升对策》，《出版发行研究》2016 年第 6 期。

⑤ 莫林虎：《我国出版发行企业履行社会责任的实践与未来发展》，《出版广角》2020 年第 10 期。

具体业务以及产业链所涉及的利益相关者，深度理解利益相关者的利益诉求。尽职尽责的执行董事可在董事会利益分配决策时提出涉及利益相关者的有价值信息，为平衡和维护利益相关者利益提出科学合理的建议。

3.4 中国出版上市企业激励约束机制的现状特征与制度背景

研究中国出版上市企业激励约束机制对“双效”及其协同提升的影响，就有必要先研究中国出版上市企业中激励约束机制的现状及其特征，以便后续做出科学的研究假设以及就研究结果做出符合实际情况的严谨讨论。与一般私营上市企业及其他国有上市企业相比，我国出版上市企业激励约束机制有其独特性。本书主要从物质激励、精神激励、内部约束及外部约束四方面进行深入研究和阐述。

3.4.1 物质激励机制存在明显的不均衡化现象

薪酬激励和股权激励是我国出版上市企业的核心物质激励手段。对当前我国出版上市企业的物质激励进行横向及纵向的深度对比后，可以发现存在以下三方面的不均衡。

一是薪酬激励与股权激励不均衡。当前我国出版上市企业面向管理层的物质激励主要以薪酬激励为主，股权激励制度并没有真正建立起来。国有出版上市企业普遍面临股权激励不足的现象。我国出版上市企业管理层持股数量较多的企业，多属于民营企业，如天舟文化、中文在线、新经典、世纪天鸿等。而国有出版上市企业中管理层持股的，只有中文传媒、长江传媒、皖新传媒、新华传媒、凤凰传媒等少数几家公司。而且从持股份额看，其持股量较少，各公司管理层持股数量总和一般仅为几万股。持股数量最多的是凤凰出版传媒股份有限公司，管理层共持有 119.2 万股，这与凤凰传媒正在试点探索国有企业管理层股权激励机制有一定关系[①]。应该说，当前我国出版上市企业管理层股权激励本质是员工持股的从属，其所持股份往往只是出版上市企业对其过去所创优异成绩的一次性奖励，即使将来创造更加优异的绩效，其所持股权份额亦不会增加。由此可见，我国出版上市企业的股权激励制度本质上有被异化成福利制度的风险。[②③]

二是管理层薪酬额度在同一企业内、行业内不同企业间、行业外上市企业间表现出明显的不平等现象。首先，在同一出版上市企业内部，管理层之间的薪酬存在显著差异。从2023年中国科技出版传媒股份有限公司（简称“中国科传”）管理层的薪酬看，董事长的年薪高达180万元，独立董事的年薪约为10万元，最高薪酬约为最低薪酬的45倍[④]。从北方联合出版传媒（集团）股份有限公司（简称“出版传媒”）2021—2023年管理层的薪酬看，内部亦存在不平等现象。2021年出版传媒总经理的年薪为68.61万元，低于董事会秘书年薪90.24万元。2022年出版传媒总经理的年薪67.95万元，低于副总经理年薪94.32万元。2023年出版传媒总经理的年薪49.11万元，低于副总经理年薪49.18万元。[⑤] 其次，不同出版上市企业管理层的收入存在明显不平等现象。如图3－3所示从2023年的数据看，主营业务收入为28.5亿元且在新闻出版业中排名第12的中国科技出版传媒股份有限公司总经理的收入为180万元。而主营业务收入分别为131.35亿元、134.51亿元、98.8亿元的凤凰传媒、中南传媒、中文传媒，虽然在新闻出版上市企业的主营业务收入中排名前3，但是其管理层收入与中国科传总经理的收入相比则相对较少[⑥]。凤凰传媒总经理的年薪为98.07万元，中南传媒总经理的年薪为69.73万元，中文传媒总经理的年薪为

---

① 数据来源：作者根据2020年我国出版上市公司年报数据整理得出。

② 吕长江，郑慧莲，严明珠：《上市公司股权激励制度设计：是激励还是福利?》，《管理世界》2009年第9期。

③ 徐志武：《我国出版上市公司高级管理层激励与绩效关系研究》，《现代出版》2018年第5期。

④ 数据来源：作者根据2020年中国科技出版传媒股份有限公司的年报数据整理得出。

⑤ 数据来源：作者根据2018年、2019年及2020年北方出版传媒股份有限公司年报数据整理得出。

⑥ 出版商务周刊：《出版发行主业哪家强？多家书企业绩排名来了》，2021年5月25日，https://mp.weixin.qq.com/s/GUz1J6OrWiLUg0iezfFD6w.

109.03 万元①。

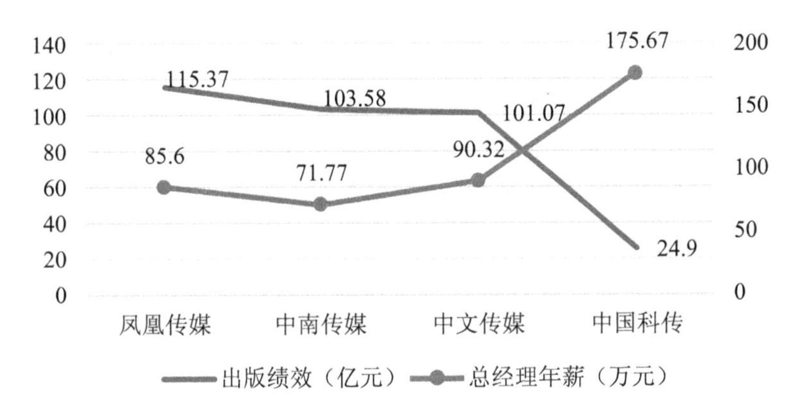

图 3-3 2023 年不同出版上市企业间的总经理薪酬差距②

三是与其他行业上市企业的管理层薪酬相比，我国出版上市企业管理层的薪酬相对较低。从界面新闻发布的 2020 中国 A 股上市企业高管薪酬榜看，在其所调研的近 7 万名 A 股上市公司高管中，有 7459 位高管在 2019 年的年薪超过百万元。超百万年薪高管的总薪酬达到 148.27 亿元，同比增长 19.57%。高管的平均薪酬为 198.78 万元，其中，方大特钢前任董事长谢飞鸣位列第一，年薪达 4122 万元。③ 与上述数据对比可以发现，我国出版上市企业管理层的年薪并不算高，多数出版上市企业管理层的年薪甚至尚未达到平均水平。年薪较高的中国科传董事长的年薪与方大特钢前任董事长谢飞鸣相比，亦相差约 20 倍。

3.4.2 职位晋升的激励作用尤为突出

在精神激励方面，当前晋升激励在我国出版上市企业中具有非常重要的地位。一方面，我国出版上市企业管理层尤其是董事长和总经理并非真正意义上的职业经理人。再加上，由于当前我国并没有为出版上市

① 数据来源：作者根据 2020 年凤凰传媒、中南传媒、中文传媒的年报数据整理得出。

② 资料来源：作者根据 2020 年凤凰传媒、中南传媒、中文传媒、中国科传的年报数据整理得出。

③ 界面新闻：《界面新闻发布 2020 中国 A 股上市公司高管薪酬榜：7459 位高管年薪过百万》，2020 年 6 月 1 日，https://www.jiemian.com/article/4410568.html.

企业管理层建立活跃的、去往外部其他上市企业任职的职业经理人就业市场，这就使得出版上市企业管理层将目光聚焦于内部晋升渠道。内部晋升或实现更高层级的职位晋升往往能够给出版上市企业的管理层带来更大的权力、更多的薪酬、更高的社会地位以及更加响亮的声誉。因此，与私营出版上市企业相比，国有出版上市企业管理层往往更加在乎政府主管部门对他们的业绩进行考核的方式及结果。他们同政府官员一样，拥有强烈的通过提升考核成绩为自己晋升争取筹码的动机。[①] 另一方面，从2021—2023年我国所有出版上市企业管理层的薪酬收入、持股数量看，当前我国出版上市企业管理层普遍存在薪酬激励不均衡，股权激励不足，并且存在物质激励不充分的现象。这种情况下，作为理性人的管理层往往可能会寻求职业晋升，以获得更多的直接物质收益或隐形物质收益。

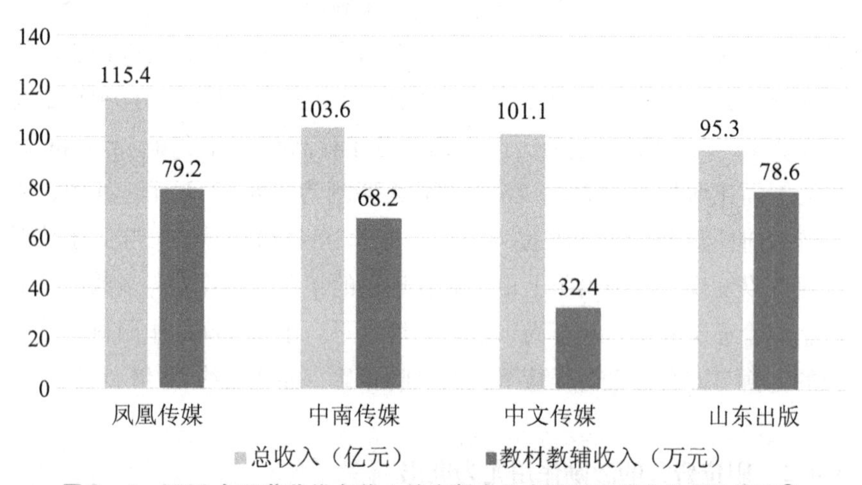

图3－4　2023年总营收排名前4的出版企业中教材教辅收入占比情况[②]

锦标赛理论认为，职位晋升若要达到激励效果，需要具备四方面条件。一是委托人对人事权拥有绝对话语权，二是委任人设立一套委托人与代理人均认同的目标，三是代理人的竞赛成绩是可相对分离和相互比较的，四是代理人能够在一定程度上控制比赛成绩。[③] 从目前我国出版

① 郑志刚：《中国公司治理的理论与证据》，北京，北京大学出版社，2016年，第178页。

② 资料来源：作者根据4家出版上市企业数据自行整理制作。

③ 周黎安：《中国地方官员的晋升锦标赛模式研究》，《经济研究》2007年第7期。

上市企业管理层所面临的职位晋升条件看，上述四方面条件是完全具备的。管理层晋升依赖于主管机构制定的有关出版上市企业社会效益、经济效益的考核标准及结果。而社会效益与经济效益的考核结果是可以相对分离并且亦可从横向和纵向进行比较。由此可见，职位晋升在我国出版上市企业中具有一定的激励效果。

控制权激励、声誉激励虽从表面看是与晋升激励性质不同，但究其本质，与晋升激励有着极其密切的联系。首先，出版上市企业管理层要想获得更大的经营控制权以及附属收益，那么其只有通过晋升获得更高职位才可实现。晋升激励本质是出版上市企业管理层获得更大经营控制权的重要途径，经营控制权则是职业晋升所带来的一种重要收益。其次，在我国出版上市企业中，声誉是支持管理层实现职位晋升的重要支撑力量。良好的声誉无疑有利于管理层的职位晋升。由此可见，在我国出版上市企业中，职位晋升是管理层精神激励的重要因素。

3.4.3　内部约束具有一定的行政色彩

当前，我国出版上市企业虽然建立了现代化的企业制度，亦建立了现代企业的激励约束机制，但囿于国有股份占主导地位的资本结构、出版业肩负维护意识形态的使命，目前我国出版上市企业的激励约束机制仍具有一定的行政色彩。主要表现为以下三方面。

一是多元政府行政机构共同实质行使控股股东及出资人职权。当前，我国绝大多数出版上市企业属于国有企业，国有资产占股份总额的50%以上，处于绝对控股地位。在出版企业的实际治理过程中，往往由多个政府行政机构共同行使出资人职权。首先，国资委或者财政部门为出版上市企业注入大量资本，行使出版上市企业的出资人职责。其作为控股股东代表，主要对我国出版上市企业的国有资本保值增值情况进行监督。其次，宣传部门作为我国出版行业的主管机构，对我国出版上市企业所应实现的另一控股股东期望经营目标——社会效益进行监督。再次，在出版上市企业实际治理和运营过程，为保证我国出版上市企业董事会在重大事项上做出正确决策，实质上担任控股股东角色和行使实质控股股东职权的机构，往往是我国出版上市企业控股集团（也称为母公司）的党委会。当前，所有提交我国出版上市企业董事会讨论的议案，均需由控股集团党委会前置审议后，再根据不同权限由公司经营管理层、董事会、监事会、股东大会履行决策程序①②。

二是行政任免是内部约束的有力手段。我国出版上市企业管理层，往往具有行政属性。一方面，其经营行为受主管机构监督和约束。在当前从严治党的背景下，管理层所受到的约束也十分明显。另一方面，如上所述，在职位晋升成为当前我国出版上市企业管理层重要激励方式的情况下，行政任免制度无疑成为政府对我国出版上市企业管理层进行约束的重要手段。

3.4.4 外部约束力量的价值日渐凸显

虽然当前囿于资本市场、经理人市场、产品竞争市场与要素市场等不够完善，我国出版上市企业所受到的外部约束力量不如内部。但随着资本市场、产品与要素市场、经理人等市场、相关法律法规等不断完善，可以预见，这些外部治理机制对我国出版上市企业的约束作用越来越明显，价值亦会愈来愈大。

第一，职业经理人制度已开展试点，但尚未形成具有可操作性的统一规范。建立职业经理人制度是落实国资国企改革要求、完善现代企业制度和引入市场化经营机制的重要措施。近年来，随着“国企改革三年行动”深入推进，国有企业加大了市场化选聘管理层成员的力度，不断向完善的职业经理人制度迈进③。不过，当前市场化选聘管理层成员尚处于试点推进阶段。现有政策对市场化选聘的管理层成员在身份认定、考核、薪酬、监督管理、退出管理等方面尚未形成具有可操作性的统一规范。④

第二，健全的法制环境对出版上市企业具有较强约束力。一方面，近几年来国务院、国资委陆续出台《国务院关于改革国有企业工资决

① 张志华：《以高质量治理推动文化创新、融合发展》，《董事会》2022 年第 11 期。

② 徐志武：《我国出版上市公司治理结构与绩效关系研究》，武汉大学博士学位论文，2018 年。

③ 唐雄兴：《国有企业推行职业经理人制度的实践与思考》，《四川劳动保障》2021 年第 10 期。

④ 唐雄兴：《国有企业推行职业经理人制度的实践与思考》，《四川劳动保障》2021 年第 10 期。

定机制的意见》《中央企业负责人经营业绩考核暂行办法》《中央企业负责人薪酬管理暂行办法》《中央企业综合绩效评价管理暂行办法》等文件，逐渐确定了以企业绩效，尤其是会计指标考核出版企业绩效的方法，对管理层的薪酬约束做出明确规定①。刑法、党的纪律处分条例等法律规定也约束“内部人”利用出版上市企业平台为自己谋利的贪污、受贿等违法行为。这一点从近年来包括时代出版集团、山东出版集团等出版企业管理层所受党纪和法律的严厉处罚可见一斑。另一方面，颁布完善的合同法、商法以及破产法等法律法规并严格执行，能够有效抑制出版上市企业的过度投资或者投资不足的非效率投资行为，降低投资的不确定性，减少内部交易②。

第三，出版物产品与要素市场的竞争也能够有效约束出版上市企业的行为。一方面，出版物产品市场与要素市场的激烈竞争，能够给出版上市企业带来较大经营压力，甚至可能使部分出版上市企业面临破产清算，管理层面临被撤换的局面。虽然当前我国出版上市企业在教材教辅产品发行方面具有垄断优势，所受竞争压力较小，但是在非教材教辅业务板块，尤其是资本运作、多元业务开发等跨界经营方面仍面临较大竞争压力，经营风险较大。这种竞争压力和经营风险有利于约束出版上市企业在经营过程中保持警惕，投入更多的时间和精力，抑制机会主义行为，降低代理成本。另一方面，当出版上市企业面临共同的不确定因素时，采用相对绩效指标对管理者进行评价就能排除共同的不确定性因素的干扰，更加客观、准确地反映管理者的能力和努力程度。参与市场竞争的企业越多，同行业内企业的利润水平越趋于一致，管理者与公司股东的信息不对称程度就越低③④。在全国出版集团及出版上市企业总体数量不算多的情况下，产品市场、要素市场的竞争，能够更加明显地凸显出版上市企业及其管理层的工作成绩，便于股东对其工作进行监督。

---

① 吕长江，赵宇恒：《国有企业管理者激励效应研究——基于管理者权力的解释》，《管理世界》2008年第11期。

② 姜付秀，〔美〕肯尼思·A.金（Kenneth A. Kim），王运通：《公司治理：西方理论与中国实践》，北京，北京大学出版社，2016年，第190～191页。

③ Holmström，B. 1999：“Managerial Incentive Problems：A Dynamic Perspective”，*The Review of Economic Studies*，January.

④ 姜付秀，〔美〕肯尼思·A.金（Kenneth A. Kim），王运通：《公司治理：西方理论与中国实践》，北京，北京大学出版社，2016年，第216～218页。

第四，对我国出版上市企业而言，出版主管部门还会对出版企业的产品质量进行直接监督，帮助出版企业做好自我约束。比如，中宣部产品质量评审中心负责制定和推广出版产品质量监督和技术检测的相关标准和规范，负责全国图书、报纸、期刊、音像制品、电子出版物、数字出版物等出版产品以及其他纳入行业管理的产品（如包装装潢印刷产品、其他印刷产品、只读类光盘、可录类光盘等）的质量监督和技术检测工作①。国家新闻出版署每年会对出版物校对质量、内容质量进行审核，并将出版物的检查结果对外公布。对于不合格的出版物，会根据《出版管理条例》第六十七条、《图书质量管理规定》第十六条和第十七条的规定，要求相关出版单位自检查结果公布之日起 30 日内全部收回。连续 2 年在抽查中有不合格出版物的出版单位或同一批次抽查有 2 种不合格出版物的出版单位不得参加当届中国出版政府奖评选②。

3.5 小结

本文的核心研究问题是激励约束视角下我国出版上市企业的“双效”提升问题。根据这一核心研究问题，本章重点研究和界定“出版上市企业”“激励约束机制”及“管理层”这三个重要概念。在此基础上，确立划分激励约束机制具体结构的三大依据：一是参考企业激励约束机制相关理论，如最优契约理论、管理者权力理论等；二是选择性地吸收借鉴企业激励约束领域的经典研究；三是充分考虑我国出版上市企业激励约束机制的现状。依据上述原则和条件，本文科学划分并厘清激励约束机制的具体结构。本文将激励机制划分为物质激励和精神激励，将约束机制划分为内部约束和外部约束。其中，物质激励包括薪酬激励、股权激励。精神激励包括控制权激励、晋升激励、声誉激励。内部约束包括控股股东约束、制衡股东约束、机构投资者约束、独立董事约束、顶层管理者约束、编辑委员会约束。外部约束包括市场化进程约

① 中央宣传部出版物质量评审中心：《主要职能》，http：//www.pqsi.org.cn/ZJWebAdmin/Html/20103129033159.html，最后登录时间：2019 年 1 月 2 日。

② 国家新闻出版署：《国家新闻出版署公布 65 种编校质量不合格出版物》，2018 年 11 月 21 日，https：//www.sohu.com/a/276570667_757863.

束、政府间接约束、出版物产品市场约束、要素市场约束、法律制度约束。

在科学划分激励约束机制具体结构的基础上，本文进一步研究激励约束机制的功能与价值。构建管理层与出版上市企业股东间的利益同盟，防范“内部人”败德行为，辅助出版上市企业展开科学决策，平衡出版上市企业多元相关者的利益是激励约束机制的突出功能与价值。这些功能与价值研究主要为后续章节中建构激励约束机制各要素分别影响社会效益、经济效益的理论假设做铺垫。

为后续章节能做出科学的研究假设以及就研究结果做出符合实际情况的严谨讨论，本文亦从物质激励、精神激励、内部约束及外部约束四方面对中国出版上市企业激励约束机制的现状特征与制度背景进行深入研究和阐述。物质激励呈现明显不均衡化、职位晋升的激励作用尤为突出、内部约束具有一定的行政色彩、外部约束力量的价值日渐凸显等是当前我国出版上市企业激励约束机制的显著特征。研究激励约束视角下我国出版上市企业的“双效”提升问题，除了需要研究我国出版上市企业的激励约束问题，亦有必要研究我国出版上市企业的“双效”，以便为后续“双效”衡量工作及理论假设建构工作奠定基础。文章将在下一章中重点研究中国出版上市企业的“双效”问题。

4　中国出版上市企业的“双效”

所谓“双效”，是社会效益和经济效益的简称，其本质是一个绩效概念[①]。由于出版产业兼具文化属性和经济属性，社会效益优先，社会效益和经济效益协同提升是中国出版产业运行的特殊规律[②③]。实现“双效”协同提升一直是党和政府关注的焦点。如何处理社会效益和经济效益的关系，既是党和政府在出版业改革中的焦点问题，也是难点问题，这个问题一直贯穿出版业改革和发展的全过程[④]。由于“为人民服务、为社会主义服务”是包括出版业在内的传媒产业运营的根本性指导方针，因此，出版业尤其应重视社会效益[⑤]。对此，自2015年以来，习近平总书记多次指出，应制定制度推动包括出版企业在内的国有文化企业将社会效益放在首位、实现社会效益和经济效益相统一。“双效”统一正逐渐上升为国家的文化战略[⑥]。在正式研究中国出版上市企业激励约束机制对“双效”的影响这一问题之前，有必要先确定中国出版上市企业绩效研究的视角，全方位廓清绩效的内容，设计科学的绩效计量方法。

4.1　绩效视角

学界已从多元视角绩效展开研究。与其他形态的传媒业类似，出版

① 张志强：《现代出版学》，苏州，苏州大学出版社，2003年，第103页。

② 王炎龙：《出版产业政策演变轨迹与逻辑》，《编辑之友》2018年第7期。

③ 刘大年：《当代西方出版产业政策：变迁与趋势》，《现代出版》2015年第4期。

④ 周蔚华：《中国出版体制改革40年：历程、主要任务和启示》，《出版发行研究》2018年第8期。

⑤ 李频：《出版工作“两为”方针的由来与提出的准确时间》，《中国出版史研究》2017年第1期。

⑥ 于殿利：《论出版经济的文化性》，《现代出版》2017年第2期。

业在特定经济社会条件下，具有多种功能，比如文化产业力、信息传播力、传媒生产力、文化创意力、生活引导力、人类命运聚合力、传媒文化再生力等。因此，出版企业的绩效比一般商业企业更为复杂[①]。在研究我国出版企业“双效”之前，有必要确定出版企业绩效的研究视角。

4.1.1　已有研究视角

学界对于绩效的研究由来已久。最早关于绩效的研究可以追溯到1911年美国古典管理学家泰勒在《科学管理原理》一书中对效率问题的研究[②]。书中主要聚焦于组织绩效及个人绩效两种类型。而本文重点探究的是出版上市企业作为组织所产生的绩效。目前，学界对绩效这一概念比较权威的界定是：完成工作的效率、效能与效果[③]。然而，对于绩效的核心内涵，学者仍抱持多种截然不同的研究观点。总的来说，可以分为三种：过程观点、结果观点、过程与结果相结合观点。

一是过程观点。所谓过程观点，即认为绩效的侧重点并非产出，而应该是产出的过程。这一观点的前提假设是：被控制的过程能够带来预期结果。过程观点多被应用于以过程为导向的服务性岗位的个人绩效评价中，比如，在服务行业中，员工是否表现出微笑或者礼貌行为以使顾客感到愉悦，促使顾客产生重复购买或者消费行为[④]。在企业层面，过程观点常被应用于那些产出结果不便于直接量化的企业绩效研究中，尤其是常被应用于评价企业在生产经营过程中履行社会责任的绩效。以过程为导向的绩效评价有其独特优势。当国有企业的主管主办单位发现企业完成绩效的过程和行为偏离事先预设的标准时，可以及时指导企业调整，以避免未来可能带来的更大损失。

二是结果观点，即绩效是企业运营的结果或产出。在学术研究中，与过程观点相比，从结果视角将绩效理解为结果或产出更为常见。它常

---

① 周鸿铎：《传媒与传播本质的揭示——中国传媒经济理论研究四十年之一》，《东南传播》2018年第9期。

② 〔美〕弗雷德里克·温斯洛·泰勒：《科学管理原理》，居励、胡苏云译，成都，四川人民出版社，2017年，第1～2页。

③ 术语在线：《绩效》 \ ［2019 - 10 - 08 \ ］. https：//www. termonline. cn/search? k = % E7% BB% A9% E6% 95% 88&r = 1623057827518.

④ 孙波：《绩效管理本源与趋势》，上海，复旦大学出版社，2018年，第6页。

被应用于衡量那些可以产出结果并可以直接量化的企业绩效。然而，单纯以结果为导向对企业绩效进行评价，使国有企业的主管主办机构缺乏足够的过程信息对企业绩效的形成过程进行有针对性的指导，这显然不利于被评价者的绩效提升。同时，过分强调结果导向容易导致被评价者热衷于追求短期效益，而忽视组织的长期发展和经营安全。

三是过程与结果相结合观点。即将企业行为过程与行为结果结合起来评判绩效的视角。绩效的界定和评价标准应根据组织目标和工作内容的变化而变化①。一般而言，过程与结果相结合观点多应用于企业绩效比较复杂，尤其是存在企业产出或行为结果难以直接量化的情况。在企业绩效界定和评价的过程中，到底采用何种绩效研究观点，需要结合不同企业绩效的特点、企业发展的不同阶段来加以选择。对于出版企业而言，到底该采用何种观点研究其绩效，亦应该充分考虑出版企业绩效的内涵、范畴及其特殊性，再加以定夺。

4.1.2 出版绩效的特殊性

与一般商业企业相比，我国出版上市企业的绩效具有特殊性，即出版企业需要同时实现社会效益与经济效益。首先，与一般商业企业将经济效益最大化作为最终经营目标不同，出版物的生产与流通在本质上属于一种“意义”经济，这种包含有知识、价值、观念、认知等的“意义”，不仅影响受众，而且还会影响社会进程、社会决策、市场消费和人们的社会行为，具有上层建筑性质②③。因此，出版产业作为文化产业，具备较强的意识形态属性，努力增进出版社会效益，是当代中国出版产业发展的根本追求。国家为出版上市企业发展投入了大量专用性资产，亦希望我国出版上市企业在优先社会效益的基础上，同时实现经济效益的协同提升。其中，实现社会效益才是我国出版企业存在的根本价值④。其次，从出版活动的可持续性看，出版活动亦是一项经济活动，

---

① 刘湘丽：《绩效与薪酬实务》，北京，中央广播电视大学出版社，2018 年，第 2 版，第 5～6 页。

② 李良荣，蔡颖：《传媒经济发展的非经济因素》，《新闻界》2004 年第 1 期。

③ 谭天：《传媒经济的本质是意义经济》，《国际新闻界》2010 年第 7 期。

④ 方卿，许洁：《论出版的价值引导功能》，《出版科学》2015 年第 4 期。

有支出则必然要求有收入，合理的收入是维系出版活动持续发展的重要基础。因此，我国出版产业的活动亦必须考虑成本支出和收益，必须讲究经济效益[①]。

坚持将社会效益放在首位，实现社会效益和经济效益相统一，是我国出版企业的根本经营目标，亦是我国出版业发展的本质要求[②]。如何协同提升出版企业的两个效益，既是中国出版业改革的焦点问题，也是难点问题，这个问题一直贯穿出版业改革和发展的全过程[③]。习近平总书记强调，包括出版业在内的文化领域是党必须坚守而且决不能放弃的阵地。他说：“关于文化体制改革，我只强调一点，就是要在继续大胆推进改革、推动文化事业全面繁荣和文化产业快速发展、建设社会主义文化强国的同时，把握好意识形态属性和产业属性、社会效益和经济效益的关系，始终坚持社会主义先进文化前进方向，始终把社会效益放在首位。无论改什么、怎么改，导向不能改，阵地不能丢。”[④] 2015 年，国务院印发的《关于推动国有文化企业把社会效益放在首位、实现社会效益和经济效益相统一的指导意见》亦指出，要正确处理社会效益和经济效益、社会价值和市场价值的关系，当两个效益、两种价值发生矛盾时，经济效益服从社会效益、市场价值服从社会价值，越是深化改革、创新发展，越要把社会效益放在首位[⑤]。

对于社会效益与经济效益的关系，一些学者认为，我国出版企业经济效益亦属于社会效益的范畴。这主要是因为当前我国出版上市企业属于国有企业，实现国有资本的保值增值是国有企业的重要目标，也是创造社会效益的重要方式。因此，经济效益亦属于广义社会效益的范畴。但本文并未采纳此种观点。之所以如此，主要是考虑到我国出版上市企

---

① 王关义，万安伦，宋嘉庚：《新文科背景下加强出版学科建设的思考》，《出版发行研究》2021 年第 2 期。

② 蒋茂凝：《新时代出版业两个效益辩证统一的理论和实践》，《中国编辑》2020 年第 5 期。

③ 周蔚华：《中国出版体制改革 40 年：历程、主要任务和启示》，《出版发行研究》2018 年第 8 期。

④ 中共中央文献研究室：《习近平关于社会主义文化建设论述摘编》，北京，中央文献出版社，2017 年，第 185 页。

⑤ 中华人民共和国中央人民政府：《关于推动国有文化企业把社会效益放在首位、实现社会效益和经济效益相统一的指导意见》，2015 年 9 月 14 日，http：//www. gov. cn/xinwen/2015 -09/14/content_2931437. htm.

业中社会效益与经济效益从根本上属于两种不同性质的效益。根据党和国家的政策文件和法律法规，如《出版管理条例》等对出版企业的要求，社会效益本质上注重在维护意识形态、传播知识、传承文化、服务读者等方面，而经济效益则重点要求出版企业实现国有资本的保值增值目标。从两者内涵和范畴的对比看，社会效益与经济效益应分属两种不同性质的绩效，有必要分别对其展开研究。

另外，出版企业绩效与管理层工作绩效之间的关系在本书中有必要予以精准厘定。然而，管理者往往并不直接进行具体业务操作，其工作有别于非管理工作的关键之处就在于：管理层在很大程度上是通过他人的工作来实现目标①。那么，管理层的工作与出版企业绩效之间存在何种关系呢？本书近似地将出版上市企业的绩效等同于管理层的绩效。之所以如此处理两者关系，一方面是考虑到管理层是我国出版上市企业真正的战略管理者以及真正的经营管理者，出版企业其他成员的工作内容和方向均是按照其战略意图行事。出版企业其他成员努力工作的程度亦取决于管理层所制定的激励约束制度。科学合理的激励约束制度才能督促出版企业成员勤勉高效地工作。因此，我国出版上市企业绩效是管理层能力及努力程度的成果体现。另一方面是考虑到我国出版上市企业管理层个人或者集体的直接绩效难以直接衡量，而企业绩效具有确定性和可度量性，能够为文章的量化研究工作提供可靠的数据。有鉴于此，本书将我国出版上市企业的绩效等同于管理层个人及其集体的工作绩效。

4.1.3 本文绩效视角

根据上述研究并结合我国出版上市企业的实际情况，本书廓清本书对于我国出版上市企业绩效的研究视角。第一，采用过程与结果相结合的视角探究绩效。我国出版上市企业在实现社会效益过程中的某些行为，无法直接量化其结果，比如，对生产的出版物在维护意识形态、传播知识、传承文化等方面所做的贡献，很难进行直接的、可以量化的评估。因此，我们仅能从出版企业生产的有关维护意识形态、传播知识、

---

① 孙健敏，焦长泉：《对管理者工作绩效结构的探索性研究》，《人类工效学》2002年第3期。

传承文化方面选题的出版物来衡量其作为文化企业所做出的特有成绩。这种评估方法更接近过程视角的观点。另外，我国出版上市企业绩效中的某些方面是可以直接量化的，比如国有资本的增值保值情况、资产收益率、资产利润率等。有鉴于此，本书采用将企业的行为过程与行为结果相结合的视角来综合评判绩效。这种综合视角有利于更加精准地、更加全面科学地衡量我国出版上市企业的社会效益和经济效益。

第二，将出版企业绩效内容确定为社会效益与经济效益。文章将社会效益与经济效益定义为两种不同性质的绩效，社会效益与经济效益之间并没有从属关系，而是并列关系。一般地，社会效益强调企业在社会思想引导、社会文化价值培养、传播知识、传承文化、社会精神文明建设以及社会安定、团结、健康发展等非经济因素方面的贡献①②。经济效益通常衡量的是企业利用国有资本过程中所展现的在盈利、运营、发展以及偿债方面的能力。虽然出版企业在实现国有资本保值方面增值一定程度上能够体现出其为社会所做的贡献，具有社会效益属性，但是从总体看，社会效益与经济效益本质上分属非经济方面与经济方面的贡献或者效益，两者的性质从根本上来说是不同的③。正是由于社会效益与经济效益的性质不同，因此，激励约束机制对社会效益、经济效益的影响机理及其结果并不相同。比如，国有出版上市企业在经营过程中所获政策支持以及制度约束较多，往往能够引导和支持出版企业实现较好的社会效益。综上所述，我国出版上市企业社会效益与经济效益的性质不同，激励约束机制对两种绩效的影响机理亦不相同，分别研究社会效益与经济效益才能够真正廓清激励约束机制分别对社会效益、经济效益的影响。

第三，按照优先提升社会效益，实现社会效益与经济效益共同提升的目标来处理社会效益与经济效益的关系。出版企业将社会效益放在首位，实现社会效益与经济效益相统一的经营目标定位，是由我国国有文

---

① 张光明，李文昌，施晓军：《刍议企业经济效益和社会效益》，《工业技术经济》1996年第5期。

② 周蔚华：《对“在坚持社会效益第一的前提下，实现社会效益和经济效益的统一”重大命题的一点看法》，《中国出版》2009年第1期。

③ 徐志武：《我国出版上市公司治理结构与绩效关系研究》，武汉大学博士学位论文，2018年。

化企业的责任以及出版物作为特殊文化商品的性质决定的。出版是传承和传播文化知识的活动，出版的本质是文化活动。出版物既是物质产品也是精神产品，正因出版活动和出版物具有双重属性，出版企业的社会效益与经济效益相互联系、不可分割。就出版物而言，没有离开社会效益的经济效益，也没有离开经济效益的社会效益。在处理社会效益与经济效益的关系时，必须坚持社会效益第一。经济效益虽然和社会效益是两个相对的概念，但两者却并不是水火不容的关系，两个效益是辩证互通的[①]。良好的社会效益可以促进经济效益，而片面追求经济效益会以牺牲社会效益为代价。只有真正做到将社会效益放在首位，才有可能真正实现两个效益相统一[②]。

4.2 社会效益

实现社会效益是我国出版企业存在的根本价值[③]。推动出版事业发展，实现社会效益提升，一直是中国出版业的重要目标。理顺社会效益的内涵、历史变迁、与近似概念的联系与区别、计量方法，亦是后续我国出版上市企业社会效益提升研究的重要基础。

4.2.1 出版社会效益的历史变迁

社会效益是新中国成立后党和政府逐渐提出和确立的出版企业经营目标。自新中国成立以来，我国出版业为社会效益提升做了大量工作。受益于此，我国出版业在提升优秀出版物的生产能力、扩大图书发行渠道、推动出版融合发展、建立提升社会效益的体制机制等方面，取得扎实成效。通过对新中国成立以来我国出版业关于社会效益的改革措施进行回顾和总结，研究其中的规律及启示，可对今后的社会效益改革工作

---

① 冯彦良：《出版企业社会效益、经济效益与社会责任之间的关系》，《合作经济与科技》2014 年第 24 期。

② 王广照：《出版社社会效益考核的实践与探索——以中原大地传媒股份有限公司为例》，《出版发行研究》2015 年第 11 期。

③ 方卿，许洁：《论出版的价值引导功能》，《出版科学》2015 年第 4 期。

有直接裨益，推动我国出版社会效益持续提升。

（1）出版产业的曲折发展与出版方针逐渐完善（1949—1978）。

1949 年，中华人民共和国成立后，时任中宣部部长陆定一提出出版的目标是为人民服务。由此至 1956 年为中国社会主义新型出版事业的初创阶段。这一阶段，中央人民政府设置出版总署统领出版产业的行政主管工作，并逐步消除出版发行工作中缺乏组织、计划的现象。一批国营出版单位、科技专业出版单位以及地方综合性人民出版社逐渐诞生。1950 年至 1956 年初，人民政府对短暂繁荣的私营出版业进行社会主义改造，将新华书店中的出版、发行业务独立出来，同时建立一批关于出版、印刷、发行行业工作的规章制度。这些措施有力促进了社会主义新型出版事业的发展。相较于 1949 年，1956 年出书种数增加 2.6 倍，达 28733 种，总印数增长 16 倍，达 17.8 亿册（张）；销售量从 1950 年的 2 亿册增至 14.8 亿册，销售额从 0.5 亿元增至 3 亿元。①

（2）解放出版生产力并逐步确立社会效益放首位的出版方针（1978—1992）。

1978 年，党的十一届三中全会召开后，出版工作逐步从“左”的禁锢中解放出来，我国出版事业的体制改革工作由此正式发轫。1979 年，国家出版局在长沙召开全国出版工作座谈会被认为是改革开放后出版事业的转折点。此次会议后，政府主管部门采取一系列的改革措施推动出版业发展。第一，调整和完善出版方针。1980 年国家出版局在印发的《出版工作暂行条例》中确立了“两为”“双百”“两用”的出版方针，并提出须坚持质量第一、密切关注社会效果的理念。这也是新中国成立以来政府公开的官方文件中最早出现“社会效果”一词。1983 年，中共中央、国务院印发的《关于加强出版工作的决定》再次强调，为人民服务、为社会主义服务是我国出版事业的根本方针。1985 年，针对一些出版社和杂志社片面追求经济效益、不顾社会效果的现象，文化部在印发的《关于全国出版局（社）长会议的报告》中指出，社会主义出版工作需要将社会效果放在第一位，不能片面追求利润，同时要

① 吴江江，石峰，邬书林，等：《中国出版业的发展与经济政策研究》，武汉，湖北人民出版社，1994 年，第 8～10、57～58 页。

讲求经济效益。当社会效果和经济效益发生矛盾时，要首先考虑社会效果[①]。这一理念在1986年3月由国家出版局印发的《全国出版社总编辑会议纪要》，以及1988年4月由中宣部、新闻出版署印发的《关于出版社改革的若干意见》《关于当前图书发行体制改革的若干意见》中均得以强调。[②]

第二，在图书生产方面，1980年的《出版工作暂行条例》对出版社图书的质量和数量、出书规划与计划，以及出版社如何开展作者工作、审稿加工工作、印校发行工作等都做出较明确的要求。1983年《关于加强出版工作的决定》对出版社应如何改变印刷、发行落后的现状，解决出书难、买书难的问题再次予以指导。针对中央文件、党和国家领导人著作、革命回忆录、党章、法律文件、中小学教材等特殊主题出版物的出版工作，中宣部、文化部、国家出版局、新闻出版署等主管部门亦自1981年起制定大量文件予以指导。1984年的《关于地方出版工作会议的报告》提出，通过改革使“编、印、发”各环节相互配合，缩短出版周期，增加图书供应。

第三，1979年在长沙召开的出版工作座谈会提出出版社可以自办发行，出版社的发行改革由此展开[③]。1982年，文化部发出《关于图书发行体制改革工作》的通知，提出建立以新华书店为骨干，多种流通渠道，多种经济形式，多种购销形式，减少流通环节的“一主三多一少”图书发行网络。1984年9月，文化部提出将地方出版社只面向本省的出版方针改变为立足本地、面向全国的经营方针，极大满足群众的购书需求。[④] 1988年5月，中宣部、新闻出版署又在《关于当前图书发行体制改革的若干意见》中提出“三放一联”的改革方案，该方案的

① 新闻出版署图书管理司：《图书出版管理手册》，沈阳，辽宁大学出版社，1994年，第15、33页。

② 新闻出版署图书管理司：《图书出版管理手册》，沈阳，辽宁大学出版社，1994年，第39、49页。

③ 吴江江，石峰，邬书林，等：《中国出版业的发展与经济政策研究》，武汉，湖北人民出版社，1994年，第28页。

④ 新闻出版署图书管理司：《图书出版管理手册》，沈阳，辽宁大学出版社，1994年，第25页。

核心价值是将竞争机制引进图书发行工作，真正搞活了图书流通市场[①][②]。为应对原材料及生产成本上涨，新闻出版署对图书定价亦进行改革。1984 年，书价管理由中央集中统一管理改为中央与地方分级管理，以地方为主；同时，原有的 12 个档次的定价方案被改为只分上限和下限，改变出版物价格“一刀切”的管理模式。1987 年至 1988 年，图书定价原则被改为按成本定价和控制利润率的定价原则，并将定价权下放给出版社。[③]

第四，印刷能力方面，面对设备陈旧、技术落后、产能不足的印刷行业，1983 年，中共中央、国务院在《关于加强出版工作的决定》中指出，急需对书刊印刷和图书发行工作进行体制改革和技术改造[④]。同年，由国家经委牵头成立印刷技术装备协调小组，提出“照相排字、电子分色、胶印印刷、装订联动”的技术改造方针。在此后近十年里，国家投资 13 亿元改造资金，逐步改变我国印刷技术落后、设备陈旧的状况。[⑤]

第五，管理制度方面。首先，改革普遍存在的“吃大锅饭”现象。1984 年的《关于地方出版工作会议的报告》提出，应适当扩大出版单位的自主权，提高其经营的主动性，出版社编辑部应建立与奖励相关的考核制度。1985 年文化部组织召开的全国出版局（社）长会议再次提出，要继续试行并逐步完善以提高出书质量为中心的、与奖惩相联系的责任制，尊重知识和人才，充分调动知识分子的积极性[⑥]。1988 年，中宣部、新闻出版署印发的《关于当前出版社改革的若干意见》中，亦

---

① 吴江江，石峰，邬书林，等：《中国出版业的发展与经济政策研究》，武汉，湖北人民出版社，1994 年，第 30 页。

② 新闻出版署图书管理司：《图书出版管理手册》，沈阳，辽宁大学出版社，1994 年，第 52 ～ 66 页。

③ 宋木文：《一个“出版官”的自述：出版是我一生的事业》，北京，中国书籍出版社，2015 年，第 311 ～ 312 页。

④ 新闻出版署图书管理司：《图书出版管理手册》，沈阳，辽宁大学出版社，1994 年，第 9 页。

⑤ 新闻出版署图书管理司：《图书出版管理手册》，沈阳，辽宁大学出版社，1994 年，第 31 ～ 37 页。

⑥ 新闻出版署图书管理司：《图书出版管理手册》，沈阳，辽宁大学出版社，1994 年，第 31 ～ 37 页。

提出工资和奖金均要坚持按劳分配原则，克服平均主义①。其次，实行责任制。1988 年，中宣部和新闻出版署在《关于当前出版社改革的若干意见》中，提出逐步推行社长负责制，编辑部门实行职务聘任制、岗位责任制，试行和完善各种承包责任制，扩大资金来源，提升出版能力，在改革中建立高质量出版队伍，加强对出版社改革的领导等②。

（3）建立适应市场经济的新出版体制及推动出版业优质高效发展（1992—2002）。

为贯彻党的十四大精神，在 1992 年召开的全国新闻出版局长会议上，新闻出版署提出建立适应社会主义市场经济新出版体制的改革目标。为实现这一目标，首先，会议报告明确提出，出版社可由事业单位转为企业单位，并逐步扩大转企后出版社在选题决策、图书定价、工资奖金分配、人事、资金使用、外贸等方面的自主权。其次，进一步完善社长负责制，并完善以出版物质量为中心的多种形式的责任制，如岗位责任制、目标管理责任制和承包经营责任制。在改革过程中应切实改变“经济指标硬，社会效益指标软”的状况。再次，进一步放开图书批发市场，放开折扣，建立和完善图书批发市场，扩大国有书店经营范围，充分利用社会力量发展各类图书销售点等举措③。最后，我国启动第三次书价改革，在原有改革的基础上，将书刊价格分为中小学课本和大中专教材，法律法规、文选等党和国家的重要文献，其他图书种类共三类进行管理。通过此次改革，除教科书外，我国的一般图书定价基本完全放开，由市场调节④。

自十一届三中全会以来，出版业得到长足发展。对此，1992 年 11 月，新闻出版署制定了《图书质量管理规定（试行）》，这是我国出版行政管理机关关于图书质量管理的第一个专门规定，其中制定了图书质量的具体标准，同时也提出图书质量奖惩的具体措施。新闻出版署图书

---

① 新闻出版署图书管理司：《图书出版管理手册》，沈阳，辽宁大学出版社，1994 年，第 52 页。

② 新闻出版署图书管理司：《图书出版管理手册》，沈阳，辽宁大学出版社，1994 年，第 48～53 页。

③ 宋木文：《一个“出版官”的自述：出版是我一生的事业》，北京，中国书籍出版社，2015 年，第 300～304 页。

④ 宋木文：《一个“出版官”的自述：出版是我一生的事业》，北京，中国书籍出版社，2015 年，第 313 页。

司还从 1993 年起连续组织了三次较大规模的图书质量大检查。1994 年又进一步制定了《关于书稿审读把关和质量检查的规定》，其中对发稿质量要求、三次审读把关的责任范围、审读报告书写的要求、编辑质量不合格的认定标准、不合格的处罚措施都做出具体规定。这些规定对加强及提高编辑校对人员的质量意识和责任意识发挥了极大作用。[①]

1994 年，为进一步提高出版物质量，新闻出版署又提出将新闻出版业的发展模式从总量增长向优质高效增长的战略转变[②]。为调整图书结构，提高出版物质量，新闻出版署建立一系列涉及图书数量、质量和内容的规章制度，主要包括：①书号管理制度。新闻出版署于 1994 年 5 月、1995 年 1 月、1997 年 3 月分别发布《关于对书号使用总量进行宏观控制的通知》《关于书号总量宏观调控的通知》《关于全国各出版社书号核发办法的通知》，通过从宏观上合理控制书号使用总量，以引导出版社优化选题，调整出书结构，多出好书，也引导出版工作从规模数量增长向优质、高效转变。同时，为管理出版社在书号使用过程中的不规范行为，新闻出版署从 1993 年至 1997 年，共发布 4 份关于禁止“买卖书号”“一号多用”的通知文件，有效遏制了书号使用过程中的不法行为。②图书质量管理制度。1997 年 3 月和 6 月，新闻出版署先后颁布《图书质量管理规定》《图书质量保障体系》，不仅对出版物从内容到形式各方面的质量标准进行了明确规定，建立出版物质量的前期、中期和后期保障机制，还从预报、引导、约束、监督四方面建立全面的出版管理宏观调控机制，并坚持发挥出版行业协会、社会团体、读者、社会舆论对出版物质量的监督作用。③重大选题备案制度。1997 年 10 月和 1999 年 3 月，新闻出版署先后发布《图书、期刊、音像制品、电子出版物重大选题备案方法》《关于加强和改进重大选题备案工作》，规定可能对国家的政治、经济、文化、军事等产生较大影响的选题必须由各省级新闻出版局或其他主管单位向新闻出版署图书管理司每

① 中国出版研究所：《出版改革与出版发展战略研究中国出版科学研究所“八五”科研成果汇编》，北京，中国书籍出版社，1998 年，第 164～168 页。

② 山石：《新闻出版署党组召开扩大会议总结 1994 年上半年工作》，《中国出版》1994 年第 8 期。

月报备，同时抄送中宣部出版局。[①②③]

（4）重塑市场主体，多管齐下推动出版社会效益提升（2002—2012）。

2002年，党的十六大做出“推进文化体制改革”的战略部署。自此，国家为推动出版社会效益提升又采取新的措施，重塑市场主体、消除不适合出版业发展的体制机制、资金支持和精神激励等成为这一阶段国家推动社会效益提升的重要措施。具体而言，一是通过转企改制重塑市场主体。2003年12月，国务院办公厅发布《关于印发文化体制改革试点中支持文化产业发展和经营性文化事业单位转制为企业的两个规定的通知》，提出允许出版集团转制为企业，并在国有控股情况下，允许吸收国内其他社会资本投资，符合条件者可申请上市；同时，通过安排文化产业专项发展资金，采取税收优惠、贴息、补助等方式，促进文化产业发展。[④] 在上述政策的推动下，上海世纪出版集团、辽宁新华发行集团分别于2005年、2017年在A股上市。2009年，新闻出版总署进一步推动经营性新闻出版单位转制，除明确为公益性的图书出版单位外，其他图书出版单位于2009年底前完成转制；同时，加快产权制度改革，完善法人治理结构，建立现代企业制度，使图书出版单位尽快成为真正的市场主体；推进联合重组，加快培育出版传媒骨干企业和战略投资者；引导非公有出版工作室健康发展，发展新兴出版生产力。[⑤] 2009年10月，历经六年制度研究和全行业摸底调查，新闻出版总署公布首次经营性出版社等级评估情况，将全国500家出版社按8大类别分为四个等级。这次的等级评估是新中国成立以来我国出版业进行的首次评估，

---

① 新闻出版总署出版管理司：《图书音像电子出版物出版管理手册（2013版）》，北京，中国法制出版社，2013年，第176～181页。

② 张新华：《转型期中国出版业制度分析》，北京，中国传媒大学出版社，2010年，第52～53页。

③ 新闻出版总署出版管理司：《图书出版管理手册（2006）修订》，北京，中国法制出版社，2006年，第525～541页。

④ 中华人民共和国中央人民政府：《国务院办公厅关于印发文化体制改革试点中支持文化产业发展和经营性文化事业单位转制为企业的两个规定的通知》，2016年9月21日，http://www.gov.cn/zhengce/content/2016-09/21/content_5110267.htm.

⑤ 中华人民共和国中央人民政府：《关于印发〈关于进一步推进新闻出版体制改革的指导意见〉的通知》，2009年4月7日，http://www.gov.cn/zwgk/2009-04/07/content_1279346.htm.

也标志着中国出版企业评估制度已正式建立。①

二是全面开放出版物分销市场，引导和规范外资及非公有制文化企业有序参与出版活动。2003 年 5 月《设立外商投资图书、报纸、期刊分销企业的暂行规定》及 2009 年修订后的《出版物市场管理规定》正式生效，由此中国正式向外资开放图书发行领域，且一批民营网络出版发行企业快速成长。②

三是注重通过基金支持和精神激励手段推动出版社会效益提升。新闻出版总署从 2003 年开始实施主题出版工程，强调围绕党和国家的重点工作、重大会议、重大活动、重大事件、重大节庆等主题，做好相关出版工作。目前，主题出版已逐渐成为管理机关部署出版工作的重要抓手，成为出版企业安排出版业务的首要任务。③ 2005 年 10 月，新闻出版总署发布《关于中国出版政府奖评奖章程的通知》，并于 2007 年展开首次评奖工作。该奖项通过设置 100 个出版物奖、50 个出版单位奖、50 个优秀出版人物奖对为出版社会效益做出突出贡献的单位和个人予以奖励。2007 年国家设立出版基金，并于 2008 年实施。该基金主要资助坚持党的出版方针、政策，推动社会主义经济发展、文化建设和社会进步的优秀公益性出版项目，以及对不能通过市场资源完全解决出版资金的优秀公益性出版物进行补助。④

四是深化体制改革，为推动社会主义文化大发展大繁荣做战略部署。2011 年 10 月，党的十七届六中全会做出《中共中央关于深化文化体制改革推动社会主义文化大发展大繁荣若干重大问题的决定》，其擘画和部署了社会主义文化大发展大繁荣的目标和路径。要求出版工作坚持以马克思主义为指导，坚持社会主义先进文化前进方向，坚持为人民服务、为社会主义服务，以人为主，贴近实际、贴近生活、贴近群众，坚持将社会效益放在首位，坚持“双效”统一，坚持改革开放，着力

① 中华人民共和国中央人民政府：《新闻出版总署公布首次经营性出版社等级评估情况》，2009 年 8 月 10 日，http：//www. gov. cn/jrzg/2009 - 08/10/content_1388082. htm.

② 范军，李晓晔：《中国新闻出版业改革开放 40 年》，北京，中国书籍出版社，2018 年，第 16 页。

③ 郝振省：《主题出版问题研究》，2019 年 5 月 10 日，http：//www. cbbr. com. cn/article/128483. html.

④ 新闻出版总署出版管理司：《图书音像电子出版物出版管理手册》，北京，中国法制出版社，2013 年，第 623～647 页。

推进文化体制机制创新，全面贯彻“二为”方向和“双百”方针，为人民提供更好更多的精神食粮，推出更多优秀文艺作品，完善文化产品评价体系和激励机制等①。

（5）逐步建立社会效益优先，“双效”统一发展的体制机制（2012至今）。

2012 年党的十八大和 2013 年党的十八届三中全会把文化体制改革作为“五位一体”全方位改革的重要内容。2014 年 2 月 28 日，习近平总书记主持召开中央全面深化改革领导小组第二次会议，审议通过《深化文化体制改革实施方案》，标志着新一轮文化体制改革进入全面实施阶段②。该方案在创新文化体制机制、促进文化繁荣发展方面的举措主要围绕多方面展开：一是着眼激发文化创造活力，推进文化体制机制创新；二是着眼保障和改善文化民生，构建现代公共文化服务体系；三是着眼提高文化产业发展效益，构建现代文化市场体系；四是着眼扩大中华文化国际影响，提高文化开放水平；五是着眼引导和支持文化改革发展，加强文化政策法规建设③。

具体来说，一是推动供给侧结构性改革及主业挺拔。2016 年 4 月，国家新闻出版广电总局发布《“十三五”国家重点图书、音像、电子出版物出版规划》，文件指出每年对于主题出版、重大出版工程、文艺原创精品、未成年人、少数民族、古籍、辞书、社会科学与人文科学、自然科学与工程技术共九个方面的优秀选题，新闻出版广电总局将其作为国家出版基金、少数民族文化事业发展补助资金、古籍整理出版专项经费等出版资助的重点对象，以进一步提高精品出版能力④。出版单位转企改制后，不少出版集团纷纷通过多元经营的方式做大做强，这有其合理性，也取得了一定成效，但是过高的多元经营程度，有危及主业经营的风险。对此，2015 年，中共中央办公厅、国务院办公厅印发《关于推动国有文化企业把社会效益放在首位、实现社会效益和经济效益相统

① 李长春：《文化强国之路（下）》，北京，人民出版社，2013 年，第 803～827 页。

② 范军，李晓晔：《中国新闻出版业改革开放 40 年》，北京，中国书籍出版社，2018 年，第 17 页。

③ 徐京跃，隋笑飞：《深化文化体制改革任务展望——访中央文化体制改革和发展工作领导小组办公室主任、中宣部副部长孙志军》，《光明日报》2014 年 3 月 12 日，第 3 版。

④ 中国高校教图书网：《国家新闻出版广电总局关于实施〈“十三五”国家重点图书、音像、电子出版物出版规划〉的通知》，2016 年 5 月 17 日，http：//www.nppa.gov.cn.

一的指导意见》，要求包括出版企业在内的国有文化企业坚持立足主业发展，树立精品意识，完善引导激励机制，加强原创和现实题材创作，努力创作生产更多传播当代中国价值观念、体现中华文化精神、弘扬中华优秀传统文化、反映中国人民奋斗追求的优秀文化产品①。

二是推动传统出版与新兴出版的融合发展。2015 年新闻出版广电总局、财政部发布《关于推动传统出版和新兴出版融合发展的指导意见》，要求出版业始终坚持将社会效益放在首位，实现传统出版和新兴出版优势互补、此长彼长、一体化发展；切实推动传统出版和新兴出版在内容、渠道、平台、经营、管理等方面深度融合，实现出版内容、技术应用、平台终端、人才队伍的共享融通②。

三是提出坚持以人民为中心的创作导向。2014 年，习近平在全国文艺工作座谈会上指出，一部好的作品，应该经得起人民评价、专家评价、市场检验，应该将社会效益放首位，实现社会效益与经济效益相统一③。

四是建立确保国有企业将社会效益放在首位，实现“双效”统一的体制机制。2015 年，中共中央办公厅、国务院办公厅印发《关于推动国有文化企业把社会效益放在首位、实现社会效益和经济效益相统一的指导意见》，一方面，推动建立党委和法人治理结构相结合的组织结构，健全绩效考核办法，实行差异化考核，对直接涉及内容创作的部门和岗位，要以社会效益考核为主，收入分配和奖励也要适当予以倾斜；另一方面，明确出版企业股份制改造的范围、股权结构和管理要求，探索实行特殊管理股制度；推进以资本为纽带进行联合、重组，鼓励符合条件的国有文化企业上市融资；完善资产监管运营机制和评价考核机制；此外，发挥文化经济政策的引导、激励和保障作用，健全企业干部人才

---

① 中华人民共和国中央人民政府：《关于推动国有文化企业把社会效益放在首位、实现社会效益和经济效益相统一的指导意见》，2015 年 9 月 14 日，http://www.gov.cn/xinwen/2015-09/14/content_2931437.htm.

② 中华人民共和国中央人民政府：《新闻出版广电总局、财政部关于推动传统出版和新兴出版融合发展的指导意见》，2015 年 3 月 31 日，http://www.gov.cn/gongbao/content/2015/content_2893178.htm.

③ 习近平：《习近平谈治国理政（第二卷）》，北京，外文出版社，2017 年，第 314～320 页。

管理制度，加强企业中党的建设和思想政治工作，加强组织领导①。

出版企业的社会效益的考核工作一直备受业界关注。根据《关于推动国有文化企业把社会效益放在首位、实现社会效益和经济效益相统一的指导意见》及中央有关精神，2018年底，中宣部印发《图书出版单位社会效益评价考核试行办法》，从出版质量、文化和社会影响、产品结构和专业特色、内部制度和队伍建设这四大方面对图书出版单位的社会效益进行考核，并明确提出在图书出版企业的综合绩效考核中，社会效益的占比权重应占50%以上。对于社会效益考核的标准以及考核结果的使用亦有明确清晰的规定。这是我国首次发布关于图书出版的社会效益考核办法，亦标志着我国正式建立系统的图书出版单位社会效益考核制度②。

4.2.2 出版社会效益的内涵

自从20世纪90年代，“社会效益”一词在出版领域逐渐出现和被确定为出版企业的首要经营目标以来，出版界对出版效益展开了大量的研究。总览和梳理这些研究可以发现，虽然社会效益的内涵十分丰富，但相关研究仍聚讼不已。

4.2.2.1 对出版社会效益内涵的讨论

归纳出版学领域专家学者对社会效益的界定，可以分为以下两种流派。第一种流派是将社会效益理解为生产和发行出版物给社会所带来的正向结果和价值。这一流派的学者们主张，出版是人类收录信息、整理知识、萃积文化、传承文明的重要活动③。文化价值是出版产品的核心

---

① 中华人民共和国中央人民政府：《关于推动国有文化企业把社会效益放在首位、实现社会效益和经济效益相统一的指导意见》，2015年9月14日，http://www.gov.cn/xinwen/2015-09/14/content_2931437.htm.

② 中宣部：《图书出版单位社会效益评价考核试行办法》，2019年3月11日，https://www.sohu.com/a/300543010_210950.

③ 万安伦，黄婧雯，曹培培：《对出版和出版学科的再认识》，《出版科学》2021年第2期。

所在[①]。目前，出版学界持这一观点的学者颇多。如聂震宁指出：“出版的本质是文化，出版企业的终极目标是传承文化、积累文化、传播文化、发展文化、创造文化。”[②] 柳斌杰亦指出：“出版什么作品，不出版什么作品，是否有利于社会进步，是否有利于繁荣文化，其决定权在我们出版行业，这是我们的责任。”[③] 张志强指出：“出版物通过在社会上的传播，使人们能够接触、学习到其中的内容，潜移默化地影响人们的素质、社会发展的进程、民族和国家的未来，产生一定的效果和利益。社会效益具有高低、正负之分。”[④] 罗紫初亦主张，社会效益是指出版物生产与流通活动给社会带来的有益于社会前进发展的影响与作用[⑤]。之所以如此注重出版物的生产和发行给社会带来的正向结果和价值，原因在于，与其他行业不同，出版产业所生产的出版物是精神产品，其具有意识形态属性，它能够影响人们的观念，指导人们的活动并可对社会产生特别深远的影响和作用。因此，我国出版产业发展的根本目的在于以优秀的精神食粮满足人民日益增长的社会文化需求，宣扬正确的价值观，鼓舞社会成员向共同的奋斗目标迈进[⑥]。

围绕出版物的生产和发行给社会带来的正向结果和价值，一些专家学者突出强调出版物带来的政治影响以及出版物在服务政治和维护意识形态方面所具有的特别价值，甚至一些学者仅强调出版物在维护社会意识形态方面所具有的作用及价值，并将社会效益等同于政治效益[⑦]。出版物需要有正确的舆论导向，包括重视宣传先进的政治理论、宣传党的方针政策、宣传政治时事所产生的影响和作用等，同时，注重树立先进典型、弘扬积极上进的正能量所产生的影响和作用[⑧]。为此，出版物要充分发挥宣传文化主阵地的重要作用，努力传播一切有益于社会进步和

---

① 王关义，万安伦，宋嘉庚：《新文科背景下加强出版学科建设的思考》，《出版发行研究》2021 年第 2 期。

② 聂震宁，谢迪南：《文化：出版的本质，出版企业的终极目标》，《中国图书商报》2007 年 4 月 17 日，第 A2 版。

③ 柳斌杰：《在改革开放中加强出版行政管理》，《中国出版》2002 年第 12 期。

④ 张志强：《现代出版学》，苏州，苏州大学出版社，2003 年，第 104 页。

⑤ 罗紫初：《出版学导论》，武汉，武汉大学出版社，2014 年，第 243 页。

⑥ 方卿，许洁：《论出版的价值引导功能》，《出版科学》2015 年第 4 期。

⑦ 薛保勤：《新闻出版工作要增强文化责任》，《出版参考》2013 年第 22 期。

⑧ 本刊记者：《出版社社会效益量化评价中的几个关键问题》，《编辑之友》2016 年第 12 期。

发展的思想理论、科技和文化知识，营造健康向上的文化氛围，激发创造力和创新力[①]。出版物尤其需要注意符合社会主义意识形态要求，体现社会主义核心价值[②]。将社会效益等同于政治效益的观点虽有其合理性，但是它也在一定程度上缩小了社会效益所涵盖的范围。出版物社会效益的内涵本质是丰富多样的。除在政治方面具有重要价值外，它对社会、经济、文化和人民生活也具有十分重要的影响，这些正向影响理应被纳入社会效益的范畴。清华大学出版社总编辑吴培华指出，对民生热点话题以及群众哀怒苦乐的关注，对优秀文化遗产的整理传承以及先进科学文化知识的传播，对那些本身并无政治色彩或者政治倾向的知识（比如自然科学成果的总结），人们生活、学习、工作所需的工具书、科普作品乃至健康的休闲类图书，如告诉农民如何养猪、如何防治农作物病虫害、如何锻炼身体、如何休闲旅游等都应当纳入社会效益考量的范畴[③]。因此，社会效益并不等同于政治效益。

围绕出版物的生产和发行给社会带来的正向结果和价值，另外亦有部分学者提出，社会效益应该包括出版物对社会经济发展所产生的影响。周蔚华指出，出版物的社会效益是指出版物对整个社会所产生的效果和利益。它既包括对社会所产生的经济效果和经济利益，即经济效益，亦包括由于出版物的公共物品性质产生的溢出效应，即文化效果和文化利益。因此，出版物的社会效益既包括其经济价值，又包括其文化价值[④]。

第二种流派是将社会效益与社会责任关联起来，并将社会效益视为履行社会责任的结果。出版企业的社会效益，除了出版物自身所体现的社会效益外，出版企业的公益性行动或者行为也被视为出版社会效益的

---

① 范军：《2016—2017 中国出版业发展报告》，北京，中国书籍出版社，2017 年，第 115 页。

② 罗贵权：《文化发展为何要把社会效益放在首位》，《人民日报》2008 年 10 月 1 日，第 7 版。

③ 本刊记者：《出版社社会效益量化评价中的几个关键问题》，《编辑之友》2016 年第 12 期。

④ 周蔚华：《出版物的价值和效益评价辨析——兼评“两个效益”重大命题》，《中国人民大学学报》2009 年第 4 期。

重要组成部分[①]。童兵指出，社会责任是马克思主义传媒观的有机组成部分，是社会主义传媒理论体系的重要理念。社会效益是指包括出版企业在内的传媒业履行社会责任的程度，而传媒的社会责任则是建立在传媒的社会功能基础之上。传媒的社会功能主要包括政治功能（监视环境、政治沟通）、社会功能（社会规范、社会伦理、娱乐消闲）、经济功能（财经信息、经济行为）共三个层次。一言以蔽之，包括出版业在内的传媒行业的社会责任不仅包括政治责任，还包括其他各方面的责任。传媒的社会效益是指传媒在履行社会责任、实现社会功能过程中所产生的影响及效果，尤其是对人、对社会和历史产生的正向影响和结果[②]。与童兵的观点相比，徐同亮对出版企业履行社会责任行为的定义则更为具体。他指出，出版企业需要坚持以反哺与回馈社会为己任，积极投身公共事业，参与公益活动，以出版企业的财务特别是出版企业所特有的资源禀赋造福于社会。比如，出版企业可以通过承办活动、提供服务等形式投身公共文化事业，推动现代公共文化服务体系建设；通过向受灾或者欠发达地区、社会特殊群体等捐赠或资助，承担起一般社会主体所应承担的社会责任；通过加强出版生产管理、改进出版流程等措施降低出版物生产成本，使读者可以以更加优惠的价格购买出版企业的产品，延展出版社会效益的内涵[③]。对于社会效益与企业社会责任的本质联系和区别，目前出版领域的相关研究仍鲜见。

4.2.2.2　出版社会效益与社会责任

企业社会责任（Corporate Social Responsibility，CSR）的概念，多数研究认为其最早缘于20世纪50年代Howard R. Bowen所著《商人的社会责任》（*Social Responsibilities of the Businessman*）一书，该书指出商人有依照社会的目标和价值观来确定政策、做出决策以及采取行动的义务[④]。亦有部分企业主认为，只有那些已经被编入法律条文的社会期待

---

① 魏玉山：《关于开展出版单位社会效益考核评估的思考》，《现代出版》2015年第3期。

② 童兵：《马克思主义新闻观读本》，上海，复旦大学出版社，2016年，第93～94页。

③ 徐同亮：《出版单位社会效益论析》，《出版发行研究》2017年第1期。

④ Bowen，Howard Rothmann. *Social Responsibilities of the Businessman*，New York：Harper，1953.

才属于其必须负责的绝对事务领域，但实际上企业社会责任的内涵远不止遵守法律如此简单，其内涵要比遵守法律复杂得多①。从20世纪70年代开始，企业需要并且应该承担社会责任的观念逐渐被社会普遍接受，社会责任的内涵和内容也由此引起各方广泛关注。在关于企业社会责任内涵的诸多研究中，Archie B. Carroll的研究极具代表性和影响力。Carroll将社会责任理解为企业在某一特定时期内，实现社会对其在经济（Economic）、法律（Legal）、道德（Ethical）及自由决定（Discretionary）（比如慈善）等方面所寄予的期望②。见图4－1。

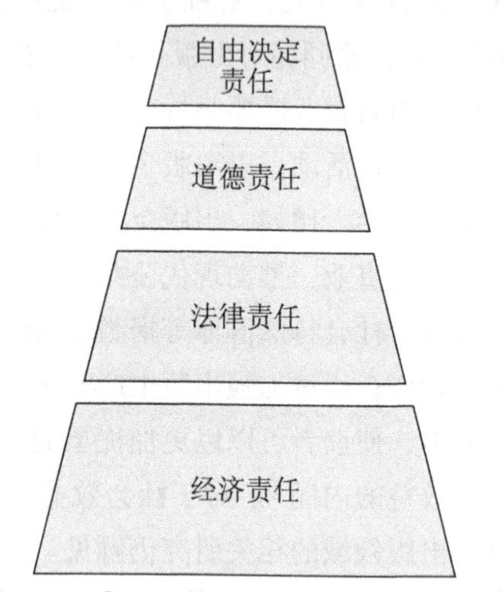

图4－1　Carroll的企业社会责任概念模型③

从20世纪90年代开始，我国也逐步对企业社会责任展开研究。我国最早的企业责任研究者是袁家方，他于1990年指出，企业社会责任的内容主要有对消费者、职工、能源、生态环境、社区及国家的责

① 阿奇·B. 卡罗尔，安·K. 巴克霍尔茨：《企业与社会：伦理与利益相关者管理》，黄煜平、朱中彬等译，北京，机械工业出版社，2004年，第23页。

② Carroll, A. 1979: "A Three-Dimensional Conceptual Model of Corporate Performance", *Academy of Management Review*, January.

③ 资料来源：作者根据阿奇·B. 卡罗尔所提企业社会责任概念所作。企业社会责任概念来源：阿奇·B. 卡罗尔，安·K. 巴克霍尔茨：《企业与社会：伦理与利益相关者管理》，黄煜平、朱中彬等译，北京，机械工业出版社，2004年，第23页。

任[1][2]。进入 21 世纪后，国内对企业社会责任内容、内涵的研究逐渐增多，比较有代表性的学者包括厉以宁、卢代富、周祖成、郑海东等人。厉以宁教授指出，企业社会责任包括以下三个方面：一是出优质产品或服务，出为我所用的人才，出可被借鉴的经验，这一点的三方面至关重要；二是减少能源消耗，减轻环境污染；三是关心员工、社区，促进社会和谐[3]。卢代富基于利益相关者理论指出，企业社会责任的义务相对方或者说具体对象是非股东利益相关者，这一观点对传统的股东利润最大化的企业经营价值导向进行了修正和补充[4]。周祖成亦指出，企业社会责任是社会对企业的期望，它是一种包含法律责任、道德责任、经济责任的综合责任，其中道德责任是企业社会责任的关键[5]。郑海东亦从利益相关者理论出发理解企业社会责任，将利益相关者的具体对象划分为：内部人和外部商业伙伴。其中，内部人包括股东、管理者以及员工等。而外部商业伙伴则包括顾客、供应商、分销商、债权人以及公众，如社区、政府、环境等[6]。虽然国内对企业社会责任的研究日益增多，但是这些研究大多仅聚焦于社会责任概念本身或者社会责任影响因素。对于社会责任与其他相似概念，如社会回应、社会伦理、社会效益的联系与区别，则相对较少。这也导致企业社会责任的内涵及边界，与社会效益、社会伦理等这些相似概念的联系与区别并未被彻底厘清。概念之间的差异并未随着诸多社会责任概念研究成果的出现而消弭[7]。

作为一项聚焦于出版上市企业激励约束效果的研究，全面、准确地衡量我国出版上市企业所创造的社会效益对保证本研究结果的科学性十分重要。而要全面、准确地衡量我国出版上市企业的社会效益，则极有必要先廓清我国出版企业社会效益与社会责任绩效的关系。所谓社会责

---

① 袁家方：《企业社会责任》，北京，海洋出版社，1990 年，第 14 ～ 19 页。

② 引自国务院发展研究中心研究所所编的《中国企业发展报告 2012》一书第 314 页，该书认为袁家方最早在国内主编了以企业社会责任为名的著作《企业社会责任》。

③ 厉以宁：《企业的社会责任》，《中国流通经济》2005 年第 7 期。

④ 卢代富：《国外企业社会责任界说述评》，《现代法学》2001 年第 3 期。

⑤ 周祖城：《企业社会责任：视角、形式与内涵》，《理论导刊》2005 年第 2 期。

⑥ 郑海东：《企业社会责任行为表现：测量维度、影响因素及绩效关系》，北京，高等教育出版社，2012 年，第 81 页。

⑦ 徐志武：《我国出版上市公司治理结构与绩效关系研究》，武汉大学博士学位论文，2018 年。

任绩效，是出版企业履行社会责任所取得的结果。目前，在我国出版研究领域，鲜有研究系统地关注我国出版企业社会效益与社会责任绩效的关系，我国出版社会效益与社会责任绩效的关系亦并不明确。一些学者表示，出版企业的社会责任绩效等同于社会效益。另有少数学者主张将出版学领域的社会效益及经济效益置于社会责任绩效的框架下展开研究，其认为社会责任绩效是出版“双效”更精致的逻辑表达[①]。但亦有部分学者对此并不赞同。范新坤指出，对比社会效益与社会责任绩效的概念可以发现，出版企业社会效益与出版企业社会责任绩效的内涵、指向对象、侧重点均不同。虽然出版企业社会效益与出版企业社会责任绩效两个概念有所交叉，但出版企业社会效益的外延明显比社会责任绩效更大[②]。对一般企业而言，可以将“双效”描述为经济效益和社会责任绩效，但对于包括出版发行企业在内的文化企业来说，将“双效”描述为经济效益和社会效益更为贴切[③]。

本书通过对比出版社会效益及出版企业社会责任绩效的内涵及结构，试图揭示二者之间的关系。而科学地对比研究出版企业社会效益与社会责任绩效的关系，前提在于确立一套相对完善的概念对比体系。上海交通大学周祖城提出剖解企业社会绩效与社会责任绩效关系的 6 个关键问题，在企业伦理研究领域具有较高的认可度。本文以这 6 个关键问题作为区分社会效益与社会责任绩效的依据，具有较强的权威性。周祖城所提的 6 个关键问题，包括 2 个前提性问题和 4 个基础性问题。其中，2 个前提性问题是：社会效益与社会责任分别是“事实责任”的结果还是“应当责任”的结果；社会效益与社会责任绩效分别是相对经济责任的结果还是综合责任的结果。4 个基础性问题是指：企业社会效益与社会责任绩效分别由谁负责；面向的客体是谁；负责的内容为何；负责到什么程度[④]。

---

① 王联合：《企业社会责任理论框架下的“双效出版”解释》，《现代出版》2012 年第 6 期。

② 范新坤：《关于国有出版企业把社会效益放在首位的实践思考》，《出版发行研究》2017 年第 1 期。

③ 范新坤：《关于国有出版企业把社会效益放在首位的实践思考》，《出版发行研究》2017 年第 1 期。

④ 周祖城：《走出企业社会责任定义的丛林》，《伦理学研究》2011 年第 3 期。

对于上述周祖城所提的确立社会责任概念的2个前提性问题，首先，社会效益是一个描述出版企业绩效结果的概念，它评估的是出版物及其相关的生产传播活动、出版企业的公益性活动对社会所产生的客观影响及效果，是关于出版企业绩效“事实如何”的问题。而社会责任绩效反映的是出版企业对利益相关者履行由法律、伦理所期望责任的结果，亦是反映出版企业绩效“事实如何”的问题。其次，对出版企业而言，社会效益是经济效益的相对概念，经济效益与社会效益之和组成出版企业的全部效益，出版企业的社会效益应该被归为出版企业效益的下位概念。而出版企业的社会责任绩效，亦应被视为出版企业履行经济保值增值责任的相对责任绩效。由上述分析可见，出版企业社会效益与社会责任绩效在上述2个前提性质问题上具有同一性，这是得以继续对出版企业社会效益与社会责任绩效两个概念进行比较的前提。

对于上述周祖城所提的确立社会责任概念的4个基础性质问题，首先，社会效益与社会责任绩效的实施主体均为出版企业。我国出版企业具有独立的主体资格，它们有能力也应当成为履行出版企业各项责任的主体①。其次，社会效益与社会责任绩效所面向的客体均是社会，具体包括国家、政府、与出版企业有关的企业或组织、广大读者等②。应该说，与出版物或者出版企业有联系的所有组织或者人员均为出版企业社会责任绩效和社会效益所面向的客体。不过，社会效益与社会责任绩效面向客体的区别在于，社会效益所面向的客体比社会责任绩效更加广泛。社会责任绩效所面向的客体一般是基于利益相关者理论所提出的。也就是说，社会责任绩效所面向的客体往往是与出版企业拥有直接较强利益关系的相关者，主要包括国家、政府、与出版企业有关的企业或组织、广大读者等③。国家、政府一方面需要出版企业所生产的出版物充

① 杨春方：《企业社会责任驱动机制研究：理论、实证与对策》，广州，中山大学出版社，2015年，第88页。

② 易图强：《出版的社会效益与经济效益的关系新释》，《中国出版》2010年，第12页。

③ Freeman, E. et al, 2013: “Stakeholder Management and CSR: Questions and Answers”, *uwf Umwelt Wirtschafts Forum*, January.

分宣传国家的法律法规、党的路线方针、政府的政策规定等，另一方面也需要我国出版企业积极向国家纳税。广大的读者则希望出版企业生产的出版物包括高质量的思想、知识、信息或者智慧等①。而社会效益所面向的客体则往往比社会责任绩效更加广泛，社会效益面向的客体和对象包括利益相关群体以及社会整体。利益相关者包括诸如上述国家、政府、与出版企业有关的企业、广大读者等组织或者个人。社会整体包括社会风气、社会氛围、科技发展、技术进步、社会团结等更为宏观和抽象的对象，这些对象虽然并非一定实体组织或者个人，但是亦均属于社会效益所面向的客体对象范畴。通过对比可见，在面向对象上，社会效益所面向的客体范畴明显比社会责任绩效更为广泛，社会责任绩效所面向的对象只是社会效益面向对象的一部分，社会责任绩效所覆盖的对象范畴小于社会效益。再次，出版企业社会效益与社会责任绩效所负责的核心内容均为两方面：一方面是充分维护国家、执政党、政府、与出版企业相关的企业等组织、广大读者等广义利益相关者的利益；另一方面是充分考虑出版企业的行动、决策等对包括利益相关者在内的整个社会所产生的影响。最后，出版企业社会效益和社会责任绩效需要履行责任到何种程度，本书认为，社会效益和社会责任绩效均应该包括：一是履行法律法规规定活动或做法责任的结果；二是履行法律法规中虽尚无明确规定，但是广大社会成员所期待活动或做法的伦理责任的结果；三是自愿履行法律法规或者伦理期望要求以外活动或做法责任的绩效，如慈善责任绩效②③。

对于4个基础性问题，通过对比分析可以发现，出版企业社会效益与社会责任绩效所涉及的实施主体、面向客体、负责内容、负责程度均具有较高的同一性。两个概念的关键区别在于，社会效益所面向的客体包括出版企业的利益相关者以及整个社会整体，而社会责任绩效所面向的主要对象为出版企业的利益相关者，社会责任绩效所面向的客体只是社会效益的一部分，社会责任绩效所涵盖的范围小于社会效益。社会效

① 易图强：《出版的社会效益与经济效益的关系新释》，《中国出版》2010年第12期。

② Donaldson, T. et al, 1995: “The Stakeholder Theory of the Corporation: Concepts, Evidence, and Implications”, *Academy of Magement Review*, January.

③ 周祖城：《走出企业社会责任定义的丛林》，《伦理学研究》2011年第3期。

益与社会责任绩效的含义对比，见表4－1。

表4－1 社会效益与社会责任绩效含义的对比

对比项	社会效益	社会责任绩效	结果
前提问题			
概念性质	事实结果	事实结果	具有一致性
绩效地位	企业效益的下位概念	企业绩效的下位概念	具有一致性
基础问题			
实施主体	出版企业	出版企业	具有一致性
面向对象	利益相关群体及社会整体	利益相关者	后者范围小于前者
主要内容	维护利益相关者的利益；考虑行为、活动、决策对社会的整体影响	维护利益相关者的利益；考虑行为、活动、决策对社会的整体影响	具有一致性
履行程度	法律义务是必须任务，在此基础上，完成伦理与慈善责任	法律义务是必须任务，在此基础上，完成伦理与慈善责任	具有一致性

资料来源：作者根据分析结果制作。

4.2.2.3 出版社会效益的范畴与内容

通过对出版社会效益、社会效益与社会责任绩效关系的研究，再吸收和借鉴魏玉山[①]、郝振省[②]、柳斌杰[③]、聂震宁[④]、张志强[⑤]、方卿[⑥]、罗紫初和吴赟[⑦]、王关义和万安伦[⑧]、童兵[⑨]等出版和传媒领域专家学者的研究成果，本书确立出版社会效益的范畴与内容。

首先，出版社会效益是出版企业取得的与出版经济效益相对的效益。出版企业经济效益，从狭义上来说，是出版企业利用国有资本或者所有者资本开展生产经营活动时所取得的经济成果。这种经济成果与出版物生产发行后对推动社会经济发展所取得的隐形经济成果是完全不一样的，后者是对出版经济效益的广义理解，本质属于社会效益的范畴。出版社会效益是出版企业通过生产发行出版物或者履行对利益相关者的责任所取得的成果。在研究出版社会效益时，可以充分考虑出版物生产发行后对推动社会经济发展所取得的隐形经济成果。因为这会泛化出版社会效益的概念，模糊社会效益与经济效益之间的界限，将出版企业绩效概念片面地理解为出版社会效益概念，导致出版经济效益陷入不可知的境地。因此，文章从狭义视角理解出版经济效益，并将出版社会效益理解为与经济效益相对的出版企业效益。出版企业的社会效益和经济效益共同构成我国出版企业的绩效。

其次，我国出版企业的社会效益应包括两个方面：一方面是出版企业作为文化企业，履行文化责任所取得的成绩。文化性是出版行业区别于其他行业的根本特征。我们可以将我国出版企业作为文化企业所承担的特有责任称为文化责任。履行文化责任也是我国出版企业所应履行的最基本义务[⑩]。具体来说，出版企业履行的文化责任包括三个方面。第

---

① 魏玉山：《关于开展出版单位社会效益考核评估的思考》，《现代出版》2015 年第 3 期。

② 郝振省：《中国出版业发展报告》，北京，中国书籍出版社，2005 年，第 115 页。

③ 柳斌杰：《在改革开放中加强出版行政管理》，《中国出版》2002 年第 12 期。

④ 聂震宁，谢迪南：《文化：出版的本质，出版企业的终极目标》，《中国图书商报》2007 年 4 月 17 日，第 A2 版。

⑤ 张志强：《现代出版学》，苏州，苏州大学出版社，2003 年，第 104 页。

⑥ 方卿，许洁：《论出版的价值引导功能》，《出版科学》2015 年第 4 期。

⑦ 罗紫初：《出版学导论》，武汉，武汉大学出版社，2014 年，第 243 页。

⑧ 王关义，万安伦，宋嘉庚：《新文科背景下加强出版学科建设的思考》，《出版发行研究》2021 年第 2 期。

⑨ 童兵：《马克思主义新闻观读本》，上海，复旦大学出版社，2016 年，第 93 ～ 94 页。

⑩ 罗紫初，吴赟，王秋林：《出版学基础》，太原，山西人民出版社，2005 年，第 62 页。

一，履行维护意识形态的责任。意识形态支撑着国家存在的合理性与合法性。教育和培养社会主义事业的接班人离不开出版[①]。“传播真理、塑造信仰”是出版的核心政治传播功能[②③]。出版业应推动马克思主义理论的大众化，使公众理解、接受马克思主义并学会运用马克思主义的立场、观点、方法分析问题[④]。同时，出版业也要坚守正确的舆论导向，宣传党和政府的方针政策，坚持正面宣传为主的重要方针，做好价值引领工作，维护国家的意识形态安全[⑤]。尤其在多元价值共存、国外反华势力威胁仍存的背景下，出版企业积极传播党和政府的价值主张，挖掘并展示我国社会主义的现代文明，积极培育广大人民群众的社会主义核心价值观，推出富有思想价值、社会意义以及道德启示的精品出版物，发挥高质量出版物在团结人心、引领社会思潮、凝聚思想共识方面所起的价值引领功能，为建设中国特色社会主义、实现中华民族的伟大复兴构建共同的思想基础，切实做好维护意识形态等工作就显得尤其重要[⑥⑦⑧]。这也要求我国出版企业在出版活动中能够围绕党和政府在政治、经济、文化以及思想建设等方面的工作布局，从党和国家发生的重大理论、题材、活动、事件等方面出发精心策划相关的出版选题，创新性和创造性地担负起主题出版的重要任务，争取在出版质量和规模上有所作为[⑨⑩]。

第二，履行传播知识与文化的责任。传播知识和文化是出版物最基

---

① 于殿利：《论出版企业意识形态管理与国家治理体系与治理能力现代化》，《现代出版》2021 年第 6 期。

② 周蔚华，杨石华：《出版与国家治理体系和治理能力现代化》，《中国出版》2020 年第 8 期。

③ 周蔚华：《重新理解当代中国出版业》，《出版发行研究》2020 年第 1 期。

④ 周蔚华：《出版在马克思主义中国化传播中的独特作用》，《出版发行研究》2021 年第 5 期。

⑤ 方卿，张新新：《推进出版业高质量发展的几个面向》，《科技与出版》2020 年第 5 期。

⑥ 徐同亮：《出版单位社会效益论析》，《出版发行研究》2017 年第 1 期。

⑦ 王斌：《全球大变局：从镶嵌到再融合》，《中国社会科学报》，2022 年 4 月 7 日，第 008 版。

⑧ 本刊记者：《出版社社会效益量化评价中的几个关键问题》，《编辑之友》2016 年第 12 期。

⑨ 王为达：《为国家立心、为民族立魂 做好新时代主题出版工作》，《中国出版》2022 年第 11 期。

⑩ 徐同亮：《出版单位社会效益论析》，《出版发行研究》2017 年第 1 期。

本的功能之一。尤其是对于出版教材教辅类新产品的企业而言，由于科学的知识和文化内容对塑造学生的价值观起着重要作用，这就需要出版企业认真做好选题、组稿、样稿校对等基础工作。一本传播科学知识与文化的优质出版物，总的来说，应该具备一定影响力，能经得起时间的检验，且内容具有广泛性[①]。具体来说，该出版物能够提高读者的思想修养或者道德水平，培养或提升读者对事物的认识、判断以及辨别是非的能力，丰富或拓展读者的知识架构和知识体系，提高读者的科学文化素养，开发读者的智力，开拓读者的思维和视野，培养读者的多元技能，解答读者的多元困惑，丰富读者的文化生活[②]。

第三，履行传承文化与人类精神文明成果的责任。提高社会文明程度、提升公共文化服务水平和健全现代文化产业体系是文化建设的重要使命[③]。出版是人类收录信息、整理知识、萃积文化、传承文明的重要活动[④⑤⑥]。出版需要赓续中华优秀传统文化的精神血脉，促进国人及后代学历史与文化明理、学历史与文化增信、学历史与文化崇德、学历史与文化力行[⑦⑧]。这要求出版企业推动承载着民族语言、民族思想、思维方式、文学、文字、建筑、审美情趣、生活习俗、价值观念等中华文化和人类精神文明成果的出版物得以出版、传播和留存。推动国外优质出版物“引进来”以及中华文化“走出去”，促进中国文化与世界文化的交流，引导外国读者全方位、准确、客观、深入地了解中国，维护国

---

① 王余光：《阅读，与经典同行》，《新阅读》2022 年第 6 期。

② 童兵：《马克思主义新闻观读本》，上海，复旦大学出版社，2016 年，第 103 页。

③ 于殿利：《以“十四五”规划促进出版高质量发展和现代化进程》，《科技与出版》2021 年第 1 期。

④ 张志强，孙张，尹召凯：《出版在文化强国建设中的功能、定位与赋能路径》，《中国出版》2022 年第 21 期。

⑤ 万安伦，黄婧雯，曹培培：《对出版和出版学科的再认识》，《出版科学》2021 年第 29 期。

⑥ 方卿：《关于出版功能的再思考》，《现代出版》2020 年第 5 期。

⑦ 杜传贵：《在坚持党性和人民性相统一中做好新闻舆论工作》，《新闻战线》2022 年第 19 期。

⑧ 石羚：《赓续共产党人精神血脉》，《鄂州日报》2021 年 3 月 5 日，第 4 版。

家文化安全，为中国的对外传播构建话语体系①②③。我国出版企业履行文化责任的内容如图4－2所示。

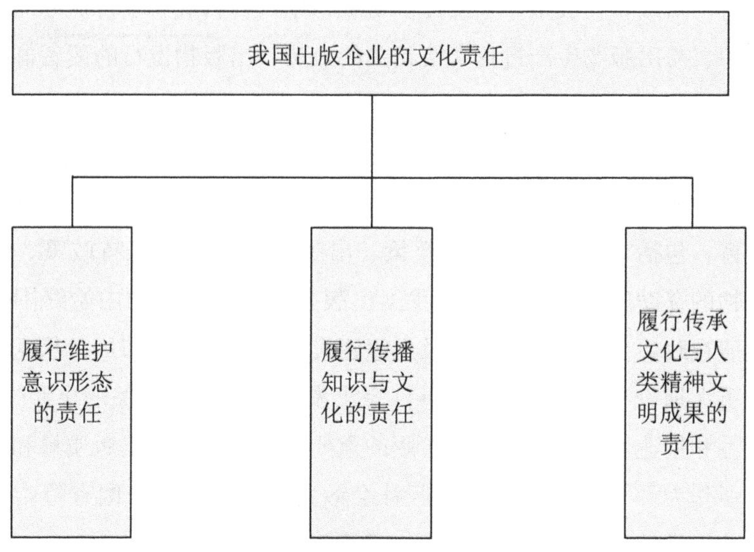

图4－2　我国企业文化责任的内容④

另一方面是出版企业作为一般商业企业，履行对利益相关者责任所取得的成绩。利益相关者理论认为，包括出版企业在内的现代企业均是由不同要素提供者所组织起来的一个庞大的系统。在该系统中，出版企业涉及众多的利益相关者群体，包括股东、员工、政府、供应商、债权人、客户等，而股东和出资人只是众多的利益相关群体之一。出版企业要实现可持续发展，离不开广大利益相关群体的参与和投入。因此，出版企业应该以追求广大利益相关者的整体利益为目标之一，履行对利益相关者的责任和义务，而不是简单地将股东和出资人的利益放在至高地位⑤。何为我国出版企业的利益相关者？与出版企业或者出版物发生联

---

① 徐同亮：《出版单位社会效益论析》，《出版发行研究》2017年第1期。

② 谢清风：《2022年我国出版“走出去”的趋势性特征分析》，《科技与出版》2023年第3期。

③ 谢清风：《文化自信理论下出版“走出去”的高质量推进》，《科技与出版》2020年第5期。

④ 资料来源：作者根据分析整理结果自行整理制作。

⑤ Freeman，R. E. 1983：“Strategic Management：A Stakeholder Approach”，*Advances in Strategic Management*.

系的所有企业、组织或人员都属于出版企业的利益相关者①。从出版企业设立及出版物生产发行的视角看，出版企业的利益相关者主要包括党和政府、出版企业股东、直接提供出版物生产资料或者发行业务的企业或组织、与出版物生产过程直接相关的人员、出版物发行的读者群体以及其他出版企业之外的对象②。

第一，国家是我国国有出版企业的直接出资者和直接监管者，为我国出版企业转型发展、提升社会效益和经济效益提供了资金及一系列政策支持，包括对出版物的免税政策、出版“走出去”扶持政策、优质出版物的资助出版工程等③④。我国出版企业在出版活动中始终围绕党和政府在政治、经济、文化以及思想建设等方面的工作布局，从党和国家的重大理论、题材、活动、事件等出发，精心策划相关的出版选题，创新性和创造性地担负起主题出版的重要任务，争取在出版质量和规模上有所作为⑤⑥。在优先实现出版社会效益的同时，追求国有资本的保值增值，推动出版企业社会效益与经济效益的协同提升。

第二，对我国出版上市企业而言，除党和政府之外，还需要承担起对中小股东的责任。这些中小股东为出版企业的持续发展注入大量资本，获得更多的分红是他们普遍追求的目标。我国出版上市企业应该努力利用股东资本创造更多的经济效益，向中小股东派发更多利润分红⑦。

第三，直接提供出版物生产资料的企业或组织，如纸张供应商、油墨供应商、印刷设备供应商等，为出版物产品生产提供了重要的保障。出版产业链下游承担出版物分销发行功能的企业或组织是出版社会效益

---

① 易图强：《出版的社会效益与经济效益的关系新释》，《中国出版》2010 年第 12 期。

② 陈晗：《利益相关者视角的出版企业社会效益分析》，《中国出版》2020 年第 9 期。

③ 韩建民，周蔚华，毛小曼：《主题出版的动力机制与评价机制分析》，《出版与印刷》2022 年第 6 期。

④ 丛挺：《我国出版企业新媒体技术采纳研究》，武汉大学博士学位论文，2014 年。

⑤ 徐同亮：《出版单位社会效益论析》，《出版发行研究》2017 年第 1 期。

⑥ 蒋茂凝：《新时代出版业两个效益辩证统一的理论和实践》，《中国编辑》2020 年第 5 期。

⑦ 辛宇，黄欣怡，纪蓓蓓：《投资者保护公益组织与股东诉讼在中国的实践——基于中证投服证券支持诉讼的多案例研究》，《管理世界》2020 年第 1 期。

与经济效益得以实现的重要中介。面对这些重要的企业和组织，要求出版企业在经营过程中尊重商业契约，及时返还货款，或者本着互利互惠精神，当对方提出合理诉求或遇到经营困难时，给予对方必要的支持。

第四，与出版物生产过程直接相关的人员，如作者、编辑、发行人员及行政人员等，是出版物得以生产和出版企业得以顺利运转的直接力量①。对于出版企业宝贵的合作方——作者，出版企业理应尊重作者的精神劳动，在稿酬支付方面体现作者的劳动价值，避免对作者的过度“剥削”②③。另外，出版企业持续发展和经营业绩有赖于包括编辑群体在内的众多工作人员的知识、智力和智慧④⑤⑥⑦。现代编辑是集文明选择者、标准制定者、作品加工人、传播把关人于一身的人类文化缔构师⑧。通过传帮带、导师制等方式帮助不同类型的青年编辑稳健成长、提升前沿学科知识储备、提升书稿的编辑加工能力、提升编辑的市场调查与分析能力以及与作者的沟通交流能力等，是出版企业应当履行的责任和义务⑨⑩。汤森路透（Thomson Reuters）平均每年为每名员工提供54.2小时的培训，工作人员的整体参与度达77%，有83%的员工表示

---

① 庞沁文：《现代出版学概论》，北京，中国书籍出版社，2015年，第129页。

② 迟云：《坚持做精品 开创出版新时代》，《中国编辑》2022年第1期。

③ 金兼斌：《网络辅助出版：作者弱势地位的突破?》，《中国出版》2004年第12期。

④ 张之晔，李常庆：《新媒体环境下实体书店发展路径探析——以十点书店为例》，《出版广角》2021年第1期。

⑤ 崔保国，何丹嵋：《中国传媒产业规模将超万亿元——2014中国传媒产业发展报告》，《中国报业》2014年第9期。

⑥ 喻国明，潘佳宝：《“互联网+”环境下中国传媒经济的涅槃与重生——2015年中国传媒经济研究的主题与焦点》，《国际新闻界》2016年第1期。

⑦ 鲁元珍，杨君，刘坤：《找准产业发展新坐标——国有文化企业落实“双效统一”指导意见座谈会综述》，《光明日报》2015年10月10日，第6版。

⑧ 王勇安，郑珂：《媒介内容生产方式变革与编辑职业的前途》，《编辑之友》2017年第7期。

⑨ 郑可：《打造出版精品，推动高质量发展——关于新时代出版人践行“四力”的若干思考》，《中国编辑》2019年第11期。

⑩ 雷启立：《浅谈产业转型期的编辑出版人才培养》，《编辑学刊》2005年第1期。

为能在该单位工作感到骄傲[①②]。同时，解决我国出版企业中编辑薪酬不足与晋升通道窄短的问题，亦是我国出版企业应当解决的迫切问题[③④⑤]。

第五，读者群体是出版物的直接使用者，也是出版社会效益得以实现、经济效益获得提升的重要推动力量。充分调研并了解不同类别读者的需求，生产满足不同读者需求、产品质量无瑕疵的优秀出版物，引领全民阅读、助力书香社会是我国出版企业应该履行的基本责任[⑥⑦⑧]。

第六，对出版企业生产运营之外的其他对象，如社区或有需要帮助的弱势群体，亦应纳入出版企业履行社会责任时需要关照的对象。国外出版集团亦积极履行这一责任，美国麦格劳·希尔（McGraw-Hil）平均每年向世界各地组织捐赠价值超过170万美元的新书，每年为成千上万无家可归的儿童提供全套学习用品等[⑨]。哈珀·柯林斯（Harper Collins）出版社每年亦会将数万册图书捐赠给“第一本书”（First Book）、“读写伙伴”（Literacy Partners）等组织，以致力于促进全民扫盲和全民教育[⑩]。浙江传媒学院新闻与传播学院教授杜恩龙指出，当前我国七

---

① Thomson Reuters：“Partnering For Impact-Corporate Responsibility & Inclusion Report 2016”，https：//annual-Report. thomsonreuters. com/downloads/thomson-reuters-cri-report – 2016. pdf，最后登录时间：2021年6月25日。

② 徐志武：《我国出版上市公司治理结构与绩效关系研究》，武汉大学博士学位论文，2018年。

③ 郑可：《高质量发展主题下的高水平编辑队伍建设——以时代出版传媒股份有限公司为例》，《中国出版》2019年第18期。

④ 徐志武：《我国青年编辑工作满意度研究》，《出版科学》2016年第5期。

⑤ 徐志武，章萌：《传统出版单位青年编辑薪酬满意度研究》，《现代出版》2017年第3期。

⑥ 王斌会：《新媒体时代突发公共事件中出版企业社会责任与社会效益契合探析》，《科技与出版》2020年第3期。

⑦ 刘龙章：《共建全民阅读研究基地 为文化强国作出新贡献》，《新阅读》2021年第12期。

⑧ 陈大利：《实体书店建设，在“颜”在“文”更在“人”》，《新阅读》2018年第10期。

⑨ McGraw-Hil：Creating a Brighter Future for Learners Around the World，https：//www. mheducation. com/about/social – responsibility – sustainability. html，最后登录时间：2021年4月26日。

⑩ Harper Collins Publishers：Corporate Social Rsponsibility，http：//corporate. harpercollins. com/us/corporate-social – responsibility，最后登录时间：2021年4月28日。

成上市书企参与精准扶贫、振兴乡村，这亦是我国出版企业积极响应国家号召、努力践行社会责任的体现。出版企业是知识服务企业，利用知识扶贫、振兴乡村是分内之事。出版业不仅应该参与其中，还要起到引领作用①。采取一村一策、多元发展的措施，深挖本土文化内涵，厚植生态文化价值，加大产业扶持力度，壮大村级集体经济是当前我国出版上市企业的主要做法②。新冠疫情期间，出版企业充分发挥自身的优势，利用优质作者资源，紧急策划出版与抗击疫情相关的书籍、作品，以文化抗疫，也是上述责任的体现。我国出版企业的利益相关者如图 4－3所示。

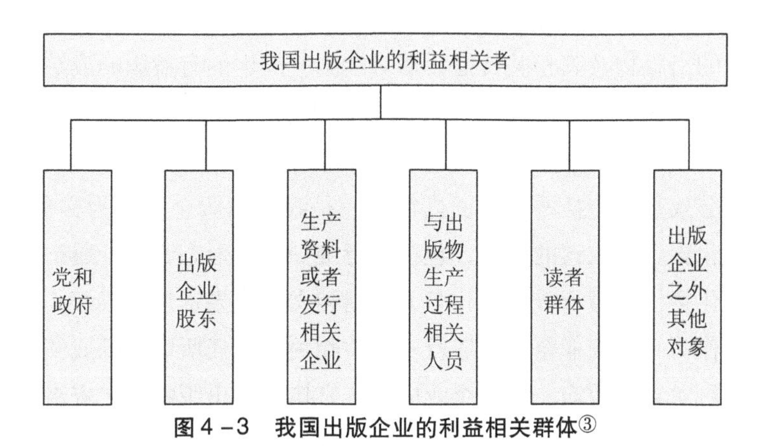

图 4－3　我国出版企业的利益相关群体③

我国出版企业在履行上述文化责任和对利益相关者的责任时，需要避免两种极端现象：一是忽略文化责任的其他内容，以及对多元利益相关者的责任④⑤。出版企业履行维护意识形态的责任是我国出版企业最根本及最重要的责任，但在履行这一责任的同时，出版企业也不可忽视文化责任中的其他内容，包括履行传播知识与文化的责任、履行传承文化与人类精神文明成果的责任。同时，也不可以忽视履行对党和政府之外其他利益相关者的责任，这些利益相关者中多数利益相关者

---

① 左志红：《精准扶贫，上市书企在行动》，《中国出版传媒商报》2020 年 5 月 18 日。

② 唐雄兴：《打好“文化牌”为乡村注入新活力——四川文投集团的实践与思考》，《乡村振兴》2021 年第 7 期。

③ 资料来源：作者根据分析结果自行整理制作。

④ 韦干鹏：《近几年出版物社会效益研究述评》，《东南传播》2012 年第 11 期。

⑤ 范军，曹世生：《关于切实做好图书出版单位社会效益评价考核的思考》，《科技与出版》2019 年第 7 期。

或多或少为出版企业的发展提供了资本或资源支持，是出版企业社会效益和经济效益得以实现的重要推动力量。我国出版企业在受益于这些利益相关者所提供的资源的同时，也应该本着互惠精神，承担起在法律、伦理及自愿框架下的对利益相关者的责任。二是避免将履行文化责任和履行对利益相关者的责任放在同等优先的地位。履行文化责任是我国出版企业的根本责任，也是党和政府对我国出版企业的根本要求。因此，我国出版企业应当优先履行文化责任，在此基础上履行对利益相关者的责任。

综上所述，本文将我国出版企业的社会效益定义为：我国出版企业所生产的出版物及其相关传播活动对社会所产生的有益影响或结果，以及出版企业在法律、伦理及自愿框架下履行对利益相关者责任的结果。出版社会效益是出版企业取得的与出版经济效益相对的效益。我国出版企业社会效益应包括两个方面内容：一是我国出版企业作为文化企业，履行文化责任所取得的成绩，包括履行维护意识形态责任、履行传播知识与文化责任、履行传承文化与人类精神文明成果责任的成绩。二是出版企业作为一般商业企业，履行对利益相关者责任所取得的成绩，主要包括履行对党和政府、出版企业股东、直接提供出版物生产资料或者发行业务的企业或组织、与出版物生产过程直接相关人员、读者群体以及出版企业外其他对象的责任的成绩。我国出版企业在履行上述文化责任和对利益相关者的责任时，需要避免两种极端现象：一是避免将履行维护意识形态责任的绩效当作社会效益的全部，忽略文化责任的其他内容的绩效；二是避免将履行文化责任和履行对利益相关者的责任置于同等地位，应当优先履行文化责任，在此基础上履行对利益相关者的责任。我国出版企业社会效益的具体结构如图 4-4 所示。

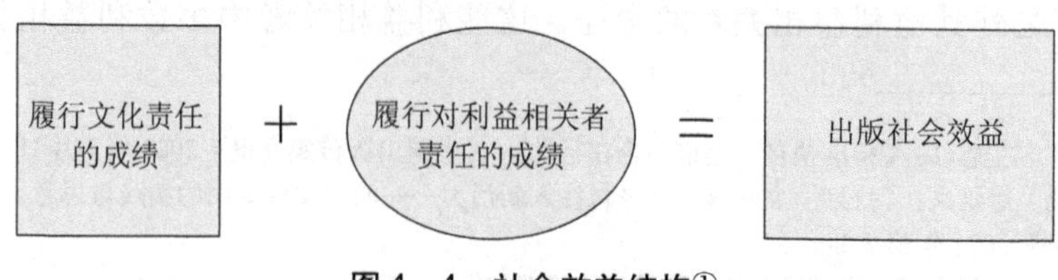

图 4-4 社会效益结构①

① 资料来源：作者根据分析结果自行整理制作。

对出版社会效益的这一界定既符合出版产业的改革发展规律，亦符合国家对出版企业社会效益考核的要求。当前，已有的诸多学者对出版社会效益考核的研究，主要从出版企业的出版物质量、完成出版规划情况、遵守国家法律法规等方面切入，关注得更多的是出版企业的自身状况。现有对出版社会效益考核的研究鲜有涵盖社会责任、履行对利益相关者的责任等内容。随着出版行业自身的改革和发展进步，社会效益的内涵和外延也在拓展，社会效益与企业社会责任相结合是必然趋势①。2018 年 12 月，中宣部印发《图书出版单位社会效益评价考核试行办法》，亦将出版企业开展人才队伍建设，积极组织员工参与和出版社实力地位相匹配的扶贫开发、公益服务、捐赠等履行对利益相关者社会责任的活动纳入社会效益评价考核范畴②。

4.2.3　已有出版社会效益计量方法

对于社会效益及其考核计量，出版学界及业界的诸多专家学者曾展开深入研究，具体研究主题、研究视角及内容、代表作者见表 4－2。这些切中肯綮的研究为本文考核指标建立、考核方法选择提供了重要参考和借鉴。对出版业的绩效评价，需要参照绩效评价、绩效分析的基本理论，同时要结合中国出版业的内在特征，使用客观评价与主观评价相结合的思路以及相应方法，构建一个适合中国国情的出版绩效评价体系③。目前，出版业界和出版学界对出版社会效益的计量指标体系的研究主要是从出版企业履行文化责任结果的视角设计提出的，尤其注重从出版物社会效益和出版企业社会效益两方面出发构建我国出版企业的整体社会效益。

---

① 王华，陈月梅：《我国出版企业社会责任发展对策探讨》，《科技与出版》2014 年第 1 期。

② 范军，曹世生：《关于切实做好图书出版单位社会效益评价考核的思考》，《科技与出版》2019 年第 7 期。

③ 丁和根，耿修林：《传媒制度绩效评价：思路、框架及方法》，《新闻界》2007 年第 3 期。

表4－2 社会效益考核与计量相关研究

研究主题	研究视角及内容	文献代表作者
中国图书出版单位实现社会效益的动因与价值研究	社会效益的概念缘起、内涵、界定；从作品功能、出版社定位等方面提出实现社会效益的机理与动因	方卿、许洁（2015），刘杲（2003），陈丹（2016），石峰（2004），柳斌杰（2002），于殿利（2017），许洁英（2018），易图强（2008），庞沁文（2015），罗紫初（2014）、张志强（2016），王余光（2002），徐丽芳（2016），聂震宁（2012），王广照（2015），林穗芳（2002）
	考核动因：存在偏离社会效益风险；着重经济效益，社会效益考核则相对薄弱；权威社会效益考核办法缺失等	聂震宁（2003），石峰（2004），周蔚华（2004），杨迎会（2019），何国军（2017），陈丹（2016），王关义（2009），周慧琳（2016），于殿利（2016），谢清风（2017），贺正举（2016），于友先（2000），杨驰原（2017），朱静雯（2016）
中国图书出版单位社会效益评价范式研究	评价方法研究：基本沿袭定性与定量评价两种思路。定量评价：熵权模糊物元模型、元评估理论、层次分析法与模糊综合评价结合等。定性评价：德尔菲法	童健（2016），张雨晗（2011），王关义（2009），陈丹（2017），蔡大海、杨永忠（2013），张聪聪、陈丹（2017），王联合（2012），赵立涛、徐建中（2006），丁和根、耿修林（2007），Redman T（1996），Huang et al.（1999），Pinpino et al.（2002），Kahn et al.（2014），Stvilia et al.（2018），Savchenko（2016），Kaplan、Norton（1996）
中国图书出版社会效益评价的原则、评价指标体系构建视角	评价的原则、难点：数据可得性、全面性、简单性、可量化、可操作性、可持续性等	谢清风（2019），韦干鹏（2012），史娜（2019），范军（2016），张雨晗（2011），徐同亮（2017），谢媛媛（2018），李佳玉、韩梅（2016），唐伽、韩飞（2017）

续表

研究主题	研究视角及内容	文献代表作者
中国图书出版社会效益评价的原则、评价指标体系构建视角	社会责任绩效视角：利益相关者角度（如政府、读者、作者、供应商等）构建评价指标	范新坤（2017），成祖松（2013），张宝发（2006），郝秀原（2013），王联合（2012），刘畅（2013），韩生华（2017），姚德权、姚梦实（2011），杨海平、陈霄（2017）
	出版物视角：主题出版项目数量、出版基金数量、出版物获奖数量、品牌与社会影响力、社会满意度等为核心指标	魏玉山（2015），范军（2019），何国军（2017），周国清（2017），张积玉（2011），仇小燕（2003），尹章池（2010），许乃青（2005），储安全（2017），胡芳豪（2017），余祥草（2017），韩凌霄（2019），陈丹、连星星（2016），张慧君、杨建军（2004）
中国出版单位社会效益与经济效益的平衡问题	定性视角：如何平衡两者关系；“为主论”“通过论”“最大化论”“服从说”“并重说”“非矛盾说”“统一说”“双赢说”等关系学说；定量视角：分析两者的权重	刘奇葆（2017），周蔚华（2018），张拥军（2016），王明舟（2016），于先友（2003），查朱和（2015），俸培宗（2006），张建中（2004），吴培华（2005），冯彦良（2014），石姝莉（2016），罗紫初（2003），邵益文（2005），虞文军（2012），徐柏容（2002），汤伏祥（2005），杨驰原（2017），梁上启、严定友（2013）
中国图书出版企业社会效益考核办法的优化与实施研究	实施中存在的问题：社会效益考核指标的虚化、泛化、简单化，社会效益考核指标难量化	朱静雯（2016），童健（2016），马霄行（2016），王一木（2018），魏玉山（2015），杨万庆（2018），范军（2019），高峰（2015），梁上启、段维（2017），张慧君、杨建军（2004），于泽、朱学义（2014）

续表

研究主题	研究视角及内容	文献代表作者
中国图书出版企业社会效益考核办法的优化与实施研究	如何优化、如何保障实施研究，顶层设计，总结基层典型经验，制定宏观指导文件，理顺考核评价机制，配套制度等	魏玉山（2015），刘玉柱（2016），郝秀原（2013），梅若冰（2015），王莳骏（2015），张立科（2019），徐同亮（2018），胡慧河（2008），于殿利（2017），顾永才（2011），李友生(2016)，刘杲(2001)，钟边(2016)，范军(2019)，王民(2019)，崔波(2016)

资料来源：作者根据学者们的研究成果整理制作。

对包括图书在内的出版物社会效益，有学者指出应注重考虑其在引导舆论、保存遗产、弘扬文化、积累智慧、创新科学技术等方面对社会环境产生的积极影响[①]。到目前为止，对出版物社会效益的衡量尚未形成统一方法。书评、读者反馈以及图书的重印率或再版率可以作为衡量指标[②]。亦有学者指出，精品出版物可以从质量建设、优质资源建设、选题和内容的独特性、产品结构、重点出版项目、特别奖励机制、目标受众和市场的确定性、传播范围、社会影响力、各行业专家的评定等方面进行衡量[③④⑤]。对于出版物质量的评价，贺正举指出，除了要坚决从书稿的内容质量、社会反响、出版效果等方面评判出版物的优劣外，还需要坚决克服一味迎合市场带来的低俗化、庸俗化等现象[⑥]。而仇小燕、张沛泓认为，出版物能够实现社会效益，需要具备以下条件：一是该出版物要有读者；二是该出版物能够提出新思想、新见解，思想能够

① 胡芳豪：《中南国家数字出版基地的社会效益研究》，《科技与出版》2017 年第 10 期。

② 李友生：《社会效益与经济效益统一与中小出版社的路径》，《传播与版权》2016 年第 11 期。

③ 恭竟平，戴思俊：《精品出版融入绩效考核的制度性思考和建议》，《科技与出版》2018 年第 6 期。

④ 韦干鹏：《近几年出版物社会效益研究述评》，《东南传播》2012 年第 11 期。

⑤ 朱京玮：《坚持社会效益为先，引导中国网络文学良性发展》，《出版广角》2017 年第 18 期。

⑥ 贺正举：《新形势下出版人的责任与担当》，《湘潭大学学报（哲学社会科学版）》2016 年第 1 期。

引导人们向上，能够对读者产生一定影响力；三是出版物出版有时机性且读者对象有针对性[①][②]。亦有观点指出，对包括图书在内的出版物社会效益考核，应该分门别类展开[③]。比如，政治类图书的社会效益评价需要充分考虑其在政治宣传和政策教育等方面的功能和价值，并由权威理论专家组成社会效益评审小组。专业类图书的社会效益价值评价可以按照《中华人民共和国学科分类标准》的五大类，即自然科学、农业科学、医药科学、工程和技术科学、人文与社会科学分组展开评价，并且突出出版物在学术创新方面的价值以及信息传播方面的功能，评价专家应以各学科权威专家为主，以资深出版家为辅，整个出版物社会效益评价工作应由中央意识形态主管部门以及国家出版行政管理部门牵头组织展开[④]。

对于出版企业社会效益的评价，部分出版企业、出版主管部门以及学者都对此展开深入研究。在出版企业方面，南方出版传媒集团将社会效益考核内容细化为 13 项，包括出版质量（25%）、市场排名和畅销书品种（10%）、文化和社会影响力（14%）、产品结构和专业特色（7%）、内部制度和队伍建设（4%），并将社会效益在出版企业整体绩效考核中的占比份额大幅提升至 60%[⑤]。深圳出版发行集团的社会效益指标主要由“导向安全、所获荣誉、市场占有率、社会影响”4 个一级指标组成，在此基础上这些一级指标再进行细化，如社会影响指标下设 3 个二级指标：受众反应、城市文化影响力、阅读文化指引力[⑥]。中原出版传媒集团主要从一般图书销售、特色产品线建设、图书质量、数字出版、获奖图书品种、获政府资金补贴项目等方面考核旗下出版企业社

① 仇小燕：《图书社会效益管见》，《新闻出版交流》2003 年第 6 期。

② 张沛泓：《图书的社会效益及其评价初探》，《中国出版》2001 年第 10 期。

③ 张慧君，杨建军：《建立科学的图书评价机制——“三个代表”重要思想对图书出版工作的根本要求》，《太原理工大学学报：社会科学版》2004 年第 1 期。

④ 张慧君，杨建军：《建立科学的图书评价机制——“三个代表”重要思想对图书出版工作的根本要求》，《太原理工大学学报：社会科学版》2004 年第 1 期。

⑤ 陶己，卞晓琰：《专业发展，蓄力创新，推动教育出版高质量发展——对教育出版社社会效益的评估与实践探索》，《科技与出版》2019 年第 7 期。

⑥ 尹昌龙：《深圳出版发行集团提升社会效益的探索与思考》，《出版发行研究》2016 年第 7 期。

会效益[①]。一些出版主管部门也制定了出版社会效益衡量指标体系。比如，2005 年上海市新闻出版局从出书结构、内容和装帧质量、编校质量、突出成果、违规活动五个方面设置 10 个出版社会效益考核指标[②]。并将获得“中国出版政府奖”、“中华优秀出版物奖”、“五个一”工程奖等重要奖项作为衡量图书出版单位重要社会贡献和出书水平的依据，并给予额外加分[③]。浙江省委宣传部及省财政厅亦从宣传舆论导向、干部人才队伍建设及事业发展三方面对浙江省出版集团社会效益进行考核，其中宣传舆论导向是最为重要的评价指标[④]。

一些学者亦对出版社会效益考核办法展开研究。王关义提出具体的出版社会效益考核定量指标和评议指标，其中定量指标包括：年增加值、综合市场占有率、获奖数量、合法经营程度、公益性出版物出版情况、编校质量合格率、再版率、出版产品和服务比例，共在社会效益总和中占 80% 权重；评议指标包括品牌影响力、信用状况、安全生产状况、参加社会公益活动情况，共在社会效益总和中占据 20% 权重[⑤]。与王关义的指标相比，何国军的指标较为抽象。他指出，出版单位社会效益量化评价指标体系主要包括引导力、传播力、影响力、公信力 4 个一级指标[⑥]。其他学者所提出的出版企业社会效益衡量方法，虽与上述两位学者有所差异，但基本是从市场影响力、内容质量、受众反应、运作

---

① 魏玉山：《把社会效益放在首位需要建立考核评估体系》，《出版发行研究》2015 年第 9 期。

② 许乃青：《出版社社会效益评估的构想与实践》，《中国出版》2005 年第 10 期。

③ 杨迎会：《坚持高质量发展，推动出版业繁荣发展》，《出版广角》2018 年第 1 期。

④ 魏玉山：《把社会效益放在首位需要建立考核评估体系》，《出版发行研究》2015 年第 9 期。

⑤ 王关义：《中国出版社绩效考核评价指标体系探讨》，《中国行政管理》2009 年第 5 期。

⑥ 何国军：《出版单位社会效益量化评价指标体系的构建》，《中国编辑》2017 年第 2 期。

能力、社会贡献和国际传播五方面开展[①②③④⑤⑥]。出版社的服务规模与水平、产品与服务创新、出书结构、优秀与获奖图书比重、出版物重印率与再版率、出版物合格率、图书出口与版权输出收入平均增长率、品牌力与影响力、社会满意度、图书奖和政府资助补贴项目等指标是对上述五大方面指标的具体化[⑦⑧⑨⑩⑪]。余祥草指出，出版企业的制度与队伍建设指标应纳入出版社会效益评价范畴[⑫⑬]。对于上述出版企业社会效益评价体系，其本质应该归属于“图书出版绩效评价”“组织绩效评价”“公共文化服务评价”三个方面[⑭]。而出版物的正确导向、出版物的品质和质量、选题的市场影响力是衡量图书出版绩效的关键指标[⑮]。

由于出版单位类型差异，衡量不同类型出版单位社会效益的指标亦应有所差异。张积玉指出，评价人文社科学术期刊的社会效益，需要重点考虑三项指标：一是社会实践影响力，即期刊所刊载论文的观点、结论被政府采纳作为决策参考的状况；二是学术影响力，即学术期刊的引

---

① 宋琪，陈昱锦：《上市图书出版企业社会效益评价研究——基于熵权模糊物元模型》，《出版科学》2018年第5期。

② 储安全：《图书出版的社会效益评价体系探析》，《唯实（现代管理）》2017年第5期。

③ 薄丽丽：《河北省图书出版业社会效益研究》，河北大学硕士学位论文，2013年。

④ 李阳：《国有文化传媒企业绩效审计评价体系研究及应用》，广东外语外贸大学硕士学位论文，2018年。

⑤ 张聪聪：《出版企业主题出版考评指标研究》，北京印刷学院硕士学位论文，2018年。

⑥ 连星星：《出版企业社会效益评价指标研究》，北京印刷学院硕士学位论文，2016年。

⑦ 鲁婧：《公益性出版单位的社会绩效评价指标体系研究》，武汉理工大学硕士学位论文，2010年。

⑧ 王广照：《出版社社会效益考核的实践与探索——以中原大地传媒股份有限公司为例》，《出版发行研究》2015年第11期。

⑨ 王海云，刘益，付海燕：《经营性出版单位考核指标体系研究》，《北京印刷学院学报》2007年第5期。

⑩ 许乃青：《出版社社会效益评估的构想与实践》，《中国出版》2005年第10期。

⑪ 耿云江，宁艳辉：《出版企业绩效评价指标体系的构建研究》，《金融经济》2013年第12期。

⑫ 余祥草：《网络出版社会效益考核指标体系研究》，《科技与出版》2017年第3期。

⑬ 吴子明：《试论出版社会效益和经济效益的辩证关系》，《出版参考》2018年第12期。

⑭ 吴子明：《试论出版社会效益和经济效益的辩证关系》，《出版参考》2018年第12期。

⑮ 本刊记者：《出版社社会效益量化评价中的几个关键问题》，《编辑之友》2016年第12期。

用率、影响广度、转摘率、获奖率、高影响力论文率等客观数据，以及特色化办刊的效果；三是社会认可度，即学术期刊被政府部门、相关学术研究机构收入"中国期刊方阵""名刊工程"及核心期刊等的情况，学术期刊获同行专家学者的肯定性评价情况以及在国际国内的传播情况①。大学出版社的社会效益评价需要充分考虑出版社在版权贸易、参与国家相关出版项目以及获表彰数量等方面的指标②。但是能否将获奖或者获得重大级别的奖励作为衡量出版物是否具有社会效益或者是否具有重大社会效益的首要标准甚至唯一标准，仍有争议③。获奖并不一定代表出版企业出版物的整体质量较高，出版企业的社会效益需要强调出版物给社会带来的整体效应，也就是出版物对全社会大多数读者所产生的正向影响和积极作用④。一些学者尤其注重我国出版企业在主营业务某一方面社会效益的评价，如在出版"走出去"或者书香社会建设过程中所取得的社会效益。李佳玉、韩梅结合新闻出版业的实际情况，主张从新闻出版物供给、基础设施建设、管理与监督、效益评价 4 个一级指标出发衡量新闻出版业推动书香社会建设的结果⑤。

包括魏玉山在内的一些学者从利益相关者角度建构我国出版企业的社会效益评价指标体系，具有一定的开创性⑥⑦⑧⑨。出版企业是众多利

---

① 赵文义，张积玉：《学术期刊的定价和发行问题分析》，《科技与出版》2011 年第 5 期。

② 周蔚华，杨石华：《大学出版社在出版业的地位及当前面临的主要问题》，《现代出版》2018 年第 1 期。

③ 易图强：《出版的社会效益与经济效益的关系新释》，《中国出版》2010 年第 12 期。

④ 易图强：《出版学概论》，长沙，湖南师范大学出版社，2008 年，第 192 页。

⑤ 李佳玉，韩梅：《新闻出版业推进书香社会建设指标体系构建》，《中国出版》2016 年第 6 期。

⑥ 谢媛媛：《新闻出版产业发展指数及其影响因素研究》，合肥工业大学博士学位论文，2016 年。

⑦ 范新坤：《关于国有出版企业把社会效益放在首位的实践思考》，《出版发行研究》2017 年第 1 期。

⑧ 唐伽，韩飞：《浅析出版企业社会效益考核体系设计原则与考核内容》，《中国出版》2017 年第 9 期。

⑨ 姜帅，贝政新：《新时期出版企业绩效评价体系构建研究——基于社会效益与经济效益同构视角》，《科技与出版》2019 年第 4 期。

益相关者的集合体，是一个典型的利益相关者组织[①②]。社会效益并不等同于社会责任，为了出版企业的长远发展，有必要明确出版企业社会责任的具体内容[③]。按照与出版企业关系的密切程度，可以将我国出版企业的利益相关者分为主要利益相关者（如股东、员工等）以及次要利益相关者（如客户、债权人、供应商和社会公众等）[④]。在评价出版企业履行对上述利益相关者责任的绩效时，需要充分考虑出版企业利益相关者的优先顺序[⑤]。当前，不少学者所提出的出版企业社会效益考核方法，主要是对出版企业遵守国家法规、生产出版物质量、完成出版规划等方面的考核，关注得更多的是出版企业自身状况，并没有充分考虑出版企业履行社会责任的有关内容。随着出版行业的发展与进步，出版企业社会效益的内涵和外延也在不断扩展，社会效益与出版企业社会责任相结合是未来社会效益内涵的扩展趋势[⑥]。

对于社会效益评价方法，若仅仅采用定性方法，会使社会效益评价虚无化、简单化。从实践看，对出版社的社会效益进行量化评价是必要的，也是可行的[⑦]。王关义提出通过定性与定量分析相结合的方法展开社会效益评价工作[⑧]，梁上启、段维探讨了以软、硬指标相结合的方法

---

① 成祖松：《出版企业利益相关者共同治理研究》，《出版发行研究》2013 年第 5 期。

② 袁申：《J 出版社编辑岗位绩效考核指标体系构建研究》，广西大学硕士学位论文，2014 年。

③ 赵莹：《我国出版社转企改制后的社会责任研究》，陕西师范大学硕士学位论文，2011 年。

④ 刘丽芳：《文化传媒上市公司绩效的影响因素研究》，天津商业大学硕士学位论文，2014 年。

⑤ 郝秀原：《论科技期刊的社会责任》，《中国科技期刊研究》2013 年第 4 期。

⑥ 王华，陈月梅：《我国出版企业社会责任发展对策探讨》，《科技与出版》2014 年第 1 期。

⑦ 本刊记者：《出版社社会效益量化评价中的几个关键问题》，《编辑之友》2016 年第 12 期。

⑧ 王关义：《中国出版社绩效考核评价指标体系探讨》，《中国行政管理》2009 年第 5 期。

评价出版社会效益[①]。关于定量分析方法，赵立涛和徐建中[②]、韩凌霄[③]等运用层次分析法（AHP）对中国出版产业集团化的绩效进行评价[④]。层次分析法可用于确定我国出版企业履行对各利益相关者的社会责任绩效时，不同利益相关者责任绩效所占权重[⑤]。宋琪、陈昱锦借鉴熵权模糊物元模型对我国10家图书上市出版企业的社会效益进行分析研究[⑥]。

正面清单奖励和负面清单扣分相结合的方法得到一些专家学者的认可。在该方法中，正面考核成绩与负面考核成绩相结合就是编辑或者出版单位总的社会效益考核成绩[⑦]。之所以采用这一制度，是因为实行这一制度具有比较好的前期基础。比如，广东省公布的“走出去”成果、河南与陕西等省公布的获奖图书品种等指标均可以作为正面清单上给出版企业的加分项。负面考核成绩有必要设置底线，扣分如果超过底线则视为不合格，无论正面积分多高均无法抵消不合格的负面扣分[⑧]。对此，魏玉山还建议列出正效益和负效益的指标体系，其中正效益指标包括核心价值观（或舆论导向）、学术性（或文化性）、市场、国际化、单位社会形象指标，负效益指标包括负面形象、违反法规以及标准指标[⑨]。

平衡计分卡方法在出版企业绩效评价中的作用也得到学者们的重视。平衡计分卡从出版企业财务管理指标、出版企业客户服务能力指标、出版企业内部管理指标、出版企业创新发展指标共四个方面对组织

---

① 梁上启，段维：《出版单位社会效益评价指标体系的思考》，《中国出版》2017年第12期。

② 赵立涛，徐建中：《我国出版产业国际竞争力评价研究》，《学习与探索》2006年第5期。

③ 韩凌雯：《我国上市出版企业社会效益评价体系构建及实证研究》，青岛科技大学硕士学位论文，2019年。

④ 姜帅，贝政新：《新时期出版企业绩效评价体系构建研究——基于社会效益与经济效益同构视角》，《科技与出版》2019年第4期。

⑤ 刘丽芳：《文化传媒上市公司绩效的影响因素研究》，天津商业大学硕士学位论文，2014年。

⑥ 宋琪，陈昱锦：《上市图书出版企业社会效益评价研究——基于熵权模糊物元模型》，《出版科学》2018年第5期。

⑦ 魏玉山：《关于开展出版单位社会效益考核评估的思考》，《现代出版》2015年第3期。

⑧ 马霄行：《浅谈把社会效益放在首位的制度建设》，《科技与出版》2016年第10期。

⑨ 魏玉山：《关于开展出版单位社会效益考核评估的思考》，《现代出版》2015年第3期。

绩效进行财务和非财务综合评价[①]。它不仅能够有效克服传统财务评价方法的滞后性、偏重短期利益和内部利益，忽视无形资产收益等诸多缺陷，而且能够达到长期与短期目标、外部和内部指标、预想结果和这些结果的动因、客观硬指标和主观软指标之间的平衡[②③]。KLD 指数法是当前国内外普遍采用的另一种衡量企业社会责任的方法。而上海证券交易所 2009 年发布的社会责任指数中，将“每股社会贡献率”作为衡量社会责任的指标。其中，“每股社会贡献率”被定义为在企业为股东创造的基本每股收益基础上，加上企业每年内向员工支付的薪酬、为国家创造的税收、向银行等债权人所支付利息、企业对外捐赠数额等为企业其他利益相关者所创造的价值，并扣除企业因环境污染等造成的其他社会成本后，计算企业为社会创造的每股增值额[④⑤]。每股社会贡献率指数能够帮助社会及公众更全面地、精准地了解企业为其股东、客户、债权人、员工、社区以及整个社会等所创造的真正价值。

4.2.4 本书的社会效益衡量方法

对传媒企业绩效的评价，需要参照绩效评价的基本理论，同时要结合中国传媒业的内在特征，使用客观评价与主观评价相结合的思路及方法，构建一套适合中国国情的传媒绩效评价体系[⑥]。在传媒经济研究中，对媒体价值和绩效的评价是一个基础性问题，构造一套关于媒体价值评价的指标体系，可以规范和指导我国传媒产业的发展[⑦]。然而，长

---

① 刘建岭：《基于平衡计分卡的出版企业绩效评估体系构建研究》，《科技与出版》2017 年第 7 期。

② 王建辉：《出版业评价体系创新的五重观照》，《新华文摘》2009 年第 8 期。

③ 尹秋楠：《基于平衡计分卡的出版社编辑部门绩效考核研究——以 A 出版社为例》，北京化工大学硕士学位论文，2013 年。

④ 尹世昌：《出版企业社会效益评估的对象化与具体化研究——来自企业社会责任研究的借鉴》，《现代出版》2011 年第 2 期。

⑤ 沈洪涛，沈艺峰：《公司社会责任思想：起源与演变》，上海，上海人民出版社，2005 年，第 128 页。

⑥ 丁和根，耿修林：《传媒制度绩效评价：思路、框架及方法》，《新闻界》2007 年第 3 期。

⑦ 昝廷全，刘静忆，王燕萍：《传媒经济学研究的历史、现状与对策》，《现代传播》2007 年第 6 期。

期以来，虽然诸多出版学界和业界的专家学者对此问题展开研究，但其仍然是困扰出版学界和业界的难题。与上述已有的社会效益衡量方法相比，本书衡量出版企业社会效益有其特殊要求。

4.2.4.1 本书衡量社会效益的方法要求

研究激励约束视角下我国出版上市企业的“双效”协同提升问题，是一项基于面板数据的量化研究。与一般的出版企业年度社会效益考核办法相比，这种量化研究范式对社会效益计量方法有其特殊要求，具体表现在以下三方面。

一是要具有可操作性，能够全面量化出版企业自上市以来每年的社会效益情况。基于面板数据的研究需要考虑到每家出版上市企业每年的社会效益情况，否则无法展开多元回归分析。KLD 指数法、平衡计分卡方法在出版企业绩效评价中的作用得到学者们的重视。尤其是 KLD 公司（Kinder，Lydenberg，Domini Company）所设计的 KLD 指数法，它通过 7 个指标来评价企业履行社会责任的绩效，包括社区关系、员工关系、自然环境、产品安全、员工多样性、核能、军备和南非事务。这一方法被利益相关者理论的权威学者们认为是衡量企业社会责任中“研究设计最好，同时也是最容易理解”的方法[①]。平衡计分卡法从企业财务管理指标、企业客户服务能力指标、企业内部管理指标、企业创新发展指标共四个方面对企业绩效进行财务和非财务综合评价，它不仅能够有效克服传统财务评价方法的滞后性、偏重短期利益和内部利益、忽视无形资产收益等诸多缺陷，而且能够达到长期与短期目标、外部和内部指标、客观硬指标和主观软指标之间的平衡[②③④]。

虽然上述方法具有独特的优势，但是应用至本书中有一定难度。最核心的困难在于难以对上述方法所提及的所有指标逐一进行量化。比如 KLD 指数法中所提及与核能、军备和南非事务相关的指标无法采集对

---

① 刘建梅：《社会责任履行影响企业品牌资产的实证研究》，北京，北京理工大学出版社，2012 年，第 34 页。

② 王建辉：《出版业评价体系创新的五重观照》，《新华文摘》2009 年第 8 期。

③ 刘建岭：《基于平衡计分卡的出版企业绩效评估体系构建研究》，《科技与出版》2017 年第 7 期。

④ 尹秋楠：《基于平衡计分卡的出版社编辑部门绩效考核研究——以 A 出版社为例》，北京化工大学硕士学位论文，2013 年。

应数据。平衡计分卡方法中出版企业财务管理、出版企业客户服务能力、出版企业内部管理、出版企业创新发展这4个一级指标下属的二级指标中，亦有相当一部分指标是难以直接量化的。比如，出版企业客户服务能力指标项下的客户满意度、客户保持率、客户获得率等指标，出版企业创新发展项下的员工满意度、员工保持率、员工培训和技能等指标均无法直接获得数据。虽然通过问卷调查或者第三方数据库能够找到部分有效数据，如通过问卷调查获取员工满意度或培训方面数据等，通过北京开卷信息技术有限公司数据库获取出版企业的市场占有率数据等，但是总的来说能够获得的数据仍难以满足本文需求。这是因为一方面通过问卷调查获取员工满意度、培训或客户满意度方面数据往往是本研究工作展开当年或者上一年的截面数据，对于出版企业自上市以来每年的员工满意度或者培训数据是很难通过调查获取的。另一方面多数记录出版企业客户保持率、客户获得率等指标的第三方数据库平台往往是新近几年成立的数据库平台，很难追溯所有出版企业自上市以来每年的客户数据。再加上这些第三方平台具有一定的封闭性，不对外开放，想获取这些数据具有较大难度。因此，应用KLD指数法、平衡计分卡方法衡量出版企业社会效益的思路是不可行的。

二是能够有效精准衡量出版上市企业履行文化责任的绩效和履行对利益相关者责任的绩效。经过“4.2.2　出版社会效益的内涵”的分析，本书将我国出版上市企业的社会效益划分为履行文化责任的绩效和履行对利益相关者责任的绩效。其中，履行文化责任的绩效包括履行维护意识形态的责任、履行传播知识与文化的责任、履行传承文化与人类精神文明成果责任的成绩。履行对利益相关者责任的绩效是出版企业作为一般商业企业的责任，履行对利益相关者责任所取得的成绩，主要包括履行对出版企业股东、直接提供出版物生产资料或者发行业务的企业或组织、与出版物生产过程直接相关的人员、出版物发行的读者群体以及出版企业外其他对象的责任的成绩。履行文化责任是我国出版企业作为文化企业所应履行的最根本、最重要的责任和义务，而履行对利益相关者的责任是出版企业作为一般商业企业所应履行的基本责任和义务。综合观之，我国出版企业履行文化责任的绩效与履行对利益相关者责任的绩效是两种目标对象不同、性质也存在差异的绩效。

在选择我国出版企业社会效益的计量方法时，应该将上述两种绩效区别对待。对已有的出版企业社会效益计量方法进行梳理和研究，可以发现，目前还没有一种全面的研究方法能够兼顾出版企业履行文化责任的绩效和履行对利益相关者责任的绩效。虽然没有一种方法同时衡量这两种绩效，但是我们可以换一种新的思路，即分别衡量我国出版企业履行文化责任的绩效和履行对利益相关者责任的绩效，再将这种绩效通过一定的方法合并在一起，以先分再总的方式计量我国出版上市企业的社会效益。先分再总的社会效益计量思路，应该说具有较强的可行性。当前，我国出版企业履行对利益相关者责任的计量方法已较为成熟，比如，上海证券交易所在2008年发布的《关于加强上市公司社会责任承担工作的通知》以“每股社会贡献值”来衡量企业履行对利益相关者责任的结果[①]。从2010年开始，和讯网亦开始根据上交所和深交所公布的各上市公司自行公开发布的企业社会责任报告以及年报，分别对各上市企业履行股东责任、员工责任、供应商、客户和消费者责任、环境责任和社会责任共5项指标进行考察，建立企业社会责任的评测体系，这一体系具有数据量大和客观性强的特点，已经被较多学者作为衡量企业社会责任绩效的重要指标[②]。润灵环球也致力于对企业履行对投资者、消费者等利益相关者的责任提供客观科学的评级信息，并自主研发了国内首个上市公司社会责任报告评级系统[③④]。有鉴于此，在对我国出版企业履行对利益相关者责任的绩效进行计量具有较强可行性的情况下，我们只需要集中精力攻克如何对我国出版企业履行文化责任的绩效进行计量的难题。

三是能够精准衡量不同主营业务的出版上市企业的社会效益，使之具有可比性。虽然我国出版企业的主营业务均属于出版物的生产、发行领域，但是究其主营业务的具体结构，可以发现其仍存在较大差异。首先，以出版物生产为主营业务的出版上市企业如中文传媒、中原传媒等，其主营业务主要包括三方面：一是出版业务。主要包括一般图书、

① 陈丽蓉，韩彬，杨兴龙：《企业社会责任与高管变更交互影响研究——基于A股上市公司的经验证据》，《会计研究》2015年第8期。

② 贾兴平，刘益：《外部环境、内部资源与企业社会责任》，《南开管理评论》2014年第6期。

③ 周中胜，何德旭，李正：《制度环境与企业社会责任履行：来自中国上市公司的经验证据》，《中国软科学》2012年第10期。

④ 朱松：《企业社会责任、市场评价与盈余信息含量》，《会计研究》2011年第11期。

报纸、期刊、电子出版物、音像制品、数字出版物、教材、教辅的编辑出版，以及通过相关营销渠道对外销售。二是发行业务。主要包括教材教辅发行和一般图书、报刊的发行业务、电子产品销售、教育服务、物流配送、文化综合体运营等业务。企业所属相关经营实体也通过连锁经营、电子商务、团供直销等方式，开展相关产品的销售经营和相关服务的承接运营。三是印刷包装，包括从事教材、教辅、一般图书、报刊、票据、包装品等的印刷。出版上市公司所属印刷企业通过承接公司所属出版企业订单以及社会订单的方式开展相关业务①。

其次，除上述以出版物生产为主营业务的出版上市企业外，还包括以图书发行为主营业务的出版上市企业，如皖新传媒、新华传媒等。这类企业一方面通过实体书店连锁经营、网络销售、社群营销、团供直销等方式开展一般图书销售、多元文化文创产品代理销售、图书馆馆配和其他文化服务。另一方面，承担某一省份或直辖市的中小学教材发行业务，不断建设升级覆盖全省的教育服务网络及教育服务专员体系，为某一省份或直辖市的中小学校及师生提供教材教辅、教育装备、教育信息化、数字教育产品、素质教育课程等相关教育服务②。

最后，还有一种出版上市企业是以学术出版为主营业务，如中国科传。其主营业务除图书出版外，还包括三个重要方面：一是期刊业务。作为国家级的科技期刊出版基地，中国科传及其控股子公司《中国科学》杂志社有限责任公司、《科学世界》杂志社有限责任公司、北京中科期刊出版有限公司、北京科爱森蓝文化传播有限公司以及2019年收购的EDP Sciences主要从事期刊出版相关业务。二是出版物进出口业务。中国科传全资子公司北京中科进出口有限责任公司具有出版物进出口经营资质，主要从事图书、期刊及相关数字出版物的进出口业务。其主要客户为国内高校和科研机构，供应商则多为境外大型出版机构。三是知识服务业务。中国科传积极推进从传统出版向知识服务产业的转型升级，目前主要布局了专业学科知识库、数字教育云服务、医疗健康大

① 巨潮资讯网：《中文天地出版传媒集团股份有限公司2020年年度报告》，2021年3月31日，http：//www. cninfo. com. cn/new/disclosure/detail？ stockCode = 600373&announcementId = 1209488394&orgId = gssh0600373&announcementTime.

② 巨潮资讯网：《皖新传媒2020年年报》，2021年4月17日，http：//www. cninfo. com. cn/new/disclosure/detail？ orgId = 9900010089&announcementId = 1209713565&announcementTime.

数据三大方向①。

由此可见，当前我国出版上市企业的主营业务呈现多元化趋势。多元经营会导致我国不同出版上市企业的经营目标和社会效益内涵存在些许差异，尤其是在履行文化责任方面。以一般图书出版为主营业务的出版上市企业，其社会效益是维护意识形态和传播人类精神文明成果，而以科技出版为主营业务的出版上市企业当前社会效益的核心在于提升中国科技期刊的整体实力，建立中国科技期刊在全球学术出版领域的话语权。要建立一套能够涵盖图书出版、图书发行、科技出版等多元业务领域的出版社会效益衡量指标体系，是极有难度的。通过“4.2.3　已有出版社会效益计量方法”的分析可知，当前我国已有不少研究建立面向出版社会效益的评价体系，有些专家建立的社会效益评价指标体系具有较高的权威性和可行性。作者试图将这些社会效益评价指标体系应用至本书中，但正是因为当前我国出版上市企业主营业务差异，导致很大一部分社会效益评价指标体系无法适用。通过上述分析，本书基本明确了在本研究中衡量我国出版上市企业社会效益时，所选择或者设计的社会效益衡量方法，需要具备三方面条件：一是要具有可操作性，能够全面量化自出版企业上市以来每年的社会效益情况；二是能够有效衡量我国出版上市企业履行文化责任的绩效和履行对利益相关者责任的绩效；三是能够精准衡量不同主营业务出版企业的社会效益，使之具有可比性。本书在后续研究中将遵照此原则和方法选择和设计我国出版上市企业社会效益衡量方法。

4.2.4.2　本书采用的社会效益衡量方法

结合上述分析，在对已有企业社会效益衡量方法进行反复比对的基础上，本书遵循方法权威、可操作性强、计量结果精准的原则，认为可采用德尔菲法与“每股社会贡献值”对我国出版上市企业社会效益进行衡量。由于我国出版上市企业履行文化责任和履行对利益相关者责任的具体内容存在差异，再加上也很难找到一套能够同时精准衡量履行文

① 巨潮资讯网：《中国科技出版传媒股份有限公司2020年年度报告》，2021年4月28日，http：//www. cninfo. com. cn/new/disclosure/detail? stockCode = 601858&announcementId = 1209834184&orgId = 9900023751&announcementTime.

化责任绩效和履行对利益相关者责任绩效的方法。因此，为保证社会效益计量工作顺利展开，提升社会效益计量工作的精准度，本书决定对我国出版上市企业履行文化责任的绩效和履行对利益相关者责任的绩效分别进行计量。在此基础上，再设计一套科学的算法将履行文化责任的绩效和履行对利益相关者责任的绩效合并起来，综合计量我国出版上市企业的社会效益值。

（1）运用德尔菲法（Delphi Method）衡量我国出版上市企业履行文化责任的绩效。

向出版学界及业界的多位专家学者请教，在他们的悉心指导下，经反复对比斟酌，本书最终采用德尔菲法衡量我国出版上市企业履行文化责任的绩效，具体包括履行维护意识形态责任的绩效、履行传播知识与文化责任的绩效、履行传承文化与人类精神文明成果责任的绩效。传媒领域中，胡鞍钢、张晓群曾采用该方法对中国传媒业的软实力展开实证研究[①]。一是德尔菲法需要专家根据我国出版上市企业的实际情况，以多轮打分形式展开，具有较强的可操作性。二是本书将我国出版上市企业履行文化责任绩效和履行对利益相关者责任绩效分别进行计量，德尔菲法仅用于衡量我国出版上市企业履行文化责任的绩效。这种对两者分别进行计量的方式更有利于提升社会效益计量工作的科学性和准确性。三是本书运用德尔菲法为我国不同类型的出版上市企业设定同样的赋值标准，使得该方法能够精准衡量不同主营业务的出版企业的社会效益，不同出版上市企业的社会效益之间亦具有可比性。

德尔菲法是一种结构化的交流技术与方法，最初是作为一种依赖于专家小组的系统交互式预测方法而开发的[②]。德尔菲法所基于的理念是结构化群体的预测（或决策）比非结构化的群体预测（或决策）更准确[③]。它的具体操作步骤是首先请专家展开两轮或多轮问卷填答。在每一轮之后，研究者提供专家对上一轮预测的匿名总结以及他们的判断理

---

① 胡鞍钢，张晓群：《国际视角下中国传媒实力的实证分析——兼与黄旦、屠正锋先生商榷》，《清华大学学报（哲学社会科学版）》2007 年第 3 期。

② Dalkey, N. et al, 1963: “An Experimental Application of the Delphi Method to the Use of Experts”, *Management Science*, April.

③ Rowe, G. et al, 2001: “Expert Opinions in Forecasting: the Role of the Delphi Technique”, *Principles of forecasting*, January.

由，以此鼓励专家们在新一轮调查中根据小组其他成员的填答修改他们先前的答复。在此过程中，专家们所提供答案的范围和差异会不断缩小，专家小组会向着“正确”答案方向收敛。最后，在达到预定义的停止标准（例如轮数、达成共识、结果的稳定性等）后停止调查。通过采用多轮的平均数或中值分数计算最终结果①②。为避免社会效益衡量的信度和效度受到严重威胁，选择合适数量和高水平专家至关重要③④。

德尔菲法相较于一般的专家评分方法，还具有其独特优势。首先，通常德尔菲法的所有参与专家都保持匿名。即使在完成最终报告之后，他们的身份亦并不会彼此透露，这可以有效防止某些参与者的权威、声誉或者个性在多轮社会效益评判过程中支配或者干扰其他参与者。可以说，德尔菲法使参与者在某种程度上有效地摆脱了个人偏见的影响，最大限度地减少了“跟风效应”或“光环效应”，它允许自由表达意见，鼓励公开批评，并有助于参与者承认和修改早期判断时可能出现的错误⑤。其次，专家们的评价信息最初是以问卷答案以及他们对这些答案评论的形式收集。协调人员可以通过处理和过滤不相关的信息或内容来控制参与者之间的相互影响和交流，这可以有效避免在面对面小组讨论中通常可能出现的负面影响，保持专家成员之间的独立性，并解决群体互动和决策可能带来的常见问题⑥。

事物总是具有两面性。评价标准不够客观、专家水平等因素亦会对

---

① Rowe, G. et al, 1999: “The Delphi Technique as a Forecasting Tool: Issues and Analysis”, *International Journal of forecasting*, October.

② Wikipedia: Delphi method, https://en.wikipedia.org/wiki/Delphi_method，最后登录时间：2021年2月13日。

③ Mauksch, S. et al, 2020: “Who is an Expert for Foresight? A Review of Identification Methods”, *Technological Forecasting and Social Change*, February.

④ Markmann Christoph. et al, 2020: “Improving the Question Formulation in Delphi-like Surveys: Analysis of the Effects of Abstract Language and Amount of Information on Response Behavior”, *Futures & Foresight Science*, August.

⑤ Wikipedia: Delphi method, https://en.wikipedia.org/wiki/Delphi_method，最后登录时间：2021年5月10日。

⑥ Wikipedia: Delphi method, https://en.wikipedia.org/wiki/Delphi_method，最后登录时间：2021年5月16日。

德尔菲法的评价结果产生负面影响[①]。对此，本文采用多种方法尽力避免此类现象出现，以确保结果准确可靠。首先，为保证评价具有统一标准，一些特定的评价标准得以提前建立并供专家参考。建立评价标准时，作者汲取出版领域部分专家学者包括魏玉山[②]、聂震宁[③]、于殿利[④]、周蔚华[⑤]、陈丹[⑥]、范军[⑦]等对社会效益考核评价的观点和建议，将“出版质量”“文化和社会影响”“产品结构和专业特色”“内部制度和队伍建设”这四大指标确定为衡量出版企业履行文化责任绩效的标准。其中，“出版质量”指标主要考核图书出版企业坚持正确出版导向的情况、出版物的科学性和知识性水平，以及编校印装质量的整体情况。“文化和社会影响”指标主要考核图书出版单位依托优秀产品和活动体现的文化价值和社会影响，具体分为“重点项目”“奖项荣誉”“社会评价”“国际影响”4 个二级指标。“产品结构和专业特色”指标主要考核出版产品结构、选题规划、品牌特色等内容生产整体情况。“内部制度和队伍建设”指标主要考核企业内部机制、规章制度建设和执行情况、党风廉政建设和队伍建设情况。

为提高德尔菲法衡量出版企业履行文化责任绩效的准确性，在学界和业界选择一定数量经验丰富、专业功底深厚的评价专家尤其重要。至于德尔菲法所需专家数量，学界的说法仍不一致。比较权威的研究结论是专家数量需要根据研究问题所涉及的规模和复杂程度而定，8 人至 20 人是较为理想的数字[⑧]。本书共邀请 17 位专家衡量我国出版上市企业履行文化责任的绩效。在选择这些专家时，重点考虑专家所具备的专业

---

① 杨中文，吴颖，袁德美：《德尔菲法的定量探讨》，《情报理论与实践》1995 年第 5 期。

② 魏玉山：《把社会效益放在首位需要建立考核评估体系》，《出版发行研究》2015 年第 9 期。

③ 聂震宁：《抓住重点环节发展出版产业》，《北京观察》2003 年第 9 期。

④ 于殿利：《论出版经济的文化性》，《现代出版》2017 年第 2 期。

⑤ 周蔚华：《出版物的价值和效益评价辨析——兼评“两个效益”重大命题》，《中国人民大学学报》2009 年第 4 期。

⑥ 陈丹，张聪聪：《元评估理论在出版社社会效益评估中的应用构想》，《中国编辑》2017 年第 9 期。

⑦ 范军，曹世生：《关于切实做好图书出版单位社会效益评价考核的思考》，《科技与出版》2019 年第 7 期。

⑧ 徐国祥：《统计预测和决策》，上海，上海财经大学出版社，2005 年，第 11 页。

素养是否足够承担起计量出版企业履行文化责任绩效的工作。对于学界专家，其所研究的领域均为出版社会效益，曾公开发表或出版与出版企业履行文化责任或者出版社会效益相关的高水平学术研究成果，在学术上具有较高建树并在出版学术界或业界具有较高知名度。对于出版业界的专家，均来自我国出版上市企业或者大型出版社的高层领导，均具有副编审或编审职称。他们的工作内容与出版企业履行文化责任或者社会效益具有较高的契合度，对出版企业履行文化责任或者社会效益相当熟悉且具有开阔的视野，其专业知识水平具有较高的认可度。为探究所选17位业界专家是否有足够能力承担出版社会效益的衡量工作，笔者邀请4位高校出版学研究领域的专家对这17位专家的履历、知识水平、对评价工作胜任能力进行评估，在得到专家们一致认可后，才正式确定邀请这17位专家参与此项评价工作。专家的具体信息见表4-3。

表4-3　衡量我国出版上市企业履行文化责任绩效的专家信息

编码	单位	单位性质	职称/职务
1	国内某中央级出版社分社	出版企业	社长
2	国内某高校出版学专任教师	高校	教授
3	国内某高校出版学专任教师	高校	教授
4	国内某高校出版学专任教师	高校	教授
5	国内某高校出版社	出版企业	编辑室主任
6	国内某高校出版社	出版企业	编审
7	国内某地方出版社	出版企业	副社长
8	国内某出版上市企业	出版企业	副编审
9	国内某出版上市企业	出版企业	总部办公室主任
10	国内某出版上市企业	出版企业	总部人力资源部主任
11	国内某出版上市企业	出版企业	数字出版公司负责人
12	国内某出版上市企业	出版企业	总部发行管理中心成员
13	国内某出版上市企业	出版企业	副编审
14	国内某出版上市企业	出版企业	编辑

续表

编码	单位	单位性质	职称/职务
15	国内某出版上市企业	出版企业	总部人力资源部成员
16	国内某出版上市企业	出版企业	总部人力资源部成员
17	国内某出版上市公司	出版企业	总部项目管理部成员

资料来源：作者根据专家信息制作。

顺利、精准衡量我国出版上市企业履行文化责任的绩效，还有一个非常重要的必备条件，即向上述17位专家提供我国出版上市企业履行文化责任的相关材料。由于本书需要对我国出版上市企业自上市以来每年履行文化责任的绩效进行衡量，这就需要向专家们提供我国出版上市企业历年履行文化责任的相关材料。从已公开的可获取的材料看，能够全面准确提供相关信息的资料唯有我国出版上市企业的年报。根据证监会的要求，我国所有出版上市企业每年3月或者4月会发布经董事会批准通过的公司年报，并公布上一年度的经营情况。由于经过第三方会计师事务所鉴证，这些报告具有较高的权威性和可信度。

在所有年报中，有一项非常重要的内容，即“董事会或管理层对经营情况的分析与讨论”，其中包括我国出版上市企业上一年的大致经营情况及履行社会责任情况。我国也有部分上市企业，如中南传媒、凤凰传媒等，它们会专门发布上一年度履行社会责任的报告，这一报告更利于社会公众更全面、精准地了解企业的所作所为以及履行文化责任所取得的结果。为获得这些评价资料，首先，作者先从巨潮资讯网搜集我国出版上市企业自上市以来至2020年的年报，并从中提取“董事会或管理层对经营情况的分析与讨论”，再从巨潮资讯网中搜集我国出版上市企业自上市以来公布的所有社会责任报告，在此基础上，将同一企业的“董事会或管理层对经营情况的分析与讨论”和社会责任报告分年度合并起来。其次，由于这些报告的文字较多，篇幅较长，为便于专家阅读和评价，作者先行将所有报告逐一仔细阅读，并将其中与出版上市企业履行文化责任相关的内容以高亮的形式标注出来。再次，为提升评价工作的精准性，作者在上述报告中以文字形式告知专家每家出版上市企业的主营业务，并提请其注意不同出版上市企业的主营业务差异。最后，本书将我国出版上市企业履行文化责任的结果分为5个等级：“很好”为5分，“较好”为4分；“一般”为3分，“较差”为2分，“很差”为1分。通过上述方式保证可获得我国出版上市企业社会效益的量化结果以及评价标准的统一性。

（2）采用“每股社会贡献值”衡量我国出版上市企业履行对利益相关者责任的绩效。

衡量某一个企业履行对利益相关者责任的绩效，国内已涌现诸多成熟可行的测量方法。总的来看，可以分为以下五种类型：一是上海证券交易所发布的“每股社会贡献值”指标。2008年，在上海证券交易所发布的《关于加强上市公司社会责任承担工作的通知》中，制定了我国上市企业“每股社会贡献值”的衡量方法。这一计算方法后来逐渐被诸多学者用作衡量我国企业承担社会责任情况的替代变量[①]。“每股社会贡献值”的具体计算公式：每股社会贡献值 =（净利润 + 支付给职工以及为职工支付的现金 + 所得税费用 + 财务费用 + 本期应付职工薪酬 + 营业税金及附加 + 捐赠 - 上期应付职工薪酬 - 排污费及清理费）/期初和期末总股数的平均值[②③]。该数值越大，则表明企业社会责任承担情况越好。虽然在这一计算方法中重点考虑企业的环保问题，而我国出版上市企业及其下属子公司均不属于国家环境保护部门规定的重污染行业企业，报告期内一般亦均不存在重大环保问题。本书在计量“每股社会贡献值”时对所有企业均不计量其排污费及清理费，这样就避免了这一公式在衡量我国出版上市企业履行对利益相关者责任绩效时可能造成的不可行性和不公平性。二是和讯网2010年建立上市公司社会责任报告专业评测体系。和讯网对企业社会责任的评测体系数据源于在上交所和深交所上市的企业公开发布的企业社会责任报告及年报。根据这些报告，分别对企业履行对股东责任、对员工责任、对供应商、客户和消费者的责任、对环境的责任以及对社会责任共5项指标进行考察，

---

① 网易财经：《史多丽：〈推出每股社会贡献值，量化公司社会责任〉》，2010年12月18日，https：//www.163.com/money/article/6O6R8FM300254KOC.html.

② 陈丽蓉，韩彬，杨兴龙：《企业社会责任与高管变更交互影响研究——基于A股上市公司的经验证据》，《会计研究》2015年第8期。

③ 沈洪涛，王立彦，万拓：《社会责任报告及鉴证能否传递有效信号？——基于企业声誉理论的分析》，《审计研究》2011年第4期。

并在此基础上设立二级和三级指标对企业履行对利益相关者的责任进行全面评价。这一指标具有数据量大、客观性强的特点，亦被较多学者作为衡量我国上市企业履行社会责任水平的重要变量①。三是将由第三方评级机构润灵环球发布的 A 股上市公司社会责任报告评级结果作为企业社会责任的替代变量。润灵环球开发的社会责任报告评价体系，主要采用结构化专家打分法，分别从整体性、内容性、技术性这三个方面对企业履行社会责任情况进行评级打分，并发布社会责任评级报告②。这一指标具有较强客观性，也能够在很大程度上反映出上市企业履行社会责任的水平。目前有相当一部分学者采用该指标展开企业社会责任相关研究。四是研究者自主定义的社会责任指标。一些学者自行设计的我国上市企业社会效益衡量指标亦具有一定代表性。李姝和谢晓嫣以企业员工的平均工资与捐赠额度之和作为衡量我国上市企业履行社会责任水平的重要变量③。王新、李彦霖和李方舒则以捐赠支出与主营业务收入的比值作为衡量上市企业履行对利益相关者责任的指标④。

经过深入研究和对比分析，本书最终决定采纳上海证券交易所发布的“每股社会贡献值”指标作为衡量我国出版上市企业履行对利益相关者责任的结果。之所以采用“每股社会贡献值”指标，部分原因在于除上述“每股社会贡献值”指标之外的其他指标或多或少存在不适用于本书的情形。首先，笔者对和讯网的社会责任指数进行逐一核对过程中，发现该网站所采用的衡量企业社会责任的原始数据（主要是社会捐赠额数据）存在与我国出版上市企业年报中所公布的数据不匹配的情况。为保证研究结果的准确性，文章决定尽量避免采用可能会导致研究结果出现误差的相关数据，因此在研究过程中并未采用这一数据。其次，第三方评级机构润灵环球发布的 A 股上市公司社会责任报告评级结果在企业管理研究领域中获得较高的认可度，也具有一定的权威

① 贾兴平，刘益：《外部环境、内部资源与企业社会责任》，《南开管理评论》2014 年第 6 期。

② 尹开国，刘小芹，陈华东：《基于内生性的企业社会责任与财务绩效关系研究——来自中国上市公司的经验证据》，《中国软科学》2014 年第 6 期。

③ 李姝，谢晓嫣：《民营企业的社会责任、政治关联与债务融资——来自中国资本市场的经验证据》，《南开管理评论》2014 年第 6 期。

④ 王新，李彦霖，李方舒：《企业社会责任与经理人薪酬激励有效性研究——战略性动机还是卸责借口?》，《会计研究》2015 年第 10 期。

性。但遗憾的是，润灵环球发布的企业社会责任评级报告只针对已经自主发布年度社会责任报告的企业，而没有自主发布企业履行社会责任报告的企业，并不会出现在该机构发布的社会责任评级报告中。再次，上述李姝①和王新②等人所设计的与捐赠额度相关数据，以此衡量我国出版上市企业的社会责任从理论上来说是可行的。但是考虑到我国出版上市企业履行对利益相关者的责任，涉及对股东、对债权人、对供应商等利益相关群体，而捐赠额度重点反映的是我国出版上市企业履行对社区的责任，采用这一指数可能会导致无法全面反映我国出版上市企业履行对利益相关者责任的情形。

本书最终采用上海证券交易所发布的“每股社会贡献值”指标作为衡量我国出版上市企业履行对利益相关者责任的结果，还有部分原因是考虑到采用上海证券交易所发布的“每股社会贡献值”衡量我国出版上市企业履行对利益相关者的责任，权威性高、可行性强。目前，这一社会责任计量方法在企业管理研究领域也具有很高的认可度。同时，“每股社会贡献值”指标充分考虑了我国出版上市企业履行对股东、债权人、员工等利益相关群体责任的结果。与仅考虑捐赠额度的社会责任计量方法相比，“每股社会贡献值”更能够全面衡量我国出版上市企业履行对利益相关者责任的绩效。此外，计算我国出版上市企业“每股社会贡献值”所需的数据均可以从我国出版上市企业公布的年报中逐一找到，这大大提高了计量工作的可操作性及可行性。

（3）通过科学赋予权重综合计量我国出版上市企业的社会效益水平。

由于计量我国出版上市企业履行文化责任的绩效和履行对利益相关者责任的绩效采用的是两种不同的计量方法，所得结果也是截然不同的。采用德尔菲法计量的我国出版上市企业履行文化责任绩效是一种等级结果，也就是专家根据我国出版上市企业履行文化责任的情况按照1分至5分由低级至高级赋以整数值的结果。而采用“每股社会贡献值”计量的我国出版上市企业履行对利益相关者责任绩效的结果体现的是我

① 李姝，谢晓嫣：《民营企业的社会责任、政治关联与债务融资——来自中国资本市场的经验证据》，《南开管理评论》2014年第6期。

② 王新，李彦霖，李方舒：《企业社会责任与经理人薪酬激励有效性研究——战略性动机还是卸责借口?》，《会计研究》2015年第10期。

国出版上市企业每一股份向利益相关者支付金钱额度的多少，它的单位是元/股。若要综合衡量我国出版上市企业的社会效益，就要将上述运用德尔菲法衡量的我国出版上市企业履行文化责任的绩效和运用“每股社会贡献值”衡量的我国出版上市企业履行对利益相关者责任的绩效结合起来。

将文化责任绩效和对利益相关者责任绩效相结合的难点在于两处：一是履行文化责任绩效和履行对利益相关者责任绩效的单位不同，导致难以直接将两者合并。二是履行文化责任绩效和履行对利益相关者责任绩效分别在我国出版企业社会效益中所占权重尚难以确定。对于第一点难处，即两种绩效单位不同的问题，目前学界认可和通常采用的方式是对两种绩效分别进行归一化处理，取消两种绩效的量纲，这样就便于对两种绩效进行直接的运算。对数据进行归一化的权威常用方法有两种：一是运用需要归一处理的原始数据减去该组数据中的最小值，再除以最大值减去最小值之差，这种方法被称为 Min-Max 归一处理方法。二是运用需要归一处理的原始数据减去该组数据中的平均值，再除以该组数据的标准差。这种方法也被称为 Z-score 归一处理方法。综合对比两种归一处理方法，文章最终采用 Z-score 归一处理方法来消除我国出版上市企业履行文化责任绩效和履行对利益相关者责任绩效的量纲。

对于第二点难处，即科学确定我国出版上市企业履行文化责任绩效和履行对利益相关者责任绩效分别在我国出版企业社会效益中所占权重。笔者在采用德尔菲法衡量我国出版上市企业履行文化责任绩效过程中，也将如何衡量两者的权重问题在问卷中请专家们一并指导和填答。从 17 位专家的反馈看，在社会效益结构中，将我国出版上市企业履行文化责任绩效赋予 60% 权重，将我国出版上市企业履行对利益相关者责任绩效赋予 40% 权重得到高度认可。本书最终也采纳这 17 位专家的意见，赋予我国出版上市企业履行文化责任绩效 60% 权重，赋予我国出版上市企业履行对利益相关者责任绩效 40% 权重。由此，我国出版上市企业社会效益的计算方法和过程也得以确定：社会效益 = 履行文化责任绩效 ×60% + 履行对利益相关者责任绩效 ×40% 。

4.3 经济效益

要充分理解企业经济效益，就需要先廓清经济效益的内涵、范畴以及计量方法。以此为基础，确立我国出版上市企业经济效益的衡量方法，是本节的核心研究目标。

4.3.1 经济效益的范畴

出版业虽然属于文化产业，以追求社会效益为最高目标，但是出版企业也必须追求经济效益，倘若没有经济效益，出版企业便无法生存和发展。因此，我国出版上市企业也需要遵循一般产业的市场原则及运行规律，通过资源投入、出版物产出、出版物交换、出版物流通以及出版物消费的市场过程，实现盈利以及出版企业的价值。只有保证我国出版上市企业有足够的资金及收入来源，才能维持我国出版企业的扩大再生产，增强出版企业自身文化造血能力[①]。

所谓经济效益，是指企业生产总值与企业生产成本之间的比例关系，其公式为：经济效益 = 生产总值/生产成本[②]。企业的经济效益与企业的生产总值成正比，与企业的生产成本成反比。提高出版企业经济效益的有效手段在于降低出版企业的生产成本，以最小的资源消耗，生产出最多的、适合市场需要的出版物商品或服务[③]。与“经济效益”一词相似的，还有经济效果、经济效率两个概念。经济效果往往指出版企业在生产过程中的产出量与投入量的比值，它反映的是出版企业在生产过程中劳动耗费转化为劳动成果的程度。经济效果的公式一般使用差额比值法来表示：经济效果 = （成果 - 劳动耗费）/劳动耗费（或者劳动

① 柳斌杰：《中国文化产业八大政策取向》，2020 年 2 月 1 日，http://collection.sina.com.cn/wjs/2017-05-09/doc-ifyeycfp9397250.shtml.

② 李山赓：《经济学基础》，北京，北京理工大学出版社，2016 年，第 2 版，第 71 页。

③ 李山赓：《经济学基础》，北京，北京理工大学出版社，2016 年，第 2 版，第 71 页。

占用)[1]。经济效率是指出版企业在一定经济成本的基础上所获得的经济收益，经济效率的计算公式为：经济效率 = 产品/（投入劳力 + 投入资源 + 投入工具)[2]。

在经济效益、经济效果、经济效率这三个概念中，之所以选用经济效益来框定我国出版上市企业在经济收入方面的价值，主要是考虑到“经济效益”一词所涉及的经济要素比较多。一是经济效益涉及出版企业的投入、产出以及资源利用效率。比如，倘若出版企业利润不变或者提升，而所消耗的成本以及占用资金减少，则意味着出版企业经济效益增加。倘若出版企业的利润提升，而所消耗的成本以及占用的资金比所增加的利润更高，则出版企业的经济效益会降低。在涉及投入与产出方面，出版企业若要提高经济效益，则必须降低出版企业的生产成本，以最小的资源消耗，生产出最多的适销对路的出版物商品和服务。倘若所生产的出版物不符合读者或市场需求，或者出版物产品印装质量不佳，出版企业所生产的出版物无法满足读者需求，最终可能被市场淘汰。二是经济效益与出版企业的规模有关系。若出版企业生产规模扩大，可能生产能力会增强，由此导致出版企业单位生产成本降低。不过，出版企业的规模并非越大越好。若出版企业规模超过可产生最大经济效益的限度，则会导致出版企业的管理成本增加，此时经济效益不仅难以提高，反而可能会下降。三是经济效益与出版企业的无形资产有关系。经济效益与出版企业的品牌、信誉均有显著关系。良好的出版品牌和社会信誉，有利于出版企业赢得读者信任，带动出版企业出版物产品或者服务的销售，增加经济效益[3]。四是经济效益与出版企业内部的经济增长方式有关。出版企业提高经济效益的重要前提在于将粗放型经济增长方式转变为集约型经济增长方式，即通过依靠引入先进生产技术、积极向数字出版转型、积极将传统出版产业与新媒体技术相结合、发展与出版相关多元化经营等方式增加收入总量，摒弃过去仅依靠扩大生产规模、增

---

① 李金静，周仁，郑璐：《管理学》上海：上海交通大学出版社，2014 年，第 2 版，第 53 页。

② 李金静，周仁，郑璐：《管理学》，上海，上海交通大学出版社，2014 年，第 53 页。

③ 秦艳华，赵玉山：《出版品牌建设的基本逻辑和创新之道》，《出版广角》，2022 年第 18 期，第 57 – 62 页。

加人员数量或者仅依靠教材教辅出版发行来实现经济增长的方式[①②]。通过上述分析，可以看出，与经济效果、经济效率这两个概念相比，经济效益所涵盖的内容更加广泛，经济效果、经济效率主要聚焦于出版企业的产出与投入比值，所涉及的企业经济要素如利润、规模、经济增长方式等，比经济效益更小。应该说，经济效果、经济效率这两个概念只是经济效益的一部分，经济效益所涵盖的范围明显大于经济效果与经济效率。有鉴于此，本书采用“经济效益”一词来定义我国出版上市企业在经济方面所创造的绩效。

在出版研究领域，还有一种将经济效益理解为直接经济效益与间接经济效益的方式。所谓直接经济效益，是指出版企业图书的销售收入扣除各流程（策划、组稿、审读、设计、排版、编校、印刷以及宣传、发行等）的运作成本后为出版企业所带来的利润[③]。而间接经济效益是指出版物的出版发行活动给出版社之外的“相关单位或人员利用出版物中提供的知识、信息、科学技术开展经济活动而获得的经济利益”[④]。由此可见，直接经济效益本质是出版企业的个体绩效，而间接经济效益是出版企业所带来的广义经济效益，本质上具有一定的社会效益属性。鉴于本文所研究的核心问题是激励约束机制为出版企业本身所带来的经济效益，且在研究过程中需要对出版企业的经济效益进行量化，而直接经济效益与间接经济效益相比，更能精准地衡量。间接经济效益的内容和涉及范围具有较强的不确定性，其衡量工作亦具有较强的不可控性。若将出版企业绩效研究的重点聚焦于间接经济效益，极有可能会使研究工作陷入对出版企业绩效不可知的困境。有鉴于此，为保证研究的内容更加聚焦、研究结果更加准确以及研究工作顺利展开，本书重点关注的是出版企业产生的直接经济效益。对于出版企业的间接经济效益，本书并未放弃对其研究，而是将其纳入社会效益板块进行研究和衡量。

---

① 王立志：《经济与政治基础知识》，天津，天津教育出版社，2008 年，第 23 – 24 页。

② 李山赓：《经济学基础》，北京，北京理工大学出版社，2016 年，第 2 版，第 71 – 72 页。

③ 孙惠玉：《学术出版理念从树立到践行》，《科技与出版》，2019 年第 2 期，第 131 – 135 页。

④ 易图强：《出版的社会效益与经济效益的关系新释》，《中国出版》，2010 年第 12 期，第 3 – 6 页。

4.3.2 经济效益计量方法

对经济效益计量的研究由来已久。在经济效益计量研究之初，人们更多关注的是劳动成果与劳动耗费的比值[①]。从 16 世纪开始，经济效益计量工作得以真正发展。尤其是随着现代企业制度出现，企业的所有权与经营权逐渐分离，企业所有者亟须一套行之有效的方法对企业真正经营者的行为成果进行计量。从经济效益计量研究之初至今，经济效益计量研究大致依次经历三个阶段，即成本计量评价阶段、财务绩效计量阶段以及企业绩效计量指标创新阶段[②]。

19 世纪初至 20 世纪初为成本绩效计量阶段。这一阶段，资本主义制度逐渐确立，且资本主义革命逐渐展开，由此大量手工工场被机器大生产所替代，资本雇佣劳动制度也逐渐形成。此阶段企业管理的主要特征是解决劳动分工及生产协作等问题。此时，企业管理者需要解决其企业内部以及企业内部与外部之间的分工协作问题，以期通过社会化的分工协作实现社会化大工业生产。总的来说，在资本主义工业化大生产初级阶段，企业所面临的产品市场竞争不够激烈，且企业产品销售量所受限制较少，成本指标逐渐成为企业绩效计量的主要内容[③]。

20 世纪初至 20 世纪 90 年代，企业绩效计量工作进入财务绩效计量阶段。随着企业所有权与经营权相分离，以成本为单一依据的经济效益考核方式已逐渐无法满足企业所有者的实际需要。此时，资产收益率（Return on Assets，ROA）和净资产收益率（Return on Equity，ROE）已逐渐成为衡量企业经营者所创经济效益的重要指标。资产收益率（ROA），其计算公式为：（利润总额 + 利息收入）/总资产总额。该指标的优势一方面在于可准确衡量企业经营者对资本的使用效率，如若 A 企业的资本利用效率为单位资本取得 100 元利润，其显然不如 B 企业单

---

① 张蕊：《企业经营业绩评价理论与方法的变革》，《会计研究》2001 年第 12 期，第 46－50 页。

② 关新红：《构建合理的商业银行绩效评价体系》，《中央财经大学学报》2003 年第 7 期，第 17－21 页。

③ 关新红：《构建合理的商业银行绩效评价体系》，《中央财经大学学报》2003 年第 7 期，第 17－21 页。

位资本获得101元利润的资本利用效率[①]。另一方面优势在于该指标的客观数据相对容易获得。ROA指标是衡量企业资本利用效率的有效的综合性指标，所得到的认可度相对较高。不过ROA的主要缺点在于容易诱使部分企业经营者以牺牲企业长远利益为代价来获取短期效率，放弃那些虽可增加企业整体利益但可能会降低ROA的投资方案[②]。净资产利润率，是企业净利润与平均股东权益的百分比，是企业税后利润除以净资产所得百分比率。该指标反映的是股东权益的收益水平，用于衡量企业经营者运用所有者委托资本的效率。ROE指标值越高，说明投资收益越高，亦体现经营者利用所有者资本获得净收益的能力较强[③]。不过，ROE在计量经济效益过程中，亦并非十全十美。其最突出的问题在于无法全面反映出企业经营者在企业经营过程中的整体绩效，企业的偿债能力、资产运营能力以及发展能力等重要指标并不能完全体现出来，存在衡量企业经济效益全局性不足的问题。

20世纪80年代至今，企业经济效益计量已逐步进入计量指标创新阶段。这一阶段的突出特征体现为逐步形成以财务指标为主、非财务指标为辅的经济效益计量指标体系。如国务院国资委财务监督与考核评价局从债务风险、盈利能力、经营增长、资产质量等四方面来计量企业经济效益[④]。这一阶段占据主导地位的两种经济效益衡量方法为：平衡记分卡法（Balanced Score Card，BSC）及经济附加值法（Economic Value Added，EVA）。平衡计分卡法将企业的经营战略目标分解为学习与成长、内部运营、财务、客户四个维度的财务及非财务指标并对此展开计量。该方法的优势在于能够克服传统财务计量方法存在的重短期利益而忽视长期利益、重视有形资产收益而忽视无形资产收益等缺点。其劣势在于经济效益计量周期较长、部分非财务指标难以准确量化、受企业战

---

① 王雍君：《财务精细化分析与公司管理决策》，北京，中国经济出版社，2008年，第380页。

② 王雍君：《财务精细化分析与公司管理决策》，北京，中国经济出版社，2008年，第380页。

③ 疯狂的里海：《A股价值成长投资之路》，北京：中国铁道出版社，2019年，第57－58页。

④ 国务院国资委财务监督与考核评价局：《企业绩效评价标准值（2016）》，北京，经济科学出版社，2016年。

略及组织结构影响大等缺点[①]。经济附加值（Economic Value Added, EVA）的计算公式为：（税后净营业利润 - 资本总额）×加权平均资本成本。这一经济效益计量过程充分考量企业债权的成本及股权投资成本，可使计量结果更接近企业的真实利润。不足在于难以准确量化资本成本，并且在计量过程中需要对目前公认会计准则的会计数据进行调整[②③]。

这一阶段关于经济效益计量的研究，除在计量指标方面有较大创新外，在计量方法上亦有创新。尤其是一些通过对多项经济效益计量指标进行较为复杂的数学运算后得出经济效益指数的方法应运而生。最常见的可应用于企业经济效益计量的方法可分为四种：一是层次分析法，即将经济效益分解为多个目标或者准则，并且计算该目标或者准则的权重。在此基础上，再结合模糊综合评价法计量企业的经济效益水平。二是主成分分析法，该方法将多个经济效益指标降维为少数几个主要经济效益成分，并尽可能保证每个主要经济效益成分都尽可能地反映出原始变量所包含的大部分信息，且各主要经济效益成分之间互不重复。三是数据包络分析法，该方法是利用线性规划的方式来计量企业多项投入与产出指标之间的相对效率。四是因子分析法。这一方法利用降维思想，将企业经济效益构成指标中相关度较高且联系较为密切的多个有关变量归为同一类，每一类变量即为一个因子[④]。

当然，上述四种计量方法亦各有优劣势。层次分析法的优点在于所需定量数据较少并且各个影响结果的因素都可以清晰量化，具有较强的系统性。不足之处在于定性数据多，定量数据少，所得结果较为主观，甚至可能会偏离真实值。主成分分析法的优势在于主成分相互独立，既避免了指标关联给经济效益衡量带来的不利影响，又降低了评估者挑选或设计经济效益指标过程中所消耗的时间和精力成本，使得经济效益评

---

① 孙奕驰：《上市公司财务绩效评价及其影响因素研究》，辽宁大学硕士学位论文，2011 年。

② 刘运国，陈国菲：《BSC 与 EVA 相结合的企业绩效评价研究——基于 GP 企业集团的案例分析》，《会计研究》2007 年第 9 期，第 50 - 59 页。

③ 文传浩，程莉，张桂君，等：《经济学研究方法论——理论与实务》，重庆，重庆大学出版社，2015 年，第 71 - 72 页。

④ 徐志武：《我国出版上市公司治理结构与绩效关系研究》，武汉大学博士学位论文，2018 年。

估工作更易操作。不足之处在于各个主成分指标的含义具有一定的模糊性，甚至可能出现部分指标无实际意义的情况。同时，开展主成分分析所需原始指标的确定工作有一定难度。即使原始指标确定后，要实现所提取的主成分方差贡献率达到85%以上，亦有难度。数据包络分析法的优势在于可同时计量多个投入指标与多个产出指标之间的效率情况，无须受投入或者产出指标量纲的影响，所得结果相对客观。其劣势在于对指标的要求较高，比如需要不同企业的生产经营活动具有高度相似性，计量过程中所挑选的投入与产出指标数量不宜太多，对于产出为负的企业的经济效益，无法衡量等。因子分析方法的优势在于可增强不同量纲指标之间的可比性。同时，所得指标之间相互独立，可避免经济效益信息之间的重复，使得计量工作所需的指标相对减少，经济效益计量工作得以简化。因子分析方法的缺点在于对原始数据的准确度要求较高，无法保证所有经济效益相关指标都被纳入计量，亦存在部分浓缩因子意义无法确定的情形等[①][②]。选择合适的经济效益计量方法，需要根据企业经济效益特征、经济效益影响因素以及经济效益计量的可实现性等多种因素确定。对出版企业而言，亦是如此。出版企业经济效益的计量需要充分考虑出版企业的结构、影响因素、计量可操作性等多种因素。

4.3.3 出版经济效益的衡量

从上述经济效益衡量指标及方法研究可见，当前可供计量我国出版上市企业经济效益的指标包括财务指标、非财务指标以及市场指标等。对于股票价格这一重要市场指标，如果在有效的资本市场中，股票的价格往往能够充分地反映上市企业经济效益相关信息，可以作为衡量上市企业经济效益的指标。但是，不能完全排除内部控制、内部人投机等非正常影响股票价格的行为。因此，以股票价格作为衡量我国出版上市企业经济效益的做法并不合适。国内对上市企业经济效益的研究也鲜有以

---

① 张智光：《绿色中国（第三卷）：绿色共生模式的运作》，北京，中国环境科学出版社，2011年，第360－361页。

② 张东风，陈登平，张东红：《卓越绩效管理范式研究——核心理论、技法与典范案例》，北京，人民出版社，2008年，第235－241页。

股票价格作为经济效益的替代指标。对于非财务指标，由于我国出版上市企业多是国有企业，存在一定程度的所有者缺位以及监督考核制度不够健全的情况，极易出现被考核者自我考核、主观性强和所获得结果不够精准的情形①。由于本书部分研究采用量化方法，选用数据的精准性将会在很大程度上影响研究结果的精准性，而研究结果的精准性又会直接关系到所提对策建议的有效性。

对于利用上述层次分析法、主成分分析法、数据包络分析法、因子分析法这四种计算方法得出经济效益指标的思路，在研究之初，作者进行充分考虑。囿于原始非财务指标或者所得出的结果存在较强的主观性，该方法未被采用。层次分析法存在定性数据多，定量数据少，所得结果较为主观，甚至可能会偏离真实值的问题。主成分分析法在分析过程中所需的原始指标的确定工作有一定难度。即使原始指标确定后，要实现提取主成分的方差贡献率达到85%以上，亦有难度。数据包络分析法的劣势在于对指标的要求较高，比如需要不同企业的生产经营活动具有高度的相似性，计量过程中所挑选的投入与产出指标数量不宜太多，对于产出为负的企业经济效益，往往无法衡量。因子分析方法的缺点在于对原始数据的准确度要求较高，无法保证所有经济效益相关指标得以提取，亦存在部分浓缩因子意义无法确定的情形等②③。另外，从发行量、码洋、实洋等指标衡量出版企业经济效益的思路亦有考虑，但鉴于这些指标主要考虑的是图书出版物的经济效益，而无法全面衡量出版企业整体多元经营后的经济效益，因此未采用上述指标④。

经过反复对比论证，文章最终采用财务指标来计量我国出版上市企业的经济效益。学界常用的指标包括以下几种：净资产、主营业务收入、总资产、净资产收益率、净利润、每股收益等。前3种常常应用于以规模最大化为经营目标的企业经济效益计量。后3种则应用于以股东

---

① 胡婉丽，汤书昆，肖向兵：《上市公司高管薪酬和企业业绩关系研究》，《运筹与管理》2004年第6期，第118－123页。

② 张智光：《绿色中国（第三卷）：绿色共生模式的运作》，北京，中国环境科学出版社，2011年，第360－361页。

③ 张东风，陈登平，张东红：《卓越绩效管理范式研究——核心理论、技法与典范案例》，北京，人民出版社，2008年，第235－241页。

④ 李友生：《社会效益与经济效益统一与中小出版社的路径》，《传播与版权》，2016年第11期，第124－125页。

利润最大化为经营目标的企业经济效益计量。文章主要采用净资产收益率作为我国出版上市企业经济效益的计量指标。这一指标的计算公式为：（利润总额+利息收入）/总资产总额。采用ROE来衡量我国出版上市企业经济效益，是基于文章的研究问题及我国出版上市企业的实际情况。利用股东资本的效率和盈利能力是计量出版上市企业经济效益过程中需要关注的焦点问题。“上市是出版传媒业改革的催化剂，通过上市使公司在竞争激烈的市场环境中保持企业收入和利润的持续增长，这是上市公司的首要任务。”① 当前，我国出版上市企业大多为国有控股企业，所以在衡量中国出版上市企业的经济效益时，首先应考虑公司的盈利能力。实现国有资本保值增值是出版上市企业在经营管理过程中的关键任务和重要目标之一。因此，选用的经济效益计量指标应突出体现出版上市企业利用资本的效率及资本获利能力。净资产收益率是出版上市企业税后利润与净资产的比值，能够反映国有控股股东权益的收益水平，量化出版上市企业利用国有资本的效率及盈利能力，能够在较大程度上体现出版上市企业的发展能力和经营成果。净资产收益率越高，说明出版上市企业利用国有资产带来的收益越高，获得收益的能力愈强②。有鉴于此，本书采用净资产收益率这一指标能刚好契合上述研究目的。

虽然诸如投资回报率、销售利润率等其他财务指标也能在一定程度上体现出版上市企业利用国有资本的获利能力，但是这些指标相较ROE稍显片面，其所包括的信息量并没有ROE全面。如投资回报率衡量的仅是出版上市企业利用国有资本开展投资性商业活动创造的收益，体现的是投资中心的盈利能力，而非体现出版上市企业利用国有资本在各项经营活动中所创造的综合收益。而销售利润率体系则体现的是销售收入获利情况，亦无法反映出版上市企业综合利用国有资本的效率。

值得一提的是，选择一种完美无缺的出版企业经济效益计量方法几乎是不可能的。以净收益增长率来计算出版企业经济效益亦存在一

---

① 杨景：《上市：传媒业生产方式变革的催化剂》，《中国数字电视》2010年第8期，第28－29页。

② 徐志武：《我国出版上市公司治理结构与绩效关系研究》，武汉大学博士学位论文，2018年。

定局限。本书在研究过程中亦最大限度降低这一局限可能给结果带来的不良影响。为此，本研究将出版上市企业的 ROE 值滞后一期，使上一年出版上市企业利用国有资本开展经营活动的绩效在下一年得以体现，这在一定程度上考虑了企业净收益增长可能会滞后于企业发展的情况。

4.4 小结

在正式研究中国出版上市企业激励约束机制对“双效”的影响这一问题之前，有必要先确定中国出版上市企业绩效研究的视角，全方位廓清绩效的内容，设计科学的绩效计量方法。本章首先在探究绩效研究视角的基础上，结合我国出版企业的绩效特殊性，确立出版企业绩效研究的视角。本书决定采用过程与结果相结合的视角来探究绩效，并将出版企业绩效内容确定为社会效益与经济效益。按照优先提升社会效益，并在此基础上实现社会效益与经济效益共同提升的目标来处理社会效益与经济效益的关系。

其次，为充分理解出版企业经济效益，文章在廓清经济效益的内涵、范畴以及计量方法的基础上，确立我国出版上市企业经济效益的衡量方法。为保证研究的内容更加聚焦、研究结果更加准确以及研究工作顺利展开，本书重点关注的是出版企业所产生的直接经济效益。对于出版企业的间接经济效益，本书并未放弃对其研究，而是将其纳入社会效益板块进行研究和衡量。在反复对比论证层次分析法、主成分分析法、数据包络分析法、因子分析法等经济效益计量方法后，文章最终决定采用财务指标——净资产收益率（Return on Equity，ROE）作为我国出版上市企业经济效益的计量指标。

再次，为廓清社会效益的本质并构建出版企业社会效益的计量方法，本书在理顺社会效益历史变迁、与近似概念的联系与区别基础上，将我国出版企业的社会效益理解为出版企业取得的与出版经济效益相对的效益。我国出版企业社会效益应包括两个方面内容：一是我国出版企业作为文化企业，履行文化责任所取得的成绩，包括履行维护意识形态责任、履行传播知识与文化责任、履行传承文化与人类精神文明成果责任的成绩。二是出版企业作为一般商业企业，履行对利益相关者责任所取得的成绩，主要包括履行对党和政府、出版企业股东、直接提供出版物生产资料或者发行业务的企业或组织、与出版物生产过程直接相关人员、读者群体以及出版企业外其他对象的责任的成绩。在对已有企业社会效益衡量方法进行反复比对的基础上，本书遵循方法权威、可操作性强、计量结果精准的原则，决定采用德尔菲法衡量出版上市企业履行文化责任的绩效，采用“每股社会贡献值”衡量出版上市企业履行对利益相关者责任的绩效。为将出版企业履行文化责任的绩效与履行对利益相关者责任的绩效合并起来，文章最终采纳17位专家的意见，赋予我国出版上市企业履行文化责任绩效60%权重，赋予我国出版上市企业履行对利益相关者责任绩效40%权重。我国出版上市企业社会效益的计算方法和过程最终也得以确定：社会效益 = 履行文化责任绩效 ×60% + 履行对利益相关者责任绩效 ×40%。在确认社会效益、经济效益的内涵及计量方法后，本书在下一章节研究激励机制分别对中国出版上市企业社会效益提升、经济效益提升的理论及实际影响。

5 激励机制对中国出版上市企业“双效”提升影响研究

理论假设是传媒经济学研究的一个极为重要的研究手段。它可以使研究问题简化，有助于研究者得出有用的结论。但是也必须注意，理论假设必须合理，因为不同的假设可能会导致得出不同的结论①。本章结合第 2 章的理论基础、第 3 章的激励机制结构以及第 4 章出版社会效益、经济效益的内涵与特征，建立我国出版上市企业社会效益、经济效益受激励机制影响的研究假设。在此基础上，运用我国出版上市企业的面板数据对所立假设进行细致的验证并得出严谨结论。为检验结论是否可靠，需要对结论进行可靠性检验，以确保所得研究结论是有效的、可信的。

5.1 理论探讨与研究假设

科学的研究假设一定立足于扎实的理论基础之上。本书在建立研究假设的过程中亦牢牢把握这一点，以确保研究假设是合乎逻辑和实际的。而实证研究结果与所立假设相悖之处，正是本书需要关注的重点问题。本书主要从激励各要素分别对经济效益提升影响、社会效益提升影响的视角提出假设。

5.1.1 管理层各激励要素可促进社会效益提升

根据第 3 章建构的激励机制具体结构，本节从管理层的薪酬激励、股权激励、控制权激励、晋升激励、声誉激励共五个方面研究激励机制对我国出版上市企业社会效益提升的影响。

---

① 崔保国：《传媒经济学研究的理论范式》，《新闻与传播研究》2012 年第 4 期。

5.1.1.1 社会效益提升有赖于薪酬激励

出版工作是党和政府宣传思想工作的重要阵地，亦是传播知识与传承文化的重要载体①。凝聚着人类思想和智慧的出版物是推动文明进步的重要力量。我国出版上市企业的社会效益有赖于出版企业生产更多优质出版物。生产优质出版物，需要包括出版企业管理层在内的出版人付出辛勤努力。具体而言，一是需要出版企业管理层不断提升政治品格和人生追求，强化履行文化责任的意识，尽责担任好伟大时代的见证者与记录者，当好当代中国发展与改革的建设者与参与者，努力成为构筑人民群众精神家园的引领者与培植者，在造福人民与社会中实现出版产业的文化理想和价值②。二是需要出版企业及其管理层牢记初心使命，将追求出版物在文化、艺术、思想、学术等方面的创新价值或者积累价值作为职业担当，为广大读者打造出丰富且有益的精神食粮，以提升全民族的思想道德素质及全面的科学文化素质，推动社会生产力的大力发展及整个社会的全面进步。三是需要出版企业及其管理层弘扬“工匠精神”，将“匠心”融入经营决策价值取向及日常行为中，以精益求精的工作态度耐心专注、执着坚持地打造精品力作，切实推动出版业的高质量发展③。

提升我国出版上市企业的社会效益，除了坚持上述思想和理念，最为关键的是，还需要管理层科学做出与社会效益提升有关的战略决策。具体来说，一是需要在开展多元经营决策中保持主业挺拔的经营方向。打破传统出版产业定位、坚持多元经营发展已成为我国出版上市企业普遍确立的经营战略。而在多元经营过程中，出版上市企业亦需要坚持挺拔主业的经营方向，不断优化出版物产品结构，强化出版物产品质量，打造出版物产品集群，拓展新的出版物产品品牌，提升出版企业的品牌影响力，延伸出版物的产业链条，生产更多优质的文化产品。二是需要

---

① 魏玉山：《关于开展出版单位社会效益考核评估的思考》，《现代出版》2015 年第 3 期。

② 蒋茂凝：《新时代出版业两个效益辩证统一的理论和实践》，《中国编辑》2020 年第 5 期。

③ 蒋茂凝：《新时代出版业两个效益辩证统一的理论和实践》，《中国编辑》2020 年第 5 期。

创造性地推进数字化、融合化转型，加强传统出版与新兴媒体的融合，以科学、精细及标准化的管理原则，科学实施全媒体出版战略，打造新型全媒体出版流程。同时，通过提高管理水平和经营效率，实现融合出版转型升级。三是需要以人为本，加强出版企业的文化建设。社会效益提升离不开出版人。锻造一支思想过硬、业务熟练的出版发行人队伍，离不开出版企业通过改革所建立的注重绩效、兼顾公平的分配与管理制度，离不开出版企业以制度变革激发出的员工责任感①。

我国出版上市企业管理层是否愿意为提升出版社会效益充分发挥自己的才智，与多种因素密切相关。不过，极关键的一点是我国出版上市企业是否为管理层提供充足的薪酬激励。根据心理学中的期望理论（Expectancy Theory），作为理性人的管理层在决定其为提升出版企业社会效益应投入多大努力时，往往受以下三方面因素影响：一是，管理层辛勤付出能否确实提升我国出版上市企业的社会效益。倘若他们认为尝试和努力能够促进所在出版企业社会效益提升，那么他们便更有可能付出较大努力。二是，社会效益提升后，我国出版上市企业为管理层提供奖励的可能性有多大。如果出版社会效益提升必然为其带来奖励，那么他们为社会效益提升付出的努力就愈多。社会效益提升与薪酬奖励之间的联系愈不密切，则管理层为社会效益提升付出努力的积极性就愈低。三是，出版上市企业所提供的特定奖励的效价，也就是奖励对管理层的价值。倘若出版上市企业所提供的奖励对其具有很高价值，则管理层会提高自身努力程度，积极推动出版社会效益提升。如果奖励对其价值不高，那么他不大可能尽力提升出版企业社会效益②③。

根据期望理论，提升出版企业社会效益，一方面，我国出版上市企业要建立与社会效益相关的薪酬制度，使得出版上市企业社会效益提升时，管理层可以获得一定的绩效薪酬奖励。另一方面，我国出版上市企业需要建立与管理层才智、付出相匹配的薪酬制度。如果所提供的薪酬待遇低于管理层的心理预期，则有可能无法刺激其为提升出版社会效益

---

① 于殿利：《优化制度结构，推进“十三五”规划实施》，《科技与出版》2016 年第 7 期。

② Wikipedia：Expectancy theory，https：//en. wikipedia. org/wiki/Expectancy_theory#cite_note-3，最后登录时间：2020 年 4 月 9 日。

③ 郭惠容：《激励理论综述》，《企业经济》2001 年第 6 期。

做出努力。虽然“限薪令”规定出版上市企业负责人可获得的最高年薪。但这种限制并不意味着我国出版上市企业管理层提高工作努力程度无法带来相应的薪酬增加，反而更有可能推动管理层积极将自身努力与出版上市企业社会效益紧密结合起来[①]。综上所述，文章提出假设：

H1：我国出版上市企业社会效益提升有赖于管理层薪酬激励

5.1.1.2　股权激励可推动社会效益提升

出版是影响力经济，文化价值和精神内涵成为出版企业和出版物乃至文化产品和文化企业的生命所在[②]。出版的本质是文化，即出版企业的终极目标是传承文化、积累文化、传播文化、发展文化、创造文化[③]。这应该成为我国出版经营的出发点与落脚点[④]。我国的编辑出版人，行使着意识形态“把关人”的角色。出版什么作品，不出版什么作品，是否有利于社会进步，是否有利于繁荣文化，决定权在出版行业，关键在于出版企业是否充分发挥把关作用[⑤]。可以说，价值导向把关是我国出版上市企业及其管理层的重要使命[⑥]。我国出版上市企业若要提升履行文化责任的水平，提升出版社会效益，关键在于管理层充分发挥整体的战略决策能力、选题决策能力及把关能力，真心愿意为我国出版上市企业的社会效益提升工作付出巨大努力。出版业属于智力密集型产业，人才是我国出版业发展所需的核心资源[⑦]。当前，在资本及技术的双重冲击下，一些出版工作者丧失理想信念，降低社会责任感的现象时有出现，更有甚者为追逐金钱而哗众取宠[⑧]。出版产业属于实践性

---

① 陶萍，张睿，朱佳：《高管薪酬、企业绩效激励效应与政府限薪令影响——133 家 A 股国有控股公司的实证研究》，《现代财经（天津财经学院学报）》，2016 年第 6 期。

② 于殿利：《论出版经济的文化性》，《现代出版》2017 年第 2 期。

③ 聂震宁，谢迪南：《文化：出版的本质，出版企业的终极目标》，《中国图书商报》2007 年 4 月 17 日，第 A2 版。

④ 刘杲：《出版：文化是目的，经济是手段——两位出版人的一次对话》，《中国编辑》2003 年第 6 期。

⑤ 柳斌杰：《在改革开放中加强出版行政管理》，《中国出版》2002 年第 12 期。

⑥ 方卿，许洁：《论出版的价值引导功能》，《出版科学》2015 年第 4 期。

⑦ 张子云：《把好思想政治工作的“度量衡”》，《新湘评论》2020 年第 15 期。

⑧ 陈莹：《新时代出版人才培养的着力点》，《光明日报》，2018 年 11 月 5 日，第 11 版。

与应用性兼具的应用产业，出版社会效益提升既需要以技术为核心能力的出版人，亦需要以文化素质和理论知识为核心能力的出版人①。

由于人力资本，即技术、智慧、能力、文化素质、理论知识和努力程度等均具有“自有性”特征，使得管理层的人力资本价值及其努力推动社会效益提升的程度难以准确度量，在现实中内外监管力量亦无法对管理层推动社会效益提升的努力程度实施有效监督②。如何才能充分激发我国出版上市企业管理层主动推动社会效益提升的意愿？建立以社会效益提升为奖励目标的股权激励措施是其中的有效手段之一。通过给予一定的股权，不仅将管理层的报酬收益与资本市场相关联，亦与我国出版上市企业社会效益提升实现动态关联③。

此外，由于提升我国出版上市企业的社会效益，尤其是履行文化责任的绩效，会给出版企业带来极佳的品牌效应，这种品牌效应会在无形中帮助出版企业在战略并购、企业融资、对外经营中获得一定优势，这种优势会反过来促进我国出版上市企业经济效益提升。而当管理层获得较充足的股权激励后，他们会密切关注我国出版上市公司的经济效益。因为经济效益会直接通过股价波动体现出来，股价波动既关系到管理层自身的收益，也成为控股股东观测管理层人力资本价值以及决定是否要对其进行裁撤的重要标位。在这一利益链条下，管理层获得股权激励后，将会十分注重出版社会效益，以期通过社会效益对经济效益的传导作用来提升自己的收益、人力资源价值以及在控股股东心目中的地位。

履行对利益相关者责任的绩效，亦是出版企业社会效益的重要组成部分。对于这部分绩效，我国出版上市企业理应十分重视。包括作者、纸张及印刷设备供应商、债权人、读者等在内的利益相关者是我国出版上市企业得以正常运转和经济效益得以提升最为重要的基础资源。没有这些重要的利益相关者的支持，出版工作就犹如无源之水、无根之木。当管理层获得股权激励后，可通过分红等方式获利。此时其利益与公司股价、公司经济效益关系更加紧密。为了获得更好的股权分红，管理层可能通过履行对利益相关者的责任、维护好与利益相关者的良好关系保

---

① 陈莹：《新时代出版人才培养的着力点》，《光明日报》，2018 年 11 月 5 日，第 11 版。
② 许娟娟：《股权激励，盈余管理与公司绩效》，东北财经大学博士学位论文，2015 年。
③ 许娟娟：《股权激励，盈余管理与公司绩效》，东北财经大学博士学位论文，2015 年。

持企业健康运转，推动企业经济效益提升。而我国出版企业履行对包括作者、纸张及印刷设备供应商、债权人、读者等在内的利益相关者的责任，亦能有效提升我国出版上市企业的整体社会效益。有鉴于此，文章提出如下假设：

H2：股权激励可推动我国出版上市企业社会效益提升

5.1.1.3　控制权激励对社会效益提升有明显促进作用

最优契约理论认为，由于存在委托代理问题，管理层不会始终维护股东的利益，而是伺机利用职务之便为自己谋取最大利益，解决这一问题的关键在于为管理层提供足够激励①。管理层权力理论认为，薪酬虽然是解决代理问题的一种替代工具，但它本身却也可能引起代理问题，当货币报酬需要非货币报酬机制进行替代时，控制权就是重要的替代要素②。这些控制权包括日常生产、销售、聘用等方面的决策权以及享受在职消费的权力。由于这些特定权力的稀缺性与价值，拥有它们是管理层这一特殊地位所能带来的隐性福利，是对管理层贡献的无形肯定③。控制权不仅可以满足管理者施展才华、实现自身价值的心理需求，还可以满足其处于被需要、被服从的中心地位的优越感，并使管理层得到“在职消费”带来的正规报酬以外的非物质利益的满足感，从而会对其产生内在激励作用④⑤。

由此可见，适当加大对管理层的控制权激励力度，可以有效缓解代理问题所引起的管理者选择偏差⑥。具体而言，在中国出版企业中，控

---

① 吴良海，王玲茜：《控制权激励、公益性捐赠与企业风险承担》，《南京工业大学学报（社会科学版）》2020 年第 1 期。

② Cornell，B. 2004：“Compensation and Recruiting：Private Universities Versus Private Corporations”，*Journal of Corporate Finance*，January.

③ 吴良海，王玲茜：《控制权激励、公益性捐赠与企业风险承担》，《南京工业大学学报（社会科学版）》2020 年第 1 期。

④ 姚艳虹，王润甜：《企业高管人员内部控制权激励——以品德能力为视角》，《湖湘论坛》2011 年第 4 期。

⑤ 吴良海，王玲茜：《控制权激励、公益性捐赠与企业风险承担》，《南京工业大学学报（社会科学版）》2020 年第 1 期。

⑥ 吴良海，王玲茜：《控制权激励、公益性捐赠与企业风险承担》，《南京工业大学学报（社会科学版）》2020 年第 1 期。

制权激励产生作用的机理体现于两方面：一是控制权能够满足个人的成就感以及拥有权力的满足感；二是控制权可以带来隐性的货币薪酬。尤其是剩余控制权越多，管理层就越能够享受到诸多有形或无形的在职消费[①]。在控制权激励的引导下，在实现出版企业绩效时，管理者都会首先着眼于所有者利益，即政府这一所有者的利益，希望通过自身的努力来实现出版企业社会效益的最大化，从而达到自身价值最大化的目标。因此，出版企业社会效益最大化目标在管理层获得控制权激励时可能得以实现[②]。

控制权激励促进社会效益提升的机理还在于控制权收益具有约束作用。控制权激励对象往往是企业管理层，掌握着企业的经营管理大权。控制权激励下的收益不仅包含货币收益，还包含声誉等非常货币收益[③]。从理论上说，从企业所获得的控制权收益越高，管理层就愈加珍惜其手中的控制权。当管理层职位存在市场竞争时，其控制权收益就会受到威胁。也就是说，如果没有取得好的社会效益，那么管理层就可能面临被替换的风险，丧失所获得的控制权收益。因此，面对可能被替换的风险，管理层最理性也是最佳的选择便是努力提升企业社会效益[④]。

在我国出版上市企业中，控制权收益带来的约束作用是显而易见的。对管理层来说，控制权所带来的物质和精神双重满足不可谓不大。为了保护甚至进一步提升这种物质和精神满足感，管理层会尤其注重经营目标与控股股东的契合度。我国出版上市企业担负着形态的责任，积极传播党和政府的声音，当好伟大时代的见证者和记录者，做好当代中国改革发展的参与者和建设者，成为构筑中华民族精神家园的培植者和引领者，追求出版物的思想、学术、文化、艺术的创新价值和积累价值，推动社会生产力的发展和社会全面进步，服务全民族的思想道德素

---

① 徐宁，徐向艺：《技术创新导向的高管激励整合效应——基于高科技上市公司的实证研究》，《科研管理》2013 年第 9 期。

② 吴良海，王玲茜：《控制权激励、公益性捐赠与企业风险承担》，《南京工业大学学报（社会科学版）》2020 年第 1 期。

③ 张维迎：《所有制，治理结构及委托—代理关系：兼评崔之元和周其仁的一些观点》，《经济研究》1996 年第 9 期。

④ 刘芍佳，李骥：《超产权论与企业绩效》，《经济研究》1998 年第 8 期。

质和科学文化素质整体提升，努力将优质精神食粮奉献给人民①。倘若我国出版上市企业管理层不积极努力创造社会效益，没有创造好的社会效益，甚至在出版导向或者出版物质量方面出现严重错误，那么控股股东所有者、主管机构极有可能会视其所犯错误的严重程度对其进行处罚。管理层也将可能面临被替换的风险，他们所享有的上述控制权收益亦可能会被取消。因此，控制权收益亦具有约束作用。综上所述，本文提出假设：

H3：控制权激励对社会效益提升有明显促进作用

5.1.1.4 职位晋升对社会效益提升具有一定激励价值

对于出版企业高管而言，职位晋升具有吸引力。职位晋升后还可以带来许多隐性收益，诸如地位、声望等，这就使得职位晋升成为货币薪酬的补充激励方式，亦成为一种十分有效的激励手段②。

对于社会效益，出版上市企业中的晋升机制之所以能够对其发挥激励作用，其中的机理与晋升激励对经济效益的影响机理类似，主要有两方面原因：一方面，管理层在出版企业中的职位越高，其享受或获得的相应利益就越多，包括更高的薪酬、更强的成就感，以及更多的在职消费等。另一方面，出版企业的职位晋升一般与出版企业的社会效益挂钩，只有社会效益业绩更佳的管理者方可以从激烈的晋升竞争中胜出。因此，为了获取与职位相关的各种利益，管理层有动力提升出版企业的社会效益以谋求晋升竞争优势③。毋庸置疑，职务晋升的新职位将比现有职位更具吸引力。与此类似，对于出版上市企业中非董事长或非总经理的高管而言，其帮助出版企业在社会效益方面获得更好的绩效后，在组织内部还存在一定的晋升机会。其晋升后，亦可获得薪酬增加、权力增大、在职消费增多、成就感增强等诸多方面利益，这些利益对其极具

---

① 蒋茂凝：《新时代出版业两个效益辩证统一的理论和实践》，《中国编辑》2020 年第 5 期。

② 赵妍，赵立彬：《晋升激励影响并购价值创造吗？——来自国有控股企业的经验证据》，《经济经纬》2018 年第 2 期。

③ 廖理，廖冠民，沈红波：《经营风险、晋升激励与公司绩效》，《中国工业经济》2009 年第 8 期。

吸引力。因此，晋升机制也是一种重要的激励方式。由于与一般企业相比，出版企业的晋升依据具有特殊性，即除经济效益外，社会效益成为晋升的重要依据，社会效益突出者方具有晋升优势。因此，出版上市管理层在制定企业发展战略及管理事务的决策时，会及时通盘考虑有关决策对出版社会效益的影响。

此外，我国出版上市企业管理层往往具有精神需求层次高、关注个人成长与发展、追求自由意志等特点[①]。但是当前与社会效益相挂钩的激励机制相对薄弱，亦存在不公平因素，可能并不能完全满足管理层的精神需求，具体表现为：一是与社会效益相关的物质激励水平偏低。2018 年至 2020 年，我国出版上市企业管理层每年的平均薪酬收入大多数未超过 50 万元，甚至一些出版上市企业管理层每年的薪酬收入仅 30 万元左右[②]。这些收入与其为提升社会效益贡献的智慧、付出的辛劳相比，是不相匹配的，甚至可能会在一定程度上削弱管理层的创新活力及创业动力。二是与社会效益相挂钩的股权激励、期权激励等长期激励手段目前尚处于探索阶段或空白状态，并未完全建立起来。三是我国出版上市企业管理层作为知识型人才，他们所特别期盼的精神激励方式尚未完全建立[③]。在此情况下，与社会效益挂钩的职位晋升成为我国出版上市企业管理层获得精神需求满足、实现自我的重要途径。

职位晋升除了具备激励功效，还对管理层是否努力创造社会效益具有明显的约束作用。当前，我国出版上市企业的控股股东，尤其是组织部门在选拔职位晋升的人选时，往往会十分关注管理层所创造的社会效益。管理层在自身工作岗位上务必要使出版工作保证正确的出版导向，在此基础上努力为人民呈现更优质的作品。而出版企业获得的主题出版项目数量、“五个一”工程奖、“中华优秀出版物奖”、“中国出版政府奖”、国家出版基金资助申获数量等量化指标往往会被视为管理层所创造的社会效益优劣的重要标志。这些与社会效益晋升相关的量化指标往往会给其社会效益工作指明方向，对其工作产生约束作用。为了实现职

---

① 贺小桐，刘雨萌：《融合发展背景下出版企业人力资源管理的创新对策研究》，《出版科学》2017 年第 5 期。

② 数据来源：作者根据我国出版上市企业 2018—2020 年年报整理获得。

③ 贺小桐，刘雨萌：《融合发展背景下出版企业人力资源管理的创新对策研究》，《出版科学》2017 年第 5 期。

位晋升，管理层需要带领出版企业生产更优质的作品，获得更多的重要奖项，实现更好的出版社会效益。由此，本文提出假设：

H4：我国出版上市企业社会效益提升很大程度取决于晋升激励

5.1.1.5 声誉激励对社会效益提升有积极作用

声誉激励是协调委托代理关系、降低交易费用的有效的外部治理机制。Fama 认为，委托人会利用代理人前期的记录和过去的历史来评价和判断代理人的个人声誉①。受这一机制的影响，代理人有动机按照市场预期的行为方式行动，如降低交易费用、减少代理成本，从而增加公司的价值，达到市场预期。因此，从长期来看，即使没有基于产出的显性激励契约，声誉效应也会促使经理人通过努力工作来提高自己在经理人市场上的声誉，进而增加自己未来人力资本的价值，从而达到长期治理经理人道德风险的目的②。管理层为满足自身心理和精神需求，会通过一系列努力增强社会公众或组织对其的认可，树立其良好的公众形象，扩大社会影响力。声誉激励具有非制度性和非货币性特征，属于隐性激励的范畴。

声誉激励对中国出版企业社会效益的正向影响理应尤为突出，其影响社会效益的机理与影响经济效益的机理有相似之处。首先，良好声誉可为管理层带来诸多利益，激励其努力为出版企业创造价值。良好的声誉，是高管的公众形象和社会影响力的反映，不仅可使高管得到社会公众及组织的认可，还可以满足高管的心理及精神需求。良好的声誉，亦能保障管理层自身职业安全和良好的发展前景，如获得晋升、增加薪酬等。为获得良好声誉，谋求更佳的职业前景，管理层需要在出版企业的战略决策及日常管理中，做出公正、科学的决策，努力提高出版企业的社会效益③。

---

① Fama. 1980：“Agency Problems and the Theory of the Firm”, *Journal of Political Economy*, April.

② 马连福，刘丽颖：《高管声誉激励对企业绩效的影响机制》，《系统工程》2013 年第 5 期。

③ 徐向艺，王旭：《基于企业生命周期的高管激励契约最优动态配置——价值分配的视角》，《经济理论与经济管理》2015 年第 6 期。

其次，声誉所具有的约束效用可对出版企业社会效益产生影响。Cambini 等指出，声誉激励之所以能发挥作用，是因为一旦代理人做出违背契约的行为，将遭受明显的损失，代理人为了避免这种损失会约束自己的行为①。我国出版企业绝大多数属于国有企业，社会效益一直是我国出版企业的首要经营目标。声誉是我国出版企业经理职位晋升的重要依据，尤其是出版企业在实现社会效益方面的声誉会成为政府或组织部门决定管理层能否获得晋升及晋升职级高低的重要依据。因此，为了不影响自身职业发展，为自己的职位晋升谋求更多资本，管理层在自身工作岗位上务必要使出版工作保持正确的价值导向，在此基础上努力为人民生产发行更优质的作品。而获得主题出版项目的数量、“五个一”工程奖、“中华优秀出版物”、“中国出版政府奖”、国家出版基金资助申获数量等量化指标往往会被视为管理层所创造的社会效益优劣的重要标志。这些可量化的与社会效益相关的声誉指标往往会驱使管理层沿着努力创造和提升出版社会效益的方向努力工作，对其工作产生约束作用。而对于我国出版上市企业的独立董事来说，他们一部分来源于数字出版、文学、管理学、会计学等学科领域的高校专家，他们往往会非常重视自身声誉。因此，他们会积极监督，督促董事会正确决策，如正确履行维护意识形态的责任、履行传承传播文化的责任，以促进我国出版上市企业社会效益提升。另一方面对在其他上市公司担任独立董事的独立董事而言，这些人员为获得续聘或者为得到更多上市公司的聘任，进而获得更多聘任收益，他们亦非常重视自身声誉。因此，他们会积极监督，督促董事会正确决策，如正确、积极地履行对利益相关者的责任，以促进我国出版上市企业社会效益提升。基于此，声誉对来自高校系统的独立董事，或者来自行业内的独立董事理论上均具有约束作用。

尤其在当前国家对出版上市企业薪酬激励、股权激励等措施有较严格限制的情况下，一方面，管理层所获得的与社会效益相关的物质激励水平偏低，不足以匹配其为提升社会效益贡献的智慧、付出的辛劳，这可能会在一定程度上削弱管理层的创新活力及创业动力。另一方面，在当前我国出版上市企业中与社会效益相挂钩的股权激励、期权激励等手

① Cambini, C. et al, 2015: “Incentive Compensation in Energy Firms: does Regulation Matter?”, *Corporate Governance: An International Review*, April.

段目前尚处于探索阶段或处于空白状态，并未完全建立起来的情况下，出版上市企业的长期激励措施不足。此时，管理层往往通过追求声誉等隐性收益来实现自我价值。与社会效益挂钩的声誉往往成为其获得精神需求满足、实现自我价值的重要途径。因此，声誉激励对出版企业社会效益具有明显促进作用，能激励出版企业管理层努力工作，为自己在社会效益方面赢得良好声誉，这既是实现自我、满足自身精神需求的需要，亦是为自身职位晋升谋求更多资本的重要有效途径[①]。有鉴于此，文章提出假设：

H5：声誉激励对我国出版上市企业社会效益提升有积极促进作用

5.1.2 各管理层激励机制对经济效益提升均具正向作用

本节从我国出版上市企业薪酬激励、股权激励、控制权激励、晋升激励、声誉激励共五个方面研究激励机制对经济效益提升的理论影响。

5.1.2.1 薪酬激励可推动经济效益提升

在我国出版上市企业中，管理层与控股股东存在学理上的矛盾。我国出版上市企业的控股股东，也就是国家作为委托人希望管理层充分发挥企业家精神，积极努力工作，提高国有资本利用效率，推动国有资本保值增值，推动我国出版上市企业经济效益提升[②]。“理性经济人”假设指出，我国出版上市企业的管理层作为代理人，可能并不会完全遵照股东所期望的国有资本保值增值和提升经济效益的经营目标行事[③]。管理层一方面有可能为获得更多的闲暇时间或者规避生产经营过程中可能产生的国有资本经营失败风险而不努力工作，亦有可能为获得更高的个

---

① 王帅，徐宁，姜楠楠：《高管声誉激励契约的强度、效用及作用途径——一个中国情境下的实证检验》，《财经理论与实践》2016 年第 3 期。

② 单翔：《家国情怀：中国企业家精神的信仰基因》，《南京社会科学》2021 年第 10 期。

③ 王秀芬，徐小鹏：《高管股权激励，经营风险与企业绩效》，《会计之友》2017 年第 10 期。

人利益，而在信息不对称的背景下产生“逆向选择”或“败德”行为。在此情况下，为缓解股东与管理层存在的矛盾，我国出版上市企业应建立一种基于薪酬的激励、约束机制，将出版企业的经济效益与薪酬紧密联系起来。

最优契约理论尤其强调薪酬契约的合理性和对促进经济效益提升的有效性[①]。所谓薪酬契约，其本质具有薪酬包的含义，是多种物质酬劳的组合概念，常见构成要素包括基本薪酬与绩效薪酬[②]。其中，基本薪酬可提供稳定和富有竞争力的待遇，有助于留住企业管理层。绩效薪酬既可以刺激管理层的短期经营表现和行动，又有助于刺激管理层为股东创造长期价值而积极努力。国内关于薪酬激励促进企业经济效益提升的研究，得出两种典型结论：一是以当前我国上市企业的货币薪酬水平，难以对管理层产生激励效果，管理层薪酬与上市企业的经济效益之间的关系并不显著；二是随着当前我国上市企业的薪酬激励机制逐步完善，货币薪酬会逐步显现激励效应，管理层薪酬水平与企业经济效益间有显著正相关关系[③]。

本书认为，在我国出版上市企业中，给予管理层薪酬激励可以促进企业经济效益提升。薪酬激励与经济效益之间有显著的正相关关系。当前，我国出版上市企业的经营业态中，存在两大典型问题。一是经济效益依赖教材教辅营收的问题。从 2018—2020 年我国出版上市企业的经济效益数据看，普遍存在经济效益依赖中小学教材教辅的现象。多数出版上市企业 40% 左右的营业收入来自教材教辅。在个别出版上市企业中，甚至高达 80% 的营业收入源自中小学教材教辅。倘若国家修订中小学教材教辅的出版发行政策，势必会严重冲击我国出版上市企业的整体经济效益。在当前我国各地中小学学生数量逐步减少，教育部收回各省历史、政治及语文教材的统编权限环境下，我国出版上市企业已经普遍感受到此带来的经营压力。二是传统纸质出版市场逐渐萎缩，融合出

---

① 肖淑芳：《股权激励实施中经理人机会主义行为——基于管理权力视角的研究》，北京，北京理工大学出版社，2018 年，第 1 页。

② 肖星，陈婵：《激励水平、约束机制与上市公司股权激励计划》，《南开管理评论》2013 年第 1 期。

③ 陶萍，张睿，朱佳：《高管薪酬、企业绩效激励效应与政府限薪令影响——133 家 A 股国有控股公司的实证研究》，《现代财经（天津财经学院学报）》2016 年第 6 期。

版业务有待真正拓展的问题。虽然作为传统媒介的纸质图书与电子图书、有声书和视频书共同走向数字媒体的路径，呈现出从“看图书”到“用图书”、从“单品销售”到“订阅销售”、从“单向传播”到“平台传播”的新趋势，但在出版业界，真正实现由传统出版彻底向融合出版转型的出版企业并不多见[①]。融合出版业务在出版企业中仍处于一种只见投入、鲜有收益的情形。

面对上述经济效益依赖教材教辅、融合出版业务并未真正拓展这两大难题，需要我国出版上市企业，尤其是管理层充分发挥企业家精神，积极拓展新业务，深度探究数字出版的成功经营模式。一是务必正视当前发展存在的结构性问题，推进稳规模和优结构之间的平衡。合理控制贸易规模、切实减少无效出版，逐步扩大出版和印刷业务营收占比及优质出版物比重。二是推进传统出版和新兴出版之间的平衡。在扩大传统出版营收的基础上，形成在内容生成、产品形态、分发渠道等方面融合发展的新模式，提高新兴出版贡献率。通过大力发展在线教育，做好IP运营和产品延伸，围绕优秀出版资源持续开发建设内容图片库及短视频，打造出版上市企业的专属IP资源库[②]。

只要在设计我国出版上市企业管理层的薪酬合约时，把握好参与约束（individual rationality）和激励相容（incentive compatibility）这两大充分发挥薪酬激励效用的前提条件，通过给予薪酬激励是完全可以促进我国出版上市企业经济效益提升的[③]。换言之，只要我国出版上市企业为其管理层，提供有竞争力的薪酬待遇，保持其在出版上市企业所提供的薪酬契约下的期望收益大于其他市场机会下他们能获得的最大期望收益，足以补偿其履职过程中所付出的辛勤劳动，就会使其发自内心地愿意从控股股东的立场利益出发，勤恳工作，积极努力地探索推进稳规模

① 耿相新：《从媒介到数字媒体：“四书合一”的出版时代》，《现代出版》2021年第1期。

② 巨潮资讯网：《时代出版传媒股份有限公司2020年年度报告》，2021年4月23日，http://www.cninfo.com.cn/new/disclosure/detail?orgId=gssh0600551&announcementId=1209776620&announcementTime.

③ 郑志刚，梁昕雯，黄继承：《中国上市公司应如何为独立董事制定薪酬激励合约》，《中国工业经济》2017年第2期。

与优结构之间的平衡，推进传统出版和新兴出版之间的平衡[①]。有鉴于此，文章提出假设：

H6：薪酬激励可推动我国出版上市企业经济效益提升

5.1.2.2　股权激励可积极作用于出版经济效益增长

在所有权与经营权分离的背景下，我国出版上市企业的管理层与股东之间存在较大概率的利益矛盾。在信息不对称的情况下，管理层有可能牺牲所有者利益。最为典型的侵犯国家利益的行为包括：利用职权增加在职消费；为掌握更多资源、建立属于自己的“商业帝国”或为获得更高报酬而利用国有资本过度投资；为保护自身职位不被其他人取代而利用国有资本进行特殊投资；在出版上市企业的并购交易或者面临被收购威胁时，更多考虑自己的私人利益等[②]。尤其在当前我国国有出版上市企业所有者缺位情况下，对管理层进行监管的内在和外在力量，相对于私营企业来说，更为薄弱。管理层利用自身职权和国有资本开展谋求私利的行为更为便利。我国出版上市企业及其股东面临利益被侵占的风险亦更大。

根据委托代理理论，股权激励被认为是缓解企业管理层与所有者之间利益冲突的有效办法[③]。股权激励对促进企业经济效益提升之所以有效：一是因为股权激励可以发挥“金手铐”效应，将薪酬与企业长远发展紧密联系起来，能够吸引并留住优质人才为企业发展服务[④]。二是因为股权激励促使管理层与企业长远发展绑定在一起之后，能够在一定程度上缓解年薪、奖金这两种激励方式可能导致的管理层短视行为，刺

---

① 郑志刚，梁昕雯，黄继承：《中国上市公司应如何为独立董事制定薪酬激励合约》，《中国工业经济》2017 年第 2 期。

② 吴育辉，吴世农：《企业高管自利行为及其影响因素研究——基于我国上市公司股权激励草案的证据》，《管理世界》2010 年第 5 期。

③ Jensen，M. C. et al，1976：“Theory of the Firm：Managerial Behavior，Agency Costs and Ownership Structure”，*Journal of Financial Economics*，October.

④ 吕长江，张海平：《股权激励计划对公司投资行为的影响》，《管理世界》2011 年第 11 期。

激其从企业长远发展和长期价值出发进行决策[①]。三是因为股权激励赋予管理层股权收益后，可在一定程度上减少其规避风险或者过分保守的经营行为，抑制其投资过度以及投资不足等非效率投资行为，引导其勇于投资高风险高收益的项目，提高企业的经济效益[②]。四是因为当管理层与企业所有者结成利益共同体之后，能够在一定程度上减少其“败德”行为，从而提高代理效率，降低企业所有者的代理成本[③]。不过，就股权激励的效用，也有一些研究得出截然相反的结论，即股权激励并不能推动企业经济效益提升[④]。这是因为当赋予管理层一定的股权后，会增加其在经营决策过程中的投票权和影响力，提升其抵御外部压力的能力[⑤]。这种情况下管理层亦有可能利用手中的投票权和影响力为自身谋取私利，甚至牺牲或损害企业的经济效益。

本书认为，从理论上来说，在我国出版上市企业实施股权激励，能够有效缓解管理层与出版企业控股股东之间的利益冲突，推动经济效益提升。一是由于在“限薪”制度影响下，当前我国出版上市企业管理层的综合年薪并不高。从 2018—2020 年，多数出版上市企业总经理的年薪不超过 100 万元，甚至一些出版上市企业，如出版传媒、读者传媒、时代出版、山东出版、皖新传媒总经理的年薪不超过 50 万元[⑥]。这些薪酬与其他行业，如金融、地产、钢铁、石化等上市企业管理层动辄数百万甚至数千万的年薪相比，显然是偏低的。仅在 2020 年，我国 A 股上市公司中，已有 7459 位高管年薪超过百万，其中方大特钢董事长的薪酬更是高达 4122 万元[⑦]。较低报酬可能带来的后果是促使管理

---

① 宗文龙，王玉涛，魏紫：《股权激励能留住高管吗？——基于中国证券市场的经验证据》，《会计研究》2013 年第 9 期。

② Tzioumis, K. 2008: “Why Do Firms Adopt CEO Stock Options? Evidence from the United States”, *Journal of Economic Behavior & Organization*, October.

③ 贾生华，陈文强：《国有控股、市场竞争与股权激励效应——基于倾向得分匹配法的实证研究》，《浙江大学学报：人文社会科学版》2015 年第 5 期。

④ 贾生华，陈文强：《国有控股、市场竞争与股权激励效应——基于倾向得分匹配法的实证研究》，《浙江大学学报：人文社会科学版》2015 年第 5 期。

⑤ Bebchuk, L. A. et al, 2003: “ Executive Compensation as an Agency Problem”, *Journal of Economic Perspectives*, July.

⑥ 数据来源：作者根据我国出版上市企业 2018—2020 年年报数据整理获得。

⑦ 新浪财经：《A 股上市公司高管薪酬榜：7459 位高管年薪过百万》，2020 年 6 月 1 日，https://baijiahao.baidu.com/s?id=1668269631288481104&wfr=spider&for=pc.

层不顾出版企业发展而追求短期利益。若要使其为出版上市企业的长远发展考虑，则必须采取相应物质激励手段，给予其更高的酬劳。股权激励着眼于出版上市企业的未来，将管理层的可能收益与企业未来经济效益紧密联系起来，刺激他们为提升企业经济效益努力[①]。

二是股权激励能够有效刺激管理层为提升出版上市企业经济效益贡献智慧、能力和力量。当前我国出版上市企业正普遍开展多元经营，行业间竞争加剧也为出版企业带来较大隐性经营风险。随着产业融合发展加速，在产业投资、资本运营的驱动下，内容、文化产业领域竞争主体日益多元化，出版上市企业在资源获取、产品业态、消费市场等各方面面临的竞争愈演愈烈，资本运作对传播领域的资源配置亦开始起越来越大的作用[②]。我国出版上市企业若要实现更好的经济效益，还有赖于管理层贡献自己的智慧、能力和努力。通过利用我国部分较强的经济实力、丰富的出版资源和市场网点以及其他出版产业资源，积极稳妥推进产业融合，不断提升出版上市企业的市场竞争力。由于管理层的人力资本，即智慧、能力和努力具有“自有性”特征，使得其人力资本价值及其努力工作的程度难以准确度量。在现实中内外监管力量亦无法对其实施有效监督。通过授予管理层一定的股权，不仅将其报酬收益与资本市场相关联，而且其人力资本价值亦与资本市场实现了动态关联，出版上市企业的股东可以通过股价变化了解管理层所具备和付出的人力资本信息，这在一定程度上解决了股东面临的信息不对称问题以及管理层人力资本价值无法用货币准确度量的问题。由于管理层所获报酬很大程度上取决于出版上市企业股价的高低，因此管理层便有了充分发挥才智、辛勤工作以提升出版企业股价的动力。管理层努力程度难以在其他薪酬契约中予以准确衡量的问题亦得到有效解决。显而易见，通过股权激励机制，可有效利用股票价格这一媒介，使得出版上市企业实现与人力资本市场、产品市场及资本市场的对接，有效连接起上述三大市场监督机

① 于东智：《董事会、公司治理与绩效——对中国上市公司的经验分析》，《中国社会科学》2003 年第 3 期。

② 巨潮资讯网：《长江出版传媒股份有限公司 2020 年年度报告》，2021 年 4 月 16 日，http：//www. cninfo. com. cn/new/disclosure/detail？ plate = sse&orgId = gssh0600757&stockCode = 600757&announcementId = 1209697591&announcementTime.

制与信息传递机制，可有效刺激我国出版上市企业经济效益提升[①]。综上所述，文章提出假设：

H7：股权激励可积极作用于我国出版上市企业经济效益增长

5.1.2.3 控制权激励对经济效益提升有明显正向影响

学界关于控制权激励能否对经济效益有益，主要存在两种典型观点：一是控制权激励具有地位“产品”性质，是对管理层在企业内部声望的肯定和强调，能够给其带来荣誉感，对其起隐性激励作用，降低其机会主义行为，激励其努力工作，提高企业运行效率，促进企业绩效提升[②③]。二是控制权激励是管理层与企业所有者之间的代理成本之一，会对企业经济效益产生负面影响。持有该观点的研究者认为，控制权激励的本质往往通过在职消费的方式体现出来。在职消费是管理层与企业所有者之间委托代理机制不完备的产物，是解决管理层与企业所有者之间代理冲突的方式之一。一般地，在职消费常常被视为管理层的一种可能的机会主义行为，过高的在职消费会降低企业经济效益[④⑤]。

本书认为，控制权是否具有激励效用，关键在于控制权收益。所谓控制权收益，指因经营者拥有企业控制权而直接或间接地得到的各种非货币形态的全部收益，包括在职消费、权力满足感、事业成就感、荣誉感以及通过资源的转移而得到的个人好处等[⑥]。在激励与约束机制中，控制权激励实质上是一种补偿性的合约，包括企业家精神的需求、承担责任状态下对权力的需求、消费需求、丰厚的养老金计划需求等[⑦]。一

---

① 许娟娟：《股权激励，盈余管理与公司绩效》，东北财经大学博士学位论文，2015 年。

② Rajan, R. G. et al, 2006: “Are Perks Purely Managerial Excess?”, *Journal of Financial Economics*, January.

③ 陈冬华，陈信元，万华林：《国有企业中的薪酬管制与在职消费》，《经济研究》2005 年第 2 期。

④ Venter, J. C. et al, 2001: “The Sequence of the Human Genome”, *Science*, February.

⑤ 陶萍，张睿，朱佳：《高管薪酬、企业绩效激励效应与政府限薪令影响——133 家 A 股国有控股公司的实证研究》，《现代财经（天津财经学院学报）》2016 年第 6 期。

⑥ 俞仁龙：《论股权结构、控制权激励与公司绩效》，《嘉兴学院学报》2001 年第 4 期。

⑦ Di, F. et al, 2012: “Factors Affecting Global Integration of Chinese Multinationals in Australia: A Qualitative Analysis”, *International Business Review*, February.

旦上述权力需求、物质需求、精神需求被满足后，管理层更易产生内在的自我激励。同时，由于控制权激励是一种无形的认可，肯定了管理层在公司经营中所做出的贡献，更能够帮助其提升工作的热情和满意度，从而与公司之间建立更加紧密的联结，达到激励的目的，最终有利于建立所有者和管理层之间利益平衡机制①②。

由于存在控制权收益，出版上市企业的管理层不仅享受货币激励，还享受一定的控制权激励。从当前中国出版上市企业的薪酬激励看，不少出版上市企业的货币收益激励机制尚未有效形成。从 2018 年至 2020 年我国出版上市企业管理层的平均年薪看，基本不超过 50 万元。多数出版上市企业总经理的年薪不超过 100 万元，甚至一些出版上市企业，如出版传媒、读者传媒、时代出版、山东出版、皖新传媒总经理的年薪不超过 50 万元③。这些薪酬与我国出版上市企业管理层所掌管庞大的出版企业资产相比普遍较低。且大多数管理层尚未作为剩余索取者分享企业的利润收益，也就是并未取得我国出版上市企业的股权而获得股权收益。即使少数出版上市企业的管理层拥有一部分事实上的剩余索取权，但他们的剩余索取权与控制权是不可分开出售的，失去控制权不仅意味着失去控制权收益，也意味着失去货币收益。管理层没有剩余索取权，也就是股权，也象征着其最终利益与出版上市企业的经济收益是分开的，管理层的利益与企业的整体利益并没有构成利益共同体。

因此，与货币收益激励相比，控制权激励对经营者来说显得更为重要，因为经营者一旦失去了控制权，就失去了一切④⑤控制权激励是除薪酬激励、股权激励等显性激励之外的一种常见隐性激励机制。我国出版上市企业控股股东（主要指政府）将特定的控制权通过契约或其他方式授权给代理人（即管理层）后，这种特定控制权只有高级管理人

---

① Gul, F. A. et al, 2011：“Perks and the Informativeness of Stock Prices in the Chinese Market”, *Journal of Corporate Finance*, December.

② 刘莹，高璆崚，谌开：《高管激励对中国企业海外并进型战略的影响研究——基于激励因素及高管任期的实证研究》，《北京工商大学学报（社会科学版）》2020 年第 1 期。

③ 数据来源：作者根据我国出版上市企业 2018—2020 年年报数据整理获得。

④ 张维迎：《控制权损失的不可补偿性与国有企业兼并中的产权障碍》，《经济研究》1998 年第 7 期。

⑤ 俞仁龙：《论股权结构、控制权激励与公司绩效》，《嘉兴学院学报》2001 年第 4 期。

员拥有，包括日常的生产、销售、聘用以及享受在职消费等权力。由于这些特定权力的稀缺性与价值，拥有它们是管理层这一特殊地位所能带来的隐性福利，也是对其贡献的一种无形肯定，从而会产生内在的激励作用[①]。当前，我国出版上市企业正在开展面向地产、旅游、金融等领域的多元经营业务，也正在积极向与新媒体相结合的数字出版领域转型。在拓展这些经营活动过程中，也确实非常需要包括一定数量在职消费在内的控制权激励，为管理层开展提升经济效益的经营业务提供坚定支持。因此，本文提出假设：

H8：控制权激励对我国出版上市企业经济效益提升具有明显正向影响

5.1.2.4 晋升激励可对经济效益增长产生正向影响

所谓晋升激励，是指公司通过组织结构中的职位晋升来激励管理者降低代理成本、提升公司绩效[②]。相较于上述控制权激励，对于出版上市企业管理层而言，职位晋升在其效用函数中占据重要角色，可能对其更具有吸引力。锦标赛理论指出，虽然委托人因信息不对称无法直接观察到代理人的产出，但是委托人却可以对代理人的产出进行排序。再根据代理人的排名，委托人向代理人支付差异化的报酬。代理人是否努力工作，取决于产出“获胜者”与产出“失败者”之间的报酬差距。产出“获胜者”与产出“失败者”之间的报酬差距愈大，代理人愈会努力工作[③④]。这一理论后被逐渐用于说明管理层团队的激励问题，即与董事长与总经理职位晋升相关联的薪酬增长幅度，可激发管理层工作的积极性。在我国出版上市企业的职位晋升中，是否能在自己岗位上为出

---

① 徐宁，徐向艺：《控制权激励双重性与技术创新动态能力——基于高科技上市公司面板数据的实证分析》，《中国工业经济》2012 年第 10 期。

② 廖理，廖冠民，沈红波：《经营风险、晋升激励与公司绩效》，《中国工业经济》2009 年第 8 期。

③ 杜雯翠：《国有垄断企业改革与高管薪酬》，上海，东方出版中心，2016 年，第 183 页。

④ Lazear，E. P. et al，1981：“Rank-Order Tournaments as Optimum Labor Contracts”，*Journal of Political Economy*，October.

版企业创造好的经济效益，成为组织部门决定管理层能否够获得擢升的重要依据之一。为从庞大的待晋升人员队伍中脱颖而出，出版上市企业的管理层往往需要在岗位上充分发挥自己的能力，付出辛勤努力，创造较好的经济效益，为自己晋升添加筹码。

由于我国国有出版上市企业管理层的外部工作机会相对有限，职位晋升成为其获取新的外部工作机会的重要方式。再加上我国出版上市企业的管理层属于知识型管理者，他们往往具有较高的精神需求层次，往往更为注重自我价值的实现以及自身的成长发展。可以说，职位晋升对其具有十分重要的激励作用①。同时，不同层级的职位有明显不同的待遇差别，这种差异尤其体现在附属于职位的权力收入上②。职位晋升后可以带来许多隐性收益，诸如地位、声望等，这就使得职位晋升成为出版企业货币薪酬激励的补充，成为一种十分有效的激励手段。③ 具体而言，晋升机制之所以能够在中国出版上市企业中发挥激励作用，主要有两方面原因：一是管理层在出版企业中的职位越高，享受或获得的相应利益就越多，包括更高的薪酬、更强的成就感，以及更多的在职消费等，带来各种货币与非货币利益；另一方面，出版企业管理层的职位晋升一般与业绩挂钩，只有业绩更佳的管理者方可从激烈的晋升竞争中胜出，因此，管理者为了获取与高层职位相关的各种利益，有动力改善业绩以谋求晋升竞争优势④。由此可见，出版企业晋升机制发挥作用的大小，取决于两大因素：其一在于拟晋升职位与现任职位之间的利益差距，利益差距愈大，职位晋升的激励效果愈明显；其二在于晋升与企业绩效的关联程度，两者的相关度愈大，职位晋升的激励效果亦愈明显。不过，与薪酬激励相比，晋升激励的依据存在显著差异。薪酬激励的依据在于企业管理者的绝对业绩，而晋升激励更多地依赖管理者的相对业

---

① 白贵玉，罗润东：《知识型员工福利激励与创新绩效关系研究》，《山东社会科学》2016 年第 5 期。

② 宋德舜：《国有控股，最高决策者激励与公司绩效》，《中国工业经济》2004 年第 3 期。

③ 赵妍，赵立彬：《晋升激励影响并购价值创造吗？——来自国有控股企业的经验证据》，《经济经纬》2018 年第 2 期。

④ 廖理，廖冠民，沈红波：《经营风险、晋升激励与公司绩效》，《中国工业经济》2009 年第 8 期。

绩，即只要能够实现管理者之间尤其是不同企业管理者之间的业绩排序，晋升机制就可发挥作用[①]。

有鉴于上述影响晋升激励作用效果的两大因素，对出版企业来说，职位晋升理应具有较强的激励效用。首先，出版上市企业的管理层，尤其是总经理，其职位晋升能给其带来更多的地位、声望、成就感等。其次，职位晋升与出版企业绩效具有较高的关联程度，只有出版上市企业绩效佳者晋升机会才愈大。因此，职位晋升对出版上市企业管理层具有较强的激励效果，它可以协调管理者与股东之间的利益，使管理者的私人利益外部化，促使管理者放弃净现值为负的投资项目，抑制其过度投资冲动。而且，在个体业绩难以度量或不可证实、监督难度及成本较高、企业经营风险较大等情形下，晋升激励的作用可能比薪酬激励更具比较优势[②]。因此，本文提出假设：

H9：晋升激励可对经济效益增长产生正向影响

5.1.2.5　声誉激励是促进经济效益提升的重要因素

“声誉”指可被利益相关方或公众记忆的评价和影响力，是公众对特定对象某方面特征或综合特征的估计值[③]，它能够为管理层带来心理满足感、成就感和认同感等非货币效用以及部分货币效用[④]。正是因为“声誉”体现了可被利益相关方或公众记忆的评价和影响力，因此，管理层个人声誉与企业、产品或者出版物的声誉紧密关联。当出版物产品或服务被市场接纳时，管理层声誉可能也随之水涨船高。一般来说，在声

---

① 廖理，廖冠民，沈红波：《经营风险、晋升激励与公司绩效》，《中国工业经济》2009年第8期。

② 张兆国，刘亚伟，亓小林：《管理者背景特征、晋升激励与过度投资研究》，《南开管理评论》2013年第4期。

③ 宁向东，崔弼洙，张颖：《基于声誉的独立董事行为研究》，《清华大学学报（哲学社会科学版）》2012年第1期。

④ 王旭，徐向艺：《基于企业生命周期的高管激励契约最优动态配置——价值分配的视角》，《经济理论与经济管理》2015年第6期。

誉效用的激励下，管理层具备谋求良好经济效益的动机[①]。不过，声誉激励对我国出版上市企业不同类型管理层所产生的激励效用是不同的。

声誉对我国出版上市企业管理层产生激励作用，进而对我国出版上市企业经济效益形成正向影响的机理体现在三方面。第一，良好声誉为管理层带来的诸多利益，激励其努力为出版企业创造经济价值。张维迎指出，声誉是市场对个人行为和个人能力等多方面信息的综合反映。管理层必须关心自己的声誉信息，以获得未来更高的报酬、更好的职业发展机会[②]。声誉是一种非制度性、非货币性及隐性激励方式。良好的声誉，是管理层的公众形象和社会影响力的反映，可使其得到社会公众及组织认可，满足其心理及精神需求。良好的声誉，亦能保障其自身职业安全和良好的发展前景，如获得晋升、增加薪酬等。为获得良好声誉，谋求更佳的职业前景，管理层需要在出版企业的战略决策及日常管理中，做出公正、科学的决策，努力提高出版企业的经济效益[③]。

第二，声誉之所以对出版企业经济效益产生影响，亦与声誉所具备的约束效用密不可分。Cambini 等也指出，声誉激励之所以能发挥作用，是因为一旦代理人做出违背契约的行为，将遭受明显的损失，代理人为了避免这种损失会制约自己的行为[④]。因此，在某种意义上说，声誉激励更多的是一种约束机制，而这种约束机制将与薪酬、股权等显性激励及晋升、控制权激励等隐性激励之间形成良好的协同关系。倘若管理层没有良好的声誉，其极有可能无法获得薪酬、股权增加，控制权提升及职业晋升方面亦可能遭受阻碍。因此，鉴于声誉激励的内隐性与约束性等特征，声誉可能并不直接作用于公司绩效，而是通过与显性激励、隐性激励的相互影响而产生对公司绩效的间接效用[⑤]。

---

① 王旭：《技术创新导向下高管激励契约最优整合策略研究——企业生命周期视角》，《科学学与科学技术管理》2016 年第 9 期。

② 张维迎：《产权、激励与公司治理》，北京，经济科学出版社，2005 年，第 68 页。

③ 徐向艺，王旭：《基于企业生命周期的高管激励契约最优动态配置——价值分配的视角》，《经济理论与经济管理》2015 年第 6 期。

④ Cambini，C. et al，2015：“Incentive Compensation in Energy Firms：does Regulation Matter?”，*Corporate Governance：An International Review*，April.

⑤ 王帅，徐宁，姜楠楠：《高管声誉激励契约的强度、效用及作用途径——一个中国情境下的实证检验》，《财经理论与实践》2016 年第 3 期。

第三，声誉对我国出版上市企业的激励作用效果理应更为突出。我国出版企业绝大多数属于国有企业，国家对国企管理层薪酬有较严格的限制。在薪酬体系受到限制、不能追求更高薪酬的情况下，管理层往往通过追求晋升或声誉等隐性收益来实现自我价值。而声誉在其追求晋升过程中起关键性作用。有鉴于此，声誉对于国企管理层的约束作用更加显著。同理，基于声誉的约束作用，出版企业在实施股权激励过程中，“利益趋同效应”可能会更加凸显，“堑壕效应”则能够得到抑制。因此，声誉激励对出版企业经济效益具有明显的积极作用，能激励管理层努力工作，为自己赢得良好的声誉，为自身职业谋求更好发展①。

声誉亦会对我国出版上市企业独立董事产生约束作用，进而积极促进我国出版上市企业经济效益提升。其机理主要体现在声誉对独立董事，尤其是多席位独立董事具有较强的约束作用。所谓多席位独立董事，即在多个上市公司担任独立董事的独立董事。如果独立董事积极监督董事会的决策，并且帮助出版企业取得好的经济效益，则会获得良好的职业声誉。他们也就更有可能获得其他上市企业的聘任，得到额外的独立董事席位，获取更好的物质和精神收益。如果独立董事不积极地监督管理层正确决策，不积极辅助其做出正确决策，造成企业经济效益没有明显提升甚至下降，那么这些独立董事可能会背负能力不强或者不够尽责的负面声誉。而这种负面声誉极有可能导致这些独立董事难以获得续聘或者在其他上市企业获得额外独立董事席位。对这些独立董事而言，失去额外董事席位所造成的财富损失可能会远大于目前席位所给予的董事薪酬，这一风险会促使独立董事积极监督董事会的战略及经营决策②。据此，文章提出假设：

H10：声誉激励是促进经济效益提升的重要因素

---

① 王帅，徐宁，姜楠楠：《高管声誉激励契约的强度、效用及作用途径——一个中国情境下的实证检验》，《财经理论与实践》2016 年第 3 期。

② 谢诗蕾，许永斌，胡舟丽：《繁忙董事、声誉激励与独立董事监督行为》，《厦门大学学报（哲学社会科学版）》2016 年第 5 期。

5.2 激励机制对“双效”提升影响的研究设计

精准研究我国出版上市企业的管理层激励机制分别对社会效益、经济效益提升的影响，需要科学合理地做好前期研究设计，包括精准地定义激励机制各要素的计算方法，确定并获取用于模型拟合的我国出版上市企业面板数据，对这些数据进行适当的预处理，构建科学精准的数据拟合模型，选定科学可行的模型估计方法。

5.2.1 变量设计与计算

科学研究管理层激励机制分别对社会效益、经济效益的影响，本研究所涉及的变量包括三种类型：一是因变量——“双效”，即社会效益、经济效益；二是自变量，即薪酬激励、股权激励、控制权激励、晋升激励、声誉激励；三是控制变量，即公司规模、财务杠杆、上市年限、成长性、控股股东性质、具有出版经验的管理层规模。本书在借鉴学界和业界已采纳并得到高度认可的变量定义方法基础上，结合我国出版上市企业的实际情况，经专家确认后科学合理选择上述变量的定义方法。

5.2.1.1 因变量

衡量我国出版上市企业的社会效益时，根据本书“4.2.2 出版社会效益的内涵”的研究成果，文章将中国出版上市企业社会效益划分为履行文化责任和义务的绩效及履行对利益相关者责任的绩效，亦即：社会效益=履行文化责任和义务的绩效+履行对利益相关者责任的绩效。在计算我国出版上市企业的社会效益时，首先，运用德尔菲法衡量中国出版上市企业作为文化企业履行维护意识形态、传播知识与文化、传承文化与人类精神文明成果等社会责任的绩效。其次，运用“每股社会贡献值”衡量中国出版上市企业履行对利益相关者责任的绩效。为了将中国出版上市企业履行文化责任和义务的绩效与履行对利益相关者责任的绩效合并为社会效益值，同样使用德尔菲法分别赋予履行文化责任绩效的权重为60%，赋予履行对利益相关者责任绩效的权重为40%。最终中国出版上市企业的社会效益值可表达为：

社会效益＝履行文化责任绩效×60%＋履行对利益相关者责任绩效×40%

需要指出的是，本研究运用2008年5月上海证券交易所在《关于加强上市公司社会责任承担工作的通知》中发布的“每股社会贡献值”计算方法来衡量中国出版上市企业履行对利益相关者责任的绩效①。“每股社会贡献值”的具体计算公式：每股社会贡献值＝（净利润＋支付给职工以及为职工支付的现金＋所得税费用＋财务费用＋本期应付职工薪酬＋营业税金及附加＋捐赠－上期应付职工薪酬－排污费及清理费）/期初和期末总股数的平均值②③。该数值越大，则表明企业履行对利益相关者责任的情况越好。在这一计算方式中加入了企业的环保问题，而我国出版上市企业及其下属子公司均不属于国家环境保护部门规定的重污染行业企业，报告期内一般亦均不存在重大环保问题④。因此，本书在计量“每股社会贡献值”时对所有企业均不计量排污费及清理费，这样就避免了在衡量我国出版上市企业履行对利益相关者责任时可能产生的不公平性⑤。

衡量我国出版上市企业的经济效益时，根据本书“4.3.3　出版经济效益的衡量”研究成果，本书采用净资产收益率（Return on Equity,

---

① 上海证券交易所：《关于加强上市公司社会责任承担工作暨发布〈上海证券交易所上市公司环境信息披露指引〉的通知》，2008年5月14日，http://www.sse.com.cn/lawandrules/sserules/listing/stock/c/c_20150912_3985851.shtml.

② 陈丽蓉，韩彬，杨兴龙：《企业社会责任与高管变更交互影响研究——基于A股上市公司的经验证据》，《会计研究》2015年第8期。

③ 沈洪涛，王立彦，万拓：《社会责任报告及鉴证能否传递有效信号？——基于企业声誉理论的分析》，《审计研究》2011年第4期。

④ 中华人民共和国生态环境部：《环境保护部公开征询〈上市公司环境信息披露指南〉意见》，2010年9月14日，http://www.mee.gov.cn/gkml/sthjbgw/qt/201009/t20100914_194484.htm?keywords=.

⑤ 徐志武：《我国出版上市公司治理结构与绩效关系研究》，武汉大学博士学位论文，2018年。

ROE）作为我国出版上市企业经济效益的计量指标。ROE 的计算公式为：净资产收益率 =（利润总额 + 利息收入）/净资产总额 × 100%。净资产收益率是运用我国出版上市企业税后利润及利益收入之和除以净资产所得百分比率，能够在较大程度上体现我国出版上市企业在过去一段时间内的发展能力和经营活动成果。净资产收益率愈高，说明我国出版上市企业的收益愈高，获得收益的能力亦愈强①。虽然诸如投资报酬率、销售利润率等其他财务指标也能在一定程度上体现出版上市企业的获利能力，但是与这些指标相比，净资产收益率所包含的企业经济效益的信息更为全面。投资报酬率、销售利润率等其他财务指标相较净资产收益率稍显片面，所包括的信息并没有净资产收益率全面。

5.2.1.2 自变量

薪酬激励。通常来说，管理层薪酬激励包括广义薪酬激励与狭义薪酬激励。广义薪酬激励包括股权、期权等长期物质激励方式，而狭义薪酬激励仅指基本工资、奖金或者年薪等货币薪酬②。考虑到本书已单独研究我国出版上市企业管理层持股情况分别对社会效益、经济效益的影响，因此，此处适宜用狭义薪酬视角来研究我国出版上市企业的薪酬激励问题。本书参考胡艳和马连福③、翟文华④的做法，采用管理层中薪酬金额最高的前 3 位经理薪酬之和的自然对数作为我国出版上市企业管理层薪酬激励的衡量变量。

股权激励。如上所述，薪酬激励并未包括管理层股票期权收益以及其他长期持股计划。虽然截至 2006 年，股票期权等长期激励形式在中国上市公司中尚未普及，可获得的数据不足以支撑 2006 年以前相关研

---

① 徐志武：《我国出版上市公司治理结构与绩效关系研究》，武汉大学博士学位论文，2018 年。

② 郭雪萌，梁彭，解子睿：《高管薪酬激励、资本结构动态调整与企业绩效》，《山西财经大学学报》2019 年第 4 期。

③ 胡艳，马连福：《创业板高管激励契约组合、融资约束与创新投入》，《山西财经大学学报》2015 年第 8 期。

④ 翟文华：《国企高管创新协同激励论》，吉林大学博士学位论文，2017 年。

究的大样本平衡面板估计[①]。但是我国出版上市企业均是从 2006 年以后才大规模逐渐上市，自 2006 年至 2021 年的股权期权激励数据能够支撑本书涉及的大样本平衡面板估计。本书参考夏纪军和张晏[②]、刘绍娓和万大艳[③]的研究，用我国出版上市企业所有管理层持股数量之和与公司总股本的比值来衡量股权激励水平。

控制权激励。管理层拥有更大的控制权就能够享受越多的在职消费，因此，控制权激励一般用“在职消费”来量化[④]。在职消费的具体内容包括：办公费、差旅费、业务招待费、通信费、出国培训费、董事会费、小车费和会议费等。这些费用是出版上市企业处理公司日常事务时合法的且必要的支出，管理层有权利在法规与纪律范围内支配这些费用，满足效用[⑤]。本书参考徐宁和徐向艺[⑥]的研究，选取公司年报中披露的上述八项费用之和与公司主营业务收入之比作为控制权激励的衡量指标。在职消费数据通过查阅上市公司年报附注中“支付的其他与经营活动有关的现金流量”项目收集。

晋升激励。晋升可带来薪酬、在职消费、成就感等诸多利益。但由于成就感等精神因子无法显性化或量化，因此，薪酬差距往往作为晋升的度量指标[⑦]。学界现有两种典型的衡量方法：一是廖理、廖冠民和沈红波等采用的总经理薪酬与其余全部管理层平均薪酬之差[⑧]；二是刘春

---

① 李维安，刘绪光，陈靖涵：《经理才能、公司治理与契约参照点——中国上市公司高管薪酬决定因素的理论与实证分析》，《南开管理评论》2010 年第 2 期。

② 夏纪军，张晏：《控制权与激励的冲突——兼对股权激励有效性的实证分析》，《经济研究》2008 年第 3 期。

③ 刘绍娓，万大艳：《高管薪酬与公司绩效：国有与非国有上市公司的实证比较研究》，《中国软科学》2013 年第 2 期。

④ 陈冬华，梁上坤，蒋德权：《不同市场化进程下高管激励契约的成本与选择：货币薪酬与在职消费》，《会计研究》2010 年第 11 期。

⑤ 陈冬华，梁上坤，蒋德权：《不同市场化进程下高管激励契约的成本与选择：货币薪酬与在职消费》，《会计研究》2010 年第 11 期。

⑥ 徐宁，徐向艺：《技术创新导向的高管激励整合效应——基于高科技上市公司的实证研究》，《科研管理》2013 年第 9 期。

⑦ 廖理，廖冠民，沈红波：《经营风险、晋升激励与公司绩效》，《中国工业经济》2009 年第 8 期。

⑧ 廖理，廖冠民，沈红波：《经营风险、晋升激励与公司绩效》，《中国工业经济》2009 年第 8 期。

和孙亮采用的前三名高管平均薪酬与普通员工平均薪酬之差[①]。综合这两种方法，本文参考翟文华、刘春的研究，采用前三名高管薪酬的均值与全体董事、监事和高管薪酬的均值、职工薪酬的均值，三者间的阶梯差额衡量晋升激励。其中，所计算的薪酬不包括股权收入，只计算他们当年上市公司的应发薪酬，以保证各层次人员的薪酬收入具有可比性[②][③]。

声誉激励。声誉多被界定为可被利益相关方或公众记忆的评价和影响力，但关于声誉激励测量的研究较为罕见[④]。本书参考王旭、徐向艺[⑤]和王帅、徐宁[⑥]的研究，认为利益相关者对企业管理层声誉特征的估计值可从政治声誉、社会声誉和专业声誉三方面得到体现。政治声誉反映的是管理层在政治领域内获得的成就。本书通过统计高管团队中具有“人大代表”“政协委员”资格及曾经在政府单位任职的人员数量进行测算。社会声誉是指管理层因在与行业相关的社会组织中占据社会地位而获得的声誉。本书通过统计公司高管在行业协会（如中国书刊发行协会、中国编辑学会）、相关理事会、委员会等社会或行业组织中的兼职情况进行测算。专业声誉反映了管理层在自身专业领域中取得的成就。本书通过统计公司高管获得的奖励及荣誉情况进行测算，如“中国出版政府奖”“韬奋出版奖”“五一劳动奖章”等。将上述数据进行分年度加总，得到管理层声誉激励的面板数据。为构建声誉激励的面板数据，本书亦对每家出版上市企业每一年所有高管的简历进行了文本分析。

---

① 刘春，孙亮：《薪酬差距与企业绩效：来自国企上市公司的经验证据》，《南开管理评论》2010年第2期。

② 翟文华：《国企高管创新协同激励论》，吉林大学博士学位论文，2017年。

③ 刘春，孙亮：《薪酬差距与企业绩效：来自国企上市公司的经验证据》，《南开管理评论》2010年第2期。

④ 宁向东，崔弼洙，张颖：《基于声誉的独立董事行为研究》，《清华大学学报（哲学社会科学版）》2012年第1期。

⑤ 王旭，徐向艺：《基于企业生命周期的高管激励契约最优动态配置——价值分配的视角》，《经济理论与经济管理》2015年第6期。

⑥ 王帅，徐宁，姜楠楠：《高管声誉激励契约的强度、效用及作用途径——一个中国情境下的实证检验》，《财经理论与实践》2016年第3期。

5.2.1.3 控制变量

考虑到可能存在因变量缺失带来的估计偏误的问题，在研究过程中需要加入一定的控制变量。关于控制变量选取，首先，参照吴育辉和吴世农[①]、高良谋和卢建词[②]的研究，将我国出版上市企业的财务特征作为研究的控制变量。将财务特征纳入控制变量，具体来说，一是将出版上市企业的资产规模作为控制变量。因为资产规模大的出版上市企业，可用于多元生产经营的资本亦愈多，企业的抗风险能力较中小规模出版企业亦愈强。当然，规模过大也有可能造成出版上市企业对市场反应迟钝，决策效率低下，从而不利于绩效提升。二是充分考虑我国出版上市企业的资本结构，尤其是资产负债率可能对生产经营活动产生的影响。对于正在开展多元经营以及出版转型的我国出版上市企业来说，适度负债对生产经营是必须的，也是有利的。但是若负债比例过高，则我国出版上市企业需要承担高额的利息支付，这对于提升“双效”来说，显然是不利的[③]。本书参考吴育辉和吴世农[④]、高良谋和卢建词[⑤]的研究，采用出版上市企业期末资产总额的对数值来度量资产规模，采用我国出版上市企业年末的负债总额与资产总额的比值来计算财务杠杆，即资产负债率。

其次，考虑到不同上市时长的出版企业，在资本市场的运营经验有所差异。上市年限愈长者，其经验愈加丰富，对增强其经济效益愈有帮助。考虑到公司的成长能力，亦会对公司的经济效益产生显著影响。经

---

① 吴育辉，吴世农：《企业高管自利行为及其影响因素研究——基于我国上市公司股权激励草案的证据》，《管理世界》2010 年第 5 期。

② 高良谋，卢建词：《内部薪酬差距的非对称激励效应研究——基于制造业企业数据的门限面板模型》，《中国工业经济》2015 年第 8 期。

③ 徐志武：《我国出版上市公司治理结构与绩效关系研究》，武汉大学博士学位论文，2018 年。

④ 吴育辉，吴世农：《企业高管自利行为及其影响因素研究——基于我国上市公司股权激励草案的证据》，《管理世界》2010 年第 5 期。

⑤ 高良谋，卢建词：《内部薪酬差距的非对称激励效应研究——基于制造业企业数据的门限面板模型》，《中国工业经济》2015 年第 8 期。

济成长能力强者，其经济效益无疑更好。因此，文章参考王旭[①]、翟文华[②]、尹映集[③]等人的研究，选用上市日至数据截取日所跨年限衡量上市年限。参考唐松[④]的研究，选用总资产增长率，即期末与期初总资产之差与期初总资产的比值衡量出版企业的成长能力。

最后，考虑到出版企业作为文化企业，担负实现社会效益及经济效益的双重使命，其经营战略与一般商业企业存在明显差异，管理层具有丰富的出版产业从业经验更利于决策。管理层团队具备出版从业经验的人数愈多，其经济效益可能会愈佳。因此，本文将管理层团队中每年具备出版从业经验的人数作为控制变量。这亦是本文结合我国出版上市企业生产经营实际情况，自设控制变量。另外，应考虑不同企业性质可能对研究结果造成干扰。实现出版“双效”经营目标，与民营出版企业相比，国有出版企业所担负的责任理应更重。虽然当前我国民营出版上市企业的数量较少，但为保证研究过程的严谨性及研究结论的准确性，仍有必要将不同性质的控股股东作为控制变量，以防止不同性质企业间经营目标的差异对研究结果造成影响。因此，本书引入国有股比例作为控制变量。由于每家出版上市企业所涉及的股东类型、股东数量众多，整体的股权结构较为复杂，因此，若要精准计算出每家出版上市企业的国有股比例，存在相当大的难度。本书借鉴向东、张睿等人[⑤]的做法，引入虚拟变量来区分我国出版上市企业控股股东的性质，对于国有股比例低于50%的出版上市企业定义为非国有控股出版上市企业，并取值为“0”。对于国有股（包括国有法人股）占总股份比例等于或高于50%的出版上市企业定义为国有控股出版上市企业，并取值为“1”。上述因变量、自变量及控制变量的设计及具体计算方法见表5－1。

---

① 王旭，徐向艺：《基于企业生命周期的高管激励契约最优动态配置——价值分配的视角》，《经济理论与经济管理》2015年第6期。

② 翟文华：《国企高管创新协同激励论》，吉林大学博士学位论文，2017年。

③ 尹映集：《中国家族控股上市公司内部治理与绩效关系研究——基于社会与经济属性双重视角》，山东大学博士学位论文，2014年。

④ 唐松，孙铮：《政治关联、高管薪酬与企业未来经营绩效》，《管理世界》2014年第5期。

⑤ 向东，张睿，张勋：《国有控股、战略产业与跨国企业资本结构——来自中国A股上市公司的证据》，《金融研究》2015年第1期。

表5－1　激励机制各要素、社会效益、经济效益的变量设计及计算方式

变量类型	变量名称	代码	变量计算方式
因变量（社会效益、经济效益）	社会效益	*SOB*	SOB = 履行文化责任的绩效 × W_1 + 履行对利益相关者责任的绩效 × W_2
	经济效益	*EP*	（利润总额 + 利息收入）/总资产总额 ×100%
自变量（激励机制）	薪酬激励	*SI*	年报中金额最高的前3名高级管理人员报酬总额的对数
	股权激励	*EI*	管理层持股数量之和/公司总股本 ×100%
	控制权激励	*CI*	办公费、差旅费、业务招待费等8项必要且合法的在职消费费用之和与公司主营业务收入之比①
	晋升激励	*PI*	前3名高管薪酬的均值与全体董事、监事和高管薪酬的均值、职工薪酬的均值，三者间的阶梯差额
	声誉激励	*RI*	公司高管获得政治声誉、社会声誉和专业声誉三方面数据的加总。其中，政治声誉指具有“人大代表”“政协委员”资格及曾经在政府单位任职的人员数量。社会声誉指高管在行业协会（如中国书刊发行协会、中国编辑学会等）、相关理事会、委员会等社会或行业组织中的兼职情况。专业声誉通过对公司高管获得的奖励及荣誉情况进行测算，如“中国出版政府奖”“韬奋出版奖”“五一劳动奖章”等。

① 8项费用主要指办公费、差旅费、业务招待费、通信费、出国培训费、董事会费、小车费和会议费等，这些费用是高管人员处理公司日常事务合法且必要的支出。

续表

变量类型	变量名称	代码	变量计算方式
控制变量	公司规模	*SIZE*	公司资产总额的自然对数
	财务杠杆	*LEV*	资产负债率。负债总额/资产总额×100%
	上市年限	*TIME*	上市日至数据截取日间所跨年限
	成长性	*GROWTH*	期末与期初总资产之差与期初总资产的比值
	控股股东性质	*STATE*	是否国有控股。当国有股份比例低于50%，记为“0”，当国有股份比例等于或高于50%，记为“1”
	具有出版经验高管规模	*NPE*	高管团队中每年具备出版从业经验的人数

资料来源：作者根据变量设计结果制作

5.2.2 数据获取与预处理

本书用于研究的出版企业数据均来自我国出版上市企业。之所以选择以我国出版上市企业作为研究对象，一是考虑到当前只有出版上市企业才完整、精准地公布其每年社会效益、经济绩效、激励机制、资产规模及负债情况，这些数据是本书得以展开研究的重要基础。而一些大学出版社、专业出版社等没有上市的出版企业并不会完整、精准地公布其每年社会效益、经济绩效、激励机制、资产规模及负债情况。没有这些数据，就无法准确地对激励视角下的社会效益、经济效益协同提升问题展开研究。二是我国出版上市企业包含大量优质出版社，这些出版社运营发展的整体情况能够代表我国出版产业的基本情况。截至2020年第1季度，我国共有23家以图书出版发行为主营业务的企业在A股成功上市①，涉及131家出版社②，其中包括人民文学出版社、中华书局、

① 中国证券监督管理委员会：《2020年1季度上市公司行业分类结果》，2020年4月2日，http：//www.csrc.gov.cn/csrc/c100103/c1451995/content.shtml.

② 涉及的出版社数量由笔者手工统计得出。

科学出版社、中国大百科全书出版社、中信出版社、岳麓书社，以及2019年营业收入迈进10亿大关的江苏凤凰教育出版社、大象出版社和商务印书馆等众多业界优质出版社[①]。这些优质出版社是我国出版产业发展的风向标，能够体现我国出版产业发展的整体面貌。

对于我国出版上市企业的数据是否足够精准、是否能够保证所得结论的科学性，作者在研究前期认真展开了调研，并征求出版研究、传媒经济研究、企业管理研究、会计学研究领域的诸多专家的意见。专家们一致认可采用我国出版上市企业数据研究激励约束视角下我国出版企业“双效”协同提升问题的可行性及科学性。一是因为采用我国出版上市企业的研究数据进行多元回归研究方法与当前国内和国外企业管理、会计学、公司治理等领域的主流研究趋于一致，得到学界和业界的普遍认可。二是我国出版上市企业负责按照企业会计准则的规定编制财务报表，使财务报表实现公允反映，并设计、执行和维护必要的内部控制，以使财务报表不存在由于舞弊或错误导致的重大错报。在编制财务报表时，出版上市企业亦负责评估其持续经营能力，披露与持续经营相关的事项。独立董事、监事会等治理机构亦负责监督我国出版上市企业的财务报告过程[②]。三是所采用数据主要来自出版上市企业年报。年报数据是由独立的第三方——注册会计师事务所审计鉴证后的数据，会计师事务所对出版上市公司年报数据的合法性、公允性提供高水平的合理保证，确保本书所采用数据的可靠性。

根据中国证监会官方网站公布的2020年1季度《上市公司行业分类结果》得知，我国“新闻与出版业”共有24家公司在上交所和深交所主板上市[③]。为确保研究结果的科学性，本文做了如下筛选：①考虑到不同证券市场的会计准则存在明显差异，应剔除B股或H股公司样本，因此，新华文轩（601811）作为在A股和H股交叉上市的出版企业，并未被列入研究样本。②剔除ST及＊ST股出版上市企业。前者说

---

① 出版商务周刊：《上市书企旗下出版机构业绩盘点》上，2020年5月11日，https://mp.weixin.qq.com/s/UeJZMe5X0usQJC2ttv1AeA.

② 巨潮资讯网：《中南出版传媒集团股份有限公司2020年年度报告》，2021年4月27日，http://www.cninfo.com.cn/new/disclosure/detail?plate=sse&orgId=9900015470&stockCode=601098&announcementId=1209807055&announcementTime.

③ 中国证券监督管理委员会：《2020年1季度上市公司行业分类结果》，2020年4月2日，http://www.csrc.gov.cn/csrc/c100103/c1451995/content.shtml.

明出版上市企业存在财务异常或者其他异常情况。后者则说明出版上市企业具有退市风险。这两类出版上市企业并不足以反映我国出版上市企业的实际情况，会干扰研究结论的准确性。③剔除不以出版发行为主营业务的传媒上市企业。本书的核心研究对象是以出版物的生产发行为主营业务的出版上市企业，而非以此为主营业务的出版上市企业并未包括其中，如华媒控股、华闻集团、博瑞传播。④鉴于数据的不可获取性，本书未将2019年底上市的中信出版（300788）列为研究样本。经过筛选，本文最终确定将19家出版上市企业列为研究对象。这19家出版上市企业名单见表5－2。

表5－2　我国出版上市企业样本名单

序号	股票代码	简称	出版上市企业全称
1	000719	中原传媒	中原大地传媒股份有限公司
2	300148	天舟文化	天舟文化股份有限公司
3	300364	中文在线	中文在线集团股份有限公司
4	600229	城市传媒	青岛城市传媒股份有限公司
5	600373	中文传媒	中文天地出版传媒集团股份有限公司
6	600551	时代出版	时代出版传媒股份有限公司
7	600757	长江传媒	长江出版传媒股份有限公司
8	600825	新华传媒	上海新华传媒股份有限公司
9	601098	中南传媒	中南出版传媒集团股份有限公司
10	601801	皖新传媒	安徽新华传媒股份有限公司
11	601900	南方传媒	南方出版传媒股份有限公司
12	601928	凤凰传媒	江苏凤凰出版传媒股份有限公司
13	601999	出版传媒	北方联合出版传媒（集团）股份有限公司
14	603999	读者传媒	读者出版传媒股份有限公司
15	603096	新经典	新经典文化股份有限公司
16	601858	中国科传	中国科技出版传媒股份有限公司
17	601019	山东出版	山东出版传媒股份有限公司
18	601949	中国出版	中国出版传媒股份有限公司
19	300654	世纪天鸿	世纪天鸿教育科技股份有限公司

资料来源：作者根据分析结果自行整理制作。

研究中采用的数据主要来自国泰安CSMAR数据库及各公司年报。除社会效益数据由笔者自行计算整理外，经济效益、自变量和控制变量数据均来自国泰安 CSMAR 数据库。对于少数缺失值，笔者通过查阅上市公司年报及官网进行补充，比如，声誉激励指标除通过国泰安获取数据之外，部分缺失数据通过手工查阅巨潮资讯网公布的上市公司年报，或者查阅百度百科及公司官网等渠道获得。最终，笔者共搜集上述 19 家中国出版上市企业从上市第 1 年[①]至 2020 年所有的激励机制、社会效益数据。在剔除这些出版上市企业首次公开募股年份的数据后，共获得 122 组样本观测值。对于这 122 组观测值是否满足本研究所需，本书也一并深入研究。经过对比出版传媒领域已有的相关研究发现，《新闻与传播研究》[②]《现代传播》[③]《科技与出版》[④] 等顶级学术期刊曾分别发表过 20 组、42 组、36 组面板观测数据的文章。而且根据中心极限定理，当样本数据量大于等于 30 时，此时可以参照样本的正态分布特征来推断总体情况[⑤⑥]。有鉴于此，本书采用 122 组观测数据用于研究激励机制各要素对我国出版上市企业社会效益、经济效益提升的影响是合理可行的。最后，为消除异常值对研究结果可能造成的影响，本书参照张兆国、曹丹婷和张弛[⑦]的研究，对所有连续变量在 1% 和 99% 上进行了截尾处理（Winsorize）。

5. 2. 3 模型设定

为了检验我国出版上市企业社会效益提升、经济效益提升受管理层激励机制的影响，参考张兆国、曹丹婷和张弛[⑧]的研究，分别构建两个

---

① 我国出版企业最早上市者为 2006 年上市的上海新华传媒股份有限公司。

② 向志强，欧阳刘婕：《微观因素对传媒产业发展影响的实证研究——基于传媒上市公司董事会特征的视角》，《新闻与传播研究》2013 年第 6 期。

③ 姚德权，邓阳：《出版类上市公司多元经营绩效的实证分析》，《现代传播（中国传媒大学学报）》2016 年第 1 期。

④ 李雅筝，周荣庭：《国内出版上市企业多元化经营对其绩效影响的实证分析》，《科技与出版》2015 年第 10 期。

⑤ 曾秀，张楠：《新闻传播统计学基础》，厦门，厦门大学出版社，2015 年，第 102 页。

⑥ 徐志武：《我国出版上市公司治理结构与绩效关系研究》，武汉大学博士学位论文，2018 年。

⑦ 张兆国，曹丹婷，张弛：《高管团队稳定性会影响企业技术创新绩效吗——基于薪酬激励和社会关系的调节作用研究》，《会计研究》2018 年第 12 期。

⑧ 张兆国，曹丹婷，张弛：《高管团队稳定性会影响企业技术创新绩效吗——基于薪酬激励和社会关系的调节作用研究》，《会计研究》2018 年第 12 期。

模型：一是我国出版上市企业社会效益提升受激励机制影响的模型；二是我国出版上市企业经济效益提升受激励机制影响的模型。其中，社会效益提升受管理层激励影响的模型：

$$SOB_{i,t} = \alpha + \beta_1 SIZE_{i,t-1} + \beta_2 LEV_{i,t-1} + \beta_3 TIME_{i,t} + \beta_4 GROWTH_{i,t-1} + \beta_5 STATE_{i,t-1} + \beta_6 NPE_{i,t-1} + \beta_7 SI_{i,t-1} + \beta_8 EI_{i,t-1} + \beta_9 CI_{i,t-1} + \beta_{10} PI_{i,t-1} + \beta_{11} RI_{i,t-1} + \varepsilon_{i,t}$$

上述模型中，*SOB* 为因变量，即出版企业履行文化责任的绩效和履行利益相关者责任的绩效。α 为截距。ε 为随机扰动项。β_7，β_8，β_9，β_{10}，β_{11}为模型中各自变量的回归系数。自变量主要包括：薪酬激励 *SI*、股权激励 *EI*、控制权激励 *CI*、晋升激励 *PI*、声誉激励 *RI*。β_1，β_2，β_3，β_4，β_5，β_6为模型中各个控制变量的回归系数。控制变量主要包括：公司规模 *SIZE*、财务杠杆 *LEV*、上市年限 *TIME*、成长性 *GROWTH*、控股股东性质 *STATE*、高管团队中具有出版经验人数的规模 *NPE*。

其中，经济效益提升受管理层激励影响的模型：

$$CEP_{i,t} = \alpha + \beta_1 SIZE_{i,t-1} + \beta_2 LEV_{i,t-1} + \beta_3 TIME_{i,t} + \beta_4 GROWTH_{i,t-1} + \beta_5 STATE_{i,t-1} + \beta_6 NPE_{i,t-1} + \beta_7 SI_{i,t-1} + \beta_8 EI_{i,t-1} + \beta_9 CI_{i,t-1} + \beta_{10} PI_{i,t-1} + \beta_{11} RI_{i,t-1} + \varepsilon_{i,t}$$

上述模型中，*CEP* 为因变量，特指经济效益 *ROE*。α 为截距。ε 为随机扰动项。β_7，β_8，β_9，β_{10}，β_{11}为模型中各自变量的回归系数。自变量主要包括：薪酬激励 *SI*、股权激励 *EI*、控制权激励 *CI*、晋升激励 *PI*、声誉激励 *RI*。β_1，β_2，β_3，β_4，β_5，β_6为模型中各个控制变量的回归系数。控制变量主要包括：公司规模 *SIZE*、财务杠杆 *LEV*、上市年限 *TIME*、成长性 *GROWTH*、控股股东性质 *STATE*、高管团队中具有出版经验人数的规模 *NPE*。

5.2.4 模型估计方法

对面板数据进行估计，采用的是固定效应模型和随机效应模型两种方法。通常认为，如果样本中的个体是从总体中随机抽取出来的，那么随机效应模型是一个更合适的选择。但如果样本中的个体有效地组成了总体，那么使用固定效应模型更为合理。更技术地讲，在随机效应模型下，广义最小二乘（GLS）方法中的变换不会去除那些不随时间变化的解释变量，因此，它们对于因变量的冲击可以被一一列举出来。另外，因为随机效应模型中的待估参数更少（模型中没有虚拟变量，也不需要进行组内变换），由此可以节省一些自由度，所以随机效应模型的估计结果应该比固定效应模型更为有效[①]。

不过，随机效应模型有一个主要的缺陷，那就是只有当合成误差项与所有自变量之间都不存在相关性的时候，这一方法才是有效的。也就是说，如果那些遗漏变量与自变量无关，那么就可以采用随机效应模型，否则最好采用固定效应模型[②]。要检验某一模型到底该采用随机效应模型估计，还是采用固定效应模型估计，学界公认可行的做法是通过 Hausman 检验来确定。Hausman 检验的核心是比较固定效应模型和随机效应模型所得参数是否存在显著差异[③]。在给定显著水平下，如果检验统计量小于卡方分布临界值，则应选用随机效应模型；反之，如果检验统计量大于卡方分布临界值，则应选用固定效应模型[④]。但是，固定效应模型在本书中存在无法估计出某些模型的情形。尤其当自变量取虚拟变量时（如国有股比例 *STATE*），由于样本数据变异不够，可能会出现共线问题而导致模型无法估计。为解决这一困难，本书对部分涉及虚拟变量且无法采用固定效应估计方法的模型，直接采用随机效应模型估计方法展开多元回归分析[⑤]。

5.3 数据分析与结果

多元回归分析是通过上述设定模型和估计方法发现我国出版上市企业社会效益、经济效益受管理层激励影响结论的关键步骤。但是在多元回归分析之前，一般需要对回归分析所采用的数据进行描述统计分析和

---

① 〔英〕克里斯·布鲁克斯（Chris Brooks）：《金融计量经济学导论》，王鹏译，上海，上海人民出版社，2019 年，第 3 版，第 432 页。

② 〔英〕克里斯·布鲁克斯（Chris Brooks）：《金融计量经济学导论》，王鹏译，上海，上海人民出版社，2019 年，第 3 版，第 432 页。

③ 曾康华：《计量经济学》，北京，清华大学出版社，2016 年，第 206 页。

④ 杜江：《计量经济学及其应用》，北京，机械工业出版社，2015 年，第 266～267 页。

⑤ 徐志武：《我国出版上市公司治理结构与绩效关系研究》，武汉大学博士学位论文，2018 年。

相关分析。

5.3.1 描述统计分析

描述统计分析是一般用于观察、探索分析数据基本特征的重要方法。通过描述统计分析，可以观察我国出版上市企业社会效益、经济效益、激励机制各要素最大值、最小值、最大值与最小值的差值①、平均值、标准差等数据，进而发现社会效益、经济效益、激励机制各要素的整体情况、波动趋势、基本特征。由于我国出版企业上市集中于2010年之后，因此描述统计分析的数据亦从2011开始，这样更能够说明我国出版上市企业数据的整体情况。

从社会效益看，2011—2016年中国出版上市企业社会效益的最大值与最小值的差值逐渐增大，说明我国出版上市企业间的社会效益水平在这些年间的差距呈现逐渐增大的趋势。但是，这种逐渐增大的趋势自2017年以后逐渐改善，社会效益差值呈现缩小趋势。2011—2019年我国出版上市企业社会效益的最小值由－1.8升至－0.835，最大值由0.42升至1.434，这说明我国出版上市企业的社会效益在这些年间逐渐提升。平均值从－0.69升至0.273，也已从另一面说明我国出版上市企业的社会效益水平正逐年提升。从标准差看，该数值由2011年的0.712逐渐上升至2016年的0.921，后又降至2019年的0.739，这说明我国出版上市企业间社会效益水平差异在2016年升至顶点，随后逐渐呈现收敛趋势。究竟哪些激励机制对我国出版上市企业社会效益提升起推动作用，需要在下述多元回归分析中发掘探究。

从经济效益看，虽然2011—2019年我国出版上市企业的经济效益均值差异不大，均为0.09。但是，从每年最大值与最小值的差额看，我国出版上市企业经济效益之间的差额由2016年的0.08增至2020年的0.14，这说明我国出版上市企业乃至整个出版行业需要防止经济效益可能逐渐出现的“马太效应”。值得肯定的是，这9年我国出版上市企业净资产收益率的最大值、最小值均呈现增长的趋势，这说明我国出版上市企业乃至整个出版行业的经济效益在不断进步。在纸质出版物销

① “范围”是指最大值与最小值之差。

量日渐萎缩、数字出版转型前景仍然艰难的情况下，我国出版上市企业整体经济效益仍呈现上升趋势是难能可贵的。这亦说明，我国出版上市企业的多元经营战略整体上是成功的，多元经营可能亦是当前我国出版上市企业实现国有资本增值保值的重要途径之一。

从激励机制各要素看，一是我国出版上市企业管理层所获年度薪酬整体呈现逐年升高态势。不管是管理层所获年度薪酬的最大值，还是年度薪酬的最小值，从2011—2019年这两大数值上升的趋势较为明显。管理层所获年度薪酬逐年上升，从人力资源成本角度来说有其合理性。但是我国出版上市企业管理层在获得更多薪酬的同时，这些薪酬是否起到激励效果，以促进其努力工作，提升我国出版上市企业的社会效益、经济效益，这是仍待研究的重要问题。从标准差看，2012年我国出版上市企业管理层薪酬的标准差为0.34，到2019年已升至0.45，这说明每年我国不同出版上市企业管理层所获薪酬的差异正逐渐增大。获得更高薪酬的出版上市企业管理层是否比获得更低薪酬者创造出更好的社会效益、更好的经济效益呢？这一问题亦值得在后续章节中深入探究。

二是2015年以后，我国出版上市企业管理层所获股权的最大值呈现逐年增长趋势。这一增长趋势与2015年以后凤凰传媒、皖新传媒等少数出版上市企业实施股权激励试点方案有较大关系。截至2019年底，凤凰传媒管理层持股数量之和已达到1191981股，皖新传媒达到108706股，新华传媒达到104260股。而从2011年至2019年，我国出版上市企业管理层所获股权的最小值仍无太大变化，多数管理层并没有持有其所在企业的股票。给予我国出版上市企业的管理层，尤其是国有出版企业管理层适度的股权激励，到底能否激励其推动社会效益、经济效益提升，仍有待深入研究。到底是否应该给予我国出版上市企业管理层股权激励，仍有待根据前述研究成果做进一步分析。

三是2011—2019年管理层控制权激励水平的均值呈上升趋势。但是这种上升趋势较为缓慢，仅从2011年的19.13增长至2019年的19.69。党的十八大以来，党中央坚定推进全面从严治党，制定和落实中央八项规定，开展党的群众路线教育实践活动，坚决反对形式主义、官僚主义、享乐主义和奢靡之风[1]。虽然控制权激励水平的均值增长相对缓慢，但是从最大值和最小值看，这两大数值从2011年至2019年一直在增长，这说明，我国出版上市企业普遍在逐年调整并提升管理层控制权水平。给予管理层更大的控制权，是否能够激励其努力为我国出版上市企业创造更优异的社会效益和经济效益？这一问题亦值得探究。

四是2011—2019年中国出版上市企业的晋升激励水平整体呈缓慢下降趋势。这说明，我国出版上市企业管理层受到的激励力度呈减弱态势。究其原因，从表面上看是我国出版上市企业中原有晋升激励水平较高的企业逐年调低其激励力度。而一些激励水平本来就较低的出版上市企业的调整力度并不大。这也就逐渐缩小了管理层晋升激励力度的差距。这一点，从不同出版上市企业间逐年缩小的晋升激励水平标准差可见一斑。给予管理层更大的晋升激励力度能够促进出版上市企业社会效益、经济效益提升吗？给予管理层更小的晋升激励力度是否会削弱其努力工作的积极性，从而威胁我国出版上市企业社会效益、经济效益提升？这正是接下来的章节中需要研究的重点问题。

五是2011—2015年中国出版上市企业声誉激励水平的均值呈缓慢下降趋势。究其原因，主要是我国出版上市企业管理层所获声誉激励的最大值逐渐下降。在此期间，我国仍有部分出版上市企业并未真正实行声誉激励机制，它们的声誉激励水平得分为0。从标准差看，2011—2019年中国出版上市企业声誉激励的波动水平呈现逐渐缩小态势，这说明我国出版上市企业乃至出版行业可能并没有真正意识到声誉激励在推动社会效益、经济效益提升过程中的价值，出版业整体上对下降的声誉激励水平并未采取有效的应对措施。声誉激励是满足管理层精神需求、实现自我的重要手段，亦是管理层实现晋升的重要筹码。在当前我国出版上市企业管理层声誉激励水平呈整体下降趋势的情况下，出版企业的整体社会效益、经济效益是否会受到影响？这一点值得关注。

---

① 霍小光，张晓松，罗争光，等：《党的十九大以来以习近平同志为核心的党中央坚定不移推进全面深化改革述评》，《人民日报》2018年8月6日，第1版。

5.3.2 相关性分析

相关关系是社会经济现象中普遍存在的数量依存关系。相关分析的目的就是要揭示相关关系的表现形态，探求相关关系的数学形式，掌握相关关系的发展规律，了解相关关系的密切程度。学界常常把学术问题中相关关系分成两类：一是自变量和因变量的关系；二是自变量与自变量的关系。自变量一般不受其他因素的影响，在相互依存中处于主导地位，自变量的变化决定和影响因变量的变化，自变量是主动的，因变量是被动的①。皮尔逊相关分析相关系数 r 是用以反映变量之间相关关系密切程度的统计指标。当 $|r| \geqslant 0.8$ 时，可视为两个变量之间高度相关；$0.5 \leqslant |r| < 0.8$ 时，可视为中度相关；$0.3 \leqslant |r| < 0.5$ 时，视为低度相关；$|r| < 0.3$ 时，说明两个变量之间的相关程度极弱，可视为不相关②。在相关性分析中，比较理想的情况是，自变量与因变量之间存在显著的相关关系，而自变量与自变量之间、自变量与控制变量之间没有显著的高度相关关系，亦即相关系数 $|r| < 0.8$，否则可能会出现自变量之间的多重共线问题，影响后续多元回归分析结果的准确性。

从表 5-3“激励机制与社会效益相关性分析的结果”看，我国出版上市企业社会效益与激励机制的大部分要素之间存在显著的相关分析。同时，自变量与自变量之间、自变量与控制变量之间的相关系数 $|r| < 0.6$，低于 0.8，这说明，采用这些变量及其相关系数展开元回归分析是适合的。同理，从表 5-4“激励机制与经济效益相关性分析的结果”看，我国出版上市企业经济效益与激励机制的部分要素之间存在显著的相关分析。同时，自变量与自变量之间、自变量与控制变量之间的相关系数 $|r| < 0.5$，低于 0.8，这说明，采用这些变量及其相关系数以多元回归分析的方式研究我国出版上市企业经济效益提升与激励各要素之间的关系是恰当的。

---

① 刘桂荣：《统计学原理》，上海，华东理工大学出版社，2019 年，第 2 版，第 226 页。

② 陈慧慧，方小教，周阿红，等：《社会调查方法》，合肥，中国科学技术大学出版社，2019 年，第 249 页。

表 5 - 3 激励机制与社会效益相关性分析的结果

	SOB	*SIZE*	*LEV*	*TIME*	*GROWTH*	*STATE*	*NPE*	*SI*	*EI*	*CI*	*PI*	*RI*
SOB	1											
SIZE	0. 38 **	1										
LEV	0. 21	0. 38 **	1									
TIME	0. 09	0. 24 *	0. 15	1								
GROWTH	-0. 01	-0. 03	-0. 14	-0. 19	1							
STATE	0. 49 **	0. 54 **	0. 56 **	0. 12	-0. 26 **	1						
NPE	0. 55 **	0. 48 **	0. 50 **	0. 05	-0. 1	0. 56 **	1					
SI	0. 44 **	0. 41 **	0. 23 *	-0. 03	0. 04	-0. 1	-0. 005	1				
EI	0. 81 **	0. 53 **	0. 34 **	0. 09	-0. 05	0. 51 **	0. 46 **	0. 46 **	1			
CI	-0. 16	-0. 25 *	-0. 32 **	-0. 1	0. 11	-0. 57 **	-0. 37 **	0. 26 **	-0. 21 *	1		
PI	-0. 41 **	-0. 44 **	-0. 21 *	-0. 22 *	-0. 004	-0. 35 **	-0. 17	-0. 19	-0. 45 **	-0. 01	1	
RI	0. 57 **	0. 40 **	0. 21 *	-0. 18	0. 11	0. 09	0. 31 **	0. 34 **	0. 49 **	-0. 11	-0. 12	1

资料来源：作者根据激励机制与社会效益相关分析结果制作。注：** 、* 分别表示在 1% 、5% 的水平下显著。

表 5-4　激励机制与经济效益相关性分析的结果

	CEP	*SIZE*	*LEV*	*TIME*	*GROWTH*	*STATE*	*NPE*	*SI*	*EI*	*CI*	*PI*	*RI*
CEP	1.00											
SIZE	0.28**	1.00										
LEV	0.18*	0.38**	1.00									
TIME	-0.16	0.24*	0.15	1.00								
GROWTH	0.10	-0.03	-0.14	-0.19	1.00							
STATE	0.38**	0.54**	0.56**	0.12	-0.26**	1.00						
NPE	0.39**	0.48**	0.50**	0.05	-0.10	0.56**	1.00					
SI	-0.11	0.41**	0.23*	-0.03	0.04	-0.10	0.00	1.00				
EI	0.25*	0.53**	0.34**	0.09	-0.05	0.51**	0.46**	0.46**	1.00			
CI	-0.22*	-0.25*	-0.32*	-0.10	0.11	-0.57**	-0.37**	0.26**	-0.21*	1.00		
PI	-0.03	-0.47**	-0.21*	-0.27*	0.00	-0.35**	-0.17	-0.19	-0.45**	-0.01	1.00	
RI	0.15	0.40**	0.21*	-0.18	0.11	0.09	0.31**	0.34**	0.49**	-0.11	-0.12	1.00

资料来源：作者根据激励机制与经济效益相关分析结果制作。注：**、*分别表示在1%、5%的水平下显著。

5.3.3 多元回归分析

回归分析是通过一个变量或一些变量（即自变量和控制变量）的变化解释另一变量（即因变量）的变化。其主要内容和步骤为：首先，根据理论和对问题的分析判断，将变量分为自变量和因变量；其次，构建合适的数学模型（即回归模型），由这个模型定义出与数据中观察到的模式最为吻合的回归线并描述变量间的关系。由于涉及的变量具有不确定性，接着还要对回归模型进行统计检验。统计检验通过后，最后利用回归模型，根据自变量去估计、预测因变量①②。按照前文构建的模型，本节运用 STATA 14.0 对激励机制各要素分别对社会效益提升、经济效益提升的影响展开多元回归分析。

5.3.3.1 激励机制各要素对社会效益提升影响的多元回归结果

为了检验前文的假设 1 至假设 5，本书以我国出版上市企业履行文化责任绩效和履行对利益相关者责任绩效的综合值作为因变量，以薪酬激励、股权激励、控制权激励、晋升激励、声誉激励为自变量，以公司规模、财务杠杆、上市年限、成长性、控股股东性质、具有出版经验管理层规模为控制变量，建立多元回归模型。为尽量避免自变量与自变量之间、自变量与控制变量之间可能存在的多重共线性问题，本书在建立回归模型时，通过相关性分析进行甄别，结果发现，上述变量之间没有明显共线问题。在此基础上，本书利用相关样本及其数据展开回归分析，结果见表 5－5。表 5－5 中模型回归分析结果显示，Hausman 检验结果 $P=0.189$，大于 0.05，说明此时使用随机效应模型更为合适。随机效应模型 Wald＝151.54，且通过一致性检验，R^2 方为 0.7681，说明回归直线对观测值的拟合程度较好。

---

① 王振成：《统计学》，重庆，重庆大学出版社，2019 年，第 198 页。

② 〔美〕拉里·克里斯滕森，〔美〕伯克·约翰逊，〔美〕莉萨·特纳：《研究方法设计与分析》，赵迎春译，北京，商务印书馆，2018 年，第 11 版，第 360 页。

表5-5 激励机制各要素对社会效益提升影响的回归分析结果

变量	因变量—社会效益（*SOB*）		
	系数	标准差	*t* 值
常数项	-9.367	3.189	-2.94***
控制变量			
公司规模（*SIZE*）	-0.0457	0.234	-0.20
财务杠杆（*LEV*）	-0.952	0.688	-1.38
上市年限（*TIME*）	0.084	0.027	3.13***
成长性（*GROWTH*）	0.281	0.123	2.29**
控股股东性质（*STATE*）	0.770	0.396	1.94
具有出版经验高管规模（*NPE*）	0.005	0.019	0.27
自变量			
薪酬激励（*SI*）	-0.105	0.256	-0.41
股权激励（*EI*）	-1.410	3.255	-0.43
控制权激励（*CI*）	0.551	0.208	2.65***
晋升激励（*PI*）	0.001	0.001	1.66*
声誉激励（*RI*）	0.082	0.029	2.84***
Overall_R^2	0.7681		
Wald_chi^2	151.54		
Hausman 检验	随机效应		
	$P=0.189$		

资料来源：作者根据多元回归分析结果制作。注：***、**、* 分别表示1%、5%、10%的显著性水平。括号内的值为 *z* 值（或者 *t* 值）。

薪酬激励的回归系数为-0.105，且不显著，说明薪酬激励对社会效益提升的影响在统计学意义上并不显著。假设1中正向关系的理论假设并未得到验证。

股权激励的回归系数为-1.410，且不显著，说明股权激励在统计学意义上对我国出版上市企业社会效益提升并没有显著影响。假设2中正向关系的理论假设并不成立。

控制权激励的回归系数为0.551，且显著，说明控制权激励对我国出版上市企业社会效益提升具有显著正向影响，控制权激励水平越高，出版企业的社会效益愈佳。假设3中正向关系的理论假设是成立的。

晋升激励的回归系数为0.001，且不显著，说明晋升激励可直接正向促进我国出版上市企业社会效益提升。面向管理层的晋升激励力度越大，出版企业的社会效益会越好。假设4中正向关系的理论假设得到验证。

声誉激励的回归系数为0.082，且显著，说明声誉激励可正向促进我国出版上市企业社会效益提升。面向管理层的声誉激励水平越高，出版企业的社会效益会越好。假设5中正向关系的理论假设得到验证。

根据上述多元回归结果，可以发现，在薪酬激励、股权激励、控制权激励、晋升激励、声誉激励这五大激励机制要素中，控制权激励、晋升激励、声誉激励我国出版上市企业社会效益提升产生显著直接正向影响，原有假设得以证实。而薪酬激励、股权激励对我国出版上市企业社会效益提升并没有产生显著直接正向影响，这与原假设中所述的薪酬激励、股权激励对社会效益提升有显著正向影响的假设是不符的。至于到底何种原因导致薪酬激励、股权激励对我国出版上市企业社会效益提升的影响失效，还有待在结果讨论章节展开进一步深入细致的研究。理论假设与实际结果对比情况见表5－6。

表5－6　激励机制对社会效益提升影响的实际结果与理论假设对比

序号	理论假设	成立与否	实际结果
H1	社会效益提升有赖于管理层薪酬激励	实际与假设不符	无显著影响
H2	管理层股权激励可推动社会效益提升	实际与假设不符	无显著影响
H3	控制权激励对社会效益提升有明显促进作用	成立	显著正向影响
H4	社会效益提升很大程度取决于晋升激励	成立	显著正向影响
H5	声誉激励对社会效益提升有积极作用	成立	显著正向影响

资料来源：作者根据实证结果与理论假设对比分析结果整理制作

5.3.3.2 激励机制各要素对经济效益提升影响的多元回归结果

为了检验前文的假设 6 至假设 10，本书以我国出版上市企业的净资产收益率作为因变量，以薪酬激励、股权激励、控制权激励、晋升激励、声誉激励为自变量，以公司规模、财务杠杆、上市年限、成长性、控股股东性质、具有出版经验管理层规模为控制变量，建立多元回归模型。为尽量避免自变量与自变量之间、自变量与控制变量之间可能存在的多重共线性问题，本书在建立回归模型时，通过相关性分析进行甄别，结果发现，上述变量之间没有明显共线问题。在此基础上，本文利用相关样本及其数据展开回归分析，结果见表 5－7。表 5－7 中模型回归分析结果显示，Hausman 检验结果 $P=0.275$，大于 0.05，说明此时使用随机效应模型更为合适。随机效应模型 Wald = 71.36，且通过一致性检验，R^2 方为 0.4395，说明回归直线对观测值的拟合程度是较好的。

表 5－7 激励机制各要素对经济效益提升影响的回归分析结果

变量	因变量—经济效益（*ROE*）		
	系数	标准差	*t* 值
常数项	－0.325	0.302	－1.08
控制变量			
公司规模（*SIZE*）	0.107	0.033	3.19***
财务杠杆（*LEV*）	－0.178	0.092	－1.94*
上市年限（*TIME*）	－0.008	0.003	－2.54**
成长性（*GROWTH*）	0.035	0.021	1.73*
控股股东性质（*STATE*）	0.132	0.043	3.09***
具有出版经验高管规模（*NPE*）	0.006	0.003	2.16**
自变量			
薪酬激励（*SI*）	－0.066	0.025	－2.69***
股权激励（*EI*）	0.101	0.059	1.70**
控制权激励（*CI*）	－0.065	0.026	－2.56*

续表

变量	因变量—经济效益（*ROE*）		
	系数	标准差	*t* 值
晋升激励（*PI*）	0.0003	0.0002	1.66*
声誉激励（*RI*）	0.003	0.004	0.87
Overall_R²	0.4395		
Wald_chi²	71.36		
Hausman 检验	随机效应		
	P = 0.275		

资料来源：作者根据多元回归分析结果制作。注：***、**、* 分别表示 1%、5%、10% 的显著性水平。括号内的值为 *z* 值（或者 *t* 值）。

薪酬激励的回归系数为 -0.066，是负数，且显著，这说明，中国出版上市企业实施管理层薪酬激励可对经济效益产生显著负向影响，即薪酬愈高，出版企业的经济效益反而愈低。这说明，在中国出版上市企业中，薪酬激励不仅没有解决委托代理所带来的各种道德风险问题，反而可能是我国出版企业中委托代理关系所带来的道德风险的真实写照。假设 6 不成立。

股权激励的回归系数为 0.101，是正数，且显著，这说明，在中国出版上市企业中，对管理层实施股权激励可对经济效益产生显著正向影响，即管理层持股水平越高，出版企业的经济效益越好。假设 7 成立。

控制权激励的回归系数为 -0.065，是负数，且显著，与薪酬激励类似，这说明，中国出版上市企业对管理层实施控制权激励可对经济效益产生显著负向影响，即面向管理层控制权激励的水平愈高，出版企业的经济效益反而愈低。这亦说明，在中国出版上市企业中，控制权激励不仅没有解决委托代理关系所带来的各种道德风险问题，反而可能是我国出版企业中委托代理问题的真实反映。假设 8 不成立。

晋升激励的回归系数为 0.0003，是正数，且不显著，这说明，中国出版上市企业实施面向管理层的晋升激励可对经济效益产生显著正向影响，即晋升激励的水平越高，出版企业的经济效益越好。假设 9 成立。

声誉激励的回归系数为 0.003，且显著，这说明，中国出版上市企业对管理层实施声誉激励并不会对经济效益产生显著正向影响。假设

10 不成立。

根据上述多元回归结果分析，可以发现，在薪酬激励、股权激励、控制权激励、晋升激励、声誉激励这五大激励机制要素中，只有面向管理层的股权激励、晋升激励可对我国出版上市企业经济效益提升产生显著直接正向影响，原有假设得以证实。而声誉激励对我国出版上市企业经济效益提升并没有产生显著直接正向影响，这与原假设中所提出的显著正向影响是不符的。尤其值得注意的是，结果显示，薪酬激励、控制权激励可对我国出版上市企业经济效益产生显著直接负向影响。这一结论与原假设中所提出的薪酬激励、控制权激励可对我国出版上市企业经济效益产生显著正向影响是完全背离的。到底何种原因导致薪酬激励、控制权激励对我国出版上市企业经济效益提升的影响未完全发挥，还有待在结果讨论章节展开进一步深入细致的研究。理论假设与实际结果的对比情况见表 5－8。

表 5－8　激励机制对经济效益提升影响的实际结果与理论假设对比

序号	理论假设	成立与否	实际结果
H6	管理层薪酬激励可推动经济效益提升	完全背离	显著负向影响
H7	股权激励可积极作用于出版经济效益增长	成立	显著正向影响
H8	控制权激励对经济效益提升有明显正向影响	完全背离	显著负向影响
H9	晋升激励可对经济效益增长产生正向影响	成立	显著正向影响
H10	声誉激励是促进经济效益提升的重要因素	实际与假设不符	无明显影响

资料来源：作者根据实证结果与理论假设对比分析结果整理制作。

5.3.4 稳健性检验

为了检验上节多元回归分析结果及研究结论的可靠性，本书参考张兆国、曹丹婷和张弛①的做法，以增减部分自变量的方式或者以更改某一变量取值的方式再次对模型进行多元回归，将回归结果与上节中主模型分析结果进行对比。若稳健性检验中所得结果与原来主模型的多元回归结果一致，则说明主模型的回归结果和所得结论是可靠的。若稳健性检验所得结果与主模型的多元回归结果不一致，则说明需要对主模型进行调整。

5.3.4.1 激励机制各要素对社会效益提升影响结果的稳健性检验

为检验激励机制各要素对社会效益提升影响结果的可靠性，本书采用两种稳健性检验方式。一是增加现金流（CF）这一控制变量。考虑到不同出版企业的现金流水平差异，可能会对其履行对利益相关者责任的结果及履行文化责任的结果产生影响。现金流水平高者，实现社会效益的能力可能愈强。加入现金流这一控制变量后，模型回归结果见表5－9“激励机制对社会效益提升影响的稳健性检验1”。二是改变因变量社会效益的取值。首先将出版上市企业履行文化责任的取值改为14位专家的评价结果，然后以“Mix-max 标准化”方法消除出版企业履行文化责任绩效与履行对利益相关者责任绩效的量纲，再以前者权重60%、后者权重40%的比率综合计算出版上市企业社会效益综合值。运用这一新的社会效益取值，再进行多元回归分析，所得结果见表5－10“激励机制对社会效益提升影响的稳健性检验2”。

① 张兆国，曹丹婷，张弛：《高管团队稳定性会影响企业技术创新绩效吗——基于薪酬激励和社会关系的调节作用研究》，《会计研究》2018年第12期。

表5-9　激励机制对社会效益提升影响的稳健性检验1

变量	因变量—社会效益（*SOB*）		
	系数	标准差	*t* 值
常数项	-9.983	3.385	-2.95***
控制变量			
公司规模（*SIZE*）	-0.222	0.239	-0.93
财务杠杆（*LEV*）	-0.409	0.733	-0.56
上市年限（*TIME*）	0.088	0.025	3.49***
成长性（*GROWTH*）	0.275	0.112	2.47**
控股股东性质（*STATE*）	0.472	0.439	1.08
具有出版经验高管规模（*NPE*）	0.007	0.018	0.36
现金流（*CF*）	-0.163	0.471	-0.35
解释变量			
薪酬激励（*SI*）	-0.032	0.251	-0.13
股权激励（*EI*）	-2.567	3.286	-0.78
控制权激励（*CI*）	0.742	0.222	3.35***
晋升激励（*PI*）	0.001	0.001	1.76*
声誉激励（*RI*）	0.060	0.031	1.97**
Overall_R^2	0.7437		
Wald_chi^2	130.95		
Hausman 检验	随机效应		
	P=0.148		

资料来源：作者根据可靠性检验结果制作。注：***、**、*分别表示1%、5%、10%的显著性水平。括号内的值为 *z* 值（或者 *t* 值）。

表5-10　激励机制对社会效益提升影响的稳健性检验2

变量	因变量—社会效益（*SOB*）		
	系数	标准差	*t* 值
常数项	-1.734	0.625	-2.77
控制变量			

续表

变量	因变量—社会效益（*SOB*）		
	系数	标准差	*t* 值
公司规模（*SIZE*）	-0.078	0.054	-1.46
财务杠杆（*LEV*）	-0.030	0.153	-0.20
上市年限（*TIME*）	0.021	0.006	3.73***
成长性（*GROWTH*）	0.063	0.024	2.63***
控股股东性质（*STATE*）	0.105	0.100	1.05
具有出版经验高管规模（*NPE*）	0.002	0.004	0.41
解释变量			
薪酬激励（*SI*）	0.026	0.046	0.56
股权激励（*EI*）	-0.417	0.359	-1.16
控制权激励（*CI*）	0.174	0.048	3.61***
晋升激励（*PI*）	0.0003	0.0002	1.65*
声誉激励（*RI*）	0.014	0.007	2.02**
Overall_R^2	0.7273		
Wald_chi^2	129.76		
Hausman 检验	随机效应		
	$P=0.306$		

资料来源：作者根据可靠性分析结果制作。注：***、**、*分别表示1%、5%、10%的显著性水平。括号内的值为 *z* 值（或者 *t* 值）。

从稳健性检验1、稳健性检验2可以得知，控制权激励、晋升激励、声誉激励对我国出版上市企业社会效益提升均具有显著直接正向影响，而薪酬激励、股权激励对我国出版上市企业社会效益提升并没有显著直接正向影响。将这些稳健性检验结果与主模型分析结果对比，可以发现，稳健性检验1的结果、稳健性检验2的结果与主模型的结论是完全一致的。由此可以认为，本书得出的管理层激励对我国出版上市企业社会效益提升影响的结论是可靠和可信的。

5.3.4.2 激励机制各要素对经济效益提升影响结果的稳健性检验

为检验激励机制各要素对经济效益提升影响结果的可靠性，本书亦采用两种稳健性检验的方式。一是以净利润/总资产即资产回报率作为因变量，再对相关变量展开多元回归分析。结果见表5-11“激励机制对经济效益提升影响的稳健性检验1”。二是删除“具有出版经验高管规模”这一控制变量，再对相关变量进行多元回归，结果见表5-12“激励机制对经济效益提升影响的稳健性检验2”。

表5-11　激励机制对经济效益提升影响的稳健性检验1

变量	因变量—经济效益（*ROA*）		
	系数	标准差	*t* 值
常数项	-0.223	0.248	-0.90
控制变量			
公司规模（*SIZE*）	0.091	0.027	3.32***
财务杠杆（*LEV*）	-0.213	0.076	-2.82***
上市年限（*TIME*）	-0.006	0.003	-2.31**
成长性（*GROWTH*）	0.028	0.017	1.68*
控股股东性质（*STATE*）	0.108	0.035	3.09***
具有出版经验高管规模（*NPE*）	0.005	0.002	2.12**
解释变量			
薪酬激励（*SI*）	-0.058	0.020	-2.81***
股权激励（*EI*）	0.087	0.049	1.78***
控制权激励（*CI*）	-0.058	0.021	-2.77*
晋升激励（*PI*）	0.0002	0.0001	1.65*
声誉激励（*RI*）	0.001	0.003	0.55
Overall_R^2	0.4084		
Wald_chi^2	62.83		
Hausman 检验	随机效应		
	$P=0.268$		

资料来源：作者根据回归分析结果制作。注：***、**、*分别表示1%、5%、10%的显著性水平。括号内的值为 *z* 值（或者 *t* 值）。

表 5-12 激励机制对经济效益提升影响的稳健性检验 2

变量	因变量—经济效益（*ROE*）		
	系数	标准差	*t* 值
常数项	-0.24	0.253	-0.97
控制变量			
公司规模（*SIZE*）	0.095	0.028	3.39***
财务杠杆（*LEV*）	-0.183	0.076	-2.42**
上市年限（*TIME*）	-0.006	0.003	-2.25**
成长性（*GROWTH*）	0.029	0.017	1.70*
控股股东性质（*STATE*）	0.130	0.034	3.79***
解释变量			
薪酬激励（*SI*）	-0.060	0.021	-2.91***
股权激励（*EI*）	0.091	0.050	1.84*
控制权激励（*CI*）	-0.058	0.021	-2.71***
晋升激励（*PI*）	0.0002	0.0001	1.91*
声誉激励（*RI*）	0.003	0.003	0.96
Overall_R^2	0.3792		
Wald_chi^2	56.20		
Hausman 检验	随机效应		
	P = 0.264		

资料来源：作者根据回归分析结果制作。注：***、**、* 分别表示 1%、5%、10% 的显著性水平。括号内的值为 *z* 值（或者 *t* 值）。

从稳健性检验 1、稳健性检验 2 可以得知，只有面向管理层的股权激励、晋升激励对我国出版上市企业经济效益提升具有显著直接正向影响，而声誉激励对我国出版上市企业社会效益并没有显著直接正向影响。面向管理层的薪酬激励、控制权激励对我国出版上市企业经济效益提升具有显著直接负向影响，与原假设完全相悖。将这些稳健性检验结果与主模型分析结果进行对比，可以发现，稳健性检验 1 的结果、稳健性检验 2 的结果与主模型的结论是完全一致的。由此可以认为，本书得出的管理层激励对我国出版上市企业经济效益提升影响的结论是可靠和可信的。

5.4 讨论与小结

本章结合第2章的理论基础、第3章的激励机制结构以及第4章出版社会效益、经济效益的内涵与特征，建立我国出版上市企业社会效益、经济效益受管理层激励机制影响的研究假设。在此基础上，运用我国出版上市企业的面板数据对所立假设进行细致的验证并得出严谨结论。为检验结论是否可靠，文章进行了稳健性检验，以确保所得研究结论是有效的、可信的。管理层激励机制对社会效益、经济效益提升影响的实际结果与理论假设对比情况见表5－13。

表5－13 激励机制对社会效益、经济效益提升影响的实际结果与理论假设对比

激励机制对社会效益提升的影响			
序号	理论假设	成立与否	实际结果
H1	社会效益提升有赖于管理层薪酬激励	实际与假设不符	无显著影响
H2	管理层股权激励可推动社会效益提升	实际与假设不符	无显著影响
H3	控制权激励对社会效益提升有明显促进作用	成立	显著正向影响
H4	社会效益提升很大程度取决于晋升激励	成立	显著正向影响
H5	声誉激励对社会效益提升有积极作用	成立	显著正向影响
激励机制对经济效益提升的影响			
序号	理论假设	成立与否	实际结果
H6	管理层薪酬激励可推动经济效益提升	完全背离	显著负向影响
H7	股权激励可积极作用于出版经济效益增长	成立	显著正向影响

续表

激励机制对经济效益提升的影响			
H8	控制权激励对经济效益提升有明显正向影响	完全背离	显著负向影响
H9	晋升激励可对经济效益增长产生正向影响	成立	显著正向影响
H10	声誉激励是促进经济效益提升的重要因素	实际与假设不符	无明显影响

5.4.1 在三大精神激励要素中，仅有晋升激励可同时促进“双效”提升

从研究结果看，在控制权激励、声誉激励、晋升激励这三大精神激励要素中，控制权激励、声誉激励均可以促进中国出版上市企业社会效益提升。声誉激励对中国出版上市企业经济效益并没有显著促进作用。控制权激励甚至对中国出版上市企业经济效益有显著负向影响。晋升激励可以同时促进中国出版上市企业社会效益、经济效益提升的精神激励机制。这一研究发现亦得到其他研究的验证，比如宋德舜曾指出，与金钱激励、两职合一、债权人治理、企业产权性质相比，仅有晋升激励可以显著改善中国国有企业的绩效[①]。晋升激励之所以能够促进中国出版上市企业社会效益、经济效益提升，与两方面因素密切相关。

一方面，与中国出版上市企业管理层具有行政属性有一定关系。当前，中国出版上市企业的管理层，尤其是董事长和总经理，具有行政属性性质。这一属性会导致管理层在任期中主动设置一定的绩效目标。马亮研究发现，中国官员在任期内往往倾向于设定 U 型曲线的绩效目标。也就是说，在任职初期，他们往往会大刀阔斧地提出较高水平的绩效增长目标，希望通过亮眼的“成绩单”给决定自身职位晋升和职业前途的上级留下美好的“第一印象”，而在任期结束前，他们也倾向于通过

① 宋德舜：《国有控股，最高决策者激励与公司绩效》，《中国工业经济》2004 年第 3 期。

设置较高的绩效目标以吸引上级关注，以完成其职业生涯的“最后一搏”①。同时，囿于极少的晋升名额，激烈的职位晋升通道使得中国出版上市企业管理层承担较大的晋升压力。管理层若要从董事长或总经理职位晋升至更高一级行政职务，或者管理层想要在内部晋升至更高层级，并非易事。锦标赛理论指出，虽然委托人（即组织部门）因信息不对称无法直接观察到出版上市企业代理人（即管理层）的产出，但是委托人却可以对代理人的产出进行排序。委托人再根据代理人的排名，决定代理人能否获得晋升或晋升去向②③。这一晋升机制在很大程度上能够激发管理层努力工作，因为其在自己岗位上能否为中国出版上市企业带来亮眼的社会效益、经济效益成为组织部门决定其可否获得擢升的重要依据。为从激烈的锦标赛中获胜以及从庞大的待晋升人员队伍中脱颖而出，管理层往往会充分发挥自己的能力，付出辛勤努力，带领中国出版上市企业创造较好的社会效益、经济效益，以此为自己晋升赚取“资本”。

另一方面，与职位晋升可为管理层带来更充裕的物质与精神满足感密不可分。对于出版上市企业管理层而言，职位晋升可为其带来诸如地位、声望等重要的收益，满足其物质增长需求与自我实现的需要，这就使得职位晋升成为货币、股权等物质激励的补充，成为一种十分有效的激励手段④。当前我国出版上市企业管理层所获物质激励水平偏低，从2018—2020年我国出版上市企业的平均薪酬收入来看，大多数管理层每年的平均薪酬并未超过50万元，甚至一些出版上市企业管理层的薪酬收入仅30万元左右⑤。这些收入与管理层为提升出版企业“双效”贡献的智慧、付出的辛劳相比，是不相匹配的，甚至可能会在一定程度上削弱管理层的创新活力及创业动力。在此情况下，晋升激励所带来的

---

① 马亮：《官员晋升激励与政府绩效目标设置——中国省级面板数据的实证研究》，《公共管理学报》2013年第2期。

② 杜雯翠：《国有垄断企业改革与高管薪酬》，上海，东方出版中心，2016年，第183页。

③ Lazear, E. P. et al, 1981: “Rank-Order Tournaments as Optimum Labor Contracts”, *Journal of Political Economy*, (89), 841-864.

④ 赵妍，赵立彬：《晋升激励影响并购价值创造吗？——来自国有控股企业的经验证据》，《经济经纬》2018年第2期。

⑤ 数据来源：作者根据我国出版上市企业2018—2020年年报整理获得。

物质与精神满足感，使得职位晋升成为极具吸引力的精神激励方式，可以激发出版上市企业管理层提高工作效率的动力。当前，我国出版上市企业管理层能否获得职位晋升与出版企业的社会效益、经济效益具有较高的关联程度。创造社会效益、经济效益高者，晋升概率才更大。由此，一方面管理层不得不关注出版企业的选题申报、主题出版及出版“走出去”等项目，履行扶贫攻坚责任等与社会效益提升相关的责任；另一方面，管理层不得不协调与股东之间的利益，使管理者的私人利益外部化，促使管理者放弃净现值为负的投资项目，抑制其过度投资冲动，带领出版企业创造更好的经济效益①。

声誉激励与晋升激励不同的是，仅对社会效益有显著促进作用，对经济效益无明显促进作用。这可能与当前我国出版行业的声誉激励机制有一定关系。首先，我国出版行业注重社会效益，对经济效益的宣传不及社会效益。如相较于经济效益，每年行业内主流媒体对主题出版项目，“五个一”工程奖、“中华优秀出版物奖”、“中国出版政府奖”等重要奖项，国家出版基金资助项目等与社会效益密切相关且能够为管理层直接累积声誉的信息，宣传力度更大。因此，相较于经济效益，实现更好的社会效益更有可能给管理层带来更高的社会声誉。在出版行业的职务晋升中，社会效益也是更能体现管理层领导能力和管理绩效的重要指标。管理层为自己的职位晋升谋求更多资本，愿意花费更多的精力保证出版工作始终保持正确的价值导向，努力为人民生产发行更优质的作品。其次，面向管理层的声誉激励，往往只注重宣传其正面声誉，对负面声誉的宣传鲜见②。这就导致声誉激励本身所具有的对管理层的约束作用打折扣。管理层只要在实现经济效益过程中没有出现重大过错，他们就不会受到声誉受损的压力。再次，虽然我国出版行业有少数面向经济效益的声誉激励机制，比如一些媒体每年会对我国出版上市企业经济效益指标进行排名，或者对经济效益高的出版上市企业管理层进行人物专访等，但是并未建立合理的出版企业经济效益传播体系，这就使得面向经济效益的管理层声誉激励效果大打“折扣”，未发挥出声誉激励应

① 张兆国，刘亚伟，亓小林：《管理者背景特征、晋升激励与过度投资研究》，《南开管理评论》2013 年第 4 期。

② 任晓伟：《国企高管声誉激励机制构建与运行》，《经营与管理》2015 年第 4 期。

有的最大效应[①]。

与声誉激励类似，控制权激励仅对我国出版上市企业社会效益有显著促进作用，但是对经济效益的影响却是负向的。这一现象说明，有必要对控制权给管理层带来的福利效益（如在职消费）加以限制。虽然控制权给管理层带来的附属福利效应是我国出版上市企业开展正常经营管理的必要条件，但是如果控制权没有得到合理限制，在当前我国出版上市企业普遍实行职务消费报销制的情况下，管理层享有过高的控制权极易造成消费浪费，甚至可能侵害出版上市企业的经济效益[②③]。这种对控制权的滥用将会抵消掉控制权激励的效应，对出版上市企业的经济效益产生负面影响。这一观点在相关研究中亦得到证实。比如，关明坤和曾庆东通过研究发现，管理层在职消费以及持股市值比例越高，企业的绩效则越差[④]。吴成颂等亦通过研究正常与超额在职消费对企业绩效的影响后发现，超额在职消费确实可以损害公司绩效[⑤]。控制权激励对我国出版上市企业具有显著负向影响的研究结论也说明，在我国出版上市企业中，管理层的控制权成为出版企业真正所有者与实际经营者之间代理成本的反映，是出版企业所有者与管理层之间委托代理机制不完备的产物，控制权附属在职消费等福利极有可能被管理层作为开展机会主义行为的工具[⑥]。

5.4.2 薪酬是委托代理成本的体现，股权激励可作用于经济效益

研究结果显示，面向管理层的薪酬激励、股权激励均对社会效益没有显著的激励作用。这与假设中所述的面向管理层的薪酬激励、股权激

---

① 任晓伟：《国企高管声誉激励机制构建与运行》，《经营与管理》2015 年第 4 期。

② 陶萍，张睿，朱佳：《高管薪酬、企业绩效激励效应与政府限薪令影响——133 家 A 股国有控股公司的实证研究》，《现代财经（天津财经学院学报）》2016 年第 6 期。

③ 陶萍，张睿，朱佳：《高管薪酬、企业绩效激励效应与政府限薪令影响——133 家 A 股国有控股公司的实证研究》，《现代财经（天津财经学院学报）》2016 年第 6 期。

④ 关明坤，曾庆东：《我国上市公司高管薪酬结构差异性对经营绩效影响的实证研究》，《生产力研究》2013 年第 6 期。

⑤ 吴成颂，唐伟正，钱春丽：《制度背景、在职消费与企业绩效——来自证券市场的经验证据》，《财经理论与实践》2015 年第 5 期。

⑥ 陶萍，张睿，朱佳：《高管薪酬、企业绩效激励效应与政府限薪令影响——133 家 A 股国有控股公司的实证研究》，《现代财经（天津财经学院学报）》2016 年第 6 期。

励均可促进我国出版上市企业社会效益提升是不一致的。薪酬激励、股权激励对促进社会效益提升失效的最根本原因在于我国出版上市企业管理层的薪酬结构、股权水平与社会效益的关联度不大。要发挥薪酬、股权的激励效应关键在于通过改革面向管理层的薪酬结构或者授予管理层一定的股权，将管理层的报酬收益增长与社会效益提升动态关联。但从访谈结果看，鲜有出版上市企业将管理层的薪酬与企业的社会效益水平关联起来，亦鲜有出版上市企业将管理层所获股权与其所实现的社会效益水平动态关联。如假设所述，管理层在决定其为提升出版企业社会效益应投入多大努力程度时，往往受以下三方面因素影响：一是辛勤付出能否确实提升社会效益；二是社会效益提升后，能够获得奖励的可能性有多大；三是出版上市企业所提供特定奖励的效价，也就是该奖励对于自身的价值①②。社会效益提升与管理层奖励之间的联系越不密切，那么管理层为社会效益提升付出努力的积极性就越低。

值得关注的是，薪酬激励对我国出版上市企业经济效益产生显著负向影响。这说明在我国出版上市企业中薪酬激励不仅没有解决代理问题，反而薪酬的制定与执行机制可能是我国出版上市企业代理问题的一部分③。造成这种负向影响的原因可能有两方面：一是我国出版上市企业中可能存在“内部人”控制现象。部分管理层可能会利用手中的权力或者影响力自定薪酬或者进行利益寻租，因此弱化了薪酬本应具有的激励效用④。尤其在我国资本市场以及职业经理市场等外部约束机制尚不健全的情况下，再加上董事会缺失独立性、外部股东监督不足的现状，此时管理层凌驾于内部约束机制的可能性增大，管理层利用不受节制的权力影响自身的薪酬水平及薪酬结构的现象可能性增加⑤。目前，我国出版上市企业管理层所获薪酬水平较低、薪酬结构与经济效益关联

① Wikipedia：Expectancy theory，https：//en. wikipedia. org/wiki/Expectancy_theory#cite_note-3，最后访问日期：2020 年 4 月 9 日。

② 郭惠容：《激励理论综述》，《企业经济》2001 年第 6 期。

③ 卢锐，魏明海，黎文靖：《管理层权力，在职消费与产权效率——来自中国上市公司的证据》，《南开管理评论》2008 年第 5 期。

④ 卢锐，魏明海，黎文靖：《管理层权力，在职消费与产权效率——来自中国上市公司的证据》，《南开管理评论》2008 年第 5 期。

⑤ 李维安，刘绪光，陈靖涵：《经理才能、公司治理与契约参照点——中国上市公司高管薪酬决定因素的理论与实证分析》，《南开管理评论》2010 年第 2 期。

度不高已成为不争的事实。当管理层感觉自身稀缺的管理才能无法得到及时的货币补偿时，易发生机会主义行为，比如进行过度投资、无效率投资等行为以建造属于自己的“商业帝国”，从而对出版上市企业经济效益产生不利影响①。

二是国有控股弱化了我国出版上市企业中薪酬—经济效益的敏感性。要提升我国出版上市企业的经济效益，薪酬激励发挥作用的关键在于将薪酬水平或结构与经济效益关联起来②。由于我国出版上市企业需要承担维护意识形态、传承文化、传播知识以及人类精神文明成果等文化重任，因此，出版上市企业的经济效益往往难以精准直接地反映管理层的努力程度及对出版企业的真正贡献。这种情况下，盈余信息在经济效益评价中的作用就被削弱，从而导致管理层的薪酬与经济效益的敏感性降低③。

股权激励与薪酬激励相反，可以对我国出版上市企业经济效益产生显著正向影响。也就是说，我国出版上市企业给予管理层更多的股权，会给企业带来更好的经济效益。这一研究发现说明，股权激励确实可以被作为缓解我国出版上市企业管理层与所有者之间利益冲突的有效工具④。股权激励机制之所以对我国出版上市企业经济效益产生正向激励作用：一是因为股权激励赋予管理层获得股权收益后，可以发挥“金手铐”效应，在一定程度上约束管理层规避风险或者过分保守的经营行为，抑制管理层投资过度的非效率投资行为，激励管理层勇于投资高收益的项目，提高企业的效益⑤。当前，我国出版上市企业正普遍开展多元化经营，行业间竞争加剧为出版企业带来较大隐性经营风险。随着产业融合发展加速，在产业投资、资本运营的驱动下，内容、文化产业

---

① 高良谋，卢建词：《内部薪酬差距的非对称激励效应研究——基于制造业企业数据的门限面板模型》，《中国工业经济》2015 年第 8 期。

② 唐松，孙铮：《政治关联、高管薪酬与企业未来经营绩效》，《管理世界》2014 年第 5 期。

③ 刘慧龙，张敏，王亚平，等：《政治关联、薪酬激励与员工配置效率》，《经济研究》2010 年第 9 期。

④ Jensen，M. C. et al，1976：“Theory of the Firm：Managerial Behavior，Agency Costs and Ownership Structure”，*Journal of Financial Economics*，3（4），305 – 360.

⑤ Tzioumis，K. 2008：“Why Do Firms Adopt CEO Stock Options? Evidence from the United States.” *Journal of Economic Behavior & Organization*，68（1），100 – 111.

领域竞争主体日益多元化，出版上市企业在资源获取、产品业态、消费市场等各方面面临的竞争愈演愈烈①。我国出版上市企业若要实现更好的经营效益，还有赖于管理层贡献卓绝的智慧和辛勤的努力，提高出版企业的经济效益。二是因为股权激励将管理层的可能收益与企业的经济效益紧密联系起来，刺激他们为提升出版企业经济效益努力②。同时，股权也能够在一定程度上缓解年薪、奖金这两种激励方式可能导致的管理层短视行为，刺激其从企业长远发展和长期价值出发进行决策③。当前，在“限薪”影响下，我国出版上市企业管理层的综合年薪并不高，2018—2020 年我国出版上市企业管理层的平均年薪基本不超过 50 万元④。与诸如金融、地产、钢铁、石化等行业上市企业管理层动辄数百万甚至数千万的年薪相比，显然是偏低的。若要使管理层为出版上市企业的长远发展考虑，则必须通过采取相应物质激励手段，股权激励是有效手段之一，将管理层的可能收益与他们所创造的出版上市企业未来经济效益紧密联系起来，刺激他们着眼于出版上市企业的未来，为提升企业经济效益努力⑤。

5.4.3 小结

研究发现，在社会效益提升方面，面向管理层的控制权激励、晋升激励、声誉激励确实可对我国出版上市企业社会效益提升产生显著正向影响，原有假设得以证实。而面向管理层的薪酬激励、股权激励对我国出版上市企业社会效益提升并没有产生显著正向影响，与原假设中的薪酬激励、股权激励对社会效益提升有显著正向影响不符。

在经济效益提升方面，只有面向管理层的股权激励、晋升激励可对

---

① 巨潮资讯网：《长江传媒 2020 年年度报告》，2021 年 4 月 16 日，http：//www.cninfo.com.cn/new/disclosure/detail？orgId = gssh0600757&announcementId = 1209697591&announcementTime.

② 于东智：《董事会、公司治理与绩效——对中国上市公司的经验分析》，《中国社会科学》2003 年第 3 期。

③ 宗文龙，王玉涛，魏紫：《股权激励能留住高管吗？——基于中国证券市场的经验证据》，《会计研究》2013 年第 9 期。

④ 数据来源：作者根据我国出版上市企业 2018—2020 年年报数据整理获得。

⑤ 于东智：《董事会、公司治理与绩效——对中国上市公司的经验分析》，《中国社会科学》2003 年第 3 期。

我国出版上市企业经济效益提升产生显著正向影响。而声誉激励并没有产生显著正向影响，与原假设中所提出的显著正向影响是不符的。尤其值得注意的是，结果显示，面向管理层的薪酬激励、控制权激励可对我国出版上市企业经济效益产生显著负向影响。这一结论亦说明，面向管理层的薪酬激励、控制权激励不仅没有解决委托代理关系带来的各种道德风险问题，反而可能是我国出版企业中委托代理关系带来的道德风险问题的真实反映。

为检验各种激励机制对社会效益、经济效益提升影响结果的可靠性，本书采用增加控制变量或者更改控制变量取值的方式展开4组稳健性检验。将检验结果与主模型结果对比，可以发现，检验结果与主模型的结论是完全一致的。由此，可以认为本书得出的管理层激励对我国出版上市企业社会效益、经济效益提升影响的结论是可靠和可信的。

从研究结果看，在控制权激励、声誉激励、晋升激励这三大精神激励要素中，晋升激励是可以同时促进中国出版上市企业社会效益、经济效益提升的精神激励要素。晋升激励之所以能够促进中国出版上市企业社会效益、经济效益提升，与两方面因素密切相关。首先，与中国出版上市企业管理层具有行政属性有一定关系。其次，与职位晋升可为管理层带来更充裕的物质与精神满足感密不可分。声誉激励仅对社会效益有显著促进作用，对经济效益无明显促进作用。这可能与当前我国出版行业注重宣传社会效益，对经济效益的宣传不及社会效益有关。控制权激励仅对我国出版上市企业社会效益有显著促进作用，对经济效益的影响却是负向影响。这一现象说明，控制权给管理层带来的福利效益（如在职消费）有必要加以限制，防范控制权附属在职消费等福利被管理层作为开展机会主义行为的工具。

物质激励方面，薪酬激励对出版上市企业经济效益产生显著负向影响。这说明，在我国出版上市企业中，薪酬激励不仅没有解决代理问题，反而薪酬的制定与执行机制可能是我国出版上市企业代理问题的一部分。造成这种负向影响的原因可能有两方面：一是我国出版上市企业中可能存在“内部人”控制现象；二是出版企业优先实现社会效益的使命与担当可能存在弱化管理层薪酬—经济效益敏感性的风险。与薪酬激励对经济效益产生负向影响相反的是，面向管理层的股权激励机制确实可以对我国出版上市企业经济效益产生显著正向影响。这一研究发现

说明，股权激励确实可以被作为缓解我国出版上市企业管理层与所有者之间利益冲突的有效工具。不过，股权激励与社会效益之间并没有明显的关系。除研究管理层激励机制对社会效益、经济效益提升的影响，本书在下一章将研究内部约束机制分别对社会效益、经济效益提升的影响。

6 内部约束对中国出版上市企业“双效”提升影响研究

除激励机制外，内部约束机制亦是刺激我国出版上市企业及其管理层努力实现“双效”的重要推动力量。如前所述，内部约束机制的本质，是一套对公司控制权在组织机构中进行配置的制度安排。通过控制权配置，在组织机构内部与组织机构之间产生监督、制衡以及科学决策机制。就具体内容而言，内部约束机制的结构包括公司组织结构以及组织结构运行规范两方面内容。制度经济学认为，制度就是生产力。制度创新在一定程度上意味着生产力的创新①。此章根据李维安②的企业治理与内部约束理论，从控股股东约束、制衡股东约束、机构投资者约束、独立董事约束、顶层领导者约束、编辑委员会约束六个方面，遵循建立假设—实证分析—结果对比的研究思路，研究中国出版上市企业的管理层内部约束机制是否会真正有效刺激其社会效益、经济效益提升。

6.1 理论探讨与研究假设

科学的研究假设是研究管理层内部约束对社会效益、经济效益提升影响的基础和前提。将后续的实证研究结果与研究假设进行对比分析，可以从内部约束视角发现影响我国出版上市企业社会效益、经济效益提升的因素及问题。对这些因素、问题及其成因展开研究，有助于提出高质量的社会效益、经济效益提升对策建议。

---

① 郑甜，于殿利：《以出版融合创新发展推动文化自信》，《出版广角》2020 年第 17 期。

② 李维安：《公司治理学》，北京，高等教育出版社，2016 年，第 3 版，第 93 页。

6.1.1 管理层内部约束可推动出版企业社会效益增长

实现出版社会效益并推动社会效益持续提升，是我国出版上市企业的核心使命与担当。从理论上看，我国出版上市企业面向管理层的内部约束机制总体上对社会效益、经济效益的提升是有利的。

6.1.1.1 控股股东约束是推动社会效益增长的关键力量

我国出版上市企业的直接控股股东，多数是为其注资的省级或中央级出版集团。因此，控股股东对管理层的约束可以近似理解国有资产管理部门对我国出版上市企业管理层的约束。总的来说，我国国有资本控股的出版上市企业，在社会效益所受约束作用主要体现于以下三方面：一是法律法规要求出版企业及其管理层实现出版的社会效益。由于出版物能够影响甚至改变社会成员的世界观、价值观、人生观，具有整合社会意识形态的重要功能，因此，党和政府要求出版企业传播正确的世界观和价值观，引导社会成员认同现有政治制度、社会秩序以及意识形态是一种历史的必然①。《出版管理条例》为我国出版上市企业的经营活动指明了方向，提出“出版活动必须坚持为人民服务、为社会主义服务的方向，坚持以马克思列宁主义、毛泽东思想、邓小平理论和‘三个代表’重要思想为指导，贯彻落实科学发展观，传播和积累有益于提高民族素质、有益于经济发展和社会进步的科学技术和文化知识，弘扬民族优秀文化，促进国际文化交流，丰富和提高人民的精神生活”②的要求。这些要求就是社会效益的核心内涵。《出版管理条例》也要求，我国出版企业从事出版活动时必须将社会效益放在首位，在此基础上实现社会效益和经济效益的统一③。《出版管理条例》甚至还制定了10类威胁出版社会效益的负面选题清单，明确指出，任何出版物不得

---

① 方卿，徐丽芳，许洁：《出版价值引导研究》，北京，商务印书馆，2018年，第286页。

② 中华人民共和国中央人民政府：《出版管理条例》，2016年2月6日，http://www.gov.cn/gongbao/content/2016/content_5139389.htm.

③ 中华人民共和国中央人民政府：《出版管理条例》，2016年2月6日，http://www.gov.cn/gongbao/content/2016/content_5139389.htm.

反对宪法确定的基本原则，不得危害国家统一、主权和领土完整等，为出版企业的战略决策和经营活动直接指明了方向。

二是利用行政手段对出版企业及其管理层的经营行为进行约束。《出版管理条例》亦明确规定，出版行政主管部门，应当加强对本行政区域内出版单位出版活动的日常监督管理，并且出版单位的主办单位及其主管机关对所属出版单位出版活动负有直接的管理责任，并应当配合出版行政主管部门督促所属出版单位执行各项管理规定①。对出版企业实现并提升社会效益具有约束效力的行政文件还包括，2019 年 12 月中宣部印发的《图书出版单位社会效益评价考核试行办法》，2019 年 3 月中宣部印发的《报刊出版单位社会效益评价考核试行办法》，2018 年 11 月中央办公厅、国务院办公厅印发的《关于加强和改进出版工作的意见》，再加上之前发布的《新华书店社会效益考核评价办法》《网络文学出版服务单位社会效益评估试行办法》等，整个出版行业、考核出版质量、传播能力、内容创新、制度建设、社会和文化影响等指标的社会效益考核体系基本形成，社会效益可量化、可核查的要求基本实现。2019 年 7 月，中国科协、中宣部、教育部、科技部联合印发《关于深化改革培育世界一流科技期刊的意见》等意见，并配套组织实施了“中国科技期刊卓越行动计划”，对我国科技期刊出版、开放获取出版、开放同行评审、开放数据、预印本平台、期刊的经营模式等方面提出新的要求②。这些政策出台为出版行业强化政治导向，提升产品和服务质量、完善产品结构、形成专业特色，引导和督促出版企业将社会效益放在首位，实现社会效益与经济效益相结合，提供了思想引领与制度保障③。当前，我国出版行政主管部门，如省委宣传部或者中央宣传部、国家新闻出版署等，主要通过行政许可、行政审查、行政监督、行政指导和行政处罚 5 种行政管理手段，引导出版企业的决策或者活动按照有助于社会效益提升的方向展开，具体见表 6 – 1。

---

① 中华人民共和国中央人民政府：《出版管理条例》，2016 年 2 月 6 日，http：//www.gov.cn/gongbao/content/2016/content_5139389.htm.

② 朱作言，梅宏，刘徽，等：《新时代中国科技期刊出版的机遇与挑战》，《科学通报》2022 年第 3 期。

③ 巨潮资讯网：《中文传媒 2020 年年度报告》，2021 年 3 月 31 日，http：//www.cninfo.com.cn/new/disclosure/detail？orgId = gssh0600373&announcementId = 1209488394&announcementTime.

表6－1 我国出版业行政管理基本制度及方式①

行政管理方式	行政许可	行政审查	行政监督	行政指导	行政处罚
具体措施	设立变更审批	选题计划审查	维护市场秩序	组织评比奖励先进	罚款
	强制年检	重点图书审查	保护知识产权	印发通讯	减少书号发放数量
	重大选题报批	出版物质量审查	专业分工	制定行政法规	停业整顿取消版号
	书号刊号管制	定价审查	增刊审核	政策制定	处理责任人
	条形码管理	从业人员资格认定			

三是潜在的更替压力要求管理者积极推动社会效益提升。实现出版社会效益、推动出版社会效益提升是我国出版上市企业管理者的责任和义务，也是我国出版上市企业管理者实现职位晋升的重要依据。倘若出版上市企业的管理者没有创造优秀的社会效益，甚至在出版物选题或者出版物内容方面出现严重的政治错误，那么其在职位晋升“锦标赛”中获胜的概率将会大大降低。为此，在考核和晋升的双重压力下，管理者必须积极带领出版上市企业践行好维护意识形态安全、传播知识与文化、传承文化与人类精神文明成果的责任。

为促进出版企业社会效益提升，主管部门除了对出版企业进行约束，还通过多种支持手段为出版上市企业的经营活动提供引导、便利和激励。根据政策金融学理论，我国出版行业可算作“强位弱势”产业。具体来说，一方面，出版行业具有正向传播党和政府的政治意图、整合社会意识形态、凝聚社会共识的重要功能，在维护意识形态和社会稳定方面具有特殊的战略性地位。另一方面，出版产业存在优秀出版物或者社会效益佳的出版物投入大、预期收益不确定性强、成本回收周期长、

① 方卿，徐丽芳，许洁：《出版价值引导研究》，北京，商务印书馆，2018年，第292页。

投资风险大等特征，仅靠市场的自主调节，出版企业难以实现生产传播活动的可持续发展，更不必说社会效益的实现和提升了①。有鉴于此，“强位弱势”的出版行业是需要国家大力扶持的重要产业。

国家支持出版上市企业及其管理层经营的手段是多元的。一是通过制定产业发展规划来引导出版产业的发展方向。如 2021 年 12 月，国家新闻出版署印发《出版业“十四五”时期发展规划》，从做强做优主题出版、打造新时代出版精品、壮大数字出版产业、促进印刷产业提质增效、加强出版公共服务体系建设、健全现代出版市场体系、推动出版业高水平“走出去”、提高出版业治理能力与管理水平、完善出版业高质量发展保障措施 9 个方面，提出 39 项重点任务，列出 46 项重大工程，并对推动规划落地实施提出具体工作要求。该文件明确出版业“十四五”时期发展的指导思想、基本原则、目标要求、重点任务、保障措施，描绘了出版业发展蓝图和工作方向，有助于引导出版企业为人民群众提供更加充实、更为丰富、更高质量的出版产品和服务，推动出版业实现质量更好、效益更高、竞争力更强、影响力更大的发展，为建成出版强国奠定坚实基础②。

二是对包括出版在内的文化产业给予税收政策支持，出版传媒企业享受国家统一制定的税收优惠政策。如 2019 年 2 月，财政部、税务总局、中央宣传部联合下发《关于继续实施文化体制改革中经营性文化事业单位转制为企业若干税收政策的通知》，规定对国有出版企业自 2019 年 1 月 1 日起可继续免征 5 年企业所得税和房地产税，在税收政策上对国有出版单位给予进一步支持③。2021 年 12 月《出版业“十四五”时期发展规划》提出，推动延续出版、发行、出口等环节有关税收优惠政策，建立宣传文化增值税优惠政策长效机制④。

---

① 方卿，徐丽芳，许洁：《出版价值引导研究》，北京，商务印书馆，2018 年，第 99 页。

② 中华人民共和国中央人民政府新闻出版署：《出版业“十四五”时期发展规划》，2021 年 12 月 30 日，http：//www. gov. cn/xinwen/2021 - 12/30/content_5665670. htm.

③ 中华人民共和国中央人民政府：《关于继续实施文化体制改革中经营性文化事业单位转制为企业若干税收政策的通知》，2019 年 2 月 16 日，http：//www. gov. cn/zhengce/zhengceku/2019 - 10/15/content_5439878. htm.

④ 中华人民共和国中央人民政府新闻出版署：《出版业“十四五”时期发展规划》，2021 年 12 月 30 日，http：//www. gov. cn/xinwen/2021 - 12/30/content_5665670. htm.

三是通过设立出版基金资助社会效益好但是欠缺市场效益的出版物①。比如，2019 年中央财政预算、文化产业发展重大项目专项预算、国家出版基金都加大了对出版业发展的资金支持力度②。国家尤其注重通过设立基金和项目，来推动优秀出版物的版权与实物以及优秀出版企业“走出去”，希望外国读者通过这些优秀出版物和出版企业，全面、真实、立体地认识中国。我国设立的资助出版“走出去”的项目见表 6－2。

表 6－2　我国设立的资助出版“走出去”的项目③④

序号	项目名称	设立年份	组织单位
1	国际出版版权数据库建设项目	2021	国家新闻出版署
2	对外翻译出版工程	2021	国家新闻出版署
3	亚洲经典著作互译计划	2019	中国共产党中央委员会宣传部
4	“走出去”图书基础书目库	2015	国家新闻出版广电总局
5	图书版权输出普遍奖励计划	2014	国家新闻出版广电总局
6	丝路书香工程	2014	国家新闻出版广电总局
7	中国出版物国际营销渠道拓展工程	2010	国家新闻出版总署
8	经典中国国际出版工程	2009	国家新闻出版总署
9	中外互译图书项目	2008	国家新闻出版总署
10	中国图书对外推广计划	2006	国务院新闻办公室 国家新闻出版总署

四是通过设置重要奖项，对优秀的出版人才和出版物给予精神及物质奖励，在出版行业中树立正面典型和榜样，引导出版上市企业朝着生

① 张志强：《主题出版：定位、评价与提升》，《编辑之友》2019 年第 10 期。

② 巨潮资讯网：《中文传媒 2020 年年度报告》，2021 年 3 月 31 日，http：//www. cninfo. com. cn/new/disclosure/detail？orgId＝gssh0600373&announcementId＝1209488394&announcementTime.

③ 范军，邹开元：《“十三五”时期我国出版“走出去”发展报告》，《中国出版》2020 年第 24 期。

④ 中华人民共和国中央人民政府新闻出版署：《出版业“十四五”时期发展规划》，2021 年 12 月 30 日，http：//www. gov. cn/xinwen/2021－12/30/content_5665670. htm.

产优秀出版物、推动我国出版事业繁荣发展的方向迈进。当前,"五个一"工程奖、"中华优秀出版物奖"、"中国出版政府奖"已经成为我国出版行业内的3大权威奖项。"韬奋出版奖"也成为激励在出版工作中取得特殊成就和做出重大贡献者的重要奖项。

五是,赋予我国出版上市企业充分的出版资质支持。当前,我国国有出版上市企业旗下的出版社,根据其主营业务,基本拥有图书出版许可证、音像制品出版许可证、电子出版物出版许可证、报刊出版许可证、网络出版服务许可证、互联网新闻信息服务许可证、信息网络传播视听节目许可证等众多准入资质。与民营出版上市企业相比,这些准入资质为我国国有出版上市企业的优秀出版物生产和传播提供了极大的便利和优势。综上所述,文章提出假设:

H11:控股股东约束是推动出版社会效益增长的关键力量

6.1.1.2 制衡股东约束对社会效益增长无明显影响

在一般的私营企业中,股东可能并不一定愿意对利益相关者履行法律之外的责任。这是因为,履行这些责任所需的大量资金可能本来就属于股东利润范畴。在我国出版上市企业中,可能存在类似情况。实现社会效益需要股东拿出更多的资金,因此,在损害股东利益的情况下,要求所有大股东一致同意对利益相关者履行法律之外的责任,可能并不现实。

一方面,履行文化责任需要消耗大量资金。一些社会效益好的优秀出版物,如承担文化传承责任的大部头著作,填补学科领域空白、集学术之大成、有重要的思想、科学或文学艺术价值的高水平学术出版物,优秀的盲文或少数民族文字出版物等公益性出版物,推动中国文化"走出去"的出版项目、"三农"读物、未成年人读物等,这些优秀出版物市场较窄,但其编辑、校对、稿酬、版权费、排印装、复制、原辅材料及资料购置等生产和传播流程所需的费用高昂,因而往往不能通过

销售来补偿其生产成本[①②③]。这种情况下，就需要出版上市企业投入一定资金来补偿生产成本。

另一方面，我国大部分出版上市企业作为国有企业，承担着扶贫攻坚、乡村振兴的责任。近年来，我国几乎所有出版上市企业均承担着对口支援乡村脱贫攻坚的责任，为此付出了大量的人力、物力、财力。如中文传媒为完成脱贫攻坚任务，共计在 107 个脱贫攻坚定点扶贫点和 1 个生态文明村帮扶点开展帮扶工作，通过教育扶贫、产业扶贫、捐资助学等形式，累计拨付帮扶资金及投入产业项目扶贫资金 1800 多万元，派出驻村第一书记 37 人，派出一线扶贫干部 543 人，联系帮扶贫困户 1083 户[④]。中南传媒仅 2020 年，就整合投入了 385 万元用于扶贫开发建设，确保新田县新圩镇梧村贫困人口全面清零，顺利迈向全面小康[⑤]。读者传媒 2020 年亦投入 303.3 万元，在 3 个贫困村援建了 80 座标准化养殖圈舍，并援建了庙渠镇街道永久性农产品交易市场，解决了部分中小学师生吃水问题，改善了对口扶贫村的基础设施建设和人居环境，同时还完成了 3 个村“读者乡村文化驿站”暨“巾帼家美积分超市”的建设和镇原县委机关“读者书屋”的建设，向镇原县委“读者书屋”、县教育局、51 所中小学、46 所幼儿园、3 个读者乡村文化驿站捐赠了图书。[⑥] 倘若是一般的私营企业，可能有些股东并不一定愿意投入此项成本，因为履行这些非法律层面的社会责任并不一定能够给企业经济效益带来直接的提升。这些责任往往是市场主体自愿履行的法律之外的社会责任。

本书认为，在我国上市企业中，虽然存在制衡股东，但是这些制衡股东对管理层的约束可能不会对出版企业社会效益产生明显影响。首

---

① 刘伯根：《中国出版企业“走出去”与创“世界一流”的六重维度》，《出版发行研究》2021 年第 3 期。

② 方卿，徐丽芳，许洁：《出版价值引导研究》，北京，商务印书馆，2018 年，第 100 页。

③ 孙惠玉：《学术出版理念从树立到践行》，《科技与出版》2019 年第 2 期。

④ 巨潮资讯网：《中文传媒 2020 年年度报告》，2021 年 3 月 31 日，http：//www.cninfo.com.cn/new/disclosure/detail? orgId = gssh0600373&announcementId = 1209488394&announcementTime.

⑤ 巨潮资讯网：《中南传媒 2020 年年度报告》，2021 年 4 月 27 日，http：//www.cninfo.com.cn/new/disclosure/detail? orgId = 9900015470&announcementId = 1209807055&announcementTime.

⑥ 巨潮资讯网：《读者传媒 2020 年年度报告》，2021 年 4 月 16 日，http：//www.cninfo.com.cn/new/disclosure/detail? orgId = 9900026062&announcementId = 1209700040&announcementTime.

先，我国出版上市企业多数是国有控股企业，代表的是国家的坚定意志，具有按照国家意愿行事的义务和责任。出版企业履行文化责任，维护意识形态、传播知识和文化、传承文化和人类精神文明成果是国家对我国出版上市企业的根本要求。其次，从我国出版上市企业制衡股东的性质看，这些股东多属于我国国有企业法人。他们的利益和立场本质上与控股股东的利益和立场是一致的。他们本身无意干扰国家对出版企业的战略定位和根本要求，也无意干扰我国出版上市企业履行文化责任和对利益相关者的责任的决策和工作。再次，从当前我国出版上市企业制衡股东的持股份额看，这些制衡股东的持股份额普遍比较小，在出版上市企业整体战略决策中的话语权有限。对于那些以经济利益为核心投资目标的非国有企业法人性质的制衡股东来说，即使并不赞成出版企业的战略决策，他们往往也只是采用“用脚投票”的方式来对此做出反应。而份额有限的“用脚投票”的股权，很难对出版上市企业履行社会责任、实现社会效益的决策和经营活动产生显著影响。有鉴于此，文章提出假设：

H12：制衡股东约束对社会效益增长无明显影响

6.1.1.3 机构投资者约束不会影响社会效益增长

引导和规范包括境外资本在内的非公有资本有序进入新闻出版业，加强资本、产权、信息、技术、人才等新闻出版市场要素建设，形成统一开放的新闻出版业市场体系等，是我国进一步深化新闻出版体制改革，以改革促转变，以转变促发展的重要举措[①]。引入机构投资者对我国出版上市企业经营管理工作是否有益的争论由来已久，以关于传媒市场要不要向外资开放、如何开放以及怎样开放的争论为主[②]。一些学者对资本进入传媒内容制作领域存有质疑，认为这将会对媒介在公共利益领域扮演的角色产生难以估量的影响。童兵教授亦指出，域外媒体力量对我国的媒体不会造成冲击的看法是片面的，中国媒体现有的大量部类

---

① 中华人民共和国中央人民政府：《引导和规范非公有资本包括境外资本有序进入新闻出版业》，2010 年 8 月 19 日，http：//www.gov.cn/wszb/zhibo404/content_1682491.htm.

② 刘建明：《“传媒没有入世”争鸣南辕北辙》，《新闻记者》2003 年第 12 期。

和内容，如媒介资本运营、广告经营、服务类节目的运作、跨媒体经营等，会完全且直接地面对域外媒体的挑战[①]。

本书认为，在目前的制度环境下，我国出版上市企业管理层所受的机构投资者约束，对企业的社会效益可能并无明显影响。从表面上看，机构投资者以获得短期利润为目的的投资目标，与我国出版上市企业将社会效益放在首位的经营目标是矛盾的。这种矛盾看似确实有可能造成机构投资者利用其持有投资者在上市出版企业的股份比重，向出版上市企业的经营管理工作施加压力，要求出版上市企业在履行文化责任和对利益相关者责任方面打折扣，将更多的精力和资金放在推动经济效益提升的项目上。而管理层亦有可能受资金压力所迫，或者和机构投资者结成利益同盟，潜在地按照机构投资者的意愿展开经营决策，对出版上市企业的社会效益造成不良影响。对于上述可能出现的矛盾现象，本书认为是不成立的，最主要的原因就在于国家法律法规对于机构投资者的约束，以及国有资本对出版企业的强势控股地位。

首先，从法律对机构投资者的约束看，我国法律对基金管理公司的设立实行严格的行政准入限制，在一定程度上限制了我国机构投资者的发展。作为新兴经济体，中国近年来大力支持机构投资者发展，然而在法律制度方面仍存在着诸多制约机构投资者发展的因素。机构投资者在股东监督、约束出版上市企业的股东积极主义行为方面也受到极大限制[②]。其次，机构投资者约束出版上市企业经营管理工作的实际意愿和行动往往也是消极的[③]。他们往往更加关注出版上市企业的经济效益，希望通过从出版上市企业良好的经济效益中获得更高的收益。他们对出版上市企业履行文化责任和对利益相关者的责任关注度并不太高。即使关注，也无法深度参与对出版上市企业的监督、约束工作。“用脚投票”是机构投资者表达对出版上市企业经营管理决策及其效果的态度的最主要方式。这可能与当前我国出版领域的市场环境和法制环境对机构投资者的约束较多有关系。再加上目前机构投资者的持股份额普遍比

---

① 刘建明：《“传媒没有入世”争鸣南辕北辙》，《新闻记者》2003 年第 12 期。

② 汪茜，郝云宏：《多个大股东结构下第二大股东的制衡机理研究》，杭州，浙江工商大学出版社，2017 年，第 132 页。

③ 张咏莲，段静，沈乐平：《公司治理：从企业管理和风险控制的视角》，大连，东北财经大学出版社，2016 年，第 124 页。

较小，在出版上市企业的整体战略决策中的话语权也是有限的。再次，国有股份在我国出版上市企业股权结构中占据绝对的控股优势，国有资本牢牢把握出版企业的领导权。出版产业是影响力经济，文化价值和精神内涵是出版物以及出版企业的生命所在①。说到底，出版是通过有良好社会影响的出版物履行社会职责、推进人类文明发展进程的活动②。包括出版上市企业在内的出版单位应以社会效益为重，以服务人民为本，以价值导向把关为使命③。“文化是目的，经济是手段”也已逐渐成为我国出版经营的出发点与落脚点④。出版什么作品、不出版什么作品、出版物是否有利于社会进步和文化繁荣的决定权都在出版行业，这也是出版行业需要坚定履行的责任⑤。有鉴于此，文章提出假设：

H13：机构投资者约束不会影响我国出版上市企业社会效益增长

6.1.1.4 独立董事约束可促进出版社会效益提升

履行对利益相关者的责任，维护利益相关者的利益不受侵害，是我国出版上市企业社会效益实现的重要组成部分。而维护利益相关者的利益正是独立董事的重要职责。独立董事的职责与执行董事不同，独立董事一般代表弱势利益相关者的利益，通过监督控股股东和管理层的决策，防范控股股东和管理层控制董事会侵犯中小股东及其他相关者的利益⑥。我国出版上市企业的董事会是分配管理层与利益相关者之间（如债权人与股东、大股东与中小股东等）利益的场所⑦。董事会能否独立，关键取决于独立董事能否真正公平公正地履职。独立董事公平公

① 于殿利：《论出版经济的文化性》，《现代出版》2017 年第 2 期。

② 于殿利：《优化制度结构，推进“十三五”规划实施》，《科技与出版》2016 年第 7 期。

③ 方卿，许洁：《论出版的价值引导功能》，《出版科学》2015 年第 4 期。

④ 刘杲：《出版：文化是目的 经济是手段——两位出版人的一次对话》，《中国编辑》2003 年第 6 期。

⑤ 柳斌杰：《在改革开放中加强出版行政管理》，《中国出版》2002 年第 12 期。

⑥ 仲继银：《董事会与公司治理》，北京，企业管理出版社，2018 年，第 3 版，第 138 页。

⑦ 李光洲，黄鑫：《公司金融学》，上海，立信会计出版社，2019 年，第 282 页。

正、恰如其分地履职的董事会，可以有效约束控股股东和管理层，维护其他利益相关者的利益并提升出版上市企业的社会效益。

独立董事对我国出版上市企业实现社会效益的价值，还在于能够为出版上市企业履行文化责任提供外部视野，在一定程度上增强管理层履行文化责任决策的科学性①。

当前，我国出版上市企业的独立董事多为出版领域的专家学者及法律、管理、投融资等领域的专家，部分独立董事还在多家不同类型上市企业担任独立董事，具有丰富的跨领域经营管理经验。独立董事自身的专业知识、信息优势有助于我国出版上市企业管理层在履行对利益相关者责任和文化责任及应对相应风险时做出科学决策，提升履行对利益相关者责任的水平和履行文化责任的水平，推动我国出版上市企业社会效益提升。有鉴于此，文章提出假设：

H14：独立董事约束可促进出版社会效益提升

6.1.1.5 顶层领导者约束有助于提升社会效益

将董事长和总经理分开设置的顶层领导者约束方案早在2009年就已得到实施。2009年5月1日实施的《中华人民共和国企业国有资产法》明确规定，未经履行出资人职责的机构同意，国有独资公司董事长不得兼任经理；未经股东会、股东大会同意，国有资本控股公司的董事长不得兼任经理②③。2015年9月，中共中央、国务院在《关于深化国有企业改革的指导意见》中再一次明确强调，董事长和总经理两个职位原则上应该分开设置，不过企业党组织书记和董事长一般由同一人担任④。从当前我国出版上市企业内部约束机制的现状看，董事长和总经理两个职位也确实都是分开设置的，董事长、总经理不由同一人兼

---

① 仲继银：《董事会与公司治理》，北京，企业管理出版社，2018年，第3版，第138页。

② 央视网：《企业国有资产法草案从严掌握国有公司董事长兼任经理》，2008年6月24日，http：//news.cctv.com/china/20080624/107139.shtml.

③ 中华人民共和国中央人民政府：《中华人民共和国企业国有资产法（主席令第五号）》，2008年10月28日，http：//www.gov.cn/flfg/2008－10/28/content_1134207.htm.

④ 中华人民共和国中央人民政府：《中共中央、国务院关于深化国有企业改革的指导意见》，2015年9月13日，http：//www.gov.cn/zhengce/2015－09/13/content_2930440.htm.

任。对于董事长和总经理到底是分开设置还是由同一人担任更有益于社会效益的问题，出版学界鲜有研究对其进行验证。本书认为，从学理角度看，将董事长、总经理两个职位分开设置，可能会更有利于社会效益的提升。

首先，将董事长和总经理由不同人担任，有利于增强出版上市企业控股股东在履行文化责任和对利益相关者责任方面对管理层的监督和约束。当前，我国出版上市企业的董事长一般由控股股东，也就是出版上市企业的母公司省级或中央级出版集团党委书记兼任。董事长实质是出版上市企业控股股东的直接代表。而包括总经理在内的出版上市企业管理层的主要职责是负责经营管理。董事长对包括总经理在内的管理层的经营管理行为进行监督。因此，将董事长和总经理两职分开有利于增强作为控股股东代表的董事长对总经理的监督和约束，切实解决出版企业内可能出现的“一言堂”的问题。当前，我国出版上市企业在履行对利益相关者的责任中，包括精准扶贫在内都属于出版上市企业自愿履行的范畴。将董事长和总经理两个职位分开，由控股集团的党委书记担任出版上市企业的董事长，并由其对总经理进行监督和约束，有利于将主管机构的意志和决心贯彻至出版上市企业的经营管理中，提升出版上市企业履行文化责任和对利益相关者责任的能力和效果。

其次，将董事长和总经理由不同人担任，能够有效提升社会效益相关决策的质量和执行效果。董事长和总经理截然不同的选拔和任命方式，有利于提升出版上市企业有关社会效益问题的决策质量。近年来，随着5G、AI等新兴技术的飞速发展及应用，文化与科技的融合不断加深，出版行业面临着产业变革带来的巨大机遇与挑战[①②]。同时，我国出版行业的整体生产、销售等环节都受到一定影响，为此需要出版上市企业加大在数字内容资源建立、数字产品研发方面的投入，加快向知识服务转型，不断开拓业务发展新增长极。面对出版行业正面临的产业升级、融合出版等压力，出版上市企业需要继续加大投入，加大新技术应

① 巨潮资讯网：《中国科技出版传媒股份有限公司2020年年度报告》，2021年4月28日，http://www.cninfo.com.cn/new/disclosure/detail?orgId=9900023751&announcementId=1209834184&announcementTime.

② 王勇安，杨忠杨：《“+出版”还是“出版+”——业态变革背景下出版人才培养的思考与实践》，《出版科学》2019年第1期。

用力度，持续提升营销能力，控制综合成本，保持经营稳健增长①。出版行业的这些变化和挑战，或多或少会对出版上市企业履行文化责任和对利益相关者责任的内容和方式产生影响。面对上述变化和挑战，出版上市企业管理层需要做出专业、科学的决策。由于不是从出版领域“科班出身”，单一董事长对社会效益的相关决策不一定十分精准，而总经理大多从出版上市企业内部升任，他们大多对出版企业的经营管理理念和方式都很熟悉，因此，将董事长和总经理分开设置，有助于增强出版上市企业内部社会效益相关决策的严谨性和科学性。因此，文章提出假设：

H15：顶层领导者约束有助于提升社会效益

6.1.1.6 编辑委员会约束是推动社会效益增长的动力

设立编辑委员会，是国家对我国出版上市企业管理层及其整体社会效益决策进行约束的重要手段。目前，在已设立编辑委员会的出版上市企业中，编辑委员会与战略委员会、审计委员会、薪酬与考核委员会、提名委员会一道，成为对出版导向管理相关事项进行审查、对董事会有关社会效益决策进行监督的重要力量②。

首先，我国出版上市企业在履行文化责任、把握出版导向管理、挺拔出版主业等方面需要编辑委员会提供专业的决策意见并监督决策执行。从当前我国出版上市企业的总体产业结构看，普遍存在三方面的矛盾：一是稳规模和优结构之间的矛盾。出版上市企业需要正视当前发展存在的结构性问题，合理控制贸易规模，切实减少无效出版，逐步扩大出版和印刷业务营收占比及优质出版物比重。在教材教辅出版之外，大力开发新的营收增长点，避免出现过度依赖教材教辅的情况，预防国家对教材教辅政策调整对营收带来的正面冲击。二是拿大奖和占市场之间

① 巨潮资讯网：《中国科技出版传媒股份有限公司 2020 年年度报告》，2021 年 4 月 28 日，http：//www. cninfo. com. cn/new/disclosure/detail? orgId = 9900023751&announcementId = 1209834184&announcementTime.

② 巨潮资讯网：《中国科技出版传媒股份有限公司 2020 年年度报告》，2021 年 4 月 28 日，http：//www. cninfo. com. cn/new/disclosure/detail? orgId = 9900023751&announcementId = 1209834184&announcementTime.

的矛盾。没有较大规模重点出版项目的支撑，就不足以体现应有的社会效益。而如果没有既叫好又叫座的出版物，就没有应有的经济效益。出版企业需要在拿大奖和占市场之间掌握好平衡①。同时，在做强做优主题出版过程中，出版选题及出版物需要从“维护党和国家工作大局”上升到“顺应现实和时代需求”的“国之大者”，从“公益性”上升到“市场化”，从“时效性”上升到“长期性”②③④⑤。三是传统出版和新兴出版之间的矛盾。随着内容和表意符号、载体材料技术、复制技术和传播方式的革命性变革，书籍的概念需要被重新定义。书籍不是恒久不变的物品或商品，它会随着技术和社会需求的变化而变化，而每一次的书籍革命，都不可避免地带来了新的社会秩序的革命⑥。出版企业在扩大传统出版营收占比的基础上，亟须形成在内容生成、产品形态、分发渠道等方面的融合发展新模式，提高新兴出版贡献率。有必要通过大力发展在线教育，做好 IP 运营和产品延伸，围绕优秀出版资源持续开发、建设专属 IP 资源库⑦。要解决上述矛盾，需要编辑委员会从出版专业角度提出相应的对策建议并监督这些决策实施。

其次，从我国出版上市企业编辑委员会的成员结构看，他们有能力解决上述矛盾并监督管理层决策执行。当前，我国出版上市企业编辑委员会成员多具有丰富的出版经验，具有极高的专业造诣。他们多是中宣部全国文化名家暨“四个一批”人才和青年文化英才、中国出版政府奖先进个人、国务院特殊津贴专家、省百千万人才工程人选、全国新闻出版行业领军人才等高端人才，并有一大批在经营管理、出版发行、投

---

① 肖风华：《守初心 创精品 强保障——打造新时代地方人民社主题出版的特色品牌》，《编辑学刊》2021 年第 5 期。

② 于殿利：《主题出版的产业与企业逻辑》，《出版发行研究》2022 年第 7 期。

③ 朱寒冬：《突出新时代 深耕大题材 推动主题出版高质量发展》，《出版参考》2019 年第 6 期。

④ 于殿利：《主题出版的历史与社会逻辑》，《出版发行研究》2022 年第 5 期。

⑤ 于殿利：《主题出版的时代与现实逻辑》，《出版发行研究》2022 年第 6 期。

⑥ 耿相新：《书籍的革命》，《现代出版》2021 年第 4 期。

⑦ 巨潮资讯网：《时代出版传媒股份有限公司 2020 年年度报告》，2021 年 4 月 23 日，http：//www. cninfo. com. cn/new/disclosure/detail？ orgId = gssh0600551&announcementId = 1209776620&announcementTime.

融资领域有所专长的业内精英①。他们可以为管理层在管理出版导向、履行文化责任、挺拔出版主业等方面提供专业的决策建议，提升出版上市企业履行文化责任和对利益相关者责任的能力，创造更好的社会效益。

最后，从已设立编辑委员会的出版上市企业看，编辑委员会在实现社会效益的决策方面切实发挥了重要作用。长江出版传媒股份有限公司的编辑委员会负责对经责任编辑、编辑室主任、总编辑、出版选题论证委员会层层论证的选题再次进行审核。审核通过后，方可报湖北省委宣传部批准并报国家新闻出版署备案。编辑委员会对出版选题进行严格审核，确保选题符合《出版管理条例》等法律法规的有关规定，符合将社会效益放在首位、实现社会效益和经济效益相统一的原则②。为做强、做优社会效益，中南传媒率先在董事会下设立编辑委员会。中南传媒编辑委员会统筹整个出版上市企业的内容导向管理体制，以坚持导向管理与企业经营管理相融合、坚持社会效益与经济效益相统一为原则，建立引导出版单位以社会效益为先、在主题出版和重大工程上下功夫的相关制度，譬如自上而下的导向管理体系，包括强化出版企业社会效益、弱化经济效益指标的考核体系，从制度上保障意识形态安全和将社会效益放在首位③。

综上所述，当前我国出版上市企业及其管理层需要编辑委员会在实现和提升社会效益方面，提出专业的决策建议，而编辑委员会成员具有丰富的出版专业知识，亦有能力提供专业建议。目前来看，已设立编辑委员会的出版上市企业在实现社会效益以及提出相关对策建议方面确实取得不错的成果。因此，文章提出假设：

H16：编辑委员会约束是推动社会效益增长的动力

---

① 巨潮资讯网：《中文传媒2020年年度报告》，2021年3月31日，http：//www.cninfo.com.cn/new/disclosure/detail?orgId=gssh0600373&announcementId=1209488394&announcementTime.

② 巨潮资讯网：《长江传媒2020年年度报告》，2021年4月16日，http：//www.cninfo.com.cn/new/disclosure/detail?orgId=gssh0600757&announcementId=1209697591&announcementTime.

③ 腾讯·大湘网：《文化体制改革的“中南传媒样本”》，2018年12月5日，https：//hn.qq.com/a/20181205/003239.htm.

6.1.2　管理层内部约束整体有利于出版企业经济效益提升

本节从内部约束机制的六个方面出发，就面向管理层的内部约束机制对我国出版上市企业经济效益增减的影响展开理论假设。

6.1.2.1　控股股东约束对经济效益提升的影响呈倒U型

根据产业组织理论，控股股东约束是决定产业绩效的重要因素①。控股股东积极约束出版上市企业管理层的动力和能力，则是推动经济效益提升的重要原因。首先，控股股东积极约束管理层的动力，主要源于其所投入的股本在股权结构中所处的控股地位。处于控股地位的股东具备追求资本保值增值的利益诉求。与私营企业不同，当前我国出版上市企业一般由国资委授权投资的出版集团直接控股。出版集团有直接领导和监督管理层利用国有资本实现保值增值的责任。我国出版上市企业的实质所有者，会依照《中华人民共和国公司法》等法律和行政法规履行出资人职责。为此，它会建立和完善国有资产保值增值指标体系，制订考核标准，通过统计、稽核等方式监管所属省出版集团的国有资产，加强国有资产的管理工作，承担监督、监管省出版集团利用国有资产保值增值的责任②。已有研究也证实，国有企业面临的问责压力越大，经营投资问责对高管违规行为的抑制作用就越强；经营投资问责不仅显著减少了经营与交易类违规行为，也减少了信息披露类违规行为③。

其次我国出版上市企业的控股股东、实际所有者及相关主管机构对出版上市企业及其管理层具有提升经济效益的能力，即约束能力，体现于通过施加更替压力对管理层进行约束。国务院国有资产监督管理委员会及各省国有资产监督管理委员会通过法定程序对所监管的国有企业负责人进行任免和考核，并根据其经营业绩进行奖惩，建立符合社会主义

---

① 王艳萍：《传媒市场的结构、行为与绩效：中外理论和经验研究》，《中州学刊》2006年第6期。

② 国务院国有资产监督管理委员会：《主要职责》，最后访问日期：2020年1月5日，http：//www.sasac.gov.cn/n2588020/index.html.

③ 辛宇，宋沛欣，徐莉萍，等：《经营投资问责与国有企业规范化运作——基于高管违规视角的经验证据》，《管理世界》2022年第12期。

市场经济体制和现代企业制度要求的选人、用人机制，完善经营者激励和约束制度[①]。如果出版上市企业在国有资产保值增值方面未取得成效，甚至造成国有资产流失，其管理层必然面临较高的被更替的风险。这种职位更替的压力，会督促出版上市企业管理层推动出版企业经济效益提升取得一定成效。

与此同时，控股股东为我国出版上市企业经营管理行为提供了不少支持和优惠。一是在外部约束方面，国家对出版行业的扶持政策持续推进。当前，国家高度重视文化产业和科技出版工作，财政部、税务总局、中央宣传部、科技部等先后出台《关于延续宣传文化增值税优惠政策的通知》《关于继续实施文化体制改革中经营性文化事业单位转制为企业若干税收政策的通知》《关于深化改革培育世界一流科技期刊的意见》《关于破除科技评价中“唯论文”不良导向的若干措施（试行）》《关于规范高等学校 SCI 论文相关指标使用，树立正确评价导向的若干意见》等一系列政策，为出版行业的良性发展提供了持续的政策支持，指出了明确的发展方向[②]。二是在出版资质方面给予支持。出版上市企业拥有图书出版许可证、音像制品出版许可证、电子出版物出版许可证、报刊出版许可证、网络出版服务许可证、互联网新闻信息服务许可证、信息网络传播视听节目许可证等众多准入资质。[③] 三是在教材教辅出版发行方面给予支持。省级出版上市企业旗下的教育出版社一般负责该省中小学教材的独家代理业务，同时亦可以获得省教育行政管理部门对全科评议教辅出版的行政许可，出版全学科、全品类、全版本、全系列品牌教辅产品[④]。这些支持给我国出版上市企业带来巨大的经济收益。

一般认为，控股股东的持股比例越高，意味着其在企业运营中投入

① 中华人民共和国中央人民政府：《国资委主要职责、内设机构和人员编制规定》，2008 年 7 月 22 日，https：//www. gov. cn/gzdt/2008 - 07/22/content 1052533. htm.

② 巨潮资讯网：《中国科技出版传媒股份有限公司 2020 年年度报告》，2021 年 4 月 28 日，http：//www. cninfo. com. cn/new/disclosure/detail? orgId = 9900023751&announcementId = 1209834184&announcementTime.

③ 巨潮资讯网：《中文传媒 2020 年年度报告》，2021 年 3 月 31 日，http：//www. cninfo. com. cn/new/disclosure/detail? orgId = gssh0600373&announcementId = 1209488394&announcementTime.

④ 巨潮资讯网：《中原传媒 2020 年年度报告》，2021 年 4 月 27 日，http：//www. cninfo. com. cn/new/disclosure/detail? orgId = gssz0000719&announcementId = 1209811631&announcementTime.

的资本愈多，控股股东亦会更有动力和能力监督管理层。在控股股东的约束下，出版企业管理层会更积极地工作，提高企业经济效益。但是本书认为，当前在我国出版上市企业中，控股股东的持股比例过高并不一定会给管理层带来更强的约束能力，相反还有可能会形成“内部人控制”的局面，给“内部人”的“逆向选择”和“道德风险”行为留下空间。究其根源，一是因为当前我国出版上市企业基本以省出版集团或者其他国有股份控股为主，控股股东比例越高，则意味着国有股比例越高。国有股比例过高，可能会限制其他类型股东参与出版上市企业决策，削弱多元股东对管理层的监督约束能力①②③。尤其在当前，我国出版上市企业所有者的职权由各级政府官员代为行使的情况下，他们可能不一定会如同企业真正的所有人和出资者那样监督出版上市企业的战略决策和经营行为④⑤。

从另一方面看，我国出版上市企业自身在教材教辅出版发行方面具有优势地位，各省份中小学教材的出版发行权以及部分教辅发行权均属于该省出版集团独家享有，再加上出版属于受经济周期影响小的弱周期行业，不管社会整体经济状况好坏，中小学教材教辅的购买需求总是必然存在的。这也意味着即使出版上市企业管理层付出的努力相对较小，亦能够获得相对可观的经济收益。进而致使管理层产生惰性心理和懈怠心理。有鉴于此，本书提出假设：

H17：控股股东约束对经济效益提升的影响呈 U 型的

6.1.2.2 制衡股东约束对经济效益提升无明显促进作用

所谓制衡股东，是指那些与控股股东分享控制权，且能够抑制控股

---

① 曾庆宾：《论中国出版企业的法人治理结构创新》，《编辑之友》2004 年第 2 期。

② 佘璐：《湖南出版投资控股集团治理机制优化设计》，湘潭大学硕士学位论文，2012 年。

③ 范以锦，王冰：《创新：传媒业可持续发展的不竭动力》，《中国新闻出版报》2016 年 7 月 11 日。

④ 李莹：《我国传媒产业产权制度改革的路径探析》，《今传媒》2013 年第 5 期。

⑤ 徐志武：《我国出版上市公司治理结构与绩效关系研究》，武汉大学博士学位论文，2018 年。

股东侵害中小股东利益行为的大股东①。在学界的研究中，制衡股东究竟能否对企业的经营管理行为起约束作用仍莫衷一是。一种流派认为，外部大股东可以向控股股东及管理层提供有效监督，对企业的经营管理行为起切实的约束作用，从而改善企业经营绩效②。另一流派认为，制衡股东未必能对管理层产生约束作用，相反极有可能对企业的整体经营活动产生负面影响。这是由于制衡股东对企业的监督可能会增加董事会以及股东大会的沟通及决策成本，甚至随着制衡股东的持股比例增多，股东大会及董事会内部可能出现争夺控制权风险，企业内耗增多③。还有一种流派则认为，制衡股东能否对管理层起约束作用，需要具体问题具体分析。制衡股东能否对企业的经营管理行为起约束作用，一方面可能与企业所处的成长阶段和生命周期有较大关系④，另一方面也可能与制衡股东的持股比例及其持股比例与控股股东持股比例之比有一定关系⑤。

本书认为，制衡股东究竟能否对我国出版上市企业的管理层起约束作用，应该根据当前我国出版上市企业的股权结构进行分析。从我国出版企业上市之初至2020年的股权结构看，国有控股一直处于绝对控股地位，制衡股东持股比例不仅小、分散，而且还多是国有控股股东的利益相关群体。比如，从中南传媒2023年的股权结构看，第三大股东湖南盛力投资有限责任公司的持股比例为3.23%，而且这一股东实质是由中南传媒的控股股东湖南出版投资控股集团有限公司直接投资控股的企业。中南传媒的第二大股东香港中央结算有限公司，虽然与湖南出版投资控股集团有限公司没有直接股权隶属关系，可以算作真正意义上的制衡股东，但是香港中央结算有限公司的持股比例为5.08%，与中南

---

① 蔡宁：《中国上市公司股权结构及其代理问题研究》，北京，中国经济出版社，2018年，第167页。

② 陈德萍，陈永圣：《股权集中度，股权制衡度与公司绩效关系研究——2007—2009年中小企业板块的实证检验》，《会计研究》2011年第1期。

③ 朱红军，汪辉：《“股权制衡”可以改善公司治理吗？——宏智科技股份有限公司控制权之争的案例研究》，《管理世界》2004年第10期。

④ 颜爱民，马箭：《股权集中度、股权制衡对企业绩效影响的实证研究——基于企业生命周期的视角》，《系统管理学报》2013年第3期。

⑤ 同济大学和上海证券联合课题组：《我国上市公司股权制衡度研究》，《中国证券报》2002年10月25日。

传媒的控股股东湖南出版投资控股集团有限公司61.64%的持股比例相比是较小的，而较小的持股份额在股东大会和董事会的决策中所起的监督和约束作用是有限的[①]。倘若对控股股东没有足够的监督能力和约束能力，它们也就很难对企业的经营管理行为有足够的约束作用。类似情况也出现在我国出版上市企业的另一巨头——凤凰出版传媒股份有限公司。凤凰传媒的控股股东江苏凤凰出版传媒集团有限公司持股比例达62.8%，另有10%股份由中移投资控股有限责任公司持有。第三大股东香港中央结算有限公司持股比例为2.84%[②]。这一份额与控股股东、第二大股东相比是明显偏少的，而较小的持股份额使得制衡股东难以真正在股东大会选举管理层过程中拥有足够的投票权和话语权，难以对出版企业的经营管理活动进行直接的监督约束或者提供直接的决策建议。

考虑到当前我国出版上市企业国有股份处于绝对控股地位，而制衡股东所持股份与控股股东所持份额相比相对较小，同时这些制衡股东大多属于由控股股东直接控股的国有企业或者直接投资设立的国有法人，它们与控股股东属同一利益共同体，因此，本书认为，这些制衡股东并没有足够的动力和意愿监督我国出版上市企业的管理层。与这些与控股股东有直接利益关系的制衡股东不同，那些与控股股东并没有股权隶属关系或者直接利益关系的制衡股东，虽然可能有监督出版上市企业经营管理行为的意愿，但是由于所持股份相对较小，在重大决策中拥有的投票权和话语权相对较小，所以它们并没有足够的能力真正参与约束出版企业经营管理活动的行为。在无法直接监督约束的情况下，亦无法向出版企业直接提供决策建议的情况下，制衡股东亦难以对我国出版上市企业经济效益起明显作用。因此，本书假设：

H18：制衡股东约束对经济效益提升无明显促进作用

6.1.2.3 经济效益提升有赖于机构投资者约束

所谓机构投资者，是指除中小投资者之外，以较大或者巨大规模资

---

① 巨潮资讯网：《中南传媒2018年年度报告》，2019年4月23日，http://www.cninfo.com.cn/new/disclosure/detail?orgId=9900015470&announcementId=1206066506&announcementTime.

② 巨潮资讯网：《凤凰传媒2020年年度报告》，2021年4月23日，http://www.cninfo.com.cn/new/disclosure/detail?orgId=9900021782&announcementId=1209768667&announcementTime.

金专门在资本市场从事证券投资而不以控制或经营上市公司为目的的投资机构[①]。包括证券公司、社保基金、证券投资基金、信托投资公司、合格境外投资者、保险公司、资产管理公司、私募基金管理机构等在内，凡是大量持有并买卖上市公司股票、公司债券的机构都可以被称为机构投资者[②③]。我国目前已形成了以证券投资基金为主体，证券公司、保险公司、财务公司、信托投资公司、三类企业（国有企业、国有控股公司和上市公司）等为重要组成部分的机构投资者格局[④]。

当前，我国出版领域已逐渐对包括机构投资者在内的民营资本放开。新闻出版总署在2012年发布了《关于支持民间资本参与出版经营活动的实施细则》，其中明确指出，支持民间资本投资设立印刷复制企业，投资设立出版物总发、批发、零售、连锁经营企业，投资设立网络出版和数字出版业务，支持民间资本投资设立的文化企业以选题策划、内容提供、项目合作、作为国有出版企业一个部门等方式，参与科技、财经、教辅、音乐艺术、少儿读物等专业图书出版经营活动，支持民间资本参与“走出去”出版经营，支持民间资本投资成立版权代理等中介机构，支持民间资本投资设立的文化企业申报新闻出版改革和发展项目、申请国家文化产业发展专项资金，支持民间资本参与出版产业园区和产业基地建设，支持民间资本通过国有出版传媒上市企业在证券市场融资参与出版经营活动，支持国有出版传媒企业通过上市融资的方式吸收民间资本，实现对民间资本的有序开放[⑤⑥]。对于机构投资者的类型之一的境外投资者或者境外出版机构[⑦]，我国政府只承诺逐步放开出版物的分销服务，凡涉及合作出版事宜，仍须按现行有关规定执行[⑧]。不

---

① 禄正平：《证券法学》，北京，商务印书馆，2019年，第175页。

② 柯希嘉：《机构投资者与上市公司治理》，上海，东方出版中心，2016年，第48页。

③ 禄正平：《证券法学》，北京，商务印书馆，2019年，第175页。

④ 张咏莲，段静，沈乐平：《公司治理：从企业管理和风险控制的视角》，大连，东北财经大学出版社，2016年，第124页。

⑤ 中华人民共和国中央人民政府：《新闻出版总署关于支持民间资本参与出版经营活动的实施细则》，2012年6月29日，http：//www.gov.cn/zwgk/2012-06/29/content_2172870.htm.

⑥ 曹继东：《融媒体时代出版媒介融合发展的多元路径选择》，《图书情报工作》2014年第1期。

⑦ 境外出版机构指中国大陆地区以外包括台、港、澳地区注册登记的出版机构。

⑧ 国家新闻出版署：《新闻出版总署日前下达〈关于加强对出版单位与境外出版机构联合冠名管理的通知〉》，《中国出版》2002年第7期。

过，2018 年的《出版管理条例》也规定，“国家允许外国投资者与中国投资者共同投资设立从事出版物印刷经营活动的企业”“国家允许设立从事图书、报纸、期刊、电子出版物发行业务的外商投资企业”[①②]。从 2011—2020 年我国出版上市企业机构投资者的持股比例情况看，2011—2015 年机构投资者的持股比例一直处于持续下降态势，而从 2016 年开始，机构投资者的持股比例呈现逐渐上升的态势。

机构投资者对管理层的约束能否促进企业经济效益，学界存在三种主要观点。第一种观点认为，机构投资者仅仅只是希望从企业股票价格波动中获利，无意过度关注管理层所做的长期决策，多采用“用脚投票”的方式对待企业长期决策。第二种观点认为，相较于小股东，机构投资者所持有的股票较多，他们非常希望能够监督管理层或者向管理层提出自己的相关建议以提升企业的经济效益，而自己也能够从中获利。第三种观点则认为，机构投资者有和“内部人”组成利益同盟的风险，尤其当这种合作对双方都有利时更是如此[③④⑤]。

本书认为，对我国出版上市企业来说，机构投资者对管理层的约束应该可以促进经济效益提升。一是因为，机构投资者“用脚投票”的意见表达方式是管理层所忌惮的。机构投资者囿于自身持股比例，往往没有过多的投票权限，通常也不直接介入出版企业的战略决策。不过，一旦其认为出版上市企业的经济效益不佳或者经济效益面临下降风险时，他们会采用“用脚投票”的方式来规避风险和损失。而这种“用脚投票”的方式极有可能进一步恶化或者威胁出版上市企业的经济效益。出版上市企业的经营任务和使命之一是提升经济效益，这也是管理层的业绩体现。因此，为稳定和提升出版上市企业的经济效益，出版企

① 中华人民共和国中央人民政府：《出版管理条例》，2016 年 2 月 6 日，http：//www.gov.cn/gongbao/content/2016/content_5139389.htm.

② 中华人民共和国中央人民政府：《国务院关于修改和废止部分行政法规的决定》，2020 年 11 月 29 日，http：//www.gov.cn/zhengce/content/2020－12/11/content_5568885.htm.

③ 范海峰，郭葆春：《异质机构投资者退出威胁对公司创新效率的影响》，《科技进步与对策》2023 年第 21 期。

④ 李维安，周婷婷，韩忠雪：《管理层及其关联方持股动态效应：基于过度投资视角》，《管理工程学报》2015 年第 3 期。

⑤ 汪茜，郝云宏：《多个大股东结构下第二大股东的制衡机理研究》，杭州，浙江工商大学出版社，2017 年，第 136 页。

业忌惮机构投资者的流动性与其行为的短期性。他们需要保持和提升经济效益，以免机构投资者进一步“用脚投票”。二是因为，对于那些持有足够股份和充分投票权的机构投资者来说，他们可以利用自身的信息优势直接监督管理层。凭借其规模实力和人员资本，机构投资者不仅可以获取出版上市企业的大量第一手“软信息”，还可以实现信息的精准解读和及时跟踪，了解出版上市企业的真实经营情况。同时，借助财务报表的事后监督和事前、事中警示作用，他们也能够及时发现出版上市企业的生产经营异动，敏锐地感受到“内部人”在出版上市企业投融资背后的机会主义行为，查明“内部人”在关联交易中利益输送行为的真相，再凭借其在股东大会和董事会中的席位和投票权，有效防范“内部人”的非效率投资等损害出版上市企业经济效益和股东利益的行为①。三是因为，机构投资者为出版上市企业注入的大量资本能够给管理层经营提供便利。当前，银行对新闻出版这类以无形资产、轻资产为主的企业惜贷严重，再加上受有关法律法规限制以及 IPO 退出渠道日益狭窄的影响，国内风险投资对除网络传媒之外的其他新闻出版业领域总体涉猎较少，这也就使得当前我国出版业难免遇到融资渠道梗阻的难题②。来自资本市场机构投资者的融资则成为管理层顺利展开经营活动的重要动力来源。综上所述，文章提出假设：

H19：我国出版上市企业经济效益提升有赖于机构投资者的约束

6.1.2.4 独立董事约束是推动经济效益不可忽视的力量

从理论上看，独立董事在我国出版上市企业提升经济效益的过程中具有重要意义。首先，从股东利益出发，监督管理层以及董事会的决策，是独立董事的基本责任和义务。出版上市企业的独立董事能够充分利用出席公司董事会、股东大会的机会等方式，对公司进行现场检查，深入了解公司的内部控制和财务状况，重点对公司的股东大会决议、董

---

① 吴静娴：《新常态下的中国金融市场发展》，上海，同济大学出版社，2019 年，第 27～28 页。

② 何奎：《当前新闻出版业投融资现状、问题及对策》，《中国出版》2014 年第 11 期。

事会决议执行情况，内部控制制度的建设及执行情况，募集资金使用情况，生产经营情况以及财务状况等方面进行检查，及时获悉公司各重大事项的进展情况。同时，通过面对面会见、电话和电子邮件等方式，与出版上市企业其他董事、高级管理人员及相关工作人员保持密切联系，时刻关注出版行业外部环境及市场变化对出版上市企业经营的影响，关注有关出版上市企业的报道，掌握公司的运营动态①②。可以认为，独立董事对董事会及管理层的监督能够对经济效益提升起积极作用。其次，当前我国出版上市企业的独立董事多为出版领域的专家学者以及法律、财会、金融、理财、投资等领域的专家，部分独立董事还在多家不同类型上市企业担任独立董事，具有丰富的跨领域经营管理经验。除了对出版企业的决策进行监督，独立董事还可以利用自身专业知识和信息优势为出版上市企业的决策提供咨询服务和解决方案。

当前，我国出版上市企业及其管理层在提升经济效益过程中正普遍面临诸多困难及风险。一是新技术革新的风险。互联网、大数据、人工智能等新技术发展迅速，新媒体产业迅速崛起，对传统出版业态形成较大冲击。我国出版上市企业坚持实施转型升级、媒体融合战略，加大在数字出版、智慧教育、数据中心等领域的创新和投入力度，降低新技术带来的冲击，抓住技术升级带来的发展机遇③。不过，随着5G、云计算、人工智能、AR/VR等技术不断成熟和投入应用，新媒体产业迅速崛起，数字经济在文化领域不断渗透发展，新的业务形态和商业模式相继出现，技术变革带来的商业重塑也可能对出版上市企业的经营带来风险与挑战④。

二是转型升级与多元经营风险。从我国出版上市企业的产业结构看，营业收入对传统出版主业的依赖程度较高，对教材教辅的依赖程度尤甚。当前我国出版上市企业正普遍大力推进出版转型升级和融合发

---

① 仲继银：《董事会与公司治理》，北京，企业管理出版社，2018年，第3版，第138页。

② 巨潮资讯网：《中原传媒2020年年度报告》，2021年4月27日，http://www.cninfo.com.cn/new/disclosure/detail?orgId=gssz0000719&announcementId=1209811631&announcementTime.

③ 巨潮资讯网：《凤凰传媒2020年年度报告》，2021年4月23日，http://www.cninfo.com.cn/new/disclosure/detail?orgId=9900021782&announcementId=1209768667&announcementTime.

④ 巨潮资讯网：《皖新传媒2020年度报告》，2021年4月17日，http://www.cninfo.com.cn/new/disclosure/detail?orgId=9900010089&announcementId=1209713565&announcementTime.

展，不断涉足新领域、新业态，在此过程中，如不能根据业务发展需要及时优化现有的组织模式和管理体系，关键人才不能及时补充到位，便存在转型升级效果达不到预期的风险。同时，出版上市企业在数字化、融合化转型、新业态布局中的经营经验、盈利能力、管理效率、管控能力尚需进一步积累和提高，还面临人员、机制、经验、资源等方面的难题。这也带来了不可避免的经营风险[①][②]。当前，一些出版企业在融合出版过程中的经营风险已现端倪。部分出版企业在新平台的研发上投入大量人力、财力、物力，可最终运营不善、资源整合能力不强、平台业务对接不利，导致资源闲置，融合出版流于纸上谈兵。一些融合产品尽管内容过硬，但盈利模式不清，市场前景不明，营收很难覆盖研发成本。还有一些企业盲目追逐国家项目，却没有仔细规划市场运营的可持续性，一些融合发展项目虽然拿到了资金支持，但资金往往是有限且是一次性的，如果未能及时产生效益并形成稳定收入，项目很可能就面临终止，这也导致了一定程度的资源浪费[③]。

三是生产成本上涨的风险。一方面，出版上市企业的出版业务毛利率水平受纸张等原材料的影响较大，纸张价格上涨将影响出版上市企业的生产成本和盈利能力[④]。如果纸张价格出现大幅度上涨，可能导致公司的原材料成本加大，增加公司经营成本，影响毛利率。另一方面，我国出版上市企业面临版权采集价格上涨的风险。优质数字内容是吸引客户阅读的重要因素。随着数字出版行业盈利模式逐渐成熟，优质版权竞争加剧，版权所有者要求的买断价格和版税分成比例也逐年上升，这也导致出版企业的版权采购价格和支付给版权所有者的分成比例不断提高。若这些优质数字版权未能带来预期收入增加，必将对出版上市企业的持续盈利能力和成长性产生影响。

四是宏观政策和税收调整的风险。从税收方面看，当前我国出版上市企业所涉及的出版发行主营业务具有较强的政策性，国家对文化产业给予了大量的政策支持，出版传媒企业享受国家的税收优惠政策。若目

---

① 巨潮资讯网：《山东出版 2020 年年度报告》，2021 年 4 月 14 日，http：//www.cninfo.com.cn/new/disclosure/detail? orgId =9900031730&announcementId =1209681640&announcementTime.

② 于殿利：《论媒体融合与出版的关系》，《现代出版》2020 年第 2 期。

③ 李永强：《出版企业媒体融合困境及突围策略》，《中国出版》2019 年第 10 期。

④ 于殿利：《“双碳” 目标驱动下出版业的困惑与出路》，《科技与出版》2022 年第 2 期。

前享受的税收优惠政策到期后不能延续，则会对出版企业的经营状况产生不利影响[①]。从教育政策看，未来如果国家或地区教育政策环境发生变化，可能对出版企业教材教辅的出版发行业务构成负面影响[②]。比如，“双减”政策颁布后，出版企业不得不着力增强优质图书供给能力，增强教育知识服务能力，增强教育出版服务能力[③]。

五是国际环境多变与竞争加剧的风险。相对于大众出版和教育出版而言，科技出版物受到语言文化和意识形态的影响较小，因此，当前我国科技出版产业面临较大的来自国外科技出版商的竞争风险。国外的科技出版物可以相对容易地通过纸质出版物或数字出版物等形式进入国内市场。但相对于发达国家，中国的科技出版事业还处于发展过程中，我国的科技出版企业面临一定的市场竞争压力[④]。从国际环境看，我国出版企业整体面临国际环境多变带来的风险。单边主义与保护主义的冲击所导致的贸易摩擦和汇率波动，将不同程度地影响出版企业的进出口业务及海外业务。国际格局和政治力量对比的加速演变，亦导致国际直接投资稳定性严重不足，而投资环境的恶化将制约出版企业的国际化并购业务[⑤]。

面对上述五方面的风险，独立董事自身的专业知识、信息优势、对策建议是保证出版企业做出科学决策的重要法宝。这些重要决策可以有效帮助我国出版上市企业成功应对上述多种风险，这无疑有助于我国出版上市企业经济效益提升。基于上述观点，文章提出假设：

---

① 巨潮资讯网：《南方传媒2020年年度报告》，2021年4月28日，http：//www. cninfo. com. cn/new/disclosure/detail？orgId =9900024439&announcementId =1209842670&announcementTime.

② 巨潮资讯网：《青岛城市传媒股份有限公司2020年年度报告》，2021年4月20日，http：//www. cninfo. com. cn/new/disclosure/detail？ orgId = gssh0600229&announcementId = 1209729211&announcementTime.

③ 凌卫：《出版传媒企业融合发展的思考与探索——以某大型国有出版企业为例》，《文化产业》2022年第28期。

④ 巨潮资讯网：《中国科技出版传媒股份有限公司2020年年度报告》，2021年4月28日，http：//www. cninfo. com. cn/new/disclosure/detail？ orgId = 9900023751&announcementId = 1209834184&announcementTime.

⑤ 巨潮资讯网：《中国科技出版传媒股份有限公司2020年年度报告》，2021年4月28日，http：//www. cninfo. com. cn/new/disclosure/detail？ orgId = 9900023751&announcementId = 1209834184&announcementTime.

H20：独立董事约束是推动经济效益提升不可忽视的力量

6.1.2.5 顶层领导者约束有益于经济效益提升

所谓顶层领导者约束，是指出版上市企业的董事长和总经理分开设置，使董事长保持对总经理的监督和约束。2009 年 5 月 1 日实施的《中华人民共和国企业国有资产法》明确规定，未经履行出资人职责的机构同意，国有独资公司的董事长不得兼任经理；未经股东会、股东大会同意，国有资本控股公司的董事长不得兼任经理①②。在当前我国出版上市企业的内部约束机制中，董事长和总经理一般都分开设置，不由一人兼任。对于董事长和总经理到底是分开设置还是由一人担任更有利于经济效益这一问题，出版学界鲜有相关的研究对其进行验证。从学界已有的以全国上市企业为对象的相关研究看，在顶层领导者是否能够促进企业经济效益提升的问题上，存在两种主要观点：一是董事长和总经理两职分开设置，不由同一人兼任，这样可以保持董事长对总经理的监督和约束，给予以总经理为代表的执行层一定的自由创新空间，提升董事会的独立性，有利于促进经济效益提升；二是将董事长和总经理两职合二为一，可以有效增进总经理对企业的责任感，增进总经理对企业及其相关产业的了解和理解，精简决策过程，使得企业可以更加快速地应对市场变化③④。

本书认为，在我国出版上市企业中，将董事长和总经理分开设置，保持董事长对总经理的监督和约束，更有利于我国出版上市企业的经济效益。首先，当前我国出版上市企业大多由党和政府授权国资委监管，国资委再授权省级或中央级出版集团作为控股股东直接行使出资人职责。这一层层授权过程反映出我国出版上市企业普遍存在多层委托代理现象，而这一现象不免导致出资人和控股股东对管理层的监督出现盲

---

① 央视网：《企业国有资产法草案从严掌握国有公司董事长兼任经理》，2008 年 6 月 24 日，http：//news. cctv. com/china/20080624/107139. shtml.

② 中华人民共和国中央人民政府：《中华人民共和国企业国有资产法（主席令第五号）》，2008 年 10 月 28 日，http：//www. gov. cn/flfg/2008－10/28/content_1134207. htm.

③ 王化成：《财务管理研究》，北京，中国金融出版社，2006 年，第 176～177 页。

④ 杨海芬，胡汉祥：《现代公司董事会治理研究》，北京，中国市场出版社，2007 年，第 110～111 页。

区。将董事长和总经理分开设置，有利于保持出资人和控股股东对总经理的监督，尽可能避免出现“内部人”控制现象，减少总经理的“逆向选择”行为和“道德风险”行为。当前，我国不少出版上市企业走上了依靠资本运营来提升经济效益的发展路径。这些资本运营路径主要体现在：一是继续围绕公司战略和投资方向，积极寻找优质的、与主营业务相协同的互联网文化娱乐、教育培训企业作为经济效益增长的着力培育点；二是运用基金投资平台，着力挖掘数字出版、新媒体、互联网游戏等领域具有高成长潜力的企业，获取投资收益；三是积极探索多样化、多层次、广覆盖的文化金融服务体系和综合性文化金融平台建设，为公司转型升级、融合发展提供强有力的金融支撑①。在“败德”行为隐蔽性高、监管难度较大、危害深远的资本运营领域，倘若不对管理层保持足够有力的监督，管理层更容易发生“逆向选择”行为和“道德风险”行为，对出版上市企业经济效益产生不利影响。

其次，当前，我国出版上市企业正处于向数字出版转型、拥抱新媒体技术、大力开展多元经营的攻坚时期。一方面，出版上市企业正在以供给侧结构性改革为主线，推动发展质量变革、效率变革、动力变革，转变发展方式、优化业务结构、转换增长动力，提升质量效益，不断实现出版上市企业向高质量发展方向迈进②。另一方面，随着市场化改革的深入推进，越来越多的出版传媒企业走向资本市场。同时随着互联网业态的迅速发展，出版传媒企业正在加速推进转型升级、融合发展。出版传媒企业在巩固主业优势的同时，正在新媒体和新业态领域加快布局，大力推进“出版+”聚圈、破圈、跨圈发展，丰富文化产品和文化服务的有效供给③。再加上，出版上市企业的主营业务，比如出版、发行、印刷包装、物资贸易、新媒体业务、投融资业务等较为琐碎和复杂。因此，要想高效和高质量运营出版上市企业，包括董事长和总经理在内的顶层管理者需要付出大量精力和努力。面对上述艰巨任务，将董

---

① 巨潮资讯网：《中文传媒2020年年度报告》，2021年3月31日，http://www.cninfo.com.cn/new/disclosure/detail?orgId=gssh0600373&announcementId=1209488394&announcementTime.

② 巨潮资讯网：《中国科技出版传媒股份有限公司2020年年度报告》，2021年4月28日，http://www.cninfo.com.cn/new/disclosure/detail?orgId=9900023751&announcementId=1209834184&announcementTime.

③ 凌卫，赵红卫，赖军伟：《以产业板块融合打造出版集团文化自信自强——以江西出版传媒集团实践为例》，《出版广角》2023年第1期。

事长和总经理两职分开设置，可以有效减小董事长和总经理的工作负荷，促进董事长和总经理各司其职地做好本职工作，更有利于提升出版企业的整体运营效率和决策质量，增强出版上市企业的整体活力，动我国出版上市企业经济效益提升。有鉴于此，文章提出假设：

H21：顶层管理者约束有利于我国出版上市企业经济效益提升

6.1.2.6 编辑委员会约束对经济效益增长有裨益

编辑委员会是近几年我国出版上市企业开始设立的与战略委员会、审计委员会、薪酬与考核委员会、提名委员会并列的董事会下设委员会。目前，仅有中南传媒、凤凰传媒、时代出版、中国科传、长江传媒等部分出版上市企业设立这一专业委员会。编辑委员会的主要职责是从我国出版产业的运行规律出发，监督出版企业在内容管理方面的决策，统筹出版上市企业整体的内容导向管理工作[①]。从已经设立编辑委员会的出版上市企业（如中南传媒、凤凰传媒等）看，它们2023年主营业务收入中，除教材教辅外，一般图书出版和发行业务营收达近52亿元，占据总营业收入的40%[②]。

编辑委员会约束是否能够促进出版企业经济效益增长，本书认为有三方面关键因素。编辑委员会勤勉尽责地开展监督工作，提供遵从出版规律的专业建议，为出版企业管理层的科学决策提供重要参考，既有助于出版企业生产出符合市场规律、广受读者欢迎的优质出版物，又有助于为出版上市企业解决转型过程中正待摸索解决的关键难题。在出版深度融合背景下，传统出版企业在激烈的市场竞争环境下面临人才结构失衡、出版企业吸引力弱化、高端人才匮乏、资金技术等生产要素不足、

① 腾讯·大湘网：《文化体制改革的“中南传媒样本”》，2018年12月5日，https：//hn.qq.com/a/20181205/003239.htm.

② 巨潮资讯网：《中南传媒2020年年报》，2021年4月27日，http：//www.cninfo.com.cn/new/disclosure/detail？orgId=9900015470&announcementId=1209807055&announcementTime.

与相关产业融合不深、企业机制创新不够等难题[1][2][3][4]。要逐步解决上述问题，需要编辑委员会辅助探索跨界融合的人才管理新方式以及跨界人才合作培养新方法[5]。

6.2 内部约束对“双效”提升影响的研究设计

精准定义内部约束机制各要素的计算方法，获取用于模型拟合的出版上市企业面板数据，对这些数据进行适当的预处理，构建科学精准的数据拟合模型，选定科学可行的模型估计方法等是顺利展开实证研究的前提条件。

6.2.1 变量设计与计算

研究出版上市企业管理层内部约束机制分别对社会效益提升、经济效益提升的影响，涉及的变量包括：因变量，即社会效益提升变量、经济效益提升变量；自变量，即控股股东约束、制衡股东约束、机构投资者约束、独立董事约束、顶层领导者约束、编辑委员会约束；控制变量，即公司规模、财务杠杆、上市年限、成长性、控股股东性质、具有出版经验的高管规模。为科学定义上述变量、设计严谨可行的计量方法，本书在结合我国出版上市企业实际情况的基础上，充分借鉴了学界已采纳过并得到高度认可的变量定义方法。笔者就最终采纳的变量定义方法请教了多位出版研究领域的专家，确认其科学性和合理性后，方展

---

① 范军，肖璐：《出版融合背景下传统出版企业人才队伍建设的困境与对策》，《中国出版》2016 年第 23 期。

② 宋吉述：《建立全方位推动体系 打造数字出版新生态——关于推进出版深度融合发展的思考》，《科技与出版》2022 年第 11 期。

③ 宋吉述：《践行出版业“十四五”规划 推进出版融合发展迈上新台阶》，《出版广角》2022 年第 6 期。

④ 宋吉述，朱璐：《深度融合与业态创新——关于“十四五”期间出版融合发展的思考》，《科技与出版》2021 年第 1 期。

⑤ 范军，肖璐：《出版融合背景下传统出版企业人才队伍建设的困境与对策》，《中国出版》2016 年第 23 期。

开后续研究工作。

6.2.1.1 因变量

对出版上市企业社会效益的衡量，文章根据“4.2.2 出版社会效益的内涵”研究成果和“5.2.1.1 因变量”中所述的计量方法，将中国出版上市企业社会效益划分为履行文化责任义务的绩效以及履行对利益相关者责任的绩效，亦即：社会效益 = 履行文化责任义务的绩效 + 履行对利益相关者责任的绩效。根据德尔菲法的背靠背讨论结果，本书将我国出版上市企业履行文化责任的绩效确定为60%，而履行对利益相关者责任的绩效确定为40%。履行文化责任的绩效是根据出版领域17位专家的德尔菲法得出的，绩效的最终取值区间为［1，5］。履行对利益相关者的责任则是根据上海证券交易所在《关于加强上市公司社会责任承担工作的通知》中发布的“每股社会贡献值”计算方法来衡量。这一衡量方法已经被多位学者在《会计研究》[①]《审计研究》[②]等经济管理领域权威期刊发表的科研成果中采纳。对我国出版上市企业经济效益的计量，根据“4.3.3 出版经济效益的衡量”研究成果和“5.2.1.1 因变量”所述，资产收益率（Return on Equity，ROE）是衡量我国出版上市企业经济效益更为妥当的计量指标。ROE计算公式为：净资产收益率 =（利润总额 + 利息收入）/净资产总额 × 100%。该计量方法曾在《现代出版》[③]《当代传播》[④]等新闻传播学领域重要学术期刊刊发的研究成果中运用。

6.2.1.2 自变量

控股股东约束。对控股股东约束的衡量，比较常见的衡量方法有两种。一是按照控股股东的性质来衡量控股股东的约束力度。国有控股股

---

① 陈丽蓉，韩彬，杨兴龙：《企业社会责任与高管变更交互影响研究——基于A股上市公司的经验证据》，《会计研究》2015年第8期。

② 沈洪涛，王立彦，万拓：《社会责任报告及鉴证能否传递有效信号？——基于企业声誉理论的分析》，《审计研究》2011年第4期。

③ 徐志武：《我国出版上市公司高级管理层激励与绩效关系研究》，《现代出版》2018年第5期。

④ 丁汉青，王军：《中国传媒上市公司股权结构对经营绩效的影响》，《当代传播（汉文版）》2016年第3期。

东和民营控股股东是学者们常用于研究的两种不同性质的控股股东。虚拟变量是通用的衡量不同股东性质的可行方法。二是以第一大股东的持股比例衡量控股股东约束。第一大股东的持股比例越高，往往表示控股股东对上市公司控制权越强，对管理层的约束能力亦越强。本书参考吴育辉和吴世农①、肖星和陈婵②的做法，运用第一大股东的持股比例来衡量控股股东对管理层的约束力度。之所以未采用前一种方法，是因为本书已将控股股东性质作为控制变量，此处再将控股股东性质作为自变量，必定会导致多重共线问题。因此，以第一大股东的持股比例作为衡量控股股东约束的变量是更为严谨和科学的办法。

制衡股东约束。衡量制衡股东约束这一变量，本书参照李维安、刘绪光和陈靖涵③，夏纪军和张晏④的做法，运用第二和第三股东持股比例之和与第一大股东持股比例之比进行衡量。所得持股比例之比愈高，表示我国出版上市企业内部制衡股东对第一大股东的制衡能力愈强。学界还有其他几种常见的制衡股东衡量方法，比如第二至第五股东持股比例之和与第一大股东持股比例之比或者第二至第十股东持股比例之和与第一大股东持股比例之比。本书之所以未采用这两种对制衡股东定义更加宽泛的衡量方法，主要是考虑到在我国出版上市企业的股权结构中，第二和第三大股东持股比例较多，在此以后的股东持股比例非常小，对出版上市企业控股股东的约束力量和权限相对较小。因此，采用第二和第三股东持股比例之和与第一大股东持股比例之比来衡量制衡股东约束是更为贴近我国出版上市企业实际情况的做法。

机构投资者约束。衡量机构投资者约束，本书参考吴育辉和吴世

---

① 吴育辉，吴世农：《企业高管自利行为及其影响因素研究——基于我国上市公司股权激励草案的证据》，《管理世界》2010 年第 5 期。

② 肖星，陈婵：《激励水平、约束机制与上市公司股权激励计划》，《南开管理评论》2013 年第 1 期。

③ 李维安，刘绪光，陈靖涵：《经理才能、公司治理与契约参照点——中国上市公司高管薪酬决定因素的理论与实证分析》，《南开管理评论》2010 年第 2 期。

④ 夏纪军，张晏：《控制权与激励的冲突——兼对股权激励有效性的实证分析》，《经济研究》2008 年第 3 期。

农[①]、肖星和陈婵[②]的研究，选取券商、基金以及合格境外投资者的持股比例进行衡量。从我国出版上市企业的股权结构看，机构投资者的类型颇多，但是本书仅选取券商、基金以及合格境外投资者这三种类型的机构投资者，主要是考虑两方面原因：一是因为券商、基金以及合格境外投资者这三类机构投资者在我国出版上市企业中的持股比例较多，能够通过股东大会对管理层进行约束。二是因为券商、基金以及合格境外投资者这三类机构投资者除持有出版上市企业的股权之外，与出版上市企业并没有其他的利益关系，是更为纯粹的机构投资者。而以银行、信托公司为代表的机构投资者，它们除持有出版上市企业股权之外，还可能与出版上市企业管理层有其他利益关系，它们能否对管理层进行监督和约束，是难以确定的。因此，为避免由此可能对研究结果造成的干扰，本书决定仅选取券商、基金以及合格境外投资者的持股比例之和作为机构投资者约束的替代变量。

独立董事约束。衡量独立董事约束，本书借鉴李维安、刘绪光和陈靖涵[③]，郑志刚、梁昕雯和黄继承[④]的做法，以独立董事人数在董事会总人数中占比来衡量。一般来说，在出版上市企业董事会中，独立董事比例愈高，在监督管理层的决策、约束经营管理行为过程中的能力就愈强。当然，这一结论成立的前提假设在于独立董事确实能够尽职尽责地做好监督、约束经营管理行为的工作。至于这一前提假设是否在我国出版上市企业中成立，则正是本书在接下来的研究中需要解决的重要问题。值得一提的是，学界亦有部分学者采用独立董事参加董事会会议的次数来衡量独立董事对管理层的约束力度，本书则并未采纳这一衡量方法。之所以如此，主要是考虑到与独立董事参加董事会会议的次数相比，以独立董事比例衡量独立董事对管理层的约束更能够全面系统地反映出我国出版上市企业独立董事的履职能力。

---

① 吴育辉，吴世农：《企业高管自利行为及其影响因素研究——基于我国上市公司股权激励草案的证据》，《管理世界》2010 年第 5 期。

② 肖星，陈婵：《激励水平、约束机制与上市公司股权激励计划》，《南开管理评论》2013 年第 1 期。

③ 李维安，刘绪光，陈靖涵：《经理才能、公司治理与契约参照点——中国上市公司高管薪酬决定因素的理论与实证分析》，《南开管理评论》2010 年第 2 期。

④ 郑志刚，梁昕雯，黄继承：《中国上市公司应如何为独立董事制定薪酬激励合约》，《中国工业经济》2017 年第 2 期。

顶层管理者约束。本书借鉴郑志刚、梁昕雯和黄继承[①]、肖星和陈婵[②]的做法，引入虚拟变量来衡量顶层管理者的约束，亦即若董事长与总经理两个职位分别由两位高管担任，则记为“1”，若董事长与总经理两个职位由同一高管担任，则记为“0”。虽然从2010年开始，我国出版上市企业的董事长和总经理已由两位高管分别担任，但是将董事长和总经理两职分开，保持董事长对总经理的监督和约束，是否真正有益于出版上市企业社会效益、经济效益的提升，仍是值得研究的重要课题。

编辑委员会约束。对于如何衡量我国出版上市企业编辑委员会约束这一变量，目前出版学界还鲜有相关研究。对比分析大量企业管理领域的经典研究、权威期刊论文和著名学者的成果，本书决定引入虚拟变量来衡量我国出版上市企业编辑委员会约束这一变量。也就是，将当年设立编辑委员会的出版上市企业记为“1”，而当年并未设立编辑委员会的出版上市企业记为“0”。之所以采用虚拟变量的方式来衡量编辑委员会约束，主要是考虑到这一衡量方法具有较强的可操作性。通过逐年查阅我国出版上市企业的年报、出版上市企业的官方网站以及出版上市企业的相关网络报道，可以梳理出目前已有哪些出版上市企业设立编辑委员会，何时设立编辑委员会。

6.2.1.3 控制变量

精准研究管理层内部约束机制对社会效益、经济效益提升的影响，需要在研究过程中加入一定的控制变量，以消除出版上市企业之间的差异可能对研究结果造成的干扰。总的来说，本书主要考虑了四类最有可能会干扰研究结果的控制变量。一是出版上市企业自身的规模变量。本书参照了吴育辉和吴世农[③]、高良谋和卢建词[④]的研究，将我国出版上市企业的财务特征作为研究的控制变量。而资产规模和财务杠杆是财务

---

① 郑志刚，梁昕雯，黄继承：《中国上市公司应如何为独立董事制定薪酬激励合约》，《中国工业经济》2017年第2期。

② 唐松，孙铮：《政治关联、高管薪酬与企业未来经营绩效》，《管理世界》2014年第5期。

③ 吴育辉，吴世农：《企业高管自利行为及其影响因素研究——基于我国上市公司股权激励草案的证据》，《管理世界》2010年第5期。

④ 高良谋，卢建词：《内部薪酬差距的非对称激励效应研究——基于制造业企业数据的门限面板模型》，《中国工业经济》2015年第8期。

特征最直接的体现。企业规模运用出版上市企业年度期末资产总额的对数值来度量。财务杠杆运用我国出版上市企业年末的负债总额与资产总额的比值来计算。二是出版上市企业的经验变量。一般来说，上市年限越长、企业成长能力越强者，其运营经验越丰富，对增强社会效益、经济效益越有帮助。本书参考王旭①、翟文华②、尹映集③等人的研究，选用上市日至数据截取日所跨年限衡量上市年限。参考唐松④的研究，选用总资产增长率，即期末与期初总资产之差与期初总资产的比值衡量出版企业的成长能力。三是出版上市企业管理层的差异变量。与其他行业相比，出版行业兼具文化属性和经济属性，其整体运营规律与其他以经济效益为核心经营目标的行业相比，具有一定特殊性。从理论上看，管理层的出版经营管理经验越丰富，对出版上市企业的整体运营及社会效益、经济效益提升越有帮助。因此，本书将出版上市企业管理层团队中，具有出版企业经营管理经验的高管规模作为控制变量。四是出版上市企业的性质差异。与民营出版企业相比，国有出版企业所担负的责任理应更重。虽然当前我国民营出版上市企业的数量较少，但为保证研究过程的严谨性及研究结论的准确性，仍有必要将不同控股股东的性质作为控制变量。本书参考向东、张睿等人⑤的做法，引入虚拟变量来定义我国出版上市企业控股股东的性质。对于国有股（包括国有法人股）低于50%的出版上市企业定义为非国有控股出版上市企业，并取值为“0”。对于国有股（包括国有法人股）占总股份比例等于或超过50%的出版上市企业定义为国有控股出版上市企业，并取值为“1”。上述因变量、自变量及控制变量的设计及具体计算方法见表6－3。

---

① 王旭，徐向艺：《基于企业生命周期的高管激励契约最优动态配置——价值分配的视角》，《经济理论与经济管理》2015年第6期。

② 翟文华：《国企高管创新协同激励论》，吉林大学博士学位论文，2017年。

③ 尹映集：《中国家族控股上市公司内部治理与绩效关系研究——基于社会与经济属性双重视角》，山东大学博士学位论文，2014年。

④ 唐松，孙铮：《政治关联、高管薪酬与企业未来经营绩效》，《管理世界》2014年第5期。

⑤ 向东，张睿，张勋：《国有控股、战略产业与跨国企业资本结构——来自中国A股上市公司的证据》，《金融研究》2015年第1期。

表6-3　内部约束机制各要素、社会效益、经济效益的变量设计及计算方式

变量类型	变量名称	代码	变量计算方式
因变量（社会效益、经济效益）	社会效益	*SOB*	SOB = 履行文化责任的绩效 × W_1 + 履行对利益相关者责任的绩效 × W_2
	经济效益	*EP*	（利润总额 + 利息收入）/总资产总额 × 100%
自变量（内部约束机制）	控股股东约束	*CSB*	第一大股东持股比例与出版上市企业总股本之比
	制衡股东约束	*CBSC*	第二大股东与第三大股东持股数量之和与第一大股东持股数量之比
	机构投资者约束	*IIC*	机构投资者持股比例与出版上市企业总股本之比
	独立董事约束	*IDB*	独立董事规模/管理层人员总数 × 100%
	顶层管理者约束	*TMC*	虚拟变量。若董事长与总经理分立，则记为“1”，若董事长与总经理由一人兼任，则记为“0”
	编辑委员会约束	*EBB*	虚拟变量。若出版上市企业董事会旗下设立编辑委员会，则记为“1”，否则便记为“0”
控制变量	公司规模	*SIZE*	公司资产总额的自然对数
	财务杠杆	*LEV*	资产负债率。负债总额/资产总额 × 100%
	上市年限	*TIME*	上市日至数据截取日间所跨年限
	成长性	*GROWTH*	期末与期初总资产之差与期初总资产的比值
	控股股东性质	*STATE*	虚拟变量。当国有股份比例低于50%，记为“0”，当国有股份比例等于或超过50%，记为“1”
	具有出版经验高管规模	*NPE*	高管团队中每年具有出版从业经验的人数

资料来源：作者根据变量设计结果自己整理制作。

6.2.2　数据选择与预处理

参考“5.2.2　数据获取与预处理”中的做法，以我国出版上市企业内部约束机制、社会效益提升、经济效益提升数据作为研究样本。截至2020年1季度，我国“新闻与出版业”共有24家公司在上交所和深交所主板上市①，涉及131家出版社②。其中包括人民文学出版社、中华书局、科学出版社、中国大百科全书出版社、中信出版社、岳麓书社以及2019年营业收入迈进10亿大关的江苏凤凰教育出版社、大象出版社和商务印书馆等众多业界优质出版社③。这些优质出版社是我国出版产业发展的典型代表，能够体现我国出版产业发展的整体面貌。

为确保研究结果的科学性，本文做了如下筛选：①考虑到不同证券市场的会计准则存在明显差异，应剔除B股或H股公司样本。因此，新华文轩（601811）作为在A股和H股交叉上市的出版企业，并未被列为研究样本。②剔除存在财务异常或者退市风险的ST及＊ST股出版上市企业。③剔除不以出版发行为主营业务的传媒上市企业，如华媒控股、华闻集团、博瑞传播。④鉴于数据的不可获取性，本书未将2019年底上市的中信出版（300788）列为研究样本。经过筛选，本文最终确定将19家出版上市企业列为研究对象。这19家出版上市企业的名单与“5.2.2　数据获取与预处理”所列名单一致。

对于我国出版上市企业的数据是否精准、能否保证所得结论的科学性，笔者也在研究前期认真展开了调研，并征求了出版研究、传媒经济研究、企业管理研究、会计学研究领域的诸多专家的意见。专家们一致认可采用出版上市企业数据研究约束视角下我国出版企业“双效”协同提升问题。一是因为采用上市企业数据展开研究与当前国内和国外企业管理、会计学、公司治理等领域的主流研究趋于一致，是得到学界和

---

①　中国证券监督管理委员会：《2020年1季度上市公司行业分类结果》，2020年4月14日，http：//www.csrc.gov.cn/csrc/c100103/c1451995/content.shtml.

②　涉及的出版社数量由笔者手工统计得出。

③　出版商务周报：《上市书企旗下出版机构业绩大盘点，赚钱能力哪家强?》，2020年5月11日，https：//mp.weixin.qq.com/s/UeJZMe5X0usQJC2ttv1AeA.

业界普遍认可的。二是出版上市企业管理层负责按照企业会计准则的规定编制财务报表，使财务报表不存在由于舞弊或错误导致的重大错报。独立董事、监事会等治理结构力量亦负责监督我国出版上市企业的财务报告过程[①]三是所采用的数据主要来自出版上市企业年报。上述年报数据是由独立的第三方—注册会计师事务所—审计鉴证后的数据，会计师事务所对出版上市公司年报数据的合法性、公允性提供高水平的合理保证，确保本书所采用数据的可靠性。

研究中采用的我国出版上市企业数据主要来自 Wind 和国泰安数据库及企业年报。除社会效益数据由笔者自行计算整理以及机构投资者数据来自 Wind 数据库外，经济效益、自变量和控制变量数据均来自国泰安 CSMAR 数据库。对于少数缺失值，笔者通过查阅巨潮资讯网公布的上市公司年报，或者查阅百度百科及公司官网等渠道获得。最终，笔者共搜集上述 19 家中国出版上市企业从上市第 1 年[②]至 2019 年所有的内部约束机制各要素、社会效益、经济效益数据。在剔除这些出版上市企业首次公开募股年份的数据后，共得到 122 组样本观测值。对于这 122 组观测值是否满足研究条件，本书也一并深入研究。经过对比出版传媒领域已有的相关研究发现，《新闻与传播研究》[③]《现代传播》[④]《科技与出版》[⑤] 等顶级学术期刊曾分别发表过 20 组、42 组、36 组面板观测数据的文章。而且根据中心极限定理，当样本数据量大于等于 30 时，可以参照样本的正态分布特征来推断总体情况[⑥⑦]。有鉴于此，本书采

---

① 巨潮资讯网：《中南传媒 2020 年年报》，2021 年 4 月 27 日，http：//www. cninfo. com. cn/new/disclosure/detail？orgId = 9900015470&announcementId = 1209807055&announcementTime.

② 我国出版企业最早上市者为 2006 年上市的上海新华传媒股份有限公司。

③ 向志强，欧阳刘婕：《微观因素对传媒产业发展影响的实证研究——基于传媒上市公司董事会特征的视角》，《新闻与传播研究》2013 年第 6 期。

④ 姚德权，邓阳：《出版类上市公司多元经营绩效的实证分析》，《现代传播（中国传媒大学学报）》2016 年第 1 期。

⑤ 李雅筝，周荣庭：《国内出版上市企业多元化经营对其绩效影响的实证分析》，《科技与出版》2015 年第 10 期。

⑥ 曾秀芹，张楠：《新闻传播统计学基础》，厦门，厦门大学出版社，2015 年，第 102 页。

⑦ 徐志武：《我国出版上市公司治理结构与绩效关系研究》，武汉大学博士学位论文，2018 年。

用122组观测数据用于推断内部约束机制各要素对我国出版上市企业社会效益、经济效益提升的影响是科学合理的。最后，为消除异常值对研究结果可能造成的影响，本书参照张兆国、曹丹婷和张弛①的研究，对所有连续变量在1%和99%上进行截尾处理（Winsorize）。

6.2.3 影响模型构建

内部约束机制对社会效益提升影响的多元回归模型如下：

$$SOB_{i,t} = \alpha + \beta_1 SIZE_{i,t-1} + \beta_2 LEV_{i,t-1} + \beta_3 TIME_{i,t} + \beta_4 GROWTH_{i,t-1} + \beta_5 STATE_{i,t-1} + \beta_6 NPE_{i,t-1} + \beta_{12} CSB_{i,t-1} + \beta_{13} CBSC_{i,t-1} + \beta_{14} IIC_{i,t-1} + \beta_{15} IDB_{i,t-1} + \beta_{16} TMC_{i,t-1} + \beta_{17} EEB_{i,t-1} + \varepsilon_{i,t}$$

上述模型中，SOB 为因变量，即社会效益。α 为截距。ε 为随机扰动项。β_{12}，β_{13}，β_{14}，β_{15}，β_{16}，β_{17}为模型中各自变量的回归系数。自变量主要包括：控股股东约束 CSB、制衡股东约束 $CBSC$、机构投资者约束 IIC、独立董事约束 IDB、顶层管理者约束 TMC、编辑委员会约束 EEB。β_1，β_2，β_3，β_4，β_5，β_6为模型中各控制变量的回归系数。控制变量主要包括：出版企业规模 $SIZE$、财务杠杆 LEV、上市年限 $TIME$、成长性 $GROWTH$、控股股东性质 $STATE$、高管团队中具有出版经验人数的规模 NPE。

内部约束机制对经济效益提升影响的多元回归模型如下：

$$CEP_{i,t} = \alpha + \beta_1 SIZE_{i,t-1} + \beta_2 LEV_{i,t-1} + \beta_3 TIME_{i,t} + \beta_4 GROWTH_{i,t-1} + \beta_5 STATE_{i,t-1} + \beta_6 NPE_{i,t-1} + \beta_{12} CSB_{i,t-1} + \beta_{13} CBSC_{i,t-1} + \beta_{14} IIC_{i,t-1} + \beta_{15} IDB_{i,t-1} + \beta_{16} TMC_{i,t-1} + \beta_{17} EEB_{i,t-1} + \varepsilon_{i,t}$$

上述模型中，CEP 为因变量，即净资产利润率。α 为截距。ε 为随机扰动项。β_{12}，β_{13}，β_{14}，β_{15}，β_{16}，β_{17}为模型中各自变量的回归系数。自变量主要包括：控股股东约束 CSB、制衡股东约束 $CBSC$、机构投资者约束 IIC、独立董事约束 IDB、顶层管理者约束 TMC、编辑委员会约束 EEB。β_1，β_2，β_3，β_4，β_5，β_6为模型中各控制变量的回归系数。控

---

① 张兆国，曹丹婷，张弛：《高管团队稳定性会影响企业技术创新绩效吗——基于薪酬激励和社会关系的调节作用研究》，《会计研究》2018年第12期。

制变量主要包括：公司规模 *SIZE*、财务杠杆 *LEV*、上市年限 *TIME*、成长性 *GROWTH*、控股股东性质 *STATE*、高管团队中具有出版经验人数的规模 *NPE*。

6.2.4 模型估计方法

对面板数据进行估计，采用的是固定效应模型和随机效应模型两种方法。通常认为，如果样本中的个体是从总体中随机抽取出来的，那么随机效应模型是更合适的选择①。不过，随机效应模型有一个主要缺陷，那就是只有当合成误差项与所有自变量之间都不存在相关性时，这一方法才是有效的。如果这些遗漏变量与自变量无关，那么就可以采用随机效应模型，否则最好使用固定效应模型②。要检验某一模型到底该采用随机效应模型估计，还是采用固定效应模型估计，学界公认的权威做法是通过 Hausman 检验来确定。Hausman 检验的核心是比较固定效应模型和随机效应模型所得参数是否存在显著差异③。在给定显著水平下，如果检验统计量小于卡方分布临界值，则应选用随机效应模型；反之，如果检验统计量大于卡方分布临界值，则应拒绝选用随机效应模型，而是选用固定效应模型④。但是，固定效应模型在本书中存在无法估计出某些模型的情形。尤其当自变量（如控股股东性质 *STATE*、顶层管理者约束 *TMC*、编辑委员会约束 *EBB*）取虚拟变量时，由于样本数据变异不够，可能会出现共线问题而导致模型无法估计。为解决这一困难，本书对部分涉及虚拟变量且无法采用固定效应估计方法的模型直接采用随机效应模型估计方法展开多元回归分析⑤。

---

① 〔英〕克里斯·布鲁克斯（Chris Brooks）：《金融计量经济学导论》，王鹏译，上海，上海人民出版社，2019 年，第 3 版，第 432 页。

② 〔英〕克里斯·布鲁克斯（Chris Brooks）：《金融计量经济学导论》，王鹏译，上海，上海人民出版社，2019 年，第 3 版，第 432 页。

③ 曾康华：《计量经济学》，北京，清华大学出版社，2016 年，第 206 页。

④ 杜江：《计量经济学及其应用》，北京，机械工业出版社，2015 年，第 2 版，第 266～267 页。

⑤ 徐志武：《我国出版上市公司治理结构与绩效关系研究》，武汉大学博士学位论文，2018 年。

6.3 数据分析与结果

多元回归分析是研究发现我国出版上市企业社会效益、经济效益受管理层内部约束机制影响的关键步骤。但在多元回归分析之前，一般都需要对回归分析所采纳的数据进行描述统计分析和相关分析。

6.3.1 描述性统计

通过描述统计分析，可以清晰了解出版上市企业在观察期内各约束机制、社会效益、经济效益及各控制变量的变化及波动趋势。最大值、最小值、最大值与最小值的差值、平均值、标准差等是描述这些变量变化的直接数据。由于我国出版上市企业社会效益变化、经济效益变化及各控制变量变化情况在“5.3.1　描述统计分析”中已有论述，而此处所使用的社会效益数据、经济效益数据及控制变量数据与第5章数据相同，因此，不再对上述变量再次展开重复的描述统计分析。文章将分析重心聚焦于我国出版上市企业2011—2019年内部约束机制各要素的波动情况。之所以从2011年开始展开描述统计分析，主要是考虑到我国出版企业上市时间集中于2010年之后，对此以后的数据展开分析，更能够看出我国出版上市企业内部约束机制变化情况与未来波动趋势。

一是从我国出版上市企业控股股东约束的变化趋势看，2011年至2019年控股股东持股比例的均值从64.18%下降至54.34%。这一变化趋势产生的原因在于部分民营出版上市企业控股股东的持股比例呈现下降趋势，这一趋势拉低了出版行业控股股东整体持股比例的均值。我国国有出版上市企业控股股东持股比例一直保持在50%以上，控股股东持股比例的最大值一般保持在75%左右。控股股东是约束管理层最为直接和最为关键的力量。控股股东持股比例下降是否会削弱控股股东的约束能力？在社会效益优先的情况下，控股股东持股比例下降，是否会削弱管理层创造和实现社会效益的动力？这些均是值得我国出版上市企业主管主办机构关注的重要问题，也是接下来本文研究的重点问题之一。

二是从出版上市企业制衡股东约束水平的变化看，2011 年至 2019 年制衡股东的约束水平经历了先降后升的变化趋势。从总体趋势看，我国出版上市企业制衡股东的约束水平由 0.18 逐渐上升至 0.29。这说明出版上市企业制衡股东的力量正逐步增强。从理论上来说，制衡股东的力量越强，其约束管理层的能力亦愈强。但是在我国出版上市企业中是否如此，值得进一步关注和探究。另外，从制衡股东约束水平的范围看，不同出版上市企业中制衡股东的约束水平差距呈现逐渐扩大趋势。也就是说，虽然已有部分出版上市企业制衡股东的约束水平逐渐增强，但仍有部分出版上市企业制衡股东约束水平并未呈现明显变化。制衡股东约束是推动我国出版上市企业优先实现社会效益、保持社会效益和经济效益同步提升的重要力量。制衡股东约束水平的波动会对社会效益提升、经济效益提升产生何种影响，有待展开进一步研究。

三是从我国出版上市企业机构投资者的约束水平看，2011 年和 2012 年是机构投资者力量最为强大的两年。2011 年我国出版上市企业机构投资者约束水平为 9.48。2012 年这一数值上升至 10.29。然而，从 2013 年至 2019 年，我国出版上市企业机构投资者的整体力量有被削弱的趋势，其均值保持在 7.0 左右。机构投资者力量被削弱可能与纸质出版不景气、国家限制合格境外投资者对传媒行业的投资有一定的关系。需要说明的是，我国出版上市企业中并不是所有机构投资者约束力量被削弱。从标准差逐渐增大的趋势看，仍有部分出版上市企业的机构投资者持股比例相对较大。增加机构投资持股比例是否真的会约束管理层以促进企业社会效益、经济效益提升？这正是接下来需要研究的问题之一。

四是从我国出版上市企业独立董事的约束水平看，2011 年至 2019 年我国出版上市企业独立董事约束水平的均值保持在 37% 左右，并无明显波动。独立董事对社会效益的价值在于能够为管理层履行文化责任决策、提升经济效益的决策提供外部视野，增强决策的科学性。当前，我国出版上市企业在履行文化责任、提升经济效益的过程中仍面临一些

突出风险，如出版选题风险，即因选题定位不准确而导致的内容不被市场接受和认可的风险[①]。我国出版上市企业的独立董事究竟是真正尽职履责地约束管理层，还是与“内部人”结为同盟，沦为“内部人”的“橡皮图章”，这是接下来的研究需要验证的重要问题。

五是从我国出版上市企业顶层管理者的约束水平看，2011—2019年我国大部分出版上市企业董事长保持着对总经理的约束。董事长与总经理由某一人“一肩挑”的情况在国有出版上市企业中鲜有出现，这一情况较多出现在民营出版上市企业中。国有出版上市企业中鲜有“一肩挑”情况，这与2015年9月中共中央、国务院在《关于深化国有企业改革的指导意见》中再一次明确强调，董事长和总经理两个职位原则上分开设置有较大关系[②]。董事长、总经理分开设置，保持董事长对总经理的监督和约束，是否更有利于社会效益提升或经济效益提升？出版学界鲜有研究对这一问题进行验证。本书会在接下来的研究中对这一重要问题展开探究。

六是从我国出版上市企业编辑委员会的约束水平看，从2011年至2019年，我国出版上市企业编辑委员会的约束水平正缓慢提升。这与中南传媒、凤凰传媒、长江传媒、中国科传等出版上市企业逐渐开始在董事会旗下设立编辑委员会以监督、约束和辅助管理层决策，有较大关系。目前，编辑委员会已与出版上市企业董事会下设的战略委员会、审计委员会、薪酬与考核委员会、提名委员会一道，通过发挥政策把关和专业判断作用，对出版导向管理相关事项进行认真审查，督促出版上市企业董事会在社会效益方面做出科学决策[③]。设立编辑委员会，赋予其监督约束内容生产工作的职权，是否会真正起到推动社会效益提升、经济效益提升的效果，是值得出版学界和业界关注的重要问题之一。

---

① 巨潮资讯网：《中国出版传媒股份有限公司2020年年度报告》，2021年4月29日，http：//www. cninfo. com. cn/new/disclosure/detail? orgId = 9900031902&announcementId = 1209861046&announcementTime.

② 中华人民共和国中央人民政府：《中共中央、国务院关于深化国有企业改革的指导意见》，2015年8月24日，http：//www. gov. cn/zhengce/2015 -09/13/content_2930440. htm.

③ 巨潮资讯网：《中国科技出版传媒股份有限公司2020年年度报告》，2021年4月28日，http：//www. cninfo. com. cn/new/disclosure/detail? orgId = 9900023751&announcementId = 1209834184&announcementTime.

6.3.2 相关性分析

相关关系是社会经济现象中普遍存在的数量依存关系。相关性分析的目的就是要揭示相关关系的表现形态，探求相关关系的数学形式，掌握相关关系的发展规律，了解相关关系的密切程度。在相关关系中，通常用变量表示客观事物在数量上的变化。根据研究的目的，常常把相关关系中的变量分成两类：自变量和因变量。自变量一般不受其他因素的影响，在相互依存中处于主导地位，自变量的变化决定和影响因变量的变化，自变量是主动的，因变量是被动的[①]。皮尔逊相关系数 r 是用以反映变量之间相关关系密切程度的统计指标。当 $|r|\geqslant 0.8$ 时，可视为两个变量之间高度相关；$0.5\leqslant|r|<0.8$ 时，可视为中度相关；$0.3\leqslant|r|<0.5$ 时，视为低度相关；$|r|<0.3$ 时，说明两个变量之间的相关程度极弱，可视为不相关[②]。在相关分析中，比较理想的情况是，自变量与因变量之间存在显著的相关关系，而自变量与自变量之间、自变量与控制变量之间没有显著的相关关系，亦即相关系数 $|r|<0.8$，否则可能导致自变量之间的多重共线问题，影响后续多元回归分析结果的准确性。

从表 6-4“内部约束机制及社会效益各要素间相关分析结果”看，我国出版上市企业社会效益与内部约束机制的部分要素之间存在显著的相关关系。同时，自变量与自变量之间、自变量与控制变量之间的相关系数 $|r|<0.6$，低于 0.8，这说明采用这些变量以多元回归分析的方式研究我国出版上市企业内部约束机制对社会效益提升的影响是适合的。同理，从表 6-5“内部约束机制及经济效益各要素间相关分析结果”看，我国出版上市企业经济效益与内部约束机制的部分要素之间存在显著的相关关系。同时，自变量与自变量之间、自变量与控制变量之间的相关系数 $|r|<0.5$，低于 0.8，这说明采用这些变量以多元回归分析的方式研究我国出版上市企业内部约束机制各要素对经济效益提升的影响是可行的。

---

① 刘桂荣：《统计学原理》，上海，华东理工大学出版社，2019 年，第 2 版，第 226 页。

② 陈慧慧，方小教，周阿红，等：《社会调查方法》，合肥，中国科学技术大学出版社，2019 年，第 249 页。

表 6-4 内部约束机制及社会效益各要素间相关性分析结果

	SOB	*SIZE*	*LEV*	*TIME*	*GROWTH*	*STATE*	*NPE*	*CSB*	*CBSC*	*IIC*	*IDB*	*TMC*	*EBB*
SOB	1												
SIZE	0.38**	1											
LEV	0.21	0.38**	1										
TIME	0.09	0.24*	0.15	1									
GROWTH	-0.01	-0.03	-0.14	-0.19	1								
STATE	0.49**	0.54**	0.56**	0.12	-0.26**	1							
NPE	0.55**	0.48**	0.50**	0.05	-0.10	0.56**	1						
CSB	0.38**	0.22*	0.10	-0.31**	-0.16	0.46**	0.35**	1					
CBSC	-0.34**	-0.14	-0.05	0.25*	0.05	-0.37**	-0.39**	-0.86**	1				
IIC	0.10	0.07	-0.22**	-0.28**	0.30**	-0.22*	-0.04	-0.06	0.11	1			
IDB	0.04	-0.03	-0.30**	0.01	0.15	-0.36**	-0.34**	-0.14	0.02	0.13	1		
TMC	0.08	0.26*	0.27**	0.15	-0.19	0.53**	0.29**	0.41**	-0.51**	-0.23*	-0.15	1	
EBB	0.66**	0.53**	0.12	-0.12	-0.11	0.34**	0.31**	0.23*	-0.31**	0.02	0.24*	0.18	1

资料来源：作者根据相关分析结果自行整理制作。注：**、* 分别表示在1%、5%的水平下显著。

表 6－5　内部约束机制及经济效益各要素间相关性分析结果

	EP	*SIZE*	*LEV*	*TIME*	*GROWTH*	*STATE*	*NPE*	*CSB*	*CBSC*	*IIC*	*IDB*	*TMC*	*EBB*
EP	1.00												
SIZE	0.28 **	1.00											
LEV	0.18 *	0.38 **	1.00										
TIME	−0.16	0.24 *	0.15	1.00									
GROWTH	0.10	−0.03	−0.14	−0.19	1.00								
STATE	0.38 **	0.54 **	0.56 **	0.12	−0.26 **	1.00							
NPE	0.39 **	0.48 **	0.50 **	0.05	−0.10	0.56 **	1.00						
CSB	0.47 **	0.22 *	0.10	−0.31 **	−0.16	0.46 **	0.35 **	1.00					
CBSC	−0.41 **	−0.15	0.04	0.28 **	0.18	−0.32 **	−0.31 **	−0.87 **	1.00				
IIC	0.13	0.01	−0.22 *	−0.28 **	0.30 **	−0.22 *	−0.04	−0.06	0.13	1.00			
IDB	−0.19	−0.03	−0.30 **	0.01	0.15	−0.36 **	−0.34 **	−0.14	0.03	0.13	1.00		
TMC	0.47 **	0.26 **	0.27 **	0.15	−0.19	0.53 **	0.30 **	0.41 **	−0.40 **	−0.23 *	−0.15	1.00	
EBB	0.21 *	0.53 **	0.12	−0.12	−0.11	0.34 **	0.31 **	0.23 *	−0.35 **	0.02	0.24 *	0.18	1.00

资料来源：作者依据相关分析结果自行整理制作。注：** 、 * 分别表示在 1% 、5% 的水平下显著。

6.3.3 多元回归结果分析

回归分析的核心步骤是设法找出合适的数学方程式（即回归模型），由此方程定义出与观察数据最为符合的回归线。由于涉及的变量具有不确定性，还要对回归模型进行统计检验；统计检验通过后，可利用回归模型根据自变量去估计、预测因变量①②。按照本章构建的模型，本节运用 STATA 14.0 对管理层内部约束机制各要素分别对社会效益提升、经济效益提升的影响展开多元回归分析。

6.3.3.1 内部约束机制各要素对社会效益提升影响的多元回归分析

为检验前文假设 11 至假设 16，本书以我国出版上市企业履行文化责任绩效和履行对利益相关者责任绩效的综合值作为因变量，以控股股东约束、制衡股东约束、机构投资者约束、独立董事约束、顶层管理者约束、编辑委员会约束为自变量，以公司规模、财务杠杆、上市年限、成长性、控股股东性质、具有出版经验高管规模为控制变量，建立多元回归模型。在此基础上，本书利用相关样本及其数据展开回归分析，结果见表 6－6。模型回归分析结果显示，Hausman 检验结果 $P=0.183$，大于 0.05，说明此时使用随机效应模型更为合适。随机效应模型 Wald = 123.69，且通过一致性检验，R 方为 0.7912，说明回归直线对观测值的拟合程度较好。

表 6－6　内部约束机制对社会效益提升影响的回归结果

变量	因变量—社会效益（*SOB*）		
	系数	标准差	*t* 值
常数项	－12.074	2.568	－4.70***
控制变量			
公司规模（*SIZE*）	0.522	0.122	4.26***

① 王振成：《统计学》，重庆，重庆大学出版社，2019 年，第 198 页。

② 〔美〕拉里·克里斯滕森，〔美〕伯克·约翰逊，〔美〕莉萨·特纳：《研究方法设计与分析》，赵迎春译，北京，商务印书馆，2018 年，第 11 版，第 360 页。

续表

变量	因变量—社会效益（SOB）		
	系数	标准差	t 值
财务杠杆（LEV）	-0.667	0.695	-0.96
上市年限（TIME）	0.057	0.029	1.99**
成长性（GROWTH）	0.272	0.141	1.93*
控股股东性质（STATE）	0.451	0.378	1.19
具有出版经验高管规模（NPE）	0.021	0.021	1.03
解释变量			
控股股东约束（CSB）	0.014	0.007	1.88*
制衡股东约束（CBSC）	-0.283	0.320	-0.88
机构投资者约束（IIC）	-0.007	0.008	-0.97
独立董事约束（IDB）	-0.195	1.628	-0.12
顶层管理者约束（TMC）	-1.092	0.670	-1.63*
编辑委员会约束（EBB）	0.335	0.208	1.61*
Overall_R^2	0.7912		
Wald_chi^2	123.69		
Hausman 检验	随机效应		
	$P=0.183$		

资料来源：作者依据回归结果自行整理制作。注：***、**、*分别表示在1%、5%、10%水平上显著。括号内的值为 z 值（或者 t 值）。

控股股东约束的回归系数为0.014，且10%水平下显著，说明控股股东约束会显著促进我国出版上市企业社会效益提升。假设11中正向关系的理论观点得到验证。

制衡股东约束的回归系数为-0.283，且不显著，说明制衡股东约束在统计学意义上并不会显著影响我国出版上市企业社会效益。假设12中制衡股东约束对社会效益增长无明显影响的观点是成立的。

机构投资者约束的回归系数为-0.007，且不显著，说明机构投资者约束并不会影响我国出版上市企业社会效益。假设中所述机构投资者约束几乎不会影响我国出版上市企业社会效益增长是成立的。

独立董事约束的回归系数为-0.195，且不显著，说明独立董事约束并没有对社会效益提升产生显著影响。假设中所述独立董事约束可促进我国出版上市企业社会效益提升是不成立的。

顶层管理者约束的回归系数为 -1.092，且显著，说明保持董事长对总经理的约束会对我国出版上市企业社会效益提升产生显著负向影响。假设中所述保持董事长对总经理的约束有助于提升社会效益是不成立的。

编辑委员会约束的回归系数为0.335，且显著，说明编辑委员会约束会正向促进我国出版上市企业社会效益提升。假设中所述编辑委员会约束是推动社会效益增长的动力是成立的。

根据上述多元回归分析结果，可以发现，在控股股东约束、制衡股东约束、机构投资者约束、独立董事约束、顶层管理者约束、编辑委员会约束这六大内部约束机制要素中，控股股东约束、编辑委员会约束可对我国出版上市企业社会效益提升产生显著正向影响，原有假设得以证实。制衡股东约束、机构投资者约束对我国出版上市企业社会效益提升并没有显著正向影响，这与原假设是相符的。独立董事约束并不会显著促进社会效益提升，这与假设中所述显著正向关系是相悖的。值得关注的是，保持董事长对总经理的约束不但无益于社会效益，反而会显著负向影响我国出版上市企业的社会效益。原假设中所述保持董事长对总经理的约束有助于提升社会效益是不成立的。至于到底何种原因导致独立董事约束、顶层管理者约束对我国出版上市企业社会效益提升的影响失效，还有待在结果讨论章节部分展开进一步深入细致的研究。理论假设与实际结果的对比情况见表6-7。

表6-7 内部约束机制对社会效益提升影响的回归分析结果

序号	理论假设	成立与否	实际结果
H11	控股股东约束是推动出版社会效益增长的关键力量	成立	显著正向影响
H12	制衡股东约束对社会效益增长无明显影响	成立	无显著影响
H13	机构投资者约束几乎不会威胁我国出版上市企业社会效益增长	成立	无显著影响

续表

序号	理论假设	成立与否	实际结果
H14	独立董事约束可促进出版社会效益提升	理论与假设不符	无显著影响
H15	顶层领导者约束有助于提升社会效益	理论与假设不符	显著负向影响
H16	编辑委员会约束是推动社会效益增长的动力	成立	显著正向影响

资料来源：作者根据实证结果与理论假设对比分析情况整理制作。

6.3.3.2 内部约束机制各要素对经济效益提升影响的多元回归分析

为检验前文的假设17至假设22，本书以我国出版上市企业净资产收益率作为因变量，以控股股东约束、制衡股东约束、机构投资者约束、独立董事约束、顶层管理者约束、编辑委员会约束为自变量，以公司规模、财务杠杆、上市年限、成长性、控股股东性质、具有出版经验高管规模为控制变量，建立多元回归模型。在此基础上，本书利用相关样本及其数据展开回归分析，结果见表6-8。由表6-8可知，Hausman检验结果 $P=0.2868$，大于0.05，说明此时使用随机效应模型更为适宜。随机效应模型 Wald = 110.05，且通过一致性检验，R 方为0.5529，说明回归直线对观测值的拟合程度较好。

表6-8 内部约束机制对经济效益提升影响的回归分析结果

变量	因变量—经济效益（*ROE*）		
	系数	标准差	*t* 值
常数项	-0.907	0.303	-2.99
控制变量			
公司规模（*SIZE*）	0.021	0.013	1.65*
财务杠杆（*LEV*）	0.017	0.090	0.18
上市年限（*TIME*）	-0.004	0.003	-1.29
成长性（*GROWTH*）	0.048	0.019	2.53**

续表

变量	因变量—经济效益（*ROE*）		
	系数	标准差	*t* 值
控股股东性质（*STATE*）	0.001	0.039	0.02
具有出版经验高管规模（*NPE*）	0.001	0.003	0.47
解释变量			
控股股东约束的平方（*CSB* * *CSB*）	-0.0001	0.000	-4.17***
控股股东约束（*CSB*）	0.0164	0.004	4.18***
制衡股东约束（*CBSC*）	0.055	0.059	0.92
机构投资者约束（*IIC*）	0.002	0.001	1.69*
独立董事约束（*IDB*）	-0.190	0.194	-0.98
顶层管理者约束（*TMC*）	0.103	0.0464	2.22**
编辑委员会约束（*EBB*）	-0.030	0.023	-1.32
Overall_R^2	0.5529		
Wald_chi^2	110.05		
Hausman 检验	随机效应		
	P =0.2868		

资料来源：作者依据回归结果自行整理制作。注：***、**、*分别表示在1%、5%、10%水平上显著。括号内的值为 *z* 值（或者 *t* 值）。

控股股东约束平方的回归系数为 -0.0001，且显著，控股股东约束的回归系数0.0164，且当控股股东的约束水平处于60.29%时，出版上市企业可以获得最佳的经济效益。即当控股股东的约束水平小于60.29%时，出版企业的经济效益会随控股股东持股比例的提升而逐渐升高。而当控股股东的约束水平高于60.29%时，出版上市企业的经济效益反而会随着控股股东持股比例的提升而逐渐降低。假设6中所述控股股东约束对经济效益提升有倒U型影响的观点得以验证。

制衡股东约束的回归系数为0.055，且不显著，说明制衡股东约束对我国出版上市企业经济效益提升并无显著正向影响。假设中所述制衡股东约束对经济效益提升无明显促进作用的观点得以证实。

机构投资者约束的回归系数为 0.002，且显著，说明机构投资者约束可以显著促进我国出版上市企业经济效益提升。假设中所述我国出版上市企业经济效益提升有赖于机构投资者约束是成立的。

独立董事约束的回归系数为 -0.190，且不显著，说明独立董事约束并没有对我国出版上市企业经济效益提升起到应有的正向效果。假设中所述独立董事约束是直接推动经济效益提升不可忽视的力量是不成立的。

顶层管理者约束的回归系数为 0.103，且显著，说明保持董事长对总经理的约束可以促进我国出版上市企业经济效益提升。假设中所述顶层管理者约束有利于我国出版上市企业经济效益提升是成立的。

编辑委员会约束的回归系数为 -0.030，且不显著，说明编辑委员会约束是无法促进我国出版上市企业经济效益提升的。假设中所述编辑委员会约束对经济效益增长有直接裨益是不成立的。

根据上述多元回归分析结果，可以发现，在控股股东约束、制衡股东约束、机构投资者约束、独立董事约束、顶层管理者约束、编辑委员会约束这六大内部约束要素中，控股股东约束对经济效益提升的影响是倒 U 型的，当控股股东的持股比例保持在 60.29% 时，对我国出版上市企业经济效益提升的影响最为明显。机构投资者约束、顶层管理者约束确实可对我国出版上市企业经济效益提升产生显著正向影响，原有假设得以证实。

而独立董事约束、编辑委员会约束对我国出版上市企业经济效益提升并没有产生显著正向影响，这与原假设中的显著正向影响是完全不相符的。至于到底何种原因导致独立董事约束、编辑委员会约束对我国出版上市企业经济效益提升的影响失效，还有待在结果讨论章节部分展开进一步深入细致的研究。理论假设与实际结果的对比情况见表 6-9。

表6-9 内部约束机制对经济效益提升影响的实际结果与理论假设对比

序号	理论假设	成立与否	实际结果
H17	控股股东约束对经济效益提升的影响是倒U型的	成立	显著倒U型影响
H18	制衡股东约束对经济效益提升无明显促进作用	成立	无显著影响
H19	我国出版上市企业经济效益提升有赖于机构投资者约束	成立	显著正向影响
H20	独立董事约束是推动经济效益提升不可忽视的力量	理论与假设不符	无显著影响
H21	顶层管理者约束有利于我国出版上市企业经济效益提升	成立	显著正向影响
H22	编辑委员会约束对经济效益增长有裨益	理论与假设不符	无显著影响

资料来源：作者根据实证结果与理论假设对比分析情况整理制作。

6.3.4 稳健性检验

为了检验上节多元回归分析结果及研究结论的可靠性，本书参考张兆国、曹丹婷和张弛①的做法，以增减部分自变量的方式或者以更改某一变量取值的方式再次对模型进行多元回归分析。将此分析结果与上节中主模型分析结果进行对比，若稳健性检验中所得结果与原来主模型的多元回归分析结果一致，则说明主模型所得结论是可靠的。若稳健性检验所得结果与主模型的多元回归分析结果不一致，则说明需要对原来主模型进行调整。

6.3.4.1 内部约束机制对社会效益影响的稳健性检验

为检验内部约束机制对社会效益提升影响的研究结果，首先，增加

① 张兆国，曹丹婷，张弛：《高管团队稳定性会影响企业技术创新绩效吗——基于薪酬激励和社会关系的调节作用研究》，《会计研究》2018年第12期。

时间效应控制变量进行稳健性检验。考虑到 2011 年 4 月国家新闻出版局颁布《新闻出版业“十二五”规划》这一重大政策，我国出版上市企业在这一政策前后所采纳的经营战略可能有一定差异，这些战略差异可能会对研究结果造成干扰。为避免由此带来的干扰，本书在原模型基础上添加“是否颁布发展规划（*PP*）”这一时间效应控制变量再展开多元回归分析。“是否颁布发展规划（*PP*）”这一变量是以虚拟变量的方式引入，即令 2012 年之前的年份取为“0”，令 2012 年之后的年份取为“1”。回归分析结果见表 6－10“内部约束机制对社会效益提升影响的稳健性检验 1”。其次，增加现金流（*CF*）这一控制变量。现金流水平高者，其实现社会效益的能力可能愈强。考虑到不同出版企业的现金流水平差异可能会影响其履行对利益相关者责任的结果及履行文化责任的结果，因此，本书在加入现金流这一控制变量后再次展开多元回归分析。回归分析结果见表 6－11“内部约束机制对社会效益提升影响的稳健性检验 2”。

表 6－10　内部约束机制对社会效益提升影响的稳健性检验 1

变量	因变量—社会效益（*SOB*）		
	系数	标准差	*t* 值
常数项	－10.836	2.164	－5.01***
控制变量			
公司规模（*SIZE*）	0.448	0.106	4.13***
财务杠杆（*LEV*）	－0.421	0.652	－0.65
上市年限（*TIME*）	0.076	0.033	2.31**
成长性（*GROWTH*）	0.421	0.141	2.98***
控股股东性质（*STATE*）	0.328	0.326	1.00
具有出版经验高管规模（*NPE*）	0.024	0.022	1.10
是否颁布发展规划（*PP*）	－0.279	0.194	－1.44
解释变量			
控股股东约束（*CSB*）	0.018	0.009	2.02**
制衡股东约束（*CBSC*）	－0.110	0.428	－0.26
机构投资者约束（*IIC*）	－0.012	0.009	－1.26
独立董事约束（*IDB*）	－0.178	1.929	－0.09

续表

变量	因变量—社会效益（*SOB*）		
	系数	标准差	*t* 值
顶层管理者约束（*TMC*）	-0.949	0.554	-1.71 *
编辑委员会约束（*EBB*）	0.598	0.182	3.29 ***
Overall_R^2	0.8156		
Wald_chi^2	240.25		
Hausman 检验	随机效应		
	P =0.103		

资料来源：作者根据回归分析结果制作。注：***、**、*分别表示1%、5%、10%的显著性水平。括号内的值为 *z* 值（或者 *t* 值）。

表6-11　内部约束机制对社会效益提升影响的稳健性检验2

变量	因变量—社会效益（*SOB*）		
	系数	标准差	*t* 值
常数项	-10.608	2.116	-5.01 ***
控制变量			
公司规模（*SIZE*）	0.442	0.106	4.15 ***
财务杠杆（*LEV*）	-1.013	0.757	-1.34
上市年限（*TIME*）	0.045	0.032	1.40 ***
成长性（*GROWTH*）	0.409	0.146	2.81
控股股东性质（*STATE*）	0.389	0.325	1.20
具有出版经验高管规模（*NPE*）	0.041	0.022	1.80 *
现金流（*CF*）	-0.542	0.445	-1.22
解释变量			
控股股东约束（*CSB*）	0.017	0.009	1.98 **
制衡股东约束（*CBSC*）	-0.012	0.425	-0.03
机构投资者约束（*IIC*）	-0.013	0.009	-1.48
独立董事约束（*IDB*）	-0.403	1.924	-0.21
顶层管理者约束（*TMC*）	-0.923	0.531	-1.74 *

续表

变量	因变量—社会效益（*SOB*）		
	系数	标准差	*t* 值
编辑委员会约束（*EBB*）	0.557	0.182	3.07***
Overall_R^2	0.8180		
Wald_chi^2	242.77		
Hausman 检验	随机效应		
	P = 0.113		

资料来源：作者根据回归分析结果制作。注：***、**、*分别表示1%、5%、10%的显著性水平。括号内的值为 *z* 值（或者 *t* 值）。

从稳健性检验1、稳健性检验2可以得知，控股股东约束、编辑委员会约束对我国出版上市企业社会效益提升均具有显著正向影响，而制衡股东约束、机构投资者约束、独立董事约束对我国出版上市企业社会效益提升并没有显著正向影响。顶层管理者约束对我国出版上市企业社会效益提升的影响是显著负向的。将这些稳健性检验结果与主模型分析结果进行对比，可以发现其与主模型的结论是完全一致的。由此可以认为，本书在主模型中得出的结论是可靠和可信的。

6.3.4.2 内部约束机制对经济效益影响的稳健性检验

为检验内部约束机制对经济效益提升影响的结论是否可靠，本文亦展开两组稳健性检验。一是将因变量净资产利润率替换为净资产的平均余额。即用净资产合计期末余额与净资产合计期初余额之和再除以2，其他自变量和控制变量与主模型一致。模型回归结果见表6-12“内部约束机制对经济效益提升影响的稳健性检验1”。二是添加现金流（*CF*）这一控制变量再次进行多元回归分析，模型回归分析结果见表6-13“内部约束机制对经济效益提升影响的稳健性检验2”。

表 6－12 内部约束机制对经济效益提升影响的稳健性检验 1

变量	因变量—经济效益（ROE2）		
	系数	标准差	t 值
常数项	－0.951	0.273	－3.48***
控制变量			
公司规模（SIZE）	0.025	0.012	2.18**
财务杠杆（LEV）	0.004	0.081	0.05
上市年限（TIME）	－0.005	0.003	－1.71*
成长性（GROWTH）	0.052	0.017	3.08***
控股股东性质（STATE）	－0.004	0.035	－0.13
具有出版经验高管规模（NPE）	0.002	0.002	0.68
解释变量			
控股股东约束的平方（CSB * CSB）	－0.0001	0.000	－4.40***
控股股东约束（CSB）	0.015	0.004	4.37***
制衡股东约束（CBSC）	0.047	0.053	0.88
机构投资者约束（IIC）	0.002	0.001	1.65*
独立董事约束（IDB）	－0.177	0.174	－1.01
顶层管理者约束（TMC）	0.101	0.0418	2.42*
编辑委员会约束（EBB）	－0.033	0.020	－1.62
Overall_R^2	0.5869		
Wald_chi^2	126.43		
Hausman 检验	随机效应		
	$P=0.2871$		

资料来源：作者依据回归结果自行整理制作。注：***、**、*分别表示在 1%、5%、10% 水平上显著。括号内的值为 z 值（或者 t 值）。

表 6－13 内部约束机制对经济效益提升影响的稳健性检验 2

变量	因变量—经济效益（ROE）		
	系数	标准差	t 值
常数项	－0.888	0.313	－2.83***
控制变量			
公司规模（SIZE）	0.020	0.014	1.50

续表

变量	因变量—经济效益（*ROE*）		
	系数	标准差	*t* 值
财务杠杆（*LEV*）	0. 032	0. 108	0. 29
上市年限（*TIME*）	-0. 004	0. 003	-1. 22
成长性（*GROWTH*）	0. 048	0. 019	2. 52*
控股股东性质（*STATE*）	0. 002	0. 039	0. 06
具有出版经验高管规模（*NPE*）	0. 001	0. 003	0. 39
现金流（*CF*）	0. 015	0. 060	0. 26
解释变量			
控股股东约束的平方（*CSB* * *CSB*）	-0. 0001	0. 000	-4. 06***
控股股东约束（*CSB*）	0. 016	0. 004	4. 01***
制衡股东约束（*CBSC*）	0. 051	0. 061	0. 83
机构投资者约束（*IIC*）	0. 002	0. 001	1. 70*
独立董事约束（*IDB*）	-0. 181	0. 198	-0. 92
顶层管理者约束（*TMC*）	0. 103	0. 047	2. 21**
编辑委员会约束（*EBB*）	-0. 030	0. 023	-1. 32
Overall_R^2	108. 96		
Wald_chi^2	0. 5532		
Hausman 检验	随机效应		
	P = 0. 3538		

资料来源：作者依据回归分析结果自行整理制作。注：***、**、* 分别表示 1%、5%、10% 的显著性水平。括号内的值为 *z* 值（或者 *t* 值）。

从稳健性检验 1、稳健性检验 2 可以得知，控股股东约束对我国出版上市企业经济效益提升的影响是显著倒 U 型的。制衡股东约束、独立董事约束、编辑委员会约束均不会显著促进我国出版上市企业经济效益提升。机构投资者约束、保持董事长对总经理的约束可以正向促进我国出版上市企业经济效益提升。将这些稳健性检验结果与主模型分析结果进行对比，可以发现，稳健性检验 1 的结果、稳健性检验 2 的结果与主模型的结论是完全一致的。由此可以认为，本书在主模型中所得结论是可靠和可信的。

6.4 讨论与小结

本章结合第2章的理论基础、第3章的内部约束机制结构以及第4章出版社会效益、经济效益的内涵与特征，建立我国出版上市企业社会效益、经济效益受内部约束机制影响的研究假设。在此基础上，运用我国出版上市企业的面板数据对所立假设进行细致的验证并得出严谨结论。为检验结论是否可靠，需要对其进行稳健性检验，以确保所得研究结论是有效的、可信的。管理层内部约束对社会效益、经济效益提升的理论与实证影响结果见表6-14。

表6-14 内部约束对社会效益、经济效益提升的理论与实证影响对比

内部约束机制对社会效益提升的影响			
序号	理论假设	成立与否	实际结果
H11	控股股东约束是推动出版社会效益增长的关键力量	成立	显著正向影响
H12	制衡股东约束对社会效益增长无明显影响	成立	无显著影响
H13	机构投资者约束几乎不会威胁我国出版上市企业社会效益增长	成立	无显著影响
H14	独立董事约束可促进出版社会效益提升	理论与假设不符	无显著影响
H15	顶层领导者约束有助于提升社会效益	理论与假设不符	显著负向影响
H16	编辑委员会约束是推动社会效益增长的动力	成立	显著正向影响
内部约束机制对经济效益提升的影响			
序号	理论假设	成立与否	实际结果
H17	控股股东约束对经济效益提升的影响是倒U型的	成立	显著倒U型影响

续表

内部约束机制对社会效益提升的影响			
H18	制衡股东约束对经济效益提升无明显促进作用	成立	无显著影响
H19	我国出版上市企业经济效益提升有赖于机构投资者约束	成立	显著正向影响
H20	独立董事约束是推动经济效益提升不可忽视的力量	理论与假设不符	无显著影响
H21	顶层领导者约束有利于我国出版上市企业经济效益提升	成立	显著正向影响
H22	编辑委员会约束对经济效益增长有裨益	理论与假设不符	无显著影响

6.4.1 适度集中的股权结构及多元股东约束更易促进“双效”协同提升

我国出版上市企业应保持何种股权结构，才更有利于股东们保持对管理层的约束，一直是悬而未决的重要研究课题。是保持控股股东更高的持股比例并维持相对单一的股权结构，还是保持控股股东相对较高的持股比例并吸纳相对多元的股东投资者？这是学界和业界关注的焦点。

本书的研究结果显示，在我国出版上市企业中，控股股东的持股比例越高，愈有利于促进社会效益。但是对经济效益而言，在保持国有股份控股地位的情况下，并不是控股股东的持股比例越高越好，控股股东的持股比例与经济效益之间呈现的是倒 U 型关系。这一研究发现，也再次印证和呼应了早前王关义、李俊明的研究结论，即第一大股东的持股比例与公司绩效呈倒 U 型关系①。也就是说，控股股东只有持有适中比例的股权，才更有利于约束管理层，促进我国出版上市企业经济效益提升。由于我国出版工作的文化性及出版上市企业担负维护意识形态安

---

① 王关义，李俊明：《出版上市公司股权结构与绩效关系实证分析》，《首都经济贸易大学学报》2013 年第 2 期。

全的重任，因此，控股股东持有适中股权的核心含义是，在保持控股股东为国有股份且处于绝对控股（即国有股份占比 50% 以上）的情况下，适度提高控股股东的持股比例并保持其相对集中，更有利于提高我国出版上市企业的经济效益。这就需要我国出版上市企业的主管主办机构在设计股权结构时，合理配置国有股份比例以使其平衡地促进出版企业社会效益与经济效益提升。

在控股股东为国有股份且其处于绝对控股（即国有股份占比 50% 以上）的情况下，为何适中的国有股比例更有利于约束管理层以促进社会效益、经济效益提升？总的来说，其约束力主要来自以下三方面：一是利用包括《出版管理条例》在内的法律或制度要求出版上市企业实现出版社会效益。二是利用行政手段对出版上市企业有关社会效益的经营行为进行约束。我国出版上市企业的主管部门，会对出版企业的产品质量、选题方向、书号资源配置等提出要求并督促执行。三是潜在的更替压力要求管理层积极推动社会效益提升。良好的出版社会效益是我国出版上市企业管理层实现职位晋升的依据之一。社会效益不佳或者任期内出现严重选题问题或出版物质量问题的管理层，其在职位晋升“锦标赛”中获胜的概率将会大大降低。除约束之外，主管机构亦会为我国出版上市企业管理层实现社会效益的相关活动提供支持。最为明显的是，通过设立出版基金或项目来资助那些社会效益佳，但是市场收益可能不足以补偿出版物生产所需成本的出版物的生产传播①。或者通过设置“五个一”工程奖、“韬奋出版奖”、“中华优秀出版物奖”、“中国出版政府奖”等重要奖项对优秀出版物及优秀出版人才给予精神及物质奖励。

当国有股份处于绝对控股地位时，经济效益提升并不能完全归因于控股股东对管理层的约束，很大程度上还要归因于国家对国有企业的支持。一是在教材教辅以及其他出版物的出版发行资质方面给予支持。省级出版上市企业及部分中央级出版上市企业所属出版社可以获得国家对教材及全科教辅出版的行政许可，获得负责开发出版中小学教材的资质以及开发出版全学科、全品类、全版本、全系列品牌教辅产品的资质。

---

① 方卿，徐丽芳，许洁：《出版价值引导研究》，北京，商务印书馆，2018 年，第 343 页。

省出版上市企业旗下所属新华书店往往是该省中小学免费教科书的唯一发行商[①]。这些支持给我国出版上市企业带来大量的经济收益。图书出版许可证、音像制品出版许可证、电子出版物出版许可证、报刊出版许可证、网络出版服务许可证、互联网新闻信息服务许可证、信息网络传播视听节目许可证等众多准入资质是主管机构给予我国出版上市企业提供重要支持的另一体现[②]。二是国家对包括出版在内的文化产业给予大力度的税收政策支持。近年来国家加大了对出版业改革的支持力度，出台了系列财税优惠的政策，使出版业有了长足发展[③]。如2019年2月，财政部、税务总局、中央宣传部联合下发《关于继续实施文化体制改革中经营性文化事业单位转制为企业若干税收政策的通知》，规定对国有出版企业自2019年1月1日起可继续免征五年企业所得税和房地产税，在税收政策上对国有出版单位的转企改制给予了进一步的支持[④]。2017年已有90%的出版企业享受到税收优惠政策。除上述政策支持外，政府及主管机构亦会通过施加更替压力对管理层进行约束。如出版上市企业管理层在国有资产保值增值方面未取得成效，甚至造成国有资产流失，其可能面临被更替的风险[⑤]。

在控股股东为国有股份且其处于绝对控股（即国有股份占比50%以上）的情况下，控股股东的持股比例并非愈高愈好。过高的国有股比例可能反而不利于约束管理层，甚至可能对我国出版上市企业经济效益产生负面影响。只有适度集中的股权结构更有利于我国出版上市企业经济效益提升，这一结论亦在相关研究中得到佐证[⑥]。一是因为当国有控股股东的持股比例过高时，会压缩和限制其他类型股东参与出版上市

---

① 巨潮资讯网：《中原传媒2020年年度报告》，2021年4月27日，http：//www. cninfo. com. cn/new/disclosure/detail？orgId = gssz0000719&announcementId = 1209811631&announcementTime.

② 巨潮资讯网：《中文传媒2020年年度报告》，2021年3月31日，http：//www. cninfo. com. cn/new/disclosure/detail？orgId = gssh0600373&announcementId = 1209488394&announcementTime.

③ 朱永新：《见证十年把握明天的罗盘》，太原，山西教育出版社，2018年，第311页。

④ 中华人民共和国中央人民政府：《关于继续实施文化体制改革中经营性文化事业单位转制为企业若干税收政策的通知》，2019年2月16日，http：//www. gov. cn/zhengce/zhengceku/2019 - 10/15/content_5439878. htm.

⑤ 中华人民共和国中央人民政府：《国资委主要职责、内设机构和人员编制规定》，2008年7月22日，https：//www. gov. cn/gzdt/2008 - 07/22/content 1052533. htm.

⑥ 刘绍娓，万大艳：《高管薪酬与公司绩效：国有与非国有上市公司的实证比较研究》，《中国软科学》2013年第2期。

企业决策，削弱多元股东的监督和约束价值①②③。二是在当前我国出版上市企业所有者职权由各级政府官员代为行使的情况下，极易出现国有股份所有者虚位现象。这些官员可能不会如同企业真正所有人和出资者那样，监督出版上市企业的战略决策和经营行为，从而造成对管理层的约束不力，为“内部人”利用国有资本构建自己的“商业帝国”以及其他损害出版上市企业经济效益的自利行为留下空间④⑤。

既然控股股东在一定的持股比例下有利于我国出版上市企业经济效益，那么倘若控股股东的持股比例处于最佳水平时，剩余的股份应由哪些类型股东持有呢？本书重点研究了制衡股东以及机构投资者这两类股东约束管理层对我国出版上市企业社会效益、经济效益可能造成的影响。从研究结果看，我国出版上市企业的制衡股东约束不会对出版企业社会效益、经济效益提升产生显著促进作用。这一研究成果亦呼应了王关义、刘苏的研究发现，即前五大股东对第一大股东的股权制衡度与我国出版上市企业的绩效几乎毫无关系⑥。一方面是因为我国出版上市企业制衡股东所持股份与控股股东所持份额相比相对较小，同时这些制衡股东大多属于由控股股东直接控股的国有企业或者由控股股东直接投资设立的国有法人⑦⑧，它们与控股股东属同一利益共同体，其真正意愿基本由控股股东代为表示。即使少数与控股股东不属于同一利益群体的制衡股东可能有监督出版上市企业经营管理行为的意愿，但是囿于所持股份相对较小，在重大决策中拥有的投票权和话语权相对较小，没有足够的能力真正参与到约束经营管理行为的工作中。

---

① 曾庆宾：《论中国出版企业的法人治理结构创新》，《编辑之友》2004 年第 2 期。

② 佘璐：《湖南出版投资控股集团治理机制优化设计》，湘潭大学硕士学位论文，2012 年。

③ 王冰：《创新：传媒业可持续发展的不竭动力》，《新闻出版报》2006 年 7 月 11 日。

④ 李莹：《我国传媒产业产权制度改革的路径探析》，《今传媒》2013 年第 5 期。

⑤ 徐志武：《我国出版上市公司治理结构与绩效关系研究》，武汉大学博士学位论文，2018 年。

⑥ 王关义，刘苏：《我国文化传媒企业股权结构与企业绩效关系的实证研究》，《中国出版》2018 年第 9 期。

⑦ 巨潮资讯网：《中南传媒 2020 年年报》，2021 年 4 月 27 日，http：//www. cninfo. com. cn/new/disclosure/detail? orgId = 9900015470&announcementId = 1209807055&announcementTime.

⑧ 巨潮资讯网：《凤凰传媒 2020 年年度报告》，2021 年 4 月 23 日，http：//www. cninfo. com. cn/new/disclosure/detail? orgId = 9900021782&announcementId = 1209768667&announcementTime.

与制衡股东约束不同的是，机构投资者对管理层的约束是可以促进我国出版上市企业经济效益提升的，并且它们并不会对出版社会效益产生明显负面影响。这一研究发现也进一步证实，那些认为将机构投资者引入我国出版上市企业的股权结构会对社会效益造成威胁的推断是不准确的。出版什么作品，不出版什么作品，是否有利于社会进步，是否有利于文化繁荣，决定权在党和政府①。在强大的国家意志面前，持股数额较小的机构投资者对管理层履行文化责任、履行对利益相关者的责任所起约束作用相对较小，甚至可以说几乎无影响。

那些持有足够股份和充分投票权的机构投资者，可以利用自身信息优势获取出版上市企业大量第一手“软信息”，进行精准解读和及时跟踪，了解出版上市企业的真实经营情况，及时发现出版上市企业的生产经营异动，敏感地察觉管理层在投融资背后的机会主义行为，直接监督管理层②。至于持股比例稍小、无法直接监督约束管理层的机构投资者，它们往往倾向于采用“用脚投票”的方式来表达不满或规避风险、损失。一旦多数机构投资者采用“用脚投票”方式表达意愿，极有可能对我国出版上市企业股价及经济效益产生不利影响，这是我国出版上市企业管理层所忌惮的。因此，在机构投资者的约束下，管理层为防止机构投资者集体“用脚投票”，会努力提高出版企业的经济效益。

6.4.2 独立董事约束无法促进“双效”提升，要防范其沦为“橡皮图章”

从理论上看，独立董事约束管理层可以显著促进我国出版上市企业社会效益、经济效益提升。根据我国证监会发布的《关于在上市公司建立独立董事制度的指导意见》《关于加强社会公众股股东权益保护的若干规定》等文件，独立董事的核心职责本就是监督约束经营管理行为、辅助出版上市企业决策③。然而，从研究结果看，独立董事约束是无益于我国出版上市企业社会效益及经济效益的。这与理论假设是明显

① 柳斌杰：《在改革开放中加强出版行政管理》，《中国出版》2002 年第 12 期。

② 吴静娴：《新常态下的中国金融市场发展》，上海，同济大学出版社，2019 年，第 27～28 页。

③ 李燕媛，刘晴晴：《中国独立董事制度的有效性：基于盈余管理维度的评价与建议》，《经济与管理研究》2012 年第 11 期。

背离的。这说明我国出版上市企业的独立董事约束是失效的，其在监督约束出版上市企业经营管理行为、辅助决策方面所起作用不如预期。已有研究也证实，独立董事尤其是本地任职的独立董事，会通过降低其异议行为损害企业价值①。这种情况下，我国出版上市企业的主管主办机构还需要下大力气防范独立董事沦为出版企业“内部控制人”的“橡皮图章”，防止双方结成利益同盟，放任“内部控制人”的“逆向选择”与道德风险等自利行为，侵害我国出版上市企业的经济效益，妨害我国出版上市企业实现社会效益的能力和水平。从访谈结果看，影响我国出版上市企业独立董事发挥监督约束、辅助决策功能的原因是多方面的。最为突出的原因可能有“内部人控制”、激励不足、能力结构不匹配、法律法规依据不足、特有的社会文化环境共五方面因素②。

首先，“内部人控制”妨碍独立董事履职。从管理层薪酬激励对我国出版上市企业经济效益有显著负向影响的研究结果看，在我国出版上市企业内部可能存在一定程度的“内部人控制”现象。高明华等人的研究亦证实，在包括出版行业在内的国有企业内部存在较为严重的“内部人控制”现象，这已成为不争的事实③。从一项针对406家国有上市企业董事会成员的调查结果看，样本企业平均的内部董事人数与董事会人员总数平均之比（亦称平均内部人控制度）为67%，这一数字远高于非国有企业不超过25%的内部人控制度④。这种情况下，内部人真正控制着出版上市企业的人事权、投资权以及筹资权，在国有股出资人虚置的情况下，一般中小股东以及独立董事很难对管理层展开有效的监督和约束。即使部分独立董事确有公平公正约束经营管理行为的决心和意志，但是在“内部人控制”的情况下，独立董事的监督和约束也难以对出版上市企业的决策构成实质影响。此时，这些“内部控制人”往往欢迎更多独立董事加入董事会，以便利用独立董事的人脉关系、专业技能和口碑声望等资源，同时也可以达到向市场投资者以及市场监管

---

① 周泽将，雷玲，杜兴强：《本地任职与独立董事异议行为：监督效应 vs. 关系效应》，《南开管理评论》2021年第2期。

② 鲁桐：《独立董事制度的发展及其在中国的实践》，《世界经济》2002年第6期。

③ 高明华：《公司治理与国有企业改革——高明华文集》，上海，东方出版中心，2017年，第117页。

④ 高明华：《公司治理与国有企业改革——高明华文集》，上海，东方出版中心，2017年，第117页。

部门释放相关信号的目的①。

其次，物质激励不足限制了独立董事工作的积极性。从对2018—2020年我国出版上市企业独立董事的薪酬调查看，其薪酬基本不超过10万元人民币。比如，中国科传独立董事每年领取10万元董事津贴②，中国出版独立董事领取的年度津贴为6万元③。这一薪酬与我国出版上市企业独立董事所承担的重大责任和所付出的辛勤劳动相比，是难以匹配的。独立董事需要利用出席董事会、股东大会的机会以及其他时间对出版上市企业内部进行现场检查，深入了解出版企业的内部控制和财务状况，重点对出版上市企业的股东大会决议、董事会决议执行情况，内部控制制度的建设及执行情况，募集资金使用情况，生产经营情况以及财务状况等方面进行检查，及时获悉出版上市企业内部的各重大事项的进展情况，并通过电话和电子邮件等方式，与出版上市企业的其他董事、高级管理人员及相关工作人员保持密切联系，时刻关注我国出版行业外部环境及市场变化可能对出版上市企业经营活动的影响④。如此责任重大和纷繁复杂的工作显然难以与10万元的酬劳相匹配。没有足够的薪酬激励，独立董事也会逐渐丧失开展主动监督、积极约束管理层的积极性。

再次，独立董事整体的能力结构与出版企业所需能力间不够匹配。虽然从整体看，独立董事约束管理层对我国出版上市企业社会效益、经济效益没有显著影响，但是从不同类型独立董事对企业绩效的影响看，已有研究证实，具有会计专业知识的独立董事确实可以对上市企业经营管理起约束作用，抑制上市企业的盈余管理⑤。然而，会计学知识有较强的专业性，只有接受过正规会计学教育者或者具有丰富的会计从业经

---

① 唐跃军：《独立董事制度的中国之痛》，《北大商业评论》2014年第8期。

② 巨潮资讯网：《中国科技出版传媒股份有限公司2020年年度报告》，2021年4月28日，http：//www. cninfo. com. cn/new/disclosure/detail? orgId = 9900023751&announcementId = 1209834184&announcementTime.

③ 巨潮资讯网：《中国出版传媒股份有限公司2020年年度报告》，2021年4月29日，http：//www. cninfo. com. cn/new/disclosure/detail? orgId = 9900031902&announcementId = 1209861046&announcementTime.

④ 巨潮资讯网：《中原传媒2020年年度报告》，2021年4月27日，http：//www. cninfo. com. cn/new/disclosure/detail? orgId = gssz0000719&announcementId = 1209811631&announcementTime.

⑤ 李燕媛，刘晴晴：《中国独立董事制度的有效性：基于盈余管理维度的评价与建议》，《经济与管理研究》2012年第11期。

验者才具备监督约束效果并发现财务报告中欺诈信息的能力[①]。从我国出版上市企业独立董事的专业背景看，每家出版上市企业具有会计专业知识的独立董事并不多，一般为1名左右。数量较少使具备会计学专业背景的独立董事往往在监督约束工作中形单影只，难以与其他独立董事形成合力。

复次，独立董事履职所参照的法律法规依据不足。当前我国出版上市企业的独立董事往往没有从法律法规层面获得足够的授权来监督和约束管理层的经营管理行为和内部决策。他们对出版上市企业的内部决策仅有建议权，没有被法律法规授予实质意义上的否决权[②]。即使独立董事发现出版上市企业管理层开展自利行为或者做出错误决策时，也没有足够的能力和权限阻止该行为发生。这是导致我国出版上市企业独立董事约束失效极为重要的原因。

最后，我国特有的社会文化环境限制独立董事履职。独立董事的聘任往往由出版上市企业董事会自行决定，不排除存在所聘任的独立董事可能是某些内部人的特定关系人，比如内部董事的朋友、亲戚或者朋友的朋友，或者聘任那些能够借用其名誉和声望来提升出版企业形象及地位的独立董事，或者聘任那些能够借用其资源来加强与学术界或政界联系的独立董事[③]。再加上独立董事所获酬劳本来就是来自出版上市企业内部，并且为获这种酬劳还需要内部管理层签字，独立董事与内部董事之间基于互惠互利而形成的友情关系或社会联系极易导致部分独立董事碍于情面放松对管理层的约束和监督[④]。缺乏独立董事的有力监督和约束，以及独立董事未能充分发挥辅助决策功能，也就难以对我国出版上市企业社会效益、经济效益提升产生显著的促进作用。

---

① 李燕媛，刘晴晴：《中国独立董事制度的有效性：基于盈余管理维度的评价与建议》，《经济与管理研究》2012年第11期。

② 郑春美，李文耀：《基于会计监管的中国独立董事制度有效性实证研究》，《管理世界》2011年第3期。

③ 李燕媛，刘晴晴：《中国独立董事制度的有效性：基于盈余管理维度的评价与建议》，《经济与管理研究》2012年第11期。

④ 张兆国，曹丹婷，张弛：《高管团队稳定性会影响企业技术创新绩效吗——基于薪酬激励和社会关系的调节作用研究》，《会计研究》2018年第12期。

6.4.3 编辑委员会约束与顶层管理者约束均对“双效”提升有独特价值

虽然编辑委员会约束无益于我国出版上市企业的经济效益，但是它对我国出版上市企业社会效益提升有显著促进作用。当前我国只有部分出版上市企业已在董事会中设立编辑委员会。本书关于编辑委员会约束可对出版社会效益产生显著正向影响的研究结论也得到进一步证实，在我国出版上市企业董事会中设立编辑委员会是有益且必要的。这亦为尚未设立编辑委员会的出版上市企业提供启示，有必要加紧在董事会内部设立编辑委员会。

访谈结果显示，与其他内部约束具有较强的监督效力不同，编辑委员会虽然在出版战略及选题方向等方面具有一定的监督约束力，但从整体看，编辑委员会实质上在辅助出版上市企业内容生产决策方面往往发挥更大价值。从已设立编辑委员会的出版上市企业看，编辑委员会成员多为中宣部全国文化名家暨“四个一批”人才和青年文化英才、中国出版政府奖先进个人、国务院特殊津贴专家、省百千万人才工程人选、全国新闻出版行业领军人才等高端人才，并有一大批在经营管理、出版发行、投融资领域有所专长的业内精英。这些成员具有丰富的出版经验以及极高的专业造诣，他们可以为管理层在出版导向管理、履行文化责任、挺拔出版主业等方面的决策提供专业建议。比如对经责任编辑、编辑室主任、总编辑论证的选题再次进行审核，统筹整个出版上市企业的内容导向管理体制，以坚持导向管理与企业经营管理相融合、坚持社会效益与经济效益相统一为原则，建立自上而下的导向管理体系，包括建立强化出版单位社会效益、弱化经济效益指标的考核体系，以及建立引导出版单位以社会效益为先、在主题出版和重大工程上下功夫的相关制度[①②]。重点避免出版上市企业及其管理层在优先实现社会效益过程中可能出现的三种倾向：一是只看重自身的经济效益，忽视出版发行活动

① 腾讯·大湘网：《文化体制改革的“中南传媒样本”》，2018 年 12 月 5 日，https：//hn. qq. com/a/20181205/003239. htm.

② 何军民，朱寒冬：《关于主题出版做强主线做优产品的若干思考》，《出版广角》2022 年第 11 期。

整体的社会效益；二是以社会效益为借口，掩盖经济效益低下的缺陷；三是不重视履行对利益相关者的社会责任①。

此外，多元化的传播与媒介环境给传统出版带来新的挑战②。出版企业面临的不仅只是来自行业内部的竞争，还有来自出版产业外部的竞争者，诸如内容平台、社交平台等商业化的网络平台，正在逐步占领传统出版的生存空间③。然而，我国传统出版业在数字化转型过程中，对数字化的特点和切入点把握不准，致使转型成本过大，弯路走得较多。相比较而言，一些技术公司及后来的互联网企业，它们开发的平台、建立的商业模式，则更接近数字出版的本质特征，因此比较成功④。编辑委员会发挥辅助决策功能，可以帮助出版上市企业推动传统出版和新兴出版在内容、渠道、平台、经营、管理、传播等各方面的深度融合，增强出版的表达力、感染力和吸引力，从而得以真正持久地实现出版的意义和价值，增强出版企业在融合出版领域盈利的可能性⑤。

顶层管理者约束确实可对我国出版上市企业经济效益起促进作用。虽然我国国有出版上市企业已经建立董事长对总经理约束的顶层管理者约束机制，但是多数民营出版上市企业却并没有建立董事长对总经理约束的内部治理机制。对于是否有必要保持董事长对总经理的约束，保持董事长对总经理的约束是否真的有利于我国出版上市企业的社会效益或者经济效益提升，我国出版业界也一直存有疑虑。本书的研究结果显示，保持董事长对总经理的约束确实可以显著促进我国出版上市企业经济效益提升。这也为那些已上市或者未上市且对建立顶层管理者约束制度持观望态度的出版企业提供启示：在我国出版上市企业内部保持董事长对总经理的约束在一定程度上是有益的。当前我国不少出版上市企业

---

① 本刊记者：《出版发行企业“硬指标”考核体系建立初探》，《编辑之友》2016 年第 10 期。

② 温志宏，师曾志：《从内容供给、技术动能到管理创新：出版深度融合发展的挑战》，《出版广角》2022 年第 9 期。

③ 刘广东，刘大年：《论传统出版转型的三维动因》，《现代出版》2022 年第 1 期。

④ 谢新洲，黄杨：《技术创新：数字出版发展与管理的新路径——专访中国新闻出版研究院副院长张立》，《出版科学》2019 年第 6 期。

⑤ （本刊编辑部）皮钧，周昌恩，黄强，刘永升，贾新田，肖风华，刘东风，朱敏：《展望“十四五”奋进新征程——出版业“十四五”规划大家谈》，《印刷文化（中英文）》2021 年第 4 期。

逐步走上依靠资本运营来提升经济效益的发展路径，比如运用基金投资平台，着力挖掘数字出版、新媒体、互联网游戏等领域具有高成长潜力的企业，获取投资收益，或者积极探索多样化、多层次、广覆盖的文化金融服务体系和综合性文化金融平台建设，为公司转型升级、融合发展提供强有力的金融支撑①。资本运营领域监管难度大、自利行为隐蔽，为“内部人”的败德行为留下空间。再加上我国出版上市企业本来就普遍存在多层委托代理现象，存在出资人和控股股东对管理层的监督盲区或者监督不力的现象。建立董事长对总经理的约束机制，有利于保持出版上市企业出资人和控股股东对总经理的监督，尽可能避免出现“内部人控制”现象，减少总经理的“逆向选择”和道德风险等自利行为。

值得关注的是，顶层管理者约束对我国出版上市企业社会效益不仅没有显著正向影响，反而对社会效益提升有显著负向影响，这与本书所提假设是完全相反的。之所以产生与理论假设完全相反的结果，与保持董事长对总经理约束在一定程度上降低了出版上市企业在社会效益议题方面的决策效率有一定关系。在将董事长和总经理分开设置的情况下，董事长和总经理双方对履行文化责任或者履行对利益相关者责任等社会效益议题的决策意见可能产生分歧，影响出版上市企业有关社会效益问题的决策效率或者决策质量，削弱出版企业履行文化责任或者履行对利益相关者责任的能力。

近年来，我国出版上市企业履行文化责任、履行对利益相关者责任的内容及方式发生一定变化。随着5G、AI等新兴技术的飞速发展，新兴技术的应用日渐普及，文化与科技的融合不断加深，出版行业面临着产业变革带来的巨大机遇与挑战②③。同时，我国出版行业整体的生产、销售环节都受到一定影响，为此需要出版上市企业加大在建立数字内容资源、研发数字产品方面的投入，加快向知识服务转型，不断开拓业务

① 巨潮资讯网：《中文传媒2020年年度报告》，2021年3月31日，http：//www.cninfo.com.cn/new/disclosure/detail？orgId = gssh0600373&announcementId = 1209488394&announcementTime.

② 巨潮资讯网：《中国科技出版传媒股份有限公司2020年年度报告》，2021年4月28日，http：//www.cninfo.com.cn/new/disclosure/detail？orgId = 9900023751&announcementId = 1209834184&announcementTime.

③ 王勇安，杨忠杨：《“ + 出版”还是“出版 + ”——业态变革背景下出版人才培养的思考与实践》，《出版科学》2019年第1期。

发展新增长极。目前出版行业正面临着纸张成本波动较大、印刷产能供应不稳定等压力，需要出版上市企业继续加大投入，提升企业运营信息化水平，加大新技术应用力度，继续扩大按需印刷生产规模，探索异地印刷模式，加强电子商务应用，持续提升营销能力，控制综合成本，保持经营稳健增长①。出版行业出现的上述变化以及所面临的挑战必然也对我国出版上市企业履行文化责任、履行对利益相关者责任的内容和方式产生影响，比如主要利益相关者发生变化，需更注重利用数字资源传播主流意识形态等。这就需要出版上市企业管理层做出专业、科学的决策。如果董事长与总经理在履行文化责任以及履行对利益相关者责任的内容、方式以及力度上存在分歧，或者总经理内心并不一定非常认同董事长有关社会效益的决策并对此懈怠执行，这些都必然会削弱出版上市企业履行文化责任以及履行对利益相关者责任的能力。这也对我国出版上市企业及其主管主办机构提供启示，当保持董事长对总经理约束时，尤其需要注重协调董事长及总经理对于社会效益议题的认知，只有统一对社会效益议题的认知，才能提高社会效益问题的决策质量，推动我国出版上市企业社会效益、经济效益提升。

6.4.4 小结

研究发现，在社会效益提升方面，控股股东约束、编辑委员会约束可对我国出版上市企业社会效益提升产生显著正向影响，原有假设得以证实。而制衡股东约束、机构投资者约束对出版上市企业社会效益提升并没有显著正向影响，这与原假设是相符的。独立董事约束并不会显著促进社会效益提升，这与假设中所述显著正向关系是相悖的。值得关注的是，保持董事长对总经理的约束不但无益于社会效益，反而会显著负向影响我国出版上市企业的社会效益。

在经济效益提升方面，控股股东约束对经济效益提升的影响是倒 U 型的，当控股股东的持股比例保持在 60.29% 时，对我国出版上市企业经

① 巨潮资讯网：《中国科技出版传媒股份有限公司 2020 年年度报告》，2021 年 4 月 28 日，http：//www. cninfo. com. cn/new/disclosure/detail？ orgId = 9900023751&announcementId = 1209834184&announcementTime.

济效益提升的影响最为明显。机构投资者约束、顶层管理者约束确实可对我国出版上市企业经济效益提升产生显著正向影响，原有假设得以证实。而独立董事约束、编辑委员会约束对出版上市企业经济效益提升并没有产生显著正向影响，这与原假设中所提显著正向影响是不相符的。

为检验管理层内部约束机制各要素对社会效益、经济效益提升影响结果的可靠性，本书采用增加控制变量或者更改控制变量取值的方式展开4组稳健性检验。将这些稳健性检验结果与主模型分析结果对比，可以发现稳健性检验结果与主模型的结论是完全一致的。由此可以认为，本书得出的内部约束对我国出版上市企业社会效益、经济效益提升影响的结论是可靠和可信的。

从研究结果看，内部约束方面，在保持国有股份控股地位的情况下，适中的国有股比例更有利于约束我国出版上市企业及其管理层，以促进社会效益、经济效益提升。法律或制度、行政手段、潜在的更替压力要求出版上市企业及其管理层积极推动社会效益提升。当国有股份处于控股地位时，经济效益提升很大程度上还要归因于政府和主管机构等对出版上市企业及其管理层经营活动的支持，包括教材教辅出版发行资质方面给予支持，给予出版企业大力的税收政策支持。那些持有足够股份和充分投票权的机构投资者，可以利用自身信息优势获取出版上市企业大量第一手“软信息”，进行精准解读和及时跟踪，了解出版上市企业的真实经营情况，及时发现出版上市企业的生产经营异动，敏感地察觉管理层在投融资背后可能的机会主义行为，直接监督管理层。

独立董事约束不仅无法促进“双效”提升，反而要防范其沦为“橡皮图章”。“内部人控制”、物质激励不足、独立董事整体的能力结构与出版企业所需能力不够匹配、履职的法律依据不足等是限制独立董事履职的重要因素。编辑委员会约束与顶层管理者约束均对“双效”提升有独特价值。编辑委员会在辅助出版上市企业及其管理层决策方面往往发挥更大价值。建立董事长对总经理的约束机制，有利于保持出版上市企业出资人和控股股东对总经理的监督，尽可能避免出现“内部人控制”现象，减少总经理的“逆向选择”和道德风险等自利行为，但是需要防范由此带来的社会效益议题决策效率降低的问题。除研究内部约束机制对社会效益、经济效益的影响，本书在下一章研究外部约束机制对出版上市企业“双效”提升的影响。

7 外部约束对中国出版上市企业“双效”提升影响研究

出版学界较多关注内部力量对管理层的约束作用[①]，而对于管理层外部约束机制，学界关注极少。外部约束机制包括市场化进程约束、政府对出版市场干预带来的约束、出版物产品市场约束、出版要素市场约束、法律环境约束共五个方面。外部约束机制作为内部约束机制的补充，可以和内部约束机制一起构成约束出版上市企业及其管理层的严密网络。

7.1 理论探讨与研究假设

本书根据第3章的研究成果，将外部约束机制划分为市场化进程约束、政府对出版市场干预带来的约束、出版物产品市场约束、出版要素市场约束、法律环境约束共五个方面。据此分别研究外部约束机制对出版上市企业社会效益、经济效益的影响。

7.1.1 管理层外部约束有利于出版企业社会效益提升

出版企业在实现社会效益的过程中，对外部政策、市场、法律等要素具有较强的依赖性。从理论层面看，外部约束整体上有利于我国出版上市企业社会效益提升。

---

① 醋卫华：《声誉机制的公司治理作用研究》，西安，西安交通大学出版社，2018年，第20页。

7.1.1.1　市场化进程水平愈高，则社会效益愈好

所谓市场化进程，一般指经理人市场化程度及资本市场化进程[①]。职业经理人市场化程度实质是指出版上市企业的主管主办机构从职业经理人市场中竞争性地选拔管理层的程度[②]。建立职业经理人市场化机制有助于将市场择优与优胜劣汰的竞争压力施加给出版上市企业的管理层，督促和约束经理人不断努力，以取得优良的管理业绩。经理人良好的经营管理业绩是其在经理人市场中人力资本价值的直接体现，关系到职业经理人的声望、地位、收入，甚至还有可能对经理人职业生涯的可持续性产生影响。尤其在充分竞争的资本市场中，倘若经理人经营不善导致公司绩效不佳，那么股东们（尤其是中小股东）极有可能会“用脚投票”，导致股价下跌。同时，企业经理人控制权被剥夺的风险亦大增。在这种高风险的经营压力下，经理人不得不努力工作，以实现优异业绩。

经理人市场对出版上市企业产生约束作用的关键在于主管主办机构对职业经理人的竞争选聘机制。这一机制为主管主办机构广泛鉴别经理人的能力、素质以及聘任德才兼备的职业经理人提供了便利。充分竞争的经理人市场能够克服因信息不对称而引起的“逆向选择”现象，使职业经理人能够始终保持危机感并主动约束自身的机会主义行为[③]。主管主办机构对经理人的鉴别、评价、选择与聘任往往是基于经理人声誉所显示和传递出来的信号而展开的[④]。良好的声誉可为经理人获得更多的内、外部晋升机会，促进其职业生涯持续发展[⑤]。在第 5 章中，本书已从学理角度论证了声誉所具有的约束效用可对出版企业社会效益产生

① 李维安：《公司治理学》，北京，高等教育出版社，2016 年，第 3 版，第 146～149 页。

② 郑谢臣：《中小企业管理创新视角与运营》，北京，航空工业出版社，2019 年，第 90 页。

③ 许楠：《中国上市公司股权激励财富效应——基于控制权配置视角》，天津，天津科学技术出版社，2015 年，第 132 页。

④ 许楠：《中国上市公司股权激励财富效应——基于控制权配置视角》，天津，天津科学技术出版社，2015 年，第 132 页。

⑤ 姜付秀，〔美〕肯尼思 · A. 金（Kenneth A. Kim），王运通：《公司治理：西方理论与中国实践》，北京，北京大学出版社，2016 年，第 201 页。

影响。声誉激励之所以能发挥作用，是因为一旦代理人做出违背契约的行为，将遭受明显损失，经理人为了避免这种损失会约束自己的行为[①]。我国出版企业绝大多数属于国有企业，实现社会效益一直是我国出版企业的首要经营目标。声誉是我国出版企业管理层职位晋升的重要依据，尤其是出版企业在实现社会效益方面的声誉，会成为主管部门决定管理层能否获得晋升及职位晋升高低的重要依据。因此，为了不影响自身职业发展并为自己谋求更多的晋升资本，管理层务必要使出版工作保持正确的价值导向，在此基础上努力为人民生产发行更优质的作品。比如，申获更多的主题出版项目及国家出版基金资助，申获更多的“五个一”工程奖、“中华优秀出版物奖”、“中国出版政府奖”等重要奖项。这些项目及奖项往往会被视为管理层所创造社会效益的重要标志以及为管理层累积声誉的重要途径。

资本市场化进程亦会影响我国出版上市企业的社会效益。良好的社会效益是提升出版企业品牌形象的重要因素，亦是管理层较为重视的经营绩效。在成熟的资本市场中，如果出版上市企业社会效益不佳，则极有可能招致分散的小股东以“用脚投票”的形式对出版上市企业的经营管理活动投下不信任票，以表达不满。这种“用脚投票”的方式会在相当程度上对出版上市企业产生约束作用。因为一旦分散股东以“用脚投票”的方式抛售股票，就会导致出版上市企业的股票价格下跌。股价下跌则有可能会加剧出版上市企业经营管理的难度，甚至会造成经营危机[②]。这反过来又会影响出版上市企业自身的口碑和声誉。很显然，这是出版上市企业及其经营者不愿看到的。为避免这种不利局面出现，成熟资本市场中的出版上市企业，其经营者往往会注重提升出版上市企业的社会效益。有鉴于此，本书提出假设：

H23：市场化进程水平愈高则出版上市企业的社会效益愈好

7.1.1.2 政府对出版物市场的干预有利于促进社会效益提升

我国政府对出版物市场的干预主要通过控制书号和限定资质这两种

---

① Cambini，C. et al，2015：“Incentive Compensation in Energy Firms：does Regulation Matter?”，*Corporate Governance：An International Review*，April.

② 李维安：《公司治理学》，北京，高等教育出版社，2016 年，第 3 版，第 149 页。

途径。控制书号是主管机构从生产端调控我国出版物市场规模的有效手段。限定出版资质是指主管机构规定各地中小学教材由特定出版企业出版的管理方式。总的来说，我国政府对出版物市场的上述两种干预方式均会对管理层的经营活动产生影响，为管理层创造更好的社会效益提供契机。

书号是区分出版物的一种标识符，其基本功能是使出版企业所生产的每一种出版物具有唯一性①。出版企业在对书稿完成“三审”程序后，即可实名为该书稿申领书号。目前，书号已成为出版企业所生产的出版物获得我国政府及出版主管部门合法认定的标志，亦成为出版物被准许进入市场流通的准入证②。书号对出版上市企业及其管理层生产经营活动的约束作用主要体现在以下三方面。

首先，新闻出版署拨给出版企业书号过程中的奖惩机制约束管理层创造更好的社会效益。新闻出版署的书号拨给方式包括正常发放、增发、奖励和罚减共 4 种类型。社会效益优秀的出版物，比如国家的重点图书、外文版图书以及少数民族文字图书等，往往可获得新闻出版署追加的少量书号。而停业整顿的出版社则会被核减书号。对存在超过批准书号使用总量、将申请追加的书号另作他用、虚报编辑人数或者买卖书号等违规问题的出版社，其所申请的书号则会被扣减、缓发甚至停发。生产的出版物结构不合理、出版物抽查过程中存在质量问题的出版社亦会被新闻出版署压缩书号总量③④。

其次，书号收紧进一步约束出版企业管理层的经营行为，使其更进一步集中精力利用有限的书号创造更好的社会效益。2018 年，国家开始对书号发放工作大幅收紧，导致此后我国出版企业所生产的新书数量有所下降⑤。在此情况下，出版企业不得不调整出版物生产结构，将有限的书号放在能够创造更好社会效益的出版物选题上，尤其是国家出版基金资助以及主题出版项目资助的选题上。从另一方面看，书号收紧后，出版企业每年生产的出版物种类减少，编辑及管理层有更多的时间

① 高海涛：《我国书号管理制度：功能、效果及反思》，《编辑之友》2021 年第 7 期。
② 高海涛：《我国书号管理制度：功能、效果及反思》，《编辑之友》2021 年第 7 期。
③ 何皓：《书号：作为出版宏观调控的手段》，《出版科学》2009 年第 1 期。
④ 李景端：《用好书号的调节功能》，《编辑学刊》2018 年第 3 期。
⑤ 高海涛：《我国书号管理制度：功能、效果及反思》，《编辑之友》2021 年第 7 期。

和精力对选题进行甄选和优化，将审读、加工、校对等出版物生产流程的各阶段工作做得更加细致[①]。书号收紧后，管理层在选择合作出版的民营出版企业时，会更注重民营出版企业的人才储备、流程管理以及所提供的稿件质量[②]。出版企业将可能不再与规模小、出版流程管理不规范、以往所生产的出版物质量较差的民营出版企业合作。总的来说，国家适当收紧书号，有助于约束出版上市企业调整出版物结构，由增加品种数的粗放式增长向偏重选题质量的精细化增长转型[③][④]。

最后，实名申请书号制度约束出版企业管理层把控出版导向。出版企业实名申领书号时，出版物数据中心会对出版企业所提交的选题进行研判并向出版主管部门报备审核，对不符合出版导向的选题暂停发放书号[⑤]。在这一熔断机制的约束下，为避免经三审三校的书稿被暂停发放书号，出版企业会更加注重对出版物选题及质量进行把关，以免浪费前期的工作成果。此外，实名申领书号有利于整顿市场，从技术层面有效抑制买卖书号、一号多书等不良现象[⑥]。同时，由于书号发放、CIP 登记、条码制作三个系统合一及面向全社会查询，盗版活动无处遁形，能够有效打击侵权盗版活动[⑦]。这也对出版企业的经营活动产生一定的激励作用，激励其安心生产社会效益与经济效益俱佳的优秀出版物。有鉴于此，文章提出假设：

H24：政府对出版物市场的干预有利于促进社会效益提升

---

① 柳丰：《论书号收紧对中国书业的影响及出版社的应对》，《衡阳师范学院学报》2020 年第 1 期。

② 柳丰：《论书号收紧对中国书业的影响及出版社的应对》，《衡阳师范学院学报》2020 年第 1 期。

③ 孙利军，高金萍：《改革开放以来中国大陆畅销书出版历程初探》，《文化产业》2020 年第 2 期。

④ 柳丰：《论书号收紧对中国书业的影响及出版社的应对》，《衡阳师范学院学报》2020 年第 1 期。

⑤ 曾辉：《中国书号管理制度与出版管理创新》，《全国新书目》2017 年第 4 期。

⑥ 孙利军：《对出版体制改革背景下书号实名申领制的思考》，《中国出版》2009 年第 5 期。

⑦ 孙利军：《对出版体制改革背景下书号实名申领制的思考》，《中国出版》2009 年第 5 期。

7.1.1.3 出版物市场发育程度高更有利于社会效益提升

所谓出版物市场发育，是指相关部门制定相关政策打破行业和地区的壁垒，使出版物产品能够在各地区和不同行业间自由上市流通，同时，利用价格机制引入市场竞争，最终实现出版物产品的优胜劣汰[①]。市场机制会给管理层带来外部竞争压力，促使他们进行创新，提高出版物质量，由此出版企业才能在激烈的市场中站稳脚跟，最终实现社会效益第一、双效共同提升的经营目标[②]。

近年来，随着中国综合国力及文化软实力不断提升，世界上其他国家迫切地想了解中国，这在一定程度上为中国出版“走出去”创造了机会[③]。我国对文化“走出去”工作越来越重视，相继出台各种资助扶持政策，鼓励代表中国特色文化、先进科技水平的优秀出版物走出国门、走向国际，从而提升中国出版物的国际影响力[④⑤]。将中国出版物输出至世界其他国家，让更多国家的人民深入了解一个全面真实的中国，也成为近些年出版企业管理层面临的重要经营任务。文化差异不尽相同，语言差异较大，经营环境陌生的国外出版物市场，也对管理层的经营工作提出挑战。这要求出版上市企业认真调研目标国家的文化习俗，精准了解和理解出版物受众及其需求，有的放矢地组织对外输出出版物的编印工作，做到先调研、再规划、按需求、分读者，同时运用丰富多样的编写手法，打造多样化、多层次、高质量的对外输出出版物，努力开拓海外市场，使得中国“走出去”的出版物形式多样，满足不同受众面的多方需求[⑥]。

随着中国综合国力及文化软实力不断提升，中国已成为世界图书出口的重要贸易地。除了在国外出版市场面临挑战，近年来，国外大量优秀出版物输入中国，这给中国优秀出版物在竞争中脱颖而出增加了难

---

① 魏成龙：《中小投资者利益保护研究》，北京，中国经济出版社，2016 年，第 181 页。

② 魏成龙：《中小投资者利益保护研究》，北京，中国经济出版社，2016 年，第 181 页。

③ 范军，王卉莲，王珺：《国际出版业风云变幻的十年》，《中国新闻出版广电报》2018 年 8 月 10 日。

④ 胡凤，朱寒冬：《“一带一路”倡议下数字出版“走出去”的关键性问题研究》，《出版广角》2021 年第 24 期。

⑤ 郑艳杰，李妍：《出版物国际市场拓展策略探讨》，《出版参考》2016 年第 12 期。

⑥ 朱倩倩：《对外汉语出版物的海外传播困境及对策》，《中国出版》2016 年第 14 期。

度，也无形中增加了中国出版物的市场竞争压力，对我国出版上市企业的选题创新工作提出更高要求。从2010年起，汉语在德国的版权输出对象语种中连续排名第一。2019年德国向中国输出图书版权达1225种，相比2018年增长45.1%[①]。从2012年起，汉语在法国的版权输出对象语种中亦连续排名第一。2019年法国向中国输出图书版权达1046种，相比2018年增长7.8%[②③]。这种竞争性的出版物产品市场要求中国出版上市企业“跳出出版做出版”，将出版工作置于更加广阔的文化产业环境中，充分发挥创造力，提升市场化观念和资源整合理念，生产社会效益更佳的出版物，维护我国的文化安全[④]。

竞争性的出版物商品市场还有另一功能便是使管理层的经营绩效一目了然，从而可对管理层绩效做出明确评价，进而可能影响管理层的职业前途[⑤]。带领我国出版上市企业生产出叫得响、传得开、留得住，思想性、艺术性、观赏性相统一的高质量出版物，持续打造更多面向群众、面向基层、面向市场的精品力作，是我国出版上市企业管理层的首要经营目标[⑥]。我国每年出版新书约24万册，出版上市企业所生产的出版物要想从这24万册图书中脱颖而出，并不是一件容易之事[⑦]。中宣部、新闻出版署等机构每年组织的主题出版项目申报或者相关出版物奖项的评选，为出版企业优秀出版物的脱颖而出提供了窗口和舞台。通过这些项目及奖项评选结果，主管主办机构能够看到出版上市企业在创造社会效益方面取得的成果。优秀的社会效益成果既是出版企业的能力体现，亦是管理层任期内的优异成绩展示，这种能力和成绩既是主管机

---

① 中华人民共和国国家统计局发布数据，https://data.stats.gov.cn/easyquery.htm?cn=C01.

② 中华人民共和国国家统计局发布数据，https://data.stats.gov.cn/easyquery.htm?cn=C01.

③ 范军，王卉莲，王珺：《国际出版业风云变幻的十年》，《中国新闻出版广电报》2018年8月10日。

④ 黄千，卞卓周：《出版物不能唯市场马首是瞻——访外研社社长蔡剑峰》，《人民日报》2014年11月20日。

⑤ 魏成龙：《中小投资者利益保护研究》，北京，中国经济出版社，2016年，第181页。

⑥ 孙玲，舒志彪：《拓展出版物消费市场的现状及对策——以北京地区为例》，《出版发行研究》2014年第5期。

⑦ 黄千，卞卓周：《出版物不能唯市场马首是瞻——访外研社社长蔡剑峰》，《人民日报》2014年11月20日。

构评价和提拔管理层的重要依据，深刻影响着管理层的职业前途。为获得更好的职业前途，管理层往往需要更勤勉地工作，生产更多社会效益佳的优秀出版物，使其能够在竞争激烈的出版物市场中脱颖而出，为职业前途加分。综上所述，本书提出假设：

H25：出版物市场发育程度高更有利于社会效益提升

7.1.1.4 要素市场发育程度高有助于社会效益提升

所谓生产要素，根据2019年10月中国共产党第十九届中央委员会第四次全体会议通过的《中共中央关于坚持和完善中国特色社会主义制度推进国家治理体系和治理能力现代化若干重大问题的决定》，是指劳动、资本、土地、知识、技术、管理、数据等与生产密切相关的要素[①]。出版企业的本质是智力资源型企业，对于我国出版上市企业来说，实现社会效益的关键在于出版人和作者群体所具备和发挥的智力资源。因此，与劳动、知识、管理等密切相关的出版人和作者是影响我国出版上市企业取得良好社会效益最为关键的生产要素。所谓要素市场发育，是指上述生产要素处于相对完全竞争的市场状态，其理想状态是这些要素的供给与需求都很多，要素之间没有任何区别，是同质的，经济当事人可得到完全信息，要素可以充分自由地流动等[②③④]。其中，与劳动、知识、管理等密切相关的出版人和作者的充分自由流动是出版生产要素发育成熟的最重要体现。出版人和作者充分自由地流动亦会对管理层产生约束作用，有助于促进我国出版上市企业社会效益提升原因如下。

首先，出版人是我国出版上市企业中最宝贵的智力资产。出版企业之间的竞争以及出版上市企业取得社会效益的关键在于出版企业所具备

---

① 中华人民共和国中央人民政府：《中共中央关于坚持和完善中国特色社会主义制度 推进国家治理体系和治理能力现代化若干重大问题的决定》，2019年11月5日，http：//www.gov.cn/zhengce/2019－11/05/content_5449023.htm.

② 刘海东：《逻辑场经济学》，广州，暨南大学出版社，2014年，第151页。

③ 李寒娜：《我国产业赶超的机制与实现路径研究》，北京，中国经济出版社，2017年，第152页。

④ 张治编：《微观经济学》，天津，天津科学技术出版社，2011年，第121页。

的知识资源和智慧能力，究其根本是出版人才。尤其在融合发展环境下，在对企业内部资源进行优化配置的基础上开展跨界经营已逐步成为各行业的经营常态。当前，我国出版上市企业亦开展产业多元化经营以及地域多元化经营。展望出版行业的未来发展趋势，可以预见，出版行业将跳脱仅布局传统出版的格局，积极向大数据、融媒体、“互联网+”、资本运营等具有时代特色的新兴产业领域迈进。对此，出版业界亦将面临诸多前所未有的且不可抗拒的挑战。在此环境下，出版人才的智力资源将发挥重要支撑作用①。范军教授曾将出版人大致分成了文化人、商人、政治家和企业家共4种类型②。出版企业必须培养更多文化人类型的出版家，同时如张元济、邹韬奋、陆费逵等那样兼具政治家素养、文化人情怀和企业家精神③④。如果出版要素市场发育成熟，则意味着出版人可得到完全充分的市场信息，比如，他们能够充分了解各地区出版企业的薪酬待遇、了解不同出版上市企业的人才及岗位招聘需求等信息，同时，出版人才也能够在不同出版上市企业间自由流动。这种出版人要素市场充分发育的情况，极易引发出版上市企业中出版人才的频繁流动。优秀的出版人才会集中向发达地区或薪酬待遇好的出版上市企业流动。大规模的出版人流动以及过于频繁的出版人流动势必对出版上市企业与实现社会效益相关的生产经营活动产生冲击。这是我国出版上市企业管理层所不愿意看到的。再加上，由于出版社会效益是管理层成绩的体现，为维持和提升自身成绩，管理层势必会采取措施抑制其所在企业出版人过多、过快流动的局面。比如，采取措施改变当前出版人薪酬待遇低、晋升通道狭窄、管理制度不够灵活等局面，留住真正优秀的出版人，使其能够为企业努力创造社会效益⑤。

其次，作者资源是我国出版上市企业实现社会效益最为基础的源泉。有学者指出，作者乃出版社的衣食父母。办一流的出版社，必须有一流的作者。如何找到一流的作者，并且将作者留在出版社，这对于一

---

① 贺小桐，刘雨萌：《融合发展背景下出版企业人力资源管理的创新对策研究》，《出版科学》2017年第5期。

② 范军：《论出版人的文化类型》，《河南大学学报：社会科学版》2015年第3期。

③ 范军：《试论建立有文化特色的现代出版企业制度——兼谈出版企业制度中非正式制度的作用》，《中国出版》2016年第11期。

④ 彭玻：《文化企业家精神助力文化投融资研究》，《怀化学院学报》2021年第3期。

⑤ 徐志武：《我国青年编辑工作满意度研究》，《出版科学》2016年第5期。

家出版社而言是一道难题，但又是成功道路上必须圆满上交的一份答卷[①]。一流的作者是稀缺资源，是出版社间激烈竞争的对象。出版社要抓住这些作者要付出很大努力，而且即使有过合作，能否与作者一直保持良好合作关系也需要出版社和编辑做大量工作[②]。如果作者要素市场发育成熟，则意味着作者可得到完全充分的市场信息，比如，作者能够充分了解不同出版企业的稿酬待遇、编辑水平、服务质量，了解不同出版上市企业对稿件的需求信息，同时，作者可以自由选择目标出版企业。在作者要素市场充分发育的情况下，势必极易引发优秀的作者资源集中向品牌效应好、服务质量佳的出版企业流动。这种流动自然而然也会给管理层带来经营压力，毕竟没有优质的作者资源，实现出版社会效益仅剩空谈。这将约束出版上市企业改革稿酬制度、提升服务质量、用心经营作者关系，以此吸引和留住优质作者及其稿件资源，这无疑会促进出版上市企业社会效益提升。有鉴于此，文章提出假设：

H26：出版要素市场发育程度高有助于社会效益提升

7.1.1.5　良好的法律环境可推动社会效益增长

从学理角度看，良好的法律环境可以约束管理层履行文化责任以及履行对利益相关者的责任，促进我国出版上市企业社会效益提升。具体来说，一是法律法规要求出版上市企业履行文化责任，实现出版社会效益。《出版管理条例》为我国出版上市企业及其管理层的经营活动指明方向，它要求“出版活动必须坚持为人民服务、为社会主义服务的方向，坚持以马克思列宁主义、毛泽东思想、邓小平理论和‘三个代表’重要思想为指导，贯彻落实科学发展观，传播和积累有益于提高民族素质、有益于经济发展和社会进步的科学技术和文化知识，弘扬民族优秀文化，促进国际文化交流，丰富和提高人民的精神生活”[③]。这些要求

① 周百义：《新时期出版人改革亲历丛书——长江十年》，南昌，江西高校出版社，2019年，第359页。

② 周百义：《新时期出版人改革亲历丛书——长江十年》，南昌，江西高校出版社，2019年，第359页。

③ 中华人民共和国中央人民政府：《出版管理条例》，2016年2月6日，http：//www.gov.cn/gongbao/content/2016/content_5139389.htm.

的本质就是社会效益的内涵。《出版管理条例》也要求，我国出版企业从事出版活动时必须将社会效益放在首位，在此基础上，实现社会效益和经济效益的统一[①]。“十三五”期间，国家新闻出版主管部门先后对出版法制的“三驾马车”，即《出版管理条例》《音像制品管理条例》《印刷业管理条例》三部行政法规进行修订，并对配套的部门规章如《印刷业经营者资格条件暂行规定》《音像制品出版管理规定》《期刊出版管理规定》《音像制品制作管理规定》及《新闻出版许可证管理办法》进行修订[②]。同时，相关部门制定《出版物进口备案管理办法》《新闻单位驻地方机构管理办法（试行）》《出版物市场管理规定》《新闻出版统计管理办法》《公益广告促进和管理暂行办法》《网络出版服务管理规定》等新的部门规章，为规范出版市场管理提供充足的法律依据[③]。

二是法律法规要求出版上市企业及其管理层维护利益相关者的利益，而维护利益相关者利益正好属于社会效益的一部分。法律要求最为突出的维护利益相关者利益，便是维护中小股东的权利和利益，保护出版物消费者权益。如《公司法》《深圳证券交易所创业板股票上市规则》《上市公司信息披露管理办法》等相关法律法规要求我国出版上市企业需要及时、准确、真实、完整地披露经营和财务相关信息。为响应保护中小投资者权益的法律法规要求，不少出版上市企业已通过投资者热线电话、电子邮箱、网络平台、接待来访等多种形式加强与投资者的交流，建立并保持相对顺畅、有效地与股东沟通的机制。为响应法律法规保护出版物消费者权益的要求，一些出版上市企业已逐步组建专业客服团队，开通客服热线和电商平台在线客服等多个客户意见反馈渠道，同时通过多种方式提升出版上市企业内部的信息保密意识，保护消费者隐私以及客户信息[④]。

---

① 中华人民共和国中央人民政府：《出版管理条例》，2016 年 2 月 6 日，http：//www.gov.cn/gongbao/content/2016/content_5139389.htm.

② 罗向京，刘睿：《“十三五”时期出版业繁荣发展政策与法治保障综述》，《科技与出版》2020 年第 9 期。

③ 罗向京，刘睿：《“十三五”时期出版业繁荣发展政策与法治保障综述》，《科技与出版》2020 年第 9 期。

④ 巨潮咨询网：《中信出版 2020 年年报》，2021 年 3 月 24 日，http：//www.cninfo.com.cn/new/disclosure/detail？orgId = gfbj0834291&announcementId = 1209436127&announcementTime.

另外，出版物印装质量优劣是消费者权益是否受损的直接体现。对此，《书刊印刷质量监督管理暂行办法》《图书质量管理规定》《中华人民共和国产品质量法》等法律法规对出版物印装质量做出明确规定[①]：各地出版上市企业的主管机构，会重点对出版上市企业出版物的内容质量、编校质量、设计质量及印制质量进行抽查。尤其注重抽查出版物的文字差错率、书背字和色块是否出现平移或歪斜、封面材料与加工工艺是否适应、彩色图文套印是否准确、印刷中是否出现脏迹、墨色是否均匀、印后是否露胶根、接版误差是否超标等常见印装质量问题[②]。来自上述法律法规的约束，要求管理层建立健全内部的出版物管理制度，完善出版物质量标准体系，建立出版集团、出版社以及印刷企业三级管理责任制，共同履行提升出版物质量的职责。通过定期检查各项质量控制流程以及制度执行情况，结合奖惩及评优罚劣措施，加强考核，强化监督，建立健全出版物质量问责机制，有效提升出版物的印装质量[③]。

国家《环境污染防治法》《大气污染防治法》《水十条》及《固体废弃物污染防治法》等与环保相关的法律法规要求出版上市企业在生产经营过程中所产生的各项污染物需要严格按照法律法规的要求达标排放或合理处置[④]。这亦要求出版上市企业在经营活动中需要进一步规范图书开本尺寸，与纸厂设计合理的纸张规格，采购新型环保的纸张样式，在实现最大利用率的同时，减少印制中的工艺损耗。在印刷油墨使用上，严格要求印刷厂使用环保油墨，如植物油墨等，严格禁用被环保部门列入排放超标清单上的工序和工艺[⑤]。

三是法律法规对知识产权的保护，既有助于出版上市企业及其管理层的规范经营，又有助于激励其生产更多质量更优的出版物产品。当前，我国对知识产权的保护力度正不断加大。我国已有不少出版上市企业高度重视知识产权保护，通过各种制度与流程切实将知识产权保护工

---

① 李成军：《高度重视检测工作不断提高出版物印装质量》，《印刷质量与标准化》2007年第7期。

② 吴懿伦：《浅谈提高图书印装质量的方法和措施》，《印刷杂志》2021年第1期。

③ 吴懿伦：《浅谈提高图书印装质量的方法和措施》，《印刷杂志》2021年第1期。

④ 巨潮资讯网：《中文传媒2020年年度报告》，2021年3月31日，http://www.cninfo.com.cn/new/disclosure/detail?orgId=gssh0600373&announcementId=1209488394&announcementTime.

⑤ 巨潮咨询网：《中信出版2020年年报》，2021年3月24日，http://www.cninfo.com.cn/new/disclosure/detail?orgId=gfbj0834291&announcementId=1209436127&announcementTime.

作落到实处，通过员工培训、案例分享、专业审批等办法不断提升员工的合法合规意识，确保图文等资料的所有版权归属清晰、合规合法[①]。另外，国家持续加大打击盗版及知识产权保护的工作力度，能够保护出版企业的利益不受损，这又能够进一步激励出版上市企业及其管理层持续生产社会效益、经济效益俱佳的优质出版物。综上所述，本书提出假设：

H27：良好的法律环境可推动社会效益增长

7.1.2　外部约束有助于出版企业经济效益增长

出版上市企业在实现经济效益的过程中，对外部政策、市场、法律等要素亦具有较强依赖性。从理论层面看，外部约束有利于出版上市企业经济效益提升。

7.1.2.1　高水平的市场化进程有助于经济效益增长

所谓职业经理人，是指虽然不具有企业资产所有权，但拥有企业经营权的管理者。职业经理人市场化的发展引入市场化的竞聘方式，由此提高出版上市企业管理层的市场化水平，形成管理层自我约束、自我激励的市场治理机制，督促管理层关注自身的市场形象以及职业素养，严格自律并遵守职业规范，恪守股东价值及利益相关者价值最大化目标。同时，经理人市场会对不同经理人的成绩相互比较，由此可以有效降低出版上市企业主管主办机构监督、约束管理层的成本[②]。

与社会效益类似，经理人市场发育对我国出版上市企业经济效益提升亦具有促进作用。这种促进作用首先在于成熟的经理人市场会给管理层带来较高的被更替风险。这种风险能够督促和约束管理层努力工作，提升企业经济效益。被更替风险能够约束管理层的核心作用要素是声誉。倘若管理层不努力工作，为出版上市企业创造好的经济效益，或者

① 巨潮咨询网：《中信出版2020年年报》，2021年3月24日，http：//www.cninfo.com.cn/new/disclosure/detail? orgId = gfbj0834291&announcementId = 1209436127&announcementTime.

② 魏成龙：《中小投资者利益保护研究》，北京，中国经济出版社，2016年，第181页。

不遵守职业道德，做出“逆向选择”或道德风险行为，就会对管理层在经理人市场的声誉产生负面影响。没有良好声誉，管理层极有可能无法获得续聘及晋升的机会，亦无法获得在外部更好的工作机会，在薪酬增加、股权增长、控制权增大及职业发展方面亦可能遭受阻碍①。

从理论和现状看，声誉应对我国出版上市企业管理层的约束作用较为明显。我国绝大多数出版企业属于国有企业，国家对其高管薪酬及持股比例有较严格的限制。在薪酬及股权红利体系受限情况下，管理层往往通过追求晋升及隐性收益来实现自我价值。而声誉在其追求晋升过程中起基础性作用。有鉴于此，声誉对于国企高管的约束作用更加突出。同理，基于声誉的约束作用，出版企业管理层的“逆向选择”或道德风险行为亦会受到约束。因此，声誉约束对出版企业经济效益具有明显积极作用，能够在一定程度上督促管理层努力工作，为自己赢得良好的声誉，为自身职业谋求更好发展②。

资本市场发育程度高对我国出版上市企业经济效益提升具有促进作用。一方面，成熟的资本市场对企业股票价值具有定价功能，其股价会随企业整体经营业绩优劣而波动。对持有股票资产的管理层而言，若出版上市企业没有优异的经济效益，导致股价下跌，最终则有可能进一步导致自身的经济利益受损。在成熟的资本市场中，股权相当于给管理层戴上“金手铐”，将管理层薪酬与企业长远发展紧密联系起来，约束其努力为企业发展服务③。另一方面，由于管理层的败德行为会给投资者带来损失，而投资者拥有在市场上出售股份的自由，这会使管理层承担被接管压力，增加了国有企业董事失职和失业的风险，促使他们主动收敛“逆向选择”或道德风险行为，更加积极地履行本职工作④。据此，本书假设：

---

① 王帅，徐宁，姜楠楠：《高管声誉激励契约的强度、效用及作用途径——一个中国情境下的实证检验》，《财经理论与实践》2016 年第 3 期。

② 王帅，徐宁，姜楠楠：《高管声誉激励契约的强度、效用及作用途径——一个中国情境下的实证检验》，《财经理论与实践》2016 年第 3 期。

③ 吕长江，张海平：《股权激励计划对公司投资行为的影响》，《管理世界》2011 年第 11 期。

④ 魏成龙：《中小投资者利益保护研究》，北京，中国经济出版社，2016 年，第 180～181 页。

H28：高水平的市场化进程有助于出版上市企业经济效益增长

7.1.2.2 政府对市场的干预有利于经济效益增长

从经济效益视角看，我国政府对出版物市场的干预手段中，能够影响出版上市企业经济效益的主要手段有：限定出版资质；限制教辅市场；开展扫黄打非活动等。所谓限定出版资质，是指国家和政府授予国有出版企业包括图书、报纸、期刊、音像制品、电子出版物、网络出版物等在内的传统和新兴出版物的出版、印刷、发行以及印刷物资贸易等行政许可证和行业运营资质[①]。尤其是政府授予各省属出版集团及部分中央级出版单位出版中小学教材的资质以及授予新华书店发行中小学教材的资质，在很大程度上为我国出版上市企业及其管理层的经营活动提供了极大便利。从市场格局看，政府授予各省出版集团及部分中央级出版社独家中小学教材出版资质以及授予新华书店独家中小学教材发行资质实质上使得这些企业在教育出版格局中处于相对优势的经营地位。这种垄断地位为我国出版上市企业带来巨大的经济收益。

从2020年营业收入排名前4的我国出版上市企业的产业结构及营业收入结构看，中小学教材教辅业务营收在其营业收入中占绝对比例。比如，2020年凤凰传媒旗下共有5家出版社从事中小学教材出版业务，7家出版社具备中小学教辅出版资质。凤凰传媒旗下江苏人民出版社等5家出版社共有19种中小学教材经教育部审定成为国家基础教育课程标准教材，被列入国家教学用书目录，在全国推广使用。35种中小学教材经江苏省教育厅审定成为省级教材，被列入江苏省教学用书目录，在省内推广使用。2020年凤凰传媒教材出版收入达12.8亿元，约占总营业收入（121.3亿元）的1/10；教材发行收入达25.2亿元，约占总营业收入（121.3亿元）的1/5[②]。类似的情况也出现在中南传媒、中文传媒、山东出版的营收结构中。2020年中南传媒教材教辅出版收入达22.6亿元，教材教辅发行收入达45.6亿元，教材教辅的合计收益达

---

① 巨潮资讯网：《中原传媒2020年年度报告》，2021年4月27日，http：//www.cninfo.com.cn/new/disclosure/detail？orgId=gssz0000719&announcementId=1209811631&announcementTime.

② 巨潮资讯网：《凤凰传媒2020年年度报告》，2021年4月23日，http：//www.cninfo.com.cn/new/disclosure/detail？orgId=9900021782&announcementId=1209768667&announcementTime.

68.2亿元，约占营收总额（104.7亿元）的65.1%[①]。中文传媒发行板块教材教辅销售码洋达19.8亿元，再加上32.4亿元教材教辅出版收入，合计约占总营业收入（103.4亿元）的50.6%[②]。2020年山东出版教材教辅的出版收入达78.6亿元，约占总营业收入（97.3亿元）的82.46%[③]。

国有出版企业在教材教辅方面所具有的独家出版资质和独家发行资质，为自身积累了巨大的品牌优势。这些品牌优势为我国出版上市企业及其管理层开展与教材相关的出版活动提供了契机和便利。当前我国不少出版上市企业正积极顺应教育出版数字化的发展趋势，利用纸质教材出版发行过程中积累的品牌优势，深度整合、有效集聚优质教育内容资源，加快数字教材开发进度，积极推出一批内容优质、特色鲜明的数字教育出版产品，构建纸数融合、内容权威、资源丰富、开放共享、安全有序的数字教育生态圈[④⑤]。比如，中南传媒旗下涉及教育的天闻数媒、贝壳网、小鹿听课、中南迅智等子公司已聚焦于K12教育，融合发展线上线下教育产品，向学校提供教育信息化整体解决方案[⑥]。近年来，凤凰传媒亦在数字内容产品、网络平台、软件技术、数据管理等几个重点板块积极布局，力求打造体系完整、结构合理的智慧教育产业链[⑦]。

此外，1989年7月我国启动全面开展“扫黄打非”工作。30多年来，我国先后颁布了一系列法律法规，出版行业和文化市场管理方面的法治建设日趋完备[⑧]。这些法律法规以及部门规章的颁布实施，完善了

---

① 巨潮资讯网：《中南传媒2020年年报》，2021年4月27日，http：//www.cninfo.com.cn/new/disclosure/detail? orgId=9900015470&announcementId=1209807055&announcementTime.

② 巨潮资讯网：《中文传媒2020年年度报告》，2021年3月31日，http：//www.cninfo.com.cn/new/disclosure/detail? orgId=gssh0600373&announcementId=1209488394&announcementTime.

③ 巨潮资讯网：《山东出版2020年年度报告》，2021年4月14日，http：//www.cninfo.com.cn/new/disclosure/detail? orgId=9900031730&announcementId=1209681640&announcementTime.

④ 曹征平：《努力开创教材出版工作新局面》，《中国新闻出版广电报》2021年7月27日。

⑤ 郭元军：《牢记总书记“教育为本”“立德树人”嘱托，努力开创新时代教材出版发行工作新局面》，《中国新闻出版广电报》2021年5月20日。

⑥ 郭璐，张欣宇，周荣庭：《我国出版上市公司数字化教育业务的发展现状透视》，《出版广角》2021年第8期。

⑦ 郭璐，张欣宇，周荣庭：《我国出版上市公司数字化教育业务的发展现状透视》，《出版广角》2021年第8期。

⑧ 郄建荣：《“扫黄打非”法治体系日趋完善》，《法制日报》2021年8月21日。

“扫黄打非”法治治理体系，增强了运用法律打击制黄、贩黄、侵权盗版和其他非法出版活动的力度，对“扫黄打非”工作形成强有力的法律支撑[①]。“扫黄打非”活动为我国出版上市企业顺利开展经营活动提供了干净的市场环境，使得我国出版企业所生产的出版物免受盗版以及非法出版物的干扰。综上所述，我国政府对出版物市场的干预有助于我国出版上市企业获得在中小学教材教辅出版发行方面的优势资质，在数字教育及教辅出版方面的品牌优势，在市场发行方面干净健康的市场环境。因此，本书提出假设：

H29：政府对市场的干预有利于出版上市企业经济效益增长

7.1.2.3 出版物市场发育可助力经济效益增长

出版物市场发育愈成熟，意味着出版物市场的竞争更加激烈。市场竞争机制会给我国出版上市企业的经营管理工作带来外部压力，促使管理层进行出版物产品创新，提高出版物产品质量，以使自己所领导的企业生产的出版物产品能够在激烈的市场竞争中站稳脚跟，最终实现出版企业整体价值增值[②]。近年来，在新媒体技术及产品的冲击下，纸质出版物市场日渐萎缩。但是新技术发展所带来的新型出版物形态以及蜂拥而至的出版企业，则加剧了出版上市企业所面临的竞争压力。比如，近年来增强现实（AR）、虚拟现实（VR）和混合现实（MR）等技术得到迅速发展，这些技术一经问世，便迅速占领了游戏、影视等娱乐市场。这也为出版领域开拓了新境界，读者可以从单纯的“看”书到“进入”书本，在虚拟现实的世界中不停切换，这是一种前所未有的体验[③]。虽然这一市场方兴未艾，但是过多相关者入局，加剧了这一新兴市场的竞争。同质化、低质量出版物层出不穷。这种局面也对出版上市企业管理层的创新经营提出更高要求，要求出版上市企业做好新技术出版物市场的调研工作，捕捉用户需求，了解整体市场环境，形成产品意

---

① 郗建荣：《“扫黄打非”法治体系日趋完善》，《法制日报》2021 年 8 月 21 日。

② 魏成龙：《中小投资者利益保护研究》，北京，中国经济出版社，2016 年，第 180～181 页。

③ 范军，王卉莲，王珺：《国际出版业风云变幻的十年》，《中国新闻出版广电报》2018 年 8 月 10 日。

见，探索与企业自身情况相匹配的产品策略和盈利模式，降低销售风险，积极主动推动市场营销进程[①]。

2011 年以来，实体书店在经营成本上涨、网上书店"价格战"、自身经营不善三重问题冲击下，陷入了生存困境，有些书店不得不停业甚至倒闭[②]。虽然一些出版企业转战网络市场来扩大出版物销量，以谋求更好的经济效益，然而，个别网络书店大打"价格战"，进一步加剧了我国出版上市企业在传统出版物市场领域面临的竞争[③]。这种竞争对出版上市企业及其管理层获取经济收益的能力提出新要求。一方面要求出版上市企业优化产品结构，增强原创能力，在内容资源、技术平台、产品种类、经营模式等方面与新技术融合。以图书出版为核心，将产业链向影视、动漫、戏剧、游戏及版权贸易等与出版相关的领域深度延伸，呈现图书出版主业继续挺拔，电子图书、网上营销、手机阅读及 IP 产业多业态并举的发展格局，培育和形成多个新的经济增长点[④]。另一方面要求出版上市企业在传统出版领域之外开辟诸如金融、物流、资本运营等非出版领域的新经济增长点，在多元经营中为出版企业创造经济价值。

竞争性的出版物市场还为主管主办机构及股东合理评价和监督出版上市企业管理层的工作提供了信息平台[⑤]。从理论上看，当出版市场存在竞争时，出版上市企业的主管主办机构及股东可以通过对比同类出版企业的经济效益来理解和评估出版上市企业在经营管理活动中的努力程度[⑥]。经济效益突出的出版上市企业自然会被主管主办部门及股东认定能力更强。而主管主办机构及股东的评价会对出版上市企业起较大的约束作用。同社会效益类似，优秀的经济效益既是出版上市企业能力的体现，亦是出版上市企业从主管主办机构获得更多资源配置的依据。此

---

① 唐学贵：《数字出版物市场调研的价值分析》，《科技与出版》2016 年第 5 期。

② 孙玲，舒志彪：《拓展出版物消费市场的现状及对策——以北京地区为例》，《出版发行研究》2014 年第 5 期。

③ 孙玲，舒志彪：《拓展出版物消费市场的现状及对策——以北京地区为例》，《出版发行研究》2014 年第 5 期。

④ 吴尚之：《为少年儿童提供更多更好的精神食粮》，《中国出版》2015 年第 1 期。

⑤ 姜付秀，〔美〕肯尼思 · A. 金（Kenneth A. Kim），王运通：《公司治理：西方理论与中国实践》，北京，北京大学出版社，2016 年，第 217 页。

⑥ 魏成龙：《中小投资者利益保护研究》，北京，中国经济出版社，2016 年，第 181 页。

外，从出版上市企业经济效益中所展示的能力和业绩恰恰是管理层擢升的重要依据，深刻影响着管理层在出版行业内以及出版行业外的职业前途。获得更好的职业前途及其附属的物质与精神收益往往是诸多管理层的愿望。为获得更好的职业前途及其附属收益，管理层往往需要更勤勉地工作，带领出版上市企业创造更卓越亮眼的经济效益，以便自己能够在主管主办机构的对比和评价中脱颖而出，为自己的职业前途加分。综上所述，本书提出假设：

H30：出版物市场发育程度高可助力出版上市企业经济效益增长

7.1.2.4 要素市场约束是促进经济效益增长的有效途径

在市场环境中，劳动、资本、土地、知识、技术、管理、数据等与生产密切相关的要素均有可能对我国出版上市企业经济效益产生影响[①]。当前，我国出版上市企业正普遍实施多元经营战略，积极向媒介融合出版转型，此时与多元经营、媒介融合出版、数字出版版权密切相关的资本、版权以及与劳动相关的出版人才是我国出版上市企业经营中最密切的生产要素。要素市场发育，是指资本、版权以及出版人才要素处于完全竞争状态，要素的供给与需求双方人数都很多，要素之间没有明显区别，基本可以认定为同质的，与要素相关的当事人可得到相对充分的信息，要素可以充分自由地流动[②③④]。从总体上看，资本、版权以及出版人才市场的发育愈加成熟，对我国出版上市企业的经济效益愈加有利。

首先，资本市场发育成熟会增加国有资本经营失败的风险，这种风险会约束出版上市企业及其管理层规避非效率投资，用心经营以增强资

---

① 中华人民共和国中央人民政府：《中共中央关于坚持和完善中国特色社会主义制度 推进国家治理体系和治理能力现代化若干重大问题的决定》，http：//www. gov. cn/zhengce/2019－11/05/content_5449023. htm，最后访问日期：2019 年 12 月 27 日。

② 刘海东：《逻辑场经济学》，广州，暨南大学出版社，2014 年，第 151 页。

③ 李寒娜：《我国产业赶超的机制与实现路径研究》，北京，中国经济出版社，2017 年，第 152 页。

④ 张治编：《微观经济学》，天津，天津科学技术出版社，2011 年，第 121 页。

本投资的有效性。当前，我国不少出版上市企业正开展多元经营业务，资本运营是多元经营中非常重要的组成部分。如皖新传媒依托皖新金智创投强化资本运作在主营业务中的支撑作用①。时代出版通过设立基金、入伙企业等方式，发挥资本杠杆作用，瞄准与主业相关、发展潜力大、市场前景好的企业，做好兼并重组②。中文传媒通过合理运用基金投资平台，着力挖掘在数字出版、新媒体、互联网游戏等领域具有高成长潜力的企业，获取投资收益③。倘若资本市场发育不成熟，会给我国出版上市企业的资本投资带来较大风险。第一，不规范、不统一的股票市场，存在庄家操作、投机过度、股票市盈率过高的情况，隐含较大风险。证券监管部门缺乏对股票市场进行有效监管的机制和措施。第二，资本市场上金融衍生品凤毛麟角，投资者无避险工具。第三，国债发行市场化程度低，发行利率偏低，短期和长期国债比重较小④。资本市场发育程度高，则债务和股权容易出售，不良资产容易处置。尤其对债转股企业和兼并重组企业来说，必须借助于完善的资本市场，顺利出售股权，实现现金回流，企业重组才得以成功⑤。不过资本市场发育程度高，会增加国有资本经营失败的风险，如出现重筹资、轻经营现象，或者过度投资引发国有资本流失风险。由于管理层担负国有资本保值增值的重任，上述风险会约束其规避非效率投资，用心经营以增强资本的使用效率。

其次，成熟的版权市场会约束管理层增强内容产品的合规性，对内容产品的知识产权形成有力保护。数字作品天然具有可复制、易篡改、非独占等特点，加上消费者版权意识薄弱，数字作品被盗用、滥用的现

---

① 巨潮资讯网：《皖新传媒2020年度报告》，2021年4月17日，http：//www. cninfo. com. cn/new/disclosure/detail？ orgId =9900010089&announcementId =1209713565&announcementTime.

② 巨潮资讯网：《时代出版传媒股份有限公司2020年年度报告》，2021年4月23日，http：//www. cninfo. com. cn/new/disclosure/detail？ orgId = gssh0600551&announcementId = 1209776620&announcementTime.

③ 巨潮资讯网：《中文传媒2020年年度报告》，2021年3月31日，http：//www. cninfo. com. cn/new/disclosure/detail？ orgId = gssh0600373&announcementId = 1209488394&announcementTime.

④ 杨礼琼：《社会保障理论与实践》，哈尔滨，黑龙江人民出版社，2008年，第140～141页。

⑤ 杨华等“完善金融行业分工 防范与化解金融风险”项目组：《完善金融行业分工 防范与化解金融风险综合研究报告》，2001年，第188页。

象非常普遍，版权保护工作变得更加迫切[①]。在成熟的版权市场中，若有侵犯版权行为则极有可能面临法律法规惩罚。随着全国扫黄打非工作领导小组办公室、各省市文化执法部门组织打击侵权盗版行动的力度进一步增强，国家已初步建立多部门协同机制，形成共同打击盗版的合力，侵犯版权行为受罚的风险进一步升高。[②] 为规避这种惩罚风险，管理层不得不高度重视知识产权保护，通过各种制度与流程切实将知识产权保护工作落到实处，通过员工培训、案例分享、专业审批等办法不断提升员工合法合规的意识，确保所有图文的版权明晰合法[③]。同时，国家对侵犯版权行为的打击力度进一步加强，有效增强了出版上市企业维权成功的可能性，这有利于保护出版上市企业的知识产权，激励出版上市企业开展内容产品创新，提升经济效益。

最后，出版企业之间的竞争以及出版企业提升经济效益的关键在于出版人所具备的知识资源和智慧能力。在出版人要素市场发育较高的情况下，势必极易引发出版上市企业中优秀出版人才集中向发达地区或薪酬待遇更好的出版上市企业流动。同社会效益类似，过多的出版人流动以及过于频繁的出版人流动势必将对出版上市企业的生产经营活动产生冲击，进而影响经济效益。对此，管理层不得不采取多种措施改变当前出版行业薪酬待遇低、晋升通道狭窄、管理制度不够灵活等问题，留住真正优秀的出版人，使其安心留下为出版上市企业创造经济效益[④]。综上所述，文章提出假设：

H31：要素市场约束是促进出版上市企业经济效益增长的有效途径

7.1.2.5 法律环境约束是经济效益提升的重要保障

从学理角度看，健全的法制环境理所应当对出版上市企业及其管理

① 巨潮资讯网：《中文在线2020年年度报告》，2021年4月23日，http：//www.cninfo.com.cn/new/disclosure/detail? orgId =9900023871&announcementId =1209776984&announcementTime.

② 巨潮咨询网：《中信出版2020年年报》，2021年3月24日，http：//www.cninfo.com.cn/new/disclosure/detail? orgId = gfbj0834291&announcementId = 1209436127&announcementTime.

③ 巨潮咨询网：《中信出版2020年年报》，2021年3月24日，http：//www.cninfo.com.cn/new/disclosure/detail? orgId = gfbj0834291&announcementId = 1209436127&announcementTime.

④ 徐志武：《我国青年编辑工作满意度研究》，《出版科学》2016年第5期。

层产生约束作用，进而对企业经济效益产生正向效果。法律环境之所以能够产生约束作用，并促使出版上市企业经济效益提升，主要与四方面因素有关。一是法律已初步定义出我国出版上市企业的股权结构[①]，大致确定我国出版上市企业及其管理层受股东约束的力度以及支持的力度。当前，我国大部分出版上市企业的股权结构中，国有资本处于控股地位，这意味着出版上市企业及其管理层需要接受相关部门的监督约束。这种约束能力一是体现于法律法规对出版上市企业的经营管理行为进行约束。如2016年12月国务院发布的《出版管理条例》明确要求，出版企业在从事出版活动时，应当在将出版社会效益放在首位的同时，亦要实现出版经济效益[②]。2016年12月，国务院国有资产监督管理委员会印发《中央企业负责人经营业绩考核办法》，提出以经济增加值即企业税后经营利润扣除债务和股权成本后的剩余利润作为负责人的考核指标，着力引导企业资本投向更加合理，资本结构更加优化，资本纪律更加严格，资本效率进一步提高。同时，坚持“业绩升、薪酬升，业绩降、薪酬降”原则，强化业绩考核与激励约束的紧密衔接[③]。2018年5月国务院国有资产监督管理委员会为防止国有资产流失，发布了《上市公司国有股权监督管理办法》，对包括出版上市企业在内的上市企业国有股权变动行为进行明确规范。

二是法律法规的约束体现于控股股东及国有资本直接出资人会通过政策或者法规对管理层的在职消费、薪酬等切身利益进行直接约束，防止其侵蚀出版上市企业的资产或利益。比如，2012年财政部联合监察部、审计署、国资委印发《国有企业负责人职务消费行为监督管理暂行办法》，该办法明确要求国有企业负责人应当严格执行《国有企业领导人员廉洁从业若干规定》，指出国企负责人不得有12项职务消费行为，具体包括：不允许超标准购买公务车辆、豪华装饰办公场所，或者在企业发生亏损期间，购买、更换公务车辆、装修办公室、添置高档办

---

① 姜付秀，〔美〕肯尼思·A. 金（Kenneth A. Kim），王运通：《公司治理：西方理论与中国实践》，北京，北京大学出版社，2016年，第188页。

② 中华人民共和国中央人民政府：《出版管理条例》，2016年2月6日，http://www.gov.cn/gongbao/content/2016/content_5139389.htm.

③ 国务院国有资产监督管理委员会：《国资委印发〈中央企业负责人经营业绩考核办法〉》，2016年12月13日，http://www.sasac.gov.cn/n2588035/n2588320/n2588335/c4258423/content.html.

公用品；不允许超标准报销差旅费、车辆交通费、通信费、出国考察费和业务招待费；不允许用公款进行高消费娱乐活动，或者用公款支付非因公的消费娱乐活动费及礼品费等[①]。2016 年国务院国有资产监督管理委员会印发的《中央企业负责人经营业绩考核办法》明确提出国有企业负责人薪酬由基本年薪、绩效年薪和任期激励收入三部分构成。其中，绩效年薪以基本年薪为基数，根据年度经营业绩考核结果并结合绩效年薪调节系数确定。年度综合考核评价为不胜任的，不得领取绩效年薪。任期激励收入与任期经营业绩考核结果挂钩，在不超过企业负责人任期内年薪总水平的 30% 以内确定。任期综合考核评价为不胜任的，不得领取任期激励收入。[②]

三是完善的合同法、商法以及破产法会规范管理层的代理行为以及抑制非效率投资行为（如过度投资或者投资不足），保护投资者的利益，增强投资者的投资意愿，降低出版上市企业的融资成本，为出版上市企业发展注入资本[③]。在所有投资者中，机构投资者的作用尤为突出。

四是法律法规能够规范市场主体的经营行为，为出版上市企业及其管理层实现经济效益的经营活动提供便利。数字产品天然具有可复制、易篡改、非独占等特点，加上消费者版权意识薄弱，数字产品被盗用、滥用的现象非常普遍，版权保护工作变得更加迫切。对此，国家出台系列政策，从审查授权、行政执法、司法保护、仲裁调解、行业自律等各环节，改革完善知识产权保护工作体系。2019 年，中共中央办公厅、国务院办公厅印发《关于强化知识产权保护的意见》，在“强化制度约束”“加强社会监督共治”“优化协作衔接机制”“健全涉外沟通机制”等方面提出一系列创新举措。《意见》还明确提出，力争到 2022 年，侵权易发多发现象得到有效遏制，权利人维权“举证难、周期长、成

---

① 中华人民共和国中央人民政府：《财政部、监察部、审计署、国资委关于印发〈国有企业负责人职务消费行为监督管理暂行办法〉的通知》，2012 年 2 月 13 日，http：//www.gov.cn/gongbao/content/2012/content_2177021.htm.

② 国务院国有资产监督管理委员会：《国资委印发〈中央企业负责人经营业绩考核办法〉》，2016 年 12 月 13 日，http：//www.sasac.gov.cn/n2588035/n2588320/n2588335/c4258423/content.html.

③ 姜付秀，〔美〕肯尼思·A. 金（Kenneth A. Kim），王运通：《公司治理：西方理论与中国实践》，北京，北京大学出版社，2016 年，第 190～191 页。

本高、赔偿低”的局面明显改观，到2025年，知识产权保护社会满意度达到并保持较高水平，保护能力有效提升，保护体系更加完善[①]。2021年6月，全新修订的《中华人民共和国著作权法》实施，为解决此前侵权惩治力度不够的问题，新法引入惩罚性赔偿。由此，一系列相关法律法规将完善和提升我国的知识产权保护体系，进而优化尊重知识价值的营商环境，我国知识产权保护能力和保护水平得到全面提升。完善知识产权的保护体系，也能够有力护航数字经济的发展及我国出版上市企业的内容生产经营活动[②③]。有鉴于此，本书提出假设：

H32：法律环境约束是出版上市企业经济效益提升的重要保障

7.2 外部约束对“双效”提升影响的研究设计

本章运用实证研究厘清外部约束分别对出版上市企业社会效益提升、经济效益提升的影响。科学合理地做好研究设计是顺利展开实证研究的前提条件，包括精准定义外部约束机制各要素的计量方法，确定并获取用于模型拟合的面板数据，对数据进行预处理的基础上构建科学精准的拟合模型，选定科学可行的模型估计方法等。

7.2.1 变量设计与计算

本书在研究出版上市企业外部约束机制对出版上市企业社会效益提升、经济效益提升影响的过程中，涉及的变量包括：因变量，即社会效益、经济效益；自变量，即市场化进程水平、政府对市场的干预水平、

---

① 中华人民共和国中央人民政府：《中共中央办公厅、国务院办公厅印发〈关于强化知识产权保护的意见〉》，http：//www. gov. cn/zhengce/2019 – 11/24/content_5455070. htm，最后访问日期：2020年4月17日。

② 巨潮资讯网：《中文传媒2020年年度报告》，2021年3月31日，http：//www. cninfo. com. cn/new/disclosure/detail？orgId = gssh0600373&announcementId = 1209488394&announcementTime.

③ 〔美〕菲利普·科特勒（Philip Kotler），〔美〕凯文·莱恩·凯勒（Kevin Lane Keller）：《营销管理》，何佳讯，于洪彦，牛永革，徐岚译，上海，格致出版社，2016年，第15版，第75页。

出版物市场发育程度、要素市场发育程度、法律制度环境指数；控制变量，即公司规模、财务杠杆、上市年限、成长性、控股股东性质、具有出版经验的高管规模。为科学定义和设计上述变量的计量方法，本书结合我国出版上市企业的实际情况，充分借鉴吸收学界和业界已采纳过的并得到高度认可的成熟的变量定义方法。

7.2.1.1 因变量

本章根据“4.3.3 出版经济效益的衡量”研究结论和“5.2.1.1 因变量”所述，采用资产收益率计量我国出版上市企业经济效益。资产收益率（Return on Equity，ROE）是衡量我国出版上市企业经济效益较为妥当的计量指标。这一指标的计算公式为：净资产收益率 =（利润总额 + 利息收入）/净资产总额 ×100%。该计量方法曾被《现代出版》[①]《当代传播》[②] 等新闻传播学领域重要学术期刊刊发的研究成果采纳。

对我国出版上市企业社会效益的衡量，本书根据“4.2.2 出版社会效益的内涵”研究结论和“5.2.1.1 因变量”中所述的计量方法，将中国出版上市企业社会效益划分为履行文化责任的绩效以及履行对利益相关者责任的绩效，即：社会效益 = 履行文化责任的绩效 + 履行对利益相关者责任的绩效。根据德尔菲法的背靠背讨论结果，本书将我国出版上市企业履行文化责任和义务的绩效赋权为 60%，履行对利益相关者责任的绩效赋权为 40%。履行文化责任和义务的绩效是根据 17 位出版领域专家通过德尔菲法得出的，绩效的最终取值区间为 [1，5]。履行对利益相关者责任的绩效则是根据上海证券交易所在《关于加强上市公司社会责任承担工作的通知》中发布的“每股社会贡献值”计算方法来衡量。这一衡量方法已经被多位学者在《会计研究》[③]《审计研

① 徐志武：《我国出版上市公司高级管理层激励与绩效关系研究》，《现代出版》2018 年第 5 期。

② 丁汉青，王军：《中国传媒上市公司股权结构对经营绩效的影响》，《当代传播（汉文版）》2016 年第 3 期。

③ 陈丽蓉，韩彬，杨兴龙：《企业社会责任与高管变更交互影响研究——基于 A 股上市公司的经验证据》，《会计研究》2015 年第 8 期。

究》[1] 等权威期刊发表的科研成果中采纳。

7.2.1.2 自变量

在外部约束机制方面，目前专门针对我国出版上市企业的外部约束数据鲜有出现。从管理学界已有研究看，衡量外部约束机制的可行办法是借用樊纲、王小鲁、朱恒鹏[2]编制的市场化指数作为衡量依据。该市场化指数分省对我国各地区市场化水平进行衡量。这一指数对每年各省的市场化进程指数、政府与市场的关系、产品市场发育程度、要素市场发育程度、市场中介组织发育和法律制度环境指数均进行衡量。

考虑到上述指数在学界具有很高的认可度和权威性，被《南开管理评论》[3]《工业技术经济》[4] 等管理领域诸多权威和核心期刊所刊载的论文采纳，再加上 3 位学者所编制的指数能够满足研究的要求，因此，本书采用樊纲、王小鲁、朱恒鹏[5]编制的中国市场化指数中的市场化进程指数、政府与市场的关系指数、产品市场发育程度、要素市场发育程度、市场中介组织发育和法律制度环境指数来衡量本章所需计量的外部约束各要素。其中，市场化进程指数、政府与市场关系指数、产品市场发育程度、要素市场发育程度、市场中介组织发育和法律制度环境指数分别对应本文所研究的市场化进程水平、政府对市场的干预程度、出版物市场的发育程度、要素市场发育程度、法律制度环境指数这五大自变量。

7.2.1.3 控制变量

精准研究外部约束机制对出版上市企业社会效益提升、经济效益提升的影响，需要在研究过程中加入控制变量，以防止内生性问题、保证结果的准确性和可靠性。本书此处参照“6.2.1.3 控制变量”中的研

---

① 沈洪涛，王立彦，万拓：《社会责任报告及鉴证能否传递有效信号？——基于企业声誉理论的分析》，《审计研究》2011 年第 4 期。

② 樊纲，王小鲁，朱恒鹏：《中国市场化指数》，北京，经济科学出版社，2010 年。

③ 肖星，陈婵：《激励水平、约束机制与上市公司股权激励计划》，《南开管理评论》2013 年第 1 期。

④ 刘婷婷，高凯，何晓斐：《高管激励，约束机制与企业创新》，《工业技术经济》2018 年第 9 期。

⑤ 樊纲，王小鲁，朱恒鹏：《中国市场化指数》，北京，经济科学出版社，2010 年。

究思路，主要采用四类最有可能会影响研究结果的控制变量。一是出版上市企业的规模与财务特征变量。本书参照吴育辉和吴世农[①]、高良谋和卢建词[②]的研究，将我国出版上市企业的资产规模和财务杠杆作为控制变量。二是出版上市企业的上市经验变量。一般来说，上市年限愈长、企业成长能力愈强的出版上市企业的运营经验愈加丰富，对增强其社会效益、经济效益愈有帮助。文章参考王旭[③]、翟文华[④]、尹映集[⑤]等人的研究，选用上市日至数据截取日所跨年限衡量上市年限；参考唐松[⑥]的研究，选用总资产增长率，即期末与期初总资产之差与期初总资产的比值衡量出版企业的成长能力。三是出版上市企业管理层差异变量。从理论上看，出版上市企业管理层在出版经营管理方面的经验愈丰富，对企业的整体运营及社会效益提升、经济效益提升越有帮助。因此，本书将出版上市企业管理层团队中，具有出版企业经营管理经验的高管规模作为控制变量。四是出版上市企业的性质变量。民营出版企业与国有出版企业受到的外部约束有所不同，这种差异可能会对研究结果造成干扰。虽然当前我国民营出版上市公司的数量较少，但为保证研究的严谨性及研究结论的准确性，仍有必要将控股股东的性质作为控制变量。本书参考向东、张睿等人[⑦]的做法，引入虚拟变量来定义我国出版上市企业控股股东的性质，对于股权结构中国有股比例低于50%的出版上市企业定义为非国有控股出版上市企业，并取值为“0”。对于国有股（包括国有法人股）占总股份比例等于或超过50%的出版上市企业定义为国有控股出版上市企业，并取值为“1”。综上，本书选取出

---

① 吴育辉，吴世农：《企业高管自利行为及其影响因素研究——基于我国上市公司股权激励草案的证据》，《管理世界》2010年第5期。

② 高良谋，卢建词：《内部薪酬差距的非对称激励效应研究——基于制造业企业数据的门限面板模型》，《中国工业经济》2015年第8期。

③ 王旭，徐向艺：《基于企业生命周期的高管激励契约最优动态配置——价值分配的视角》，《经济理论与经济管理》2015年第6期。

④ 翟文华：《国企高管创新协同激励论》，吉林大学博士学位论文，2017年。

⑤ 尹映集：《中国家族控股上市公司内部治理与绩效关系研究——基于社会与经济属性双重视角》，山东大学博士学位论文，2014年。

⑥ 唐松，孙铮：《政治关联、高管薪酬与企业未来经营绩效》，《管理世界》2014年第5期。

⑦ 向东，张睿，张勋：《国有控股、战略产业与跨国企业资本结构——来自中国A股上市公司的证据》，《金融研究》2015年第1期。

版上市企业的规模、资产负债率、上市年限、盈利能力、具有出版经营管理经验的管理层规模、出版企业性质作为研究的控制变量。上述因变量、自变量及控制变量的设计及具体计算方法见表7-1。

表7-1 外部约束机制各要素、社会效益、经济效益的变量设计及计算方式

变量类型	变量名称	代码	变量计算方式
因变量（社会效益、经济效益）	社会效益	*SOB*	SOB = 履行文化责任的绩效 × W_1 + 履行对利益相关者责任的绩效 × W_2
	经济效益	*EP*	（利润总额 + 利息收入）/总资产总额 ×100%
自变量（外部约束机制）	市场化进程	*MP*	樊纲、王小鲁、朱恒鹏编制的中国市场化指数中的市场化进程指数
	政府对市场的干预水平	*GMR*	樊纲、王小鲁、朱恒鹏编制的中国市场化指数中的政府与市场关系指数
	出版物产品市场水平	*PM*	樊纲、王小鲁、朱恒鹏编制的中国市场化指数中的产品市场发育指数
	要素市场发育水平	*EM*	樊纲、王小鲁、朱恒鹏编制的中国市场化指数中的要素市场发育指数
	法律制度环境指数	*LE*	樊纲、王小鲁、朱恒鹏编制的中国市场化指数中的市场中介组织发育和法律制度环境指数
控制变量	公司规模	*SIZE*	公司资产总额的自然对数
	财务杠杆	*LEV*	资产负债率。负债总额/资产总额 ×100%
	上市年限	*TIME*	上市日至数据截取日间所跨年限
	成长性	*GROWTH*	期末与期初总资产之差与期初总资产的比值
	控股股东性质	*STATE*	是否国有控股。当国有股份比例低于50%，记为“0”，当国有股份比例等于或超过50%，记为“1”

续表

变量类型	变量名称	代码	变量计算方式
控制变量	具有出版经验高管规模	*NPE*	高管团队中具备出版从业经验的人数

资料来源：作者根据变量设计结果自己整理制作。

7.2.2 数据选择与预处理

参照前文“5.2.2 数据获取与预处理”中的做法，以我国出版上市企业的外部约束机制数据、社会效益及经济效益数据作为研究样本。截至2020年1季度，我国“新闻与出版业”共有24家公司在上交所和深交所主板上市[①]，涉及131家出版社[②]。其中包括人民文学出版社、中华书局、科学出版社、中国大百科全书出版社、中信出版社、岳麓书社等知名出版社，以及2019年营业收入迈进10亿大关的江苏凤凰教育出版社、大象出版社和商务印书馆等众多业界优质出版社[③]。这些优质出版社是我国出版产业发展的风向标，能够体现我国出版产业社会效益及经济效益发展的整体面貌。

为了确保研究结果的科学性，本章参照前文“5.2.2 数据获取与预处理”中的做法，对我国出版上市企业的样本进行筛选，如剔除B股或H股公司样本（新华文轩），剔除存在财务异常或者退市风险的ST及*ST股出版上市企业，剔除不以出版发行为主营业务的传媒上市企业（如华媒控股、华闻集团、博瑞传播等）。鉴于数据的不可获取性，本书未将2019年底上市的中信出版（300788）列为研究样本。经过筛选，最终确定将19家出版上市企业列为研究对象。这19家出版上市企业的名单见“5.2.2 数据获取与预处理”。

对于我国出版上市企业的数据是否足够精准、是否能够保证所得结

① 中国证券监督管理委员会：《2020年1季度上市公司行业分类结果》，2020年4月14日，http://www.csrc.gov.cn/csrc/c100103/c1451995/content.shtml.

② 涉及的出版社数量由笔者手工统计得出。

③ 出版商务周报：《上市书企旗下出版机构业绩大盘点，赚钱能力哪家强?》，2020年5月11日，https://mp.weixin.qq.com/s/UeJZMe5X0usQJC2ttv1AeA.

论的科学性，笔者在研究前期认真展开调研，并征求出版研究、传媒经济研究、企业管理研究、会计学研究领域的诸多专家的意见。专家们认为上述年报数据是由独立的第三方—注册会计师事务所—审计鉴证后的数据，会计师事务所对出版上市公司年报数据的合法性、公允性提供高水平的合理保证，可以确保本书所采用数据的可靠性。同时，采用我国出版上市企业的研究数据及相关的多元回归研究方法与当前国内和国外企业管理、会计学、公司治理等领域的主流研究趋于一致，采用上市企业数据展开企业管理学、会计学等领域的科学研究是得到学界和业界的普遍认可的。

研究中采用的我国出版上市企业数据主要来自 CSMAR 数据库及企业年报。社会效益数据由作者计算整理获得。经济效益和控制变量数据均来自国泰安 CSMAR 数据库。外部约束机制各要素数据源自樊纲、王小鲁、朱恒鹏[①]编制的市场化进程指数。对于少数缺失值，笔者通过查阅巨潮资讯网公布的上市公司年报、百度百科及公司官网等渠道获得。最终，笔者共搜集上述 19 家中国出版上市企业从上市第 1 年[②]至 2019 年所有的外部约束机制各要素、社会效益、经济效益数据，共 122 组。经过对比出版传媒领域已有的相关研究发现，《新闻与传播研究》[③]《现代传播》[④]《科技与出版》[⑤]等顶级学术期刊曾分别发表过 20 组、42 组、36 组面板观测数据的文章。根据中心极限定理，当样本数据量大于等于 30 时，可以参照样本的正态分布的特征来推断总体情况[⑥⑦]。有鉴于此，本书采用 122 组观测数据用于估计推断外部约束机制各要素对我国出版上市企业社会效益、经济效益提升的影响是科学合理的。为消除

---

① 樊纲，王小鲁，朱恒鹏：《中国市场化指数》，北京，经济科学出版社，2010 年。

② 我国出版企业最早上市者为 2006 年上市的上海新华传媒股份有限公司。

③ 向志强，欧阳刘婕：《微观因素对传媒产业发展影响的实证研究——基于传媒上市公司董事会特征的视角》，《新闻与传播研究》2013 年第 6 期。

④ 姚德权，邓阳：《出版类上市公司多元经营绩效的实证分析》，《现代传播（中国传媒大学学报）》2016 年第 1 期。

⑤ 李雅筝，周荣庭：《国内出版上市企业多元化经营对其绩效影响的实证分析》，《科技与出版》2015 年第 10 期。

⑥ 曾秀芹，张楠：《新闻传播统计学基础》，厦门，厦门大学出版社，2015 年，第 102 页。

⑦ 徐志武：《我国出版上市公司治理结构与绩效关系研究》，武汉大学博士学位论文，2018 年。

异常值可能对研究结果造成的影响，本书参照张兆国、曹丹婷和张弛[①]的研究，对所有连续变量在1%和99%上进行了截尾处理（Winsorize）。

7.2.3 影响模型构建

外部约束机制对社会效益提升影响的多元回归模型，如下：

$$SOB_{i,t}=\alpha+\beta_1 SIZE_{i,t-1}+\beta_2 LEV_{i,t-1}+\beta_3 TIME_{i,t}+\beta_4 GROWTH_{i,t-1}+\beta_5 STATE_{i,t-1}+\beta_6 NPE_{i,t-1}+\beta_7 MP_{i,t-1}+\beta_8 GMR_{i,t-1}+\beta_9 PM_{i,t-1}+\beta_{10} EM_{i,t-1}+\beta_{11} LE_{i,t-1}+\varepsilon_{i,t}$$

上述模型中，SOB为因变量，即社会效益。α为截距。ε为随机扰动项。β_7，β_8，β_9，β_{10}，β_{11}为模型中各自变量的回归系数。自变量主要包括：市场化进程水平MP、政府对市场的干预水平GMR、出版物产品市场发育水平PM、要素市场发育水平EM、法律制度环境指数LE。β_1，β_2，β_3，β_4，β_5，β_6为模型中各控制变量的回归系数。控制变量主要包括：出版企业规模$SIZE$、财务杠杆LEV、上市年限$TIME$、成长性$GROWTH$、控股股东性质$STATE$、高管团队中具有出版经验人数的规模NPE。

外部约束机制对经济效益提升影响的多元回归模型，如下：

$$CEP_{i,t}=\alpha+\beta_1 SIZE_{i,t-1}+\beta_2 LEV_{i,t-1}+\beta_3 TIME_{i,t}+\beta_4 GROWTH_{i,t-1}+\beta_5 STATE_{i,t-1}+\beta_6 NPE_{i,t-1}+\beta_7 MP_{i,t-1}+\beta_8 GMR_{i,t-1}+\beta_9 PM_{i,t-1}+\beta_{10} EM_{i,t-1}+\beta_{11} LE_{i,t-1}+\varepsilon_{i,t}$$

上述模型中，CEP为因变量，即净资产利润率。α为截距。ε为随机扰动项。β_7，β_8，β_9，β_{10}，β_{11}为模型中各自变量的回归系数。自变量主要包括：市场化进程水平MP、政府对市场的干预水平GMR、出版物产品市场发育水平PM、要素市场发育水平EM、法律制度环境指数LE。β_1，β_2，β_3，β_4，β_5，β_6为模型中各控制变量的回归系数。控制变量主要包括：出版企业规模$SIZE$、财务杠杆LEV、上市年限$TIME$、成长性$GROWTH$、控股股东性质$STATE$、高管团队中具有出版经验人数的规模NPE。

---

① 张兆国，曹丹婷，张弛：《高管团队稳定性会影响企业技术创新绩效吗——基于薪酬激励和社会关系的调节作用研究》，《会计研究》2018年第12期。

7.2.4 模型估计方法

对面板数据进行估计，通常采用的是固定效应模型和随机效应模型两种方法。此处参考“5.2.4 估计方法”中的做法确定模型估计方法。通常认为，如果样本中的个体是从总体中随机抽取出来的，那么随机效应模型是更合适的选择①。不过，随机效应模型有一个主要缺陷，那就是只有当合成误差项与所有自变量之间都不存在相关性时，这一方法才是有效的。如果遗漏变量与自变量无关，那么就可以采用随机效应模型，否则最好使用固定效应模型②。要检验某一模型到底该采用随机效应模型，还是采用固定效应模型，学界公认的权威做法是通过 Hausman 检验来确定。Hausman 检验的核心是比较固定效应模型和随机效应模型所得参数是否存在显著差异③。在给定显著水平下，如果检验统计量小于卡方分布临界值，则应选用随机效应模型；如果检验统计量大于卡方分布临界值，则应拒绝选用随机效应模型，而是选用固定效应模型④。考虑到固定效应模型在本书中存在无法估计出某些模型的情形，尤其当自变量取虚拟变量（如控股股东性质 *STATE*）时，由于样本数据变异不够，可能会出现共线问题而导致模型无法估计。为解决这一困难，本书对无法采用固定效应估计方法的模型，直接采用随机效应模型估计方法展开多元回归分析⑤。

---

① 〔英〕克里斯·布鲁克斯（Chris Brooks）:《金融计量经济学导论》，王鹏译，上海，上海人民出版社，2019 年，第 3 版，第 432 页。

② 〔英〕克里斯·布鲁克斯（Chris Brooks）:《金融计量经济学导论》，王鹏译，上海，上海人民出版社，2019 年，第 3 版，第 432 页。

③ 曾康华:《计量经济学》，北京，清华大学出版社，2016 年，第 206 页。

④ 杜江:《计量经济学及其应用》，北京，机械工业出版社，2015 年，第 2 版，第 266～267 页。

⑤ 徐志武:《我国出版上市公司治理结构与绩效关系研究》，武汉大学博士学位论文，2018 年。

7.3　数据分析与结果

在通过多元回归方法研究管理层外部约束机制对社会效益、经济效益提升的影响之前，一般都应对回归所采用的数据进行描述性统计分析和相关性分析。

7.3.1　描述性统计

通过描述性统计分析可以清晰了解在观察期内我国出版上市企业外部约束机制各要素、社会效益、经济效益及各控制变量的变化及波动趋势。由于社会效益变化、经济效益变化及各控制变量变化情况在“5.3.1　描述统计分析”中已有论述，此处所使用的社会效益变化、经济效益变化、控制变量变化数据与第5章数据相同，因此，不再赘述这些数据的描述统计分析结果。本章描述统计分析的重心聚焦于我国出版上市企业2011—2019年外部约束机制各要素的波动情况。

一是从市场化进程指数的变化趋势看，2011—2019年我国的市场化进程的均值逐年增大，这说明我国出版上市企业所面临的市场化程度逐步提升。不过从差值看，不同出版上市企业所面临的市场化程度存在较大差异，并且这种差异在这8年中逐步扩大。换言之，我国部分出版上市企业所面临的市场化程度较高，但是部分出版上市企业所面临的市场化进程不仅没有提升，反而呈现逐步降低态势。市场化水平能否真正对我国出版上市企业的社会效益、经济效益带来影响，能否对社会效益提升、经济效益提升起促进作用，这正是本书在接下来的研究中需要验证的问题之一。

二是从政府对市场干预指数的均值看，2011年至2019年政府对市场干预指数呈现逐步降低态势。这说明我国出版上市企业所面临的市场环境愈加自由，政府对出版市场的干预力度愈来愈小。然而从政府对市场干预指数的差值看，2011年至2019年政府对市场干预指数的差距愈来愈大。这说明虽然有些地方政府对市场的干预力度愈来愈小，然而仍有部分地方政府并未放松对市场的干预力度，甚至还有可能加强了对市场的干预。政府加强对市场干预与政府放松对市场干预，到底哪种政策对我国出版上市企业社会效益提升、经济效益提升更加有利，这需要在接下来的研究中进行证实。

三是从产品市场发育程度的均值看，2011—2015 年我国出版上市企业所面临的产品市场发育程度普遍逐年向好。2015 年是产品市场发育水平均值的顶峰。2015—2019 年，产品市场发育水平的均值逐渐降低，这也说明我国出版上市企业所面临的产品市场愈加萎缩。而且从产品市场发育的差值看，2015 年以后地区间的产品市场发育水平差距开始扩大。从最大值和最小值的波动也可以看出，部分出版上市企业所面临的产品市场规模似乎遭遇断崖式下跌。虽然具有出版和教材发行资质，我国出版企业在出版物市场享有一定垄断地位。然而，整体的产品市场萎缩，是否会对管理层的经营活动产生影响，是否会影响出版上市企业的社会效益和经济效益，值得进一步探究。

四是从要素市场发育的均值看，2011—2019 年这一数值逐渐增大。这说明我国出版上市企业面临的要素市场逐年好转，整体要素市场发育日渐向成熟的方向迈进。不过从差值看，2016 年以后我国不同出版上市企业所面临的要素市场差异逐渐扩大。从最大值和最小值看，2011—2019 年我国部分地区出版上市企业所面临的要素市场发育水平逐渐升高，然而亦有部分出版上市企业所面临的要素市场发育水平不仅没有提升，反而呈现逐步降低态势。要素市场发育能否真正对管理层的经营活动产生约束作用，能否对我国出版上市企业社会效益提升、经济效益提升起促进作用，仍有待在多元回归分析中予以验证。

五是从法律制度环境指数的均值看，2011—2019 年该数据逐渐扩大。这说明我国出版上市企业在此期间所面临的法制环境逐渐好转。但是从差值的变动趋势看，2011—2019 年这一指标的差距逐年扩大。这也从侧面说明我国不同地区的出版上市企业所面临的法制环境存在较大差异，部分地区的法制环境愈来愈好，但是亦有部分地区的法律环境改善速度相对较慢。从理论上来说，良好的法制环境可对管理层的决策及其经营活动产生重要影响，但能否真正促进社会效益提升以及经济效益提升亦需要进一步验证。

7.3.2 相关性分析

皮尔逊相关系数 r 是用以反映变量之间相关关系密切程度的统计指标。当 $|r| \geqslant 0.8$ 时，可视为两个变量之间高度相关；$0.5 \leqslant |r| < 0.8$ 时，可视为中度相关；$0.3 \leqslant |r| < 0.5$ 时，视为低度相关；$|r| < 0.3$ 时，说明两个变量之间的相关程度极弱，可视为不相关①。在相关性分析中，比较理想的情况是，自变量与因变量之间存在显著的相关关系，而自变量与自变量之间、自变量与控制变量之间没有显著的相关关系，即相关系数 $|r| < 0.8$，否则可能会出现自变量之间的多重共线问题，影响后续多元回归结果的准确性。从表 7－2“外部约束机制各要素与社会效益、经济效益相关性分析结果”看，我国出版上市企业社会效益、经济效益与外部约束机制的部分要素之间存在显著的相关关系。同时，自变量与自变量之间、自变量与控制变量之间的相关系数 $|r| < 0.6$，低于 0.8，这说明采用这些数据以多元回归分析的方式研究管理层外部约束机制对社会效益提升的影响以及对经济效益提升的影响是可行的。

---

① 陈慧慧，方小教，周阿红，等：《社会调查方法》，合肥，中国科学技术大学出版社，2019 年，第 249 页。

表 7-2　外部约束机制各要素与社会效益、经济效益相关分析结果

	SOB	*EP*	*MP*	*GMR*	*PM*	*EM*	*LE*	*SIZE*	*LEV*	*TIME*	*GROWTH*	*STATE*	*NPE*
SOB	1.000												
EP	0.421**	1.000											
MP	0.026	-0.039	1.000										
GMR	0.054	0.043	0.241**	1.000									
PM	0.222**	0.173*	0.168*	-0.123	1.000								
EM	-0.083	-0.109	0.647**	-0.040	0.134*	1.000							
LE	0.067	-0.033	0.739**	0.193**	0.064	0.555**	1.000						
SIZE	0.549**	0.336**	0.171*	0.059	0.247**	0.102	0.186**	1.000					
LEV	0.153	0.060	0.288**	0.083	0.079	0.270**	0.109	0.221**	1.000				
TIME	0.094	-.183**	0.327**	0.002	0.265**	0.213**	0.285**	0.200**	0.120	1.000			
GROWTH	0.198*	0.325**	-0.141	0.072	-0.103	-.198**	-.132*	0.117	0.028	-.223**	1.000		
STATE	0.376**	0.266**	0.003	0.274**	0.002	-0.046	-0.052	0.377**	0.387**	0.090	0.085	1.000	
NPE	0.380**	0.264**	-0.084	0.036	0.142*	-.188**	-0.132	0.307**	0.272**	0.045	0.145*	0.428**	1.000

资料来源：作者根据相关分析结果自行整理制作。*、** 同前文 1%、5%、10%。

7.3.3 多元回归分析

回归分析的核心步骤是设法找出合适的数学方程式，由这个方程式定义出与数据中观察到的模式最为吻合的回归线并描述因变量与自变量、控制变量的关系①②。按照本章前述构建的模型，本节运用 STATA 14.0 对管理层外部约束机制各要素分别对社会效益提升、经济效益提升的影响展开多元回归分析。

7.3.3.1 外部约束机制各要素对社会效益提升影响的多元回归结果分析

为检验前文的假设 23 至假设 27，本章以我国出版上市企业履行文化责任绩效和履行对利益相关者责任绩效的综合值作为因变量，以市场化进程水平、政府对市场的干预水平、出版物产品市场水平、要素市场发育水平、法律制度环境指数为自变量，以公司规模、财务杠杆、上市年限、成长性、控股股东性质、具有出版经验高管规模为控制变量，建立多元回归模型。在此基础上，本书利用相关样本及其数据进行回归分析，结果见表 7－3。表 7－3 中的模型回归分析结果显示，Hausman 检验结果 $P=0.453$，大于 0.05，说明此时使用随机效应模型更为合适。随机效应模型 Wald＝85.56，且通过一致性检验，R 方为 0.594，说明回归直线对观测值的拟合程度较好。

表 7－3 外部约束机制对社会效益提升影响的回归分析结果

变量	因变量—社会效益（*SOB*）		
	系数	标准差	*t* 值
控制变量			
公司规模（*SIZE*）	0.440***	0.157	2.790
财务杠杆（*LEV*）	－0.259	0.836	－0.310

① 王振成：《统计学》，重庆，重庆大学出版社，2019 年，第 198 页。

② 〔美〕拉里·克里斯滕森，〔美〕伯克·约翰逊，〔美〕莉萨·特纳：《研究方法设计与分析》，赵迎春译，北京，商务印书馆，2018 年，第 11 版，第 360 页。

续表

变量	因变量—社会效益（*SOB*）		
	系数	标准差	*t* 值
上市年限（*TIME*）	0.012	0.036	0.330
成长性（*GROWTH*）	0.203*	0.110	1.840
控股股东性质（*STATE*）	0.620	0.525	1.180
具有出版经验高管规模（*NPE*）	0.031*	0.018	1.710
自变量			
市场化进程约束（*MP*）	-0.102	0.180	-0.560
政府对市场干预的约束（*GMR*）	-0.060	0.092	-0.660
出版物产品市场约束（*PM*）	0.201*	0.112	1.800
要素市场约束（*EM*）	0.060	0.060	1.000
法律制度环境约束（*LE*）	0.015	0.052	0.300
常数项	-11.762***	3.159	-3.720
Overall_R^2	0.594		
Wald_chi^2	85.560		
Hausman 检验	随机效应		
	$P=0.453$		

资料来源：作者依据回归分析结果自行整理制作。括号内的值为 *z* 值（或者 *t* 值）。注：***、**、*分别表示1%、5%、10%的显著性水平。

市场化进程水平的回归系数为 -0.102，且不显著，说明市场化进程程度约束并不会显著促进我国出版上市企业社会效益提升。假设23中正向关系的理论观点并未得到验证。

政府对市场干预水平的回归系数为 -0.060，且不显著，说明政府干预市场带来的约束作用并不会显著直接促进我国出版上市企业社会效益提升。假设24中所述政府干预市场会正向影响我国出版上市社会效益是不成立的。

出版物产品市场发育水平的回归系数为0.201，且显著，说明出版物产品市场发育的约束作用确实会影响我国出版上市企业的社会效益。出版物产品市场发育水平越高，我国出版上市企业的社会效益亦会随之提升。假设25中所述出版物产品市场发育会正向影响我国出版上市企

业社会效益是成立的。

要素市场发育水平的回归系数为0.060，且不显著，说明要素市场发育的约束作用并不会显著影响我国出版上市企业的社会效益。假设26中所述要素市场发育会显著正向影响我国出版上市社会效益并未得到验证。

法律制度环境指数的回归系数为0.015，且不显著，说明法律制度环境的约束作用并不会显著影响我国出版上市企业的社会效益。假设27中所述法律制度环境会显著正向影响我国出版上市企业社会效益是不成立的。

根据上述多元回归结果，可以发现在市场化进程水平、政府对市场的干预水平、出版物产品市场发育水平、要素市场发育水平、法律制度环境这五大外部约束机制的构成要素中，只有出版物产品市场发育对管理层的约束才能够对我国出版上市企业社会效益起直接促进作用。市场化进程约束、政府对市场干预的约束、要素市场约束、法律制度环境的约束均对我国出版上市企业社会效益没有明显的正向作用，这与本书所提的理论假设是相悖的。到底何种原因导致市场化进程约束、政府对市场干预的约束、要素市场约束、法律制度环境的约束对我国出版上市企业社会效益提升的影响失效，还有待在结果讨论章节展开进一步深入细致的研究。理论假设与实际结果的对比情况见表7-4。

表7-4　外部约束机制对社会效益提升影响的实际结果与理论假设对比

序号	理论假设	成立与否	实际结果
H23	市场化进程约束有助于推动出版社会效益增长	理论与假设不符	无显著影响
H24	政府对市场干预带来的约束可推动出版企业社会效益增长	理论与假设不符	无显著影响
H25	出版物产品市场约束可促进我国出版上市企业社会效益增长	成立	显著正向影响
H26	要素市场约束可带动出版企业社会效益提升	理论与假设不符	无显著影响

续表

序号	理论假设	成立与否	实际结果
H27	法律制度环境的约束是我国出版上市企业社会效益增长的重要力量	理论与假设不符	无显著影响

资料来源：作者根据实证结果与理论假设对比分析情况整理制作。

7.3.3.2 外部约束机制各要素对经济效益提升影响的多元回归结果分析

为检验前文的假设28至假设32，本章以我国出版上市企业净资产收益率作为因变量，以市场化进程约束、政府对市场干预的约束、出版物产品市场约束、要素市场约束、法律制度环境约束为自变量，以公司规模、财务杠杆、上市年限、成长性、控股股东性质、具有出版经验高管规模为控制变量，建立多元回归模型。在此基础上，本书利用相关样本及其数据进行回归分析，结果见表7－5。表7－5中的模型回归分析结果显示，Hausman检验结果 $P = 0.7079$，大于0.05，说明此时使用随机效应模型更为合适。随机效应模型 Wald = 56.68，且通过一致性检验，R 方为0.649，说明回归直线对观测值的拟合程度较好。

表7－5　外部约束机制对经济效益提升影响的回归分析结果

变量	因变量—经济效益（*ROE*）		
	回归系数	标准差	t 值
控制变量			
公司规模（*SIZE*）	0.015**	0.007	2.200
财务杠杆（*LEV*）	-0.034	0.041	-0.820
上市年限（*TIME*）	-0.007***	0.002	-4.660
成长性（*GROWTH*）	0.002	0.006	0.310
控股股东性质（*STATE*）	0.023	0.022	1.050
具有出版经验高管规模（*NPE*）	0.003***	0.001	2.710
自变量			
市场化进程约束（*MP*）	-0.004	0.007	-0.650

续表

变量	因变量—经济效益（*ROE*）		
	回归系数	标准差	*t* 值
政府对市场干预的约束（*GMR*）	-0.005	0.004	-1.060
出版物产品市场约束（*PM*）	0.013**	0.005	2.480
要素市场约束（*EM*）	0.000	0.003	0.160
法律制度环境约束（*LE*）	0.002	0.002	0.820
常数项	-0.317**	0.132	-2.400
Overall_R^2	0.649		
Wald_chi^2	56.68		
Hausman 检验	随机效应		
	$P=0.7079$		

资料来源：作者依据回归分析结果自行整理制作。括号内的值为 *z* 值（或者 *t* 值）。注：***、**、* 分别表示 1%、5%、10% 的显著性水平。

市场化进程约束的回归系数为 -0.004，且不显著，这说明市场化进程约束并不会对中国出版上市企业经济效益产生显著正向影响。假设 28 中所提市场化进程约束对经济效益产生正向影响的理论观点是不成立的。

政府对市场干预约束的回归系数为 -0.005，且不显著，这说明政府对市场干预带来的约束不会对中国出版上市企业经济效益产生显著正向影响。假设 29 中所提政府对市场干预带来的约束对经济效益产生正向影响的理论观点是不成立的。

出版物产品市场约束的回归系数为 0.013，且显著，这说明出版物产品市场带来的约束可对中国出版上市企业经济效益产生显著正向影响。假设 30 中所提出版物产品市场对高层管理的约束可对经济效益产生正向影响的理论观点是成立的。

要素市场约束的回归系数为 0.000，且不显著，这说明要素市场带来的约束不会显著影响我国出版上市企业的经济效益。假设 31 中所提要素市场约束能够显著影响我国出版上市企业经济效益的理论观点是不成立的。

法律制度环境约束的回归系数为 0.002，且不显著，这说明法律制度环境约束亦不会显著影响我国出版上市企业的经济效益。假设 32 中所提法律制度环境约束能够显著影响我国出版上市企业的经济效益的理论观点是不成立的。

根据上述多元回归分析结果，可以发现在市场化进程、政府对市场干预、出版物产品市场发育、要素市场发育、法律制度环境这五大外部约束要素中，只有出版物产品市场对管理层的约束才能够对我国出版上市企业经济效益起促进作用。市场化进程约束、政府对市场干预的约束、要素市场约束、法律制度环境的约束均对我国出版上市企业经济效益没有明显正向作用，这与本书所提的理论假设是相悖的。到底何种原因导致市场化进程约束、政府对市场干预的约束、要素市场约束、法律制度环境约束对我国出版上市企业经济效益提升的影响失效，还有待在结果讨论部分进一步深入研究。理论假设与实际结果的对比情况见表 7－6。

表 7－6　外部约束机制对经济效益提升影响的实际结果与理论假设对比

序号	理论假设	成立与否	实际结果
H28	市场化进程约束可以促进出版上市且有经济效益增长	理论与假设不符	无显著影响
H29	政府对市场干预带来的约束可促进出版企业经济效益增长	理论与假设不符	无显著影响
H30	出版物产品市场约束可促进我国出版上市企业经济效益增长	成立	显著正向影响
H31	要素市场约束可推动中国出版上市企业经济效益提升	理论与假设不符	无显著影响
H32	法律制度环境的约束有利于中国出版上市企业经济效益提升	理论与假设不符	无显著影响

资料来源：作者根据实证结果与理论假设对比分析情况整理制作。

7.3.4　稳健性检验

为检验上节多元回归分析结果及研究结论的可靠性，本章参考张兆

国、曹丹婷和张弛①的做法，以增减部分自变量的方式或者以更改某一变量取值的方式再次对模型进行多元回归分析，将此结果与上节中的主模型结果进行对比，检验所得结果与主模型的结果是否一致，以此判断原来主模型的结论是否可靠。

7.3.4.1 外部约束机制对社会效益提升影响的稳健性检验

为检验管理层外部约束机制对社会效益提升影响的研究结果是否稳健，首先，增加现金流（*CF*）这一控制变量。考虑到不同出版企业的现金流水平差异，可能会影响其履行对利益相关者责任的结果及履行文化责任的结果。现金流水平高者，其实现社会效益的能力可能愈强。加入现金流这一控制变量后，模型回归结果见表7-7“外部约束机制对社会效益提升影响的稳健性检验1”。其次，增加时间效应控制变量进行稳健性检验。考虑到2011年4月国家新闻出版局颁布《新闻出版业“十二五”规划》这一重大政策，这一政策实施前后我国出版上市企业所采纳的经营战略可能有一定差异，为避免由此带来的干扰，本书在原模型基础上添加“是否颁布发展规划（*PP*）”这一时间效应控制变量再进行多元回归。“是否颁布发展规划（*PP*）”这一变量以虚拟变量的方式引入，即令2012年之前的年份设置为“0”，令2012年之后年份设置为“1”。回归结果见表7-8“外部约束机制对社会效益提升影响的稳健性检验2”。

表7-7 外部约束机制对社会效益提升影响的稳健性检验1

变量	因变量—社会效益（*SOB*）		
	回归系数	标准差	*t* 值
控制变量			
公司规模（*SIZE*）	0.431***	0.166	2.600
财务杠杆（*LEV*）	-0.060	0.852	-0.070
上市年限（*TIME*）	0.016	0.038	0.410
成长性（*GROWTH*）	0.235**	0.112	2.110

① 张兆国，曹丹婷，张弛：《高管团队稳定性会影响企业技术创新绩效吗——基于薪酬激励和社会关系的调节作用研究》，《会计研究》2018年第12期。

续表

变量	因变量—社会效益（*SOB*）		
	回归系数	标准差	*t* 值
控股股东性质（*STATE*）	0.698	0.595	1.170
具有出版经验高管规模（*NPE*）	0.031*	0.018	1.710
现金流（*CF*）	0.517	0.481	1.070
自变量			
市场化进程约束（*MP*）	-0.107	0.179	-0.600
政府对市场干预的约束（*GMR*）	-0.053	0.095	-0.560
出版物产品市场约束（*PM*）	0.217*	0.119	1.820
要素市场约束（*EM*）	0.090	0.064	1.400
法律制度环境约束（*LE*）	0.003	0.052	0.060
常数项	-12.128***	3.391	-3.580
Overall_R^2	0.551		
Wald_chi^2	87.260		
Hausman 检验	随机效应		
	$P=0.7104$		

资料来源：作者依据回归分析结果自行整理制作。括号内的值为 *z* 值（或者 *t* 值）。注：***、**、*分别表示1%、5%、10%的显著性水平。

表7-8　外部约束机制对社会效益提升影响的稳健性检验2

变量	因变量—社会效益（*SOB*）		
	回归系数	标准差	*t* 值
控制变量			
公司规模（*SIZE*）	0.597***	0.137	4.360
财务杠杆（*LEV*）	-0.762	0.829	-0.920
上市年限（*TIME*）	0.000	0.034	-0.010
成长性（*GROWTH*）	0.261*	0.158	1.660
控股股东性质（*STATE*）	0.745**	0.352	2.120
具有出版经验高管规模（*NPE*）	0.036	0.025	1.420
是否颁布规划（*PP*）	-0.151	0.273	-0.550

续表

变量	因变量—社会效益（*SOB*）		
	回归系数	标准差	*t* 值
自变量			
市场化进程约束（*MP*）	0.021	0.263	0.080
政府对市场干预的约束（*GMR*）	-0.209*	0.109	-1.910
出版物产品市场约束（*PM*）	0.091	0.129	0.710
要素市场约束（*EM*）	-0.119*	0.064	-1.870
法律制度环境约束（*LE*）	0.057	0.066	0.870
常数项	-13.280***	2.550	-5.210
Overall_R^2	0.728		
Wald_chi^2	144.760		
Hausman 检验	随机效应		
	因控股股东性质（STATE）变异程度不够，故采用随机效应模型		

资料来源：作者依据回归分析结果自行整理制作。括号内的值为 *z* 值（或者 *t* 值）。注：*** 、** 、* 分别表示 1%、5%、10% 的显著性水平。

从稳健性检验 1、稳健性检验 2 可知，出版物产品市场约束对我国出版上市企业社会效益提升具有显著正向影响，而市场化进程约束、政府对市场干预的约束、要素市场约束、法律制度环境约束对我国出版上市企业社会效益提升并没有显著正向影响。将稳健性检验结果与主模型分析结果进行对比，可以发现其与主模型的结论是完全一致的。由此可以认为，本书在主模型中得出的结论是可靠和可信的。

7.3.4.2 内部约束机制对经济效益提升影响的稳健性检验

为检验管理层外部约束机制对经济效益提升影响的研究结果，首先，增加现金流（*CF*）这一控制变量。考虑到不同出版企业的现金流水平差异，可能会影响其净资产收益率。现金流水平高者，其实现经济效益的能力可能愈强。加入现金流这一控制变量后，模型回归结果见表 7-9“外部约束机制对经济效益提升影响的稳健性检验 1”。其次，增加时间效应控制变量进行稳健性检验。考虑到 2011 年 4 月国家新闻出版局颁布《新闻出版业“十二五”规划》这一重大政策，这一政策实施前后我国出版上市企业所采纳的经营战略可能有一定差异，为避免由此带来的干扰，本书在原模型基础上添加“是否颁布发展规划（*PP*）”这一时间效应控制变量再进行多元回归。“是否颁布发展规划（*PP*）”这一变量以虚拟变量的方式引入，即令2012年之前的年份设置为“0”，令2012年之后年份设置为“1”。回归结果见表7-10“外部约束机制对经济效益提升影响的稳健性检验2”。

表7-9　外部约束机制对经济效益提升影响的稳健性检验1

变量	因变量—经济效益（*ROE*）		
	回归系数	标准差	*t* 值
控制变量			
公司规模（*SIZE*）	0.015**	0.007	2.260
财务杠杆（*LEV*）	-0.053	0.042	-1.260
上市年限（*TIME*）	-0.008***	0.002	-4.870
成长性（*GROWTH*）	0.001	0.006	0.130
控股股东性质（*STATE*）	0.021	0.022	0.960
具有出版经验高管规模（*NPE*）	0.003***	0.001	2.940
现金流（*CF*）	-0.043*	0.025	-1.720
自变量			
市场化进程约束（*MP*）	-0.005	0.007	-0.760
政府对市场干预的约束（*GMR*）	-0.005	0.004	-1.190
出版物产品市场约束（*PM*）	0.014**	0.005	2.540
要素市场约束（*EM*）	0.000	0.003	-0.060
法律制度环境约束（*LE*）	0.002	0.002	0.920
常数项	-0.290**	0.131	-2.210
Overall_R^2	0.632		
Wald_chi^2	61.360		
Hausman 检验	随机效应		
	P=0.5166		

资料来源：作者依据回归分析结果自行整理制作。括号内的值为*z*值（或者*t*值）。注：***、**、*分别表示1%、5%、10%的显著性水平。

表7－10 外部约束机制对经济效益提升影响的稳健性检验2

变量	因变量—经济效益（*ROE*）		
	回归系数	标准差	*t* 值
控制变量			
公司规模（*SIZE*）	0.018***	0.006	3.300
财务杠杆（*LEV*）	－0.041	0.039	－1.060
上市年限（*TIME*）	－0.006***	0.001	－3.780
成长性（*GROWTH*）	0.004	0.007	0.540
控股股东性质（*STATE*）	0.015	0.016	0.960
具有出版经验高管规模（*NPE*）	0.003***	0.001	2.700
是否颁布规划（*PP*）	－0.020*	0.011	－1.750
自变量			
市场化进程约束（*MP*）	－0.006	0.010	－0.620
政府对市场干预的约束（*GMR*）	－0.003	0.005	－0.700
出版物产品市场约束（*PM*）	0.012**	0.006	2.250
要素市场约束（*EM*）	－0.003	0.003	－1.270
法律制度环境约束（*LE*）	0.003	0.003	1.090
常数项	－0.348***	0.106	－3.290
Overall_R^2	0.690		
Wald_chi^2	106.250		
Hausman 检验	随机效应		
	因控股股东性质（STATE）变异程度不够，故采用随机效应模型		

资料来源：作者依据回归分析结果自行整理制作。括号内的值为 *z* 值（或者 *t* 值）。注：***、**、*分别表示1%、5%、10%的显著性水平。

从稳健性检验1、稳健性检验2可以得知，出版物产品市场约束对我国出版上市企业经济效益提升均具有显著正向影响，而市场化进程约束、政府对市场干预的约束、要素市场约束、法律制度环境约束对我国出版上市企业经济效益提升并没有显著正向影响。将稳健性检验结果与主模型分析结果进行对比分析，可以发现，稳健性检验1的结果、稳健性检验2的结果与主模型的结论是完全一致的。由此可以认为，本书在主模型中得出的结论是可靠和可信的。

7.4 讨论与小结

学界较多关注企业内部力量对管理层的约束作用。对于外部约束机制，出版学界关注并不多。本文根据第3章的研究成果，将外部约束机制划分为市场化进程约束、政府对出版市场干预带来的约束、出版物产品市场约束、出版要素市场约束、法律环境约束，共五个方面。据此分别研究外部约束机制对出版上市企业社会效益的影响以及对出版上市企业经济效益的影响。外部约束对社会效益、经济效益提升的理论与实证影响结果见表7－11。针对研究结果，本文进一步展开讨论。

表7－11　外部约束对社会效益、经济效益提升的理论与实证影响对比

外部约束对社会效益提升的理论与实证影响			
序号	理论假设	成立与否	实际结果
H23	市场化进程约束有助于推动出版社会效益增长	理论与假设不符	无显著影响
H24	政府对市场干预带来的约束可推动出版企业社会效益增长	理论与假设不符	无显著影响
H25	出版物产品市场约束可促进我国出版上市企业社会效益增长	成立	显著正向影响
H26	要素市场约束可带动出版企业社会效益提升	理论与假设不符	无显著影响
H27	法律制度环境的约束是我国出版上市企业社会效益增长的重要力量	理论与假设不符	无显著影响

续表

外部约束对经济效益提升的理论与实证影响			
序号	理论假设	成立与否	实际结果
H28	市场化进程约束可以促进出版上市且有经济效益增长	理论与假设不符	无显著影响
H29	政府对市场干预带来的约束可促进出版企业经济效益增长	理论与假设不符	无显著影响
H30	出版物产品市场约束可促进我国出版上市企业经济效益增长	成立	显著正向影响
H31	要素市场约束可推动中国出版上市企业经济效益提升	理论与假设不符	无显著影响
H32	法律制度环境的约束有利于中国出版上市企业经济效益提升	理论与假设不符	无显著影响

7.4.1　出版物产品市场可能是同时促进“双效”提升的重要外部约束力量

在市场化进程约束、政府对市场干预带来的约束、出版物产品市场约束、要素市场约束、法律制度环境约束这五大约束要素中，仅有出版物产品市场对管理层的约束可以同时促进社会效益、经济效益提升，它是推动我国出版上市企业社会效益、经济效益提升的重要外部约束力量。与之相比，市场化进程、政府对市场干预、要素市场、法律制度环境对管理层的约束均对我国出版上市企业社会效益、经济效益提升没有显著影响。这一研究结果说明，外部市场约束可能对我国出版上市企业管理层的约束效果不佳，这值得我国出版上市企业主管主办机构的注意和警惕。

出版物产品市场之所以能够对管理层产生约束作用并促进出版上市企业经济效益提升，其关键在于出版物产品市场蕴含的优胜劣汰竞争机制。出版物市场发育愈成熟，意味着出版物市场的竞争愈加激烈。市场竞争机制会给出版上市企业带来外部压力，促使它们进行出版物产品创新，提高出版物产品质量，以使出版上市企业能够在激烈的市场竞争中站稳脚跟，最终实现出版企业整体价值增值①。已有研究也证实，行业锦标赛激励显著提高了企业投资效率②。近年来，在新媒体技术及产品的冲击下，纸质出版物市场日渐萎缩。但是新技术发展所带来的新型出版物形态以及蜂拥而至的出版企业，加剧了出版上市企业所面临的竞争压力。这种局面也对出版上市企业的创新经营提出更高要求。出版上市企业及其经营者需要做好新技术出版物市场的调研工作，捕捉用户需求，了解整体市场环境，形成产品意见，探索与企业自身情况相匹配的产品策略和盈利模式，降低销售风险，积极主动推动市场营销进程③。当前，民营实体书店、国有实体书店均面临利润下滑、经营状况堪忧的难题，有些书店不得不停业甚至倒闭④。这种传统出版物市场萎缩、出版物“价格战”频发的局面加剧了我国出版上市企业在传统出版物市场领域的竞争，这种竞争对我国出版上市企业获取经济收益的能力提出新要求。一方面要求高层能够带领出版企业优化产品结构，增强原创能力，在内容资源、技术平台、产品种类、经营模式等方面与新技术融合。以图书出版为核心将产业链向影视、动漫、戏剧、游戏及版权贸易等领域深度延伸，呈现出图书出版主业继续挺拔，电子图书、网上营销、手机阅读及 IP 产业多业态并举的发展格局，培育和形成多个新的经济增长点⑤。另一方面要求出版上市企业在传统出版领域之外开辟诸如金融、物流、资本运营等新的经济增长点，在多元经营中为出版企业创造经济价值。

此外，竞争性的出版物市场也为出版上市企业主管主办机构及股东合理评价和监督管理层的经营活动提供了信息窗口⑥。当出版物市场存

---

① 魏成龙：《中小投资者利益保护研究》，北京，中国经济出版社，2016 年，第 181 页。

② 高雅萍，周泽将：《行业锦标赛激励与企业投资效率》，《南财经政法大学学报》2023 年第 4 期。

③ 唐学贵：《数字出版物市场调研的价值分析》，《科技与出版》2016 年第 5 期。

④ 孙玲，舒志彪：《拓展出版物消费市场的现状及对策——以北京地区为例》，《出版发行研究》2014 年第 5 期。

⑤ 吴尚之：《为少年儿童提供更多更好的精神食粮》，《中国出版》2015 年第 1 期。

⑥ 姜付秀，〔美〕肯尼思 · A. 金（Kenneth A. Kim），王运通：《公司治理：西方理论与中国实践》，北京，北京大学出版社，2016 年，第 217 页。

在竞争时，出版上市企业的主管主办机构及股东理论上可以通过对比同类出版企业的社会效益来理解和评估管理层在经营管理活动中的努力程度[①]。社会效益突出的出版上市企业自然会被主管主办机构及股东认定为能力更强，所获书号、项目支持等出版资源也越多。因此，来自主管主办机构及股东的对比和评价会对管理层起到较大的约束作用。

7.4.2 出版资质优势与行业弱周期性等是导致外部市场约束失效的重要原因

从理论上看，市场化进程可为出版上市企业的主管主办机构广泛鉴别、甄选能力与素质俱佳的经理人提供便利和可能。由于主管机构对经理人的鉴别、评价、选择与聘任往往是基于经理人声誉、成绩等所显示和传递出来的信号而展开的，因此，充分竞争的职业经理人市场能够使经理人始终保持危机感并主动约束自身的自利行为[②③]。我国出版企业绝大多数属于国有企业，社会效益视角下的“双效”协同提升一直是我国出版上市企业的首要经营目标。声誉是出版企业管理层职位晋升或者被更替的重要依据，尤其是出版企业在实现社会效益方面的声誉会成为主管部门决定其能否获得晋升、晋升职级高低的重要依据。因此，为谋求职位晋升管理层务必要使出版工作保持正确的价值导向，努力为人民生产发行更优质的作品，为出版上市企业创造更好的经济效益。

而研究结果表明，市场化进程对管理层产生的约束作用实质上无益于我国出版上市企业社会效益及经济效益提升。其核心原因可能在于我国尚未建立真正的职业经理人市场。我国出版上市企业的管理层本身具有一定的行政属性，其晋升或者被更替与否与职业经理人市场发育程度没有直接和必然联系。由于出版企业属于非营利性文化企业，经营业绩并非决定现任管理层去留的根本依据[④]。主办部门主要依据工作经验、

---

① 魏成龙：《中小投资者利益保护研究》，北京，中国经济出版社，2016 年，第 181 页。

② 许楠：《中国上市公司股权激励财富效应——基于控制权配置视角》，天津，天津科学技术出版社，2015 年，第 132 页。

③ 许楠：《中国上市公司股权激励财富效应——基于控制权配置视角》，天津，天津科学技术出版社，2015 年，第 132 页。

④ 姜付秀，〔美〕肯尼思 · A. 金（Kenneth A. Kim），王运通：《公司治理：西方理论与中国实践》，北京，北京大学出版社，2016 年，第 217 页。

职业能力、岗位性质等因素遴选管理层，因此，管理层所受到经理人市场的约束作用较小。职业经理人市场发挥对出版企业的约束作用更多体现在民营出版上市企业中。

政府对市场干预所带来的约束也无法显著促进我国出版上市企业社会效益、经济效益提升。这与假设中所述有显著正向促进作用是背离的。从访谈结果看，主管部门对出版物市场干预最为明显的两种途径是控制书号和限定出版资质。控制书号是出版主管部门从生产端调控出版物市场规模的有效手段。2018 年，国家开始对我国出版企业能获批的书号大幅收紧，这导致此后我国企业所出版的新书数量下降①。书号收紧亦进一步约束管理层的经营行为，使其更进一步集中精力利用有限书号创造更好的社会效益。但与书号收紧之前相比，社会效益的增减可能并没有太大波动。书号收紧之前，我国出版企业可以利用的书号总体相对充裕，可供用于生产社会效益佳的出版物的书号亦相对丰富，出版企业生产的社会效益佳的出版物数量亦不在少数。在书号收紧前后社会效益增减没有明显波动的情况下，出版企业的经济效益也没有显著变化。

授予国有出版企业独家的教材出版发行资质是国家维护意识形态以及教材市场稳定的有效手段。从市场格局看，国家授予各省出版集团及部分中央级出版社独家中小学教材出版资质，授予新华书店独家中小学教材发行资质，实质上使得这些企业在教育出版领域处于相对垄断的经营地位。这种垄断地位为我国出版上市企业带来巨大的经济收益。由于各地中小学教材市场规模相对稳定，再加上出版行业本身具有弱周期性的特点，因此，政府对出版物市场的干预给管理层所带来的约束作用相对较小，对社会效益、经济效益没有亦不会产生显著影响。

研究结果表明，包括出版人才、作者资源、版权、纸张、油墨等在内的要素市场对管理层的约束无法显著促进社会效益、经济效益提升。当前，我国大部分上市出版企业属于国有企业，再加上其拥有教材教辅出版发行方面的资质优势，具有相对稳定的现金流和经济效益，能够给出版人相对稳定的职业安全感，这些因素导致出版企业在人才招聘市场中具有天然的吸引力。虽然 2021 年的调查结果显示，出版人每月平均税后收入主要分布在 6000 ～ 10000 元区间，年度税后收入在 7 万～ 12

---

① 高海涛：《我国书号管理制度：功能，效果及反思》，《编辑之友》2021 年第 7 期。

万元区间，出版业薪酬在社会各行业中无明显优势，然而仍然有约62.63%的出版人因为热爱图书和出版事业而入行[①]。从整体看，我国出版从业者队伍仍保持基本稳定，出现人才大规模流动的概率极小。这种相对稳定的出版人才队伍结构，给出版上市企业带来的约束力量相对较小。作者资源对出版上市企业的约束亦是如此。我国出版企业掌握独家的书号资源优势，作者的著作要想获得合法及正版认证，必须由出版社鉴证并向主管机构申领书号。这一过程也赋予出版企业相对垄断的地位。在此情形下，出版上市企业的作者资源相对稳定，几乎不可能出现作者资源大范围流失的情况。因此，作者资源要素对管理层的约束作用亦相对较小。

此外，我国出版市场亦呈现弱周期性，所受外界市场的影响相对较小。从近年我国出版上市企业所面临的资本、版权等问题看，它们都处于相对稳定的、可控的市场之中。出版企业每年所需版权、纸张、油墨等原材料市场要素都是相对稳定的，在需求波动较小的情况下，要素市场很难对出版上市企业管理层起直接约束作用。这也就难以对出版上市企业促进社会效益、经济效益提升的行为产生显著影响。虽然我国出版上市企业每年面临的市场环境会发生一定变化，但从整体看，我国的要素市场环境总体是稳定的，有相对稳定的现金流为采购要素资源兜底，这也就导致版权、纸张、油墨等生产原材料要素对出版上市企业的约束作用也相对较小。

法律制度环境约束失效的重要原因在于有关债权人及投资者保护的立法、执法及处罚力度上的相对不足。我国证券市场发展仍处于初期，随着国家对证券市场的日益重视，我国证券市场的法律制度正日臻完善。

7.4.3 小结

研究发现，在社会效益提升方面，只有出版物产品市场约束才能够对我国出版上市企业社会效益起促进作用。市场化进程约束、政府对市

---

① 程晶晶，赵玉山：《出版业薪酬福利现状调查》，《中国出版传媒商报》2021年5月18日。

场干预的约束、要素市场约束、法律制度环境的约束均对我国出版上市企业社会效益没有明显正向作用，这与本文所提的理论假设是相悖的。在经济效益提升方面，亦只有出版物产品市场的约束才能够对我国出版上市企业经济效益起直接促进作用。市场化进程约束、政府对市场干预的约束、要素市场约束、法律制度环境的约束亦对经济效益提升没有直接明显影响。

出版物产品市场之所以能够发挥约束作用，其关键在于出版物产品市场蕴含的优胜劣汰竞争机制。市场竞争机制会给管理层带来外部压力，促使他们进行出版物产品创新，提高出版物产品质量。其他外部约束因素失效，与出版上市企业所享受的出版资质优势、出版行业弱周期性、不成熟的职业经理人市场及管理层的行政属性等有重要关系。在廓清外部约束机制、内部约束机制、激励机制对社会效益、经济效益的影响后，为提出高质量的对策建议，有必要进一步厘清社会效益与经济效益的相互影响。本书在下一章将开展此项工作。

8 中国出版上市企业社会效益与经济效益相互影响研究

传媒经济和管理理论主要来源于一般经济理论，因此，经济效益的最大化成为衡量企业绩效和行业绩效的主要指标。而包括出版企业在内的传媒组织在社会中除了争取一定的经济利益外，更重要的使命是要贡献公共利益和取得社会效益，而社会效益与经济利益常常有可能产生冲突。如何处理传媒组织存在目的的社会和经济二重性，并通过恰当的理论体系来进行研究，是传媒经济学亟待解决的问题之一①②③。由于本书研究的重点是如何对出版上市企业的激励约束机制进行改革，为其在优先实现社会效益的前提下，实现社会效益与经济效益协同发展提出合理建议。为实现这一研究目标，需要先研究清楚社会效益与经济效益之间的相互关系，再以“双效”协同提升为原则，促进中国出版企业的激励约束机制改革。本文通过实证研究的方式，深入科学地探究“双效”之间协同影响关系。为此，需要提前梳理“双效”的理论关系，并建立假设。在建立研究假设之前，本文还重点论证了研究我国出版上市企业社会效益与经济效益关系的必要性及合理性。

8.1 理论探讨与研究假设

在出版业改革与发展的过程中，社会效益与经济效益之间的关系一直是焦点问题，也是难点问题。如何处理社会效益和经济效益的关系，

---

① 王炎龙，李长鸿：《新中国70年出版业发展态势与运行逻辑》，《中国编辑》2019年第9期。

② 崔保国：《传媒经济学研究的理论范式》，《新闻与传播研究》2012年第4期。

③ 孙宝寅，金兼斌：《繁荣出版与出版伦理建设》，《科技与出版》1998年第1期。

这个问题一直贯穿出版业改革和发展的全过程[1]。党和政府很早便意识到处理社会效益与经济效益关系的重要性，并提出解决这一问题的正确原则。1980年1月16日，邓小平指出，“任何进步的、革命的文艺工作者都不能不考虑作品的社会影响，不能不考虑人民的利益、国家的利益、党的利益。”[2] 1983年《关于加强出版工作的决定》提出，“社会主义的出版工作，首先要注意出版物影响精神世界和指导实践活动的社会效果，同时要注意出版物作为商品出售而产生的经济效果。”[3] 1988年《关于当前出版社改革的若干意见》对两个效益关系做了较为系统的论述，“出版社既要重视社会效益，又要重视经济效益，必须把社会效益放在首位。但作为自负盈亏的出版社，如不讲经济效益也难以实现社会效益。在具体问题的处理上，如果经济效益与社会效益发生矛盾，经济效益要服从社会效益。总之，要努力使社会效益与经济效益统一起来。”[4][5]这些论述和决定不仅深刻揭示了出版工作正确处理社会效益与经济效益关系的重要性，而且指出了正确处理两者关系的基本准则[6]。既然党和政府的重要决策已经明确指出，我国出版企业应遵循社会效益优先、社会效益与经济效益统一的基本经营准则，而且这一经营准则和理念已深入我国出版人心中及出版上市企业的经营理念中，那么本书为何还要花费如此大的篇幅研究我国出版上市企业社会效益与经济效益的关系？最重要的原因在于：我国出版企业社会效益与经济效益在实践中究竟存在何种关系仍不明确。

8.1.1 社会效益与经济效益关系的聚讼

与新闻学、传播学和文献学等相对成熟的学科相比，出版学的学术

---

① 周蔚华：《中国出版体制改革40年：历程、主要任务和启示》，《出版发行研究》2018年第8期。

② 邓小平：《邓小平文选（第2卷）》，北京，人民出版社，1994年，第256页。

③ 新闻出版署图书管理司：《图书出版管理手册》，沈阳，辽宁大学出版社，1991年，第6页。

④ 新闻出版署图书管理司：《图书出版管理手册》，沈阳，辽宁大学出版社，1991年，第49页。

⑤ 周蔚华：《中国出版体制改革40年：历程、主要任务和启示》，《出版发行研究》2018年第8期。

⑥ 张志强：《现代出版学》，苏州，苏州大学出版社，2003年，第106页。

体系中还存在理论基础薄弱、理论观点或原理尚有待检验等不足①。这些不足以对出版学的话语影响力产生严重影响②。我国出版企业社会效益与经济效益不清晰的实际关系正是上述不足之一。虽然学界有不少观点指出，我国出版企业的社会效益与经济效益是相互促进的关系，但是这种观点多源于部分学者的定性推断。这种理论推断多是基于出版社生产发行的一些畅销书、常销书以及这些出版物给出版社所带来的品牌效应而做出的。然而，业界专家们在访谈中亦表示，并不是所有社会效益佳的图书都能够取得好的经济效益。反之亦然，经济效益好的图书也不一定能够取得理想的社会效益。不少社会效益好的图书，尤其是一些具有历史文化传承价值的大部头图书，往往需要出版社投入大量的人力、物力、财力，而这些投入往往是难以收获与投入相匹配的经济收益的。因此，业界部分专家对于社会效益可以促进经济效益提升，经济效益能够促进社会效益增长的观点并不认同。由于并不确定社会效益与经济效益的实际关系，因此，不少出版上市企业在开展经营决策时，往往以经济效益提升为主要经营目标，而将社会效益当作经济效益增长的副产品。可以预见，这种决策思路对我国出版企业社会效益增长是不利的。四十多年来，在市场体制转型的过程中，出版业仍存在着在市场经济大潮中迷失方向的倾向与风险：过度追求经济效益，忽视社会效益为先的基本原则会制约出版行业服务于社会文化需求、服务于意识形态建设、服务于社会价值观引领塑造的社会功能的实现等③④。本章通过实证研究的方法，廓清我国出版企业社会效益与经济效益的实际关系，既能有力促进中国出版企业激励约束机制的改革工作，又可为我国出版企业做出面向社会效益和经济效益的决策提供有力支持。

目前，围绕“双效”关系的讨论仍聚讼不已。归纳起来比较典型的观点主要有两种：第一，社会效益与经济效益是矛盾关系，即社会效益与经济效益存在天然的矛盾。在处理“双效”关系上，又分化出极

---

① 周蔚华，方卿，张志强，等：《出版学“三大体系”建设（笔谈）》，《华中师范大学学报（人文社会科学版）》2021年第3期。

② 周蔚华，方卿，张志强，等：《出版学“三大体系”建设（笔谈）》，《华中师范大学学报（人文社会科学版）》2021年第3期。

③ 方卿，徐丽芳：《积极治理文化发展中的乱象》，《中国编辑》2014年第6期。

④ 方卿，许洁：《论出版的价值引导功能》，《出版科学》2015年第4期。

端关系、服从关系和并重关系3种不同的理解。“极端论”强调，将政治效益当作社会效益的全部，可以不计一切成本去追求它，或者将利润作为最高追求目标[①]。“服从论”认为，经济效益必须服从社会效益，当二者的矛盾不可调和时，就只能放弃前者。“并重论”承认“双效”矛盾客观存在，但不存在不可调和的对立，只要善于协调，就可以二者兼顾。[②] 如刘杲先生曾指出，在社会效益和经济效益的结合上，不必过分强调每一本书都是“双效书”。过分强调每一本书都要成为“双效书”，可能导致广种薄收。广种薄收很难有拔尖之作，两个效益都平平，削弱出版企业的竞争能力。应该说，温暾水不是理想境界。对质量好、印量大的书，措施一定要得力，把该赚的钱赚回来。对社会效益非常好、能做品牌贡献的书，要舍得下功夫，力求质量上档次，不要把好选题浪费了。[③] 童健指出，出版社把社会效益放在首位、实现社会效益与经济效益相统一，主要是由国有文化企业的责任和图书作为特殊产品的性质决定的[④]。

第二，“双效”非直接矛盾关系。周蔚华教授认为，所谓社会效益与经济效益的矛盾是一个伪命题，它们不直接构成一对矛盾。出版物以及出版工作中的矛盾应该是文化价值与经济价值的矛盾、个体效益与社会效益的矛盾，这是包括出版物在内所有精神产品的两对普遍矛盾。其中，文化价值和经济价值的矛盾是基本矛盾。我们应该改变“把社会效益放在首位，做到经济效益与社会效益相统一”的提法，代之以没有内在逻辑矛盾的“把文化价值放在首位，把文化价值与经济价值有机结合起来；在坚持社会效益优先的前提下，实现社会效益与个体效益相统一”的提法[⑤]。这一观点亦得到易图强教授的支持和认同，他认为出版社会效益与经济效益的关系包括相互关联的3个层面：出版物经济价值与文化价值的关系；出版企业追求出版自由与服从意识形态（弘

---

① 石峰：《论出版工作的文化取向》，《出版科学》2004年第5期。

② 梁上启，严定友：《论转企改制后大学出版社价值追求的新变化》，《出版发行研究》2013年第5期。

③ 刘杲：《总编辑要积极探讨新形势提出的新课题》，《科技与出版》2008年第7期。

④ 本刊记者：《出版社社会效益量化评价中的几个关键问题》，《编辑之友》2016年第12期。

⑤ 周蔚华：《出版物的价值和效益评价辨析——兼评“两个效益”重大命题》，《中国人民大学学报》2009年第4期。

扬主旋律）的关系；出版企业个体效益与全社会整体效益的关系。处理这三个关系的基本原则是：利润诚可贵，文化价更高；追求出版自由天经地义，服从意识形态理所当然；宁可牺牲出版企业的个体效益，也要保障全社会的整体效益[①]。童兵教授亦指出，在社会主义市场经济条件下，不存在社会效益极佳而经济效益极差的文化产品，因为从影响力来看，若无法实现经济效益，其社会效益也是空洞的；同样亦不存在经济效益极佳而社会效益极差的文化产品，因为从价值观上看，如果罔顾社会效益，甚至违背社会道德，即便可能会得一时之利，却终将会被逐出市场[②]。从上述分析可以看出，在出版研究领域，对于社会效益与经济效益关系的争论由来已久，但是对于两者关系的结论仍莫衷一是。通过实证研究廓清我国出版企业社会效益与经济效益在实践中的真正关系，是十分必要的，也是十分迫切的。

8.1.2 社会效益对经济效益提升有明显积极影响

由于社会效益中履行文化责任绩效及履行对利益相关者责任的绩效对经济效益的影响机理可能并不相同，对此有必要分别探究。实现文化责任效益，意味着中国出版上市企业在维护社会主义意识形态、传承文化、传播知识等方面取得较好成绩。这一方面可为出版企业争取更多出版基金资助，弥补社会效益好的图书因市场绩效不佳可能带来的亏损。另一方面可帮助出版企业获得较高的媒体关注度，提升出版企业声誉。此外，生产满足读者需求的精品出版物，可获得读者们的支持，为企业树立良好口碑。毋庸置疑，良好的社会效益是出版企业品牌价值的重要来源，而品牌价值又必然会为出版企业带来更多有形和无形的回报[③]。出版业界也有不少人士提出类似观点，如原凤凰出版传媒股份有限公司总经理吴小平就明确指出，……多年来，凤凰传媒以社会效益优先为方

---

① 易图强：《出版的社会效益与经济效益的关系新释》，《中国出版》2010 年第 12 期。

② 童兵：《马克思主义新闻观读本》，上海，复旦大学出版社，2016 年，第 103 ～ 106 页。

③ 师曾志：《影响出版企业竞争力因素的综合分析》，《图书情报工作》2001 年第 5 期。

向，并没有拖经济效益后腿”①。营销大师菲利普·科特勒（Philip Kotler）对此也有经典论断，“企业履行社会责任可以巩固品牌，提升企业形象和影响力，促进企业销售额和市场份额增长。”② 从我国出版企业的实践看，诸如商务印书馆、岳麓书社等社会效益极佳的出版社，亦取得不错的经济效益。因此，本书认为，中国出版上市企业履行文化责任、实现社会效益对经济效益具有显著正向影响。根据上述理论分析，本书提出假设：

H33：中国出版上市企业实现社会效益可正向促进经济效益提升

8.1.3 经济效益对社会效益提升具有显著推动作用

出版物既是物质产品，也是精神产品。出版物的双重属性，决定了出版活动的社会效益与经济效益相互联系、不可分割。就出版活动而言，没有离开社会效益的经济效益，也没有离开经济效益的社会效益③。首先，为实现社会效益中的文化效益，出版企业需要拥有足够的经济基础。因为一些文化效益良好的出版物，尤其是一些大部头图书，其市场销量非常有限，但生产成本不菲，若没有足够的经济效益为支撑，出版企业便难以展开此类生产活动。类似地，出版企业履行对利益相关者的责任，如向政府缴纳足够的税收，及时向上游供应商回款，培养更多高质量的出版人才，保障出版企业员工的利益，开展社区捐赠及对口扶贫等诸多工作，都需要有足够的经济实力为保障。经济效益好的出版企业，其社会效益自然也好。当前，我国出版上市企业在实现社会效益的生产经营过程中面临三大风险：一是转型升级难以成功的风险。

---

① 姚雪青：《江苏凤凰出版传媒股份有限公司总经理吴小平：坚持出好书 就会有回报》，《人民日报》2015 年 9 月 22 日。

② 〔美〕菲利普·科特勒（Philip Kotler），〔美〕南希·李（Nancy Lee）：《企业的社会责任：通过公益事业拓展更多的商业机会》，姜文波译，北京，机械工业出版社，2006 年，第 9～18 页。

③ 王广照：《出版社社会效益考核的实践与探索——以中原大地传媒股份有限公司为例》，《出版发行研究》2015 年第 11 期。

数字技术、大数据、网络技术、人工智能、新媒体产业等新技术和业态快速发展，对传统出版业态形成较大冲击，我国出版企业需要在数字出版、在线教育、数据支撑平台等领域加大创新开发力度，以消解新技术带来的巨大冲击①。二是行业竞争加剧带来的经营风险。随着产业融合加速发展，在产业投资、资本运营的驱动下，出版产业领域竞争主体日益多元化，在资源获取、产品业态、消费市场等领域市场竞争日趋激烈，资本运作对传播领域的资源配置作用愈加明显②。三是原材料价格上涨的风险。出版行业受纸张、油墨等原材料价格影响较大，原材料价格上涨将增加公司生产成本，降低公司盈利水平③。为抵抗上述风险，帮助出版企业在转型和市场波动中实现良好的社会效益，最关键的要素在于我国出版企业具备较强的经济实力。

对于文化企业，经济效益是基础，社会效益是目的。作为编辑产品，经济目标是基础，社会效益是原则。从成功实例来看，任何一个文化企业，经济实力是其生存、繁荣的根本，良好的经济效益有利于推动它去创造良好的社会效益。在中国近现代出版史上影响很大的商务印书馆，是社会效益和经济效益双赢的典范④。当前，如中南传媒、中文传媒、凤凰传媒等出版上市企业亦将遵循市场经济规律和出版自身规律有机结合起来，在确保出版社会效益的前提下，尽力实现其经济效益，并在发展中努力实现两个效益的最佳结合。因此，提出假设：

H34：出版企业的经济效益对社会效益有显著的正向影响

8.2　社会效益与经济效益关系的研究设计

已有研究多从定性视角和以思辨方式探讨社会效益与经济效益的关

---

① 巨潮资讯网：《长江传媒2020年年度报告》，2021年4月16日，http：//www.cninfo.com.cn/new/disclosure/detail? orgId=gssh0600757&announcementId=1209697591&announcementTime.

② 巨潮资讯网：《长江传媒2020年年度报告》，2021年4月16日，http：//www.cninfo.com.cn/new/disclosure/detail? orgId=gssh0600757&announcementId=1209697591&announcementTime.

③ 巨潮资讯网：《长江传媒2020年年度报告》，2021年4月16日，http：//www.cninfo.com.cn/new/disclosure/detail? orgId=gssh0600757&announcementId=1209697591&announcementTime.

④ 李继峰：《经济效益是编辑出版的基本目标》，《编辑之友》2004年第2期。

系，而从实证视角探究“双效”相互影响关系的研究暂付阙如。本章运用实证研究方法厘清我国出版上市企业社会效益与经济效益之间的关系。对此，有必要先构建社会效益与经济效益的关系模型、定义研究变量、搜集变量数据，在此基础上展开多元回归分析。

8.2.1 变量设计与计算

验证我国出版上市企业社会效益与经济效益的关系，需要涉及因变量、自变量以及控制变量。为科学定义和设计上述变量计量方法，本书结合我国出版上市企业的实际情况并充分借鉴学界和业界已采纳过的、得到高度认可的成熟变量定义方法。

对于因变量经济效益衡量，参照“4.3.3 出版经济效益的衡量”研究成果和“5.2.1.1 因变量”的研究结论，资产收益率（Return on Equity，ROE）是衡量我国出版上市企业经济效益更为妥当的计量指标。对于因变量社会效益衡量，参照“4.2.2 出版社会效益的内涵”研究结论和“5.2.1.1 因变量”所述计量方法，运用我国出版上市企业履行文化责任的绩效与履行对利益相关者责任的绩效之和来衡量。其中，采用上海证券交易所在《关于加强上市公司社会责任承担工作的通知》中发布的“每股社会贡献值”衡量我国出版企业履行对利益相关者责任的绩效，这一方法已经被多位学者在会计学、审计学以及企业管理学等领域权威期刊发表的科研成果中采纳[①②]。

对于自变量设定，由于本章研究的是我国出版上市企业社会效益与经济效益之间的相互影响关系，因此，在研究过程中将上述因变量根据情况应用至自变量中。当研究社会效益对经济效益提升的影响时，将社会效益作为自变量。当研究经济效益对社会效益提升的影响时，将经济效益作为自变量。

对控制变量选取与衡量，考虑到我国出版上市企业的规模、资产负债率、上市年限、盈利能力、出版企业的性质、具有出版企业经营管理

---

① 陈丽蓉，韩彬，杨兴龙：《企业社会责任与高管变更交互影响研究——基于A股上市公司的经验证据》，《会计研究》2015年第8期。

② 沈洪涛，王立彦，万拓：《社会责任报告及鉴证能否传递有效信号？——基于企业声誉理论的分析》，《审计研究》2011年第4期。

经验的管理层规模等因素均可能对社会效益与经济效益相互关系的研究结果造成影响。为规避这些可能干扰研究结果客观性的不利影响，本书此处参照“6.2.1.3 控制变量”中研究思路，主要考虑四类最有可能会干扰研究结果的控制变量：一是出版上市企业规模与财务特征。参照吴育辉和吴世农[①]、高良谋和卢建词[②]的研究，本书将我国出版上市企业的资产规模和财务杠杆作为研究的控制变量。二是出版上市企业的经验。上市年限愈长、企业成长能力愈强的出版上市企业的运营经验愈加丰富，对增强其社会效益、经济效益愈有帮助。本书参考王旭[③]、翟文华[④]、尹映集[⑤]等人的研究，选用上市日至数据截取日所跨年限衡量上市年限。参考唐松[⑥]的研究，选用总资产增长率，即期末与期初总资产之差与期初总资产的比值衡量出版企业的成长能力。三是出版上市企业的管理层差异。出版上市企业管理层在出版企业经营管理方面的经验愈丰富，对其整体运营及社会效益提升、经济效益提升越有帮助。因此，本书设立管理层规模这一控制变量，将我国出版上市企业管理层团队中，具有出版企业经营管理经验的高管规模作为控制变量。四是出版上市企业的性质差异。民营出版企业与国有出版企业相比，经营目标重心与经营战略选择均有所差异。本书参考向东、张睿等人[⑦]的做法，引入虚拟变量来定义我国出版上市企业控股股东的性质。上述因变量、自变量及控制变量的设计及具体计算方法，见表 8－1。

---

① 吴育辉，吴世农：《企业高管自利行为及其影响因素研究——基于我国上市公司股权激励草案的证据》，《管理世界》2010 年第 5 期。

② 高良谋，卢建词：《内部薪酬差距的非对称激励效应研究——基于制造业企业数据的门限面板模型》，《中国工业经济》2015 年第 8 期。

③ 王旭，徐向艺：《基于企业生命周期的高管激励契约最优动态配置——价值分配的视角》，《经济理论与经济管理》2015 年第 6 期。

④ 翟文华：《国企高管创新协同激励论》，吉林大学博士学位论文，2017 年。

⑤ 尹映集：《中国家族控股上市公司内部治理与绩效关系研究——基于社会与经济属性双重视角》，山东大学博士学位论文，2014 年。

⑥ 唐松，孙铮：《政治关联、高管薪酬与企业未来经营绩效》，《管理世界》2014 年第 5 期。

⑦ 向东，张睿，张勋：《国有控股、战略产业与跨国企业资本结构——来自中国 A 股上市公司的证据》，《金融研究》2015 年第 1 期。

表 8－1　社会效益、经济效益及控制变量计量方法

变量类型	变量名称	代码	变量计算方式
因变量/自变量	社会效益	*SOB*	*SOB* = 履行文化责任的结果 × W_1 + 履行对利益相关者责任的绩效 × W_2
因变量/自变量	经济效益	*CEP*	净资产收益率（*ROE*），即净利润/净资产 × 100%
控制变量	公司规模	*SIZE*	公司资产总额的自然对数
	财务杠杆	*LEV*	资产负债率。负债总额/资产总额 × 100%
	上市年限	*TIME*	上市日至数据截取日间所跨年限
	成长性	*GROWTH*	期末与期初总资产之差与期初总资产的比值
	控股股东性质	*STATE*	是否国有控股。当国有股份比例等于或超过 50%，记为“1”；当国有股份比例低于 50%，记为“0”
	出版经验高管规模	*NPE*	高管团队中每年具备出版从业经验的人数

资料来源：作者根据变量定义结果自行整理制作。

8.2.2　数据选择与预处理

本章研究所采用的数据为中国出版上市企业数据。截至 2020 年 1 季度，我国“新闻与出版业”共有 24 家公司在上交所和深交所主板上市①，涉及 131 家出版社②。但是为确保研究结果的科学性，本章对我国出版上市企业的样本进行了筛选，包括：剔除 B 股或 H 股公司样本，如新华文轩；剔除存在财务异常或者退市风险的 ST 及 * ST 股出版上市企业；剔除不以出版发行为主营业务的传媒上市企业，如华媒控股、华闻集团、博瑞传播；鉴于数据的不可获取性，未将 2019 年底上市的中

① 中国证券监督管理委员会：《2020 年 1 季度上市公司行业分类结果》，2020 年 4 月 14 日，http://www.csrc.gov.cn/csrc/c100103/c1451995/content.shtml.

② 涉及的出版社数量由笔者手工统计得出。

信出版列为研究样本。最终有 19 家出版上市企业被列为本章的研究对象，具体名单见“5. 2. 2 数据获取与预处理”。

对于所获取的我国出版上市企业的数据是否足够精准、是否能够保证所得结论的科学性，笔者从多个方面展开论证。首先，出版研究、传媒经济研究、企业管理研究、会计学研究领域的多位专家认为，年报数据是由独立的第三方—注册会计师事务所—审计鉴证后的数据，会计师事务所对出版上市公司年报数据的合法性、公允性提供高水平的合理保证，可以确保本书所采用数据的可靠性。其次，运用我国出版上市企业数据研究其社会效益与经济效益的关系，是否符合当前学界的主流研究方法。专家们普遍表示，这种研究范式与当前国内和国外企业管理、会计学、公司治理等领域的主流研究趋于一致。再次，对于所获数据的数量是否满足顺利展开研究的要求，笔者通过梳理新闻传播领域的已有研究发现，新闻传播领域的顶级学术期刊以及核心期刊曾分别发表过 20 组、42 组、36 组面板观测数据的文章[①②③④]。本书参照张兆国、曹丹婷和张弛[⑤]的研究，对所有连续变量在 1% 和 99% 上进行了截尾处理（Winsorize），以消除异常值对研究结果可能造成的影响。

8. 2. 3 影响模型构建

在研究中国出版上市企业经济效益对社会效益提升的影响中，将社会效益作为因变量，经济效益作为自变量，再加入 6 个控制变量。具体模型如下：

$$SOB_{i,t} = \alpha + \beta_1 SIZE_{i,t-1} + \beta_2 LEV_{i,t-1} + \beta_3 TIME_{i,t} + \beta_4 GROWTH_{i,t-1} + \beta_5$$

---

① 向志强，欧阳刘婕：《微观因素对传媒产业发展影响的实证研究——基于传媒上市公司董事会特征的视角》，《新闻与传播研究》2013 年第 6 期。

② 姚德权，邓阳：《出版类上市公司多元经营绩效的实证分析》，《现代传播》2016 年第 1 期。

③ 李雅筝，周荣庭：《国内出版上市企业多元化经营对其绩效影响的实证分析》，《科技与出版》2015 年第 10 期。

④ 姚德权，李倩，张佳：《出版上市企业股权结构对企业效率影响的实证研究》，《现代出版》2012 年第 6 期。

⑤ 张兆国，曹丹婷，张弛：《高管团队稳定性会影响企业技术创新绩效吗——基于薪酬激励和社会关系的调节作用研究》，《会计研究》2018 年第 12 期。

$STATE_{i,t-1} + \beta_6 NPE_{i,t-1} + \beta_7 CEP_{i,t-1} + \varepsilon_{i,t}$

上述模型中，SOB 为因变量社会效益。α 为截距。ε 为随机扰动项。自变量为经济效益 CEP。β_7 为模型中自变量经济效益的回归系数。β_1，β_2，β_3，β_4，β_5，β_6 为模型中各控制变量的回归系数。控制变量主要包括：公司规模（$SIZE$、）财务杠杆（LEV）、上市年限（$TIME$）、成长性（$GROWTH$）、控股股东性质（$STATE$）、高管团队中具有出版经验人数的规模（NPE）。

在研究中国出版上市企业社会效益对经济效益提升的影响中，将经济效益作为因变量，社会效益作为自变量，再加入 6 个控制变量。具体模型如下：

$$CEP_{i,t} = \alpha + \beta_1 SIZE_{i,t-1} + \beta_2 LEV_{i,t-1} + \beta_3 TIME_{i,t} + \beta_4 GROWTH_{i,t-1} + \beta_5 STATE_{i,t-1} + \beta_6 NPE_{i,t-1} + \beta_7 SOB_{i,t-1} + \varepsilon_{i,t}$$

上述模型中，CEP 为因变量经济效益。α 为截距。ε 为随机扰动项。自变量为社会效益 SOB。β_7 为模型中自变量社会效益的回归系数，β_1，β_2，β_3，β_4，β_5，β_6 为模型中各控制变量的回归系数。控制变量主要包括：公司规模（$SIZE$）、财务杠杆（LEV）、上市年限（$TIME$）、成长性（$GROWTH$）、控股股东性质（$STATE$）、高管团队中具有出版经验人数的规模（NPE）。

8.2.4 模型估计方法

固定效应模型和随机效应模型是两种常用的对面板数据进行分析的方法。到底采用固定效应模型还是随机效应模型对面板数据进行估计，学界公认的权威做法是通过 Hausman 检验来确定。该检验方法的核心步骤是在给定显著水平下，如果检验统计量小于卡方分布临界值，则应选用随机效应模型。反之，如果检验统计量大于卡方分布临界值，则应拒绝选用随机效应模型，而选用固定效应模型①。但是，固定效应模型在本书中存在无法估计出某些模型的情形。尤其当自变量取虚拟变量时（如控股股东性质），由于样本数据变异不够，可能会出现共线问题而导致模型无法估计。为解决这一困难，本书对部分涉及虚拟变量且无法

① 杜江：《计量经济学及其应用》，北京，机械工业出版社，2015 年，第 266～267 页。

采用固定效应估计方法的模型，直接采用随机效应模型估计方法展开多元回归分析①。

8.3　数据分析与结果

在对所采纳的数据进行描述统计分析和相关性分析的基础上，本书通过多元回归分析方法实证研究我国出版上市企业社会效益与经济效益之间的相互关系。

8.3.1　描述性统计

参照“5.3.1　描述统计分析”的研究结果，从社会效益的标准差看，2011—2016 年中国出版上市企业间的社会效益差异越来越大。但 2017—2019 年，企业间的差异逐渐变小，这一点与中国出版上市企业 2011—2019 年间经济效益标准差的变化趋势非常相似。而从均值看，2011—2016 年中国出版上市企业社会效益整体呈上升趋势，但 2017—2019 年，社会效益较 2016 年整体呈现下降趋势。从最大值和最小值看，2011—2019 年出版企业社会效益的最小值由 -1.8 大幅提升至 -0.835，而最大值的变化趋势由 2011 年 0.42 增加至 1.434。可见，这 8 年间我国出版企业社会效益整体呈现向好趋势。

从经济效益的标准差看，2011—2019 年中国出版上市企业间经济效益的差异越来越大。而从均值看，2011—2015 年中国出版上市企业盈利能力整体逐年上升，这也说明随着我国资本市场制度日益完善，中国出版上市企业的经济效益越来越好。但到 2016 年，中国出版上市企业的整体盈利能力出现明显下滑，同时出版上市企业间经济效益的差异也越来越小。

---

① 徐志武：《我国出版上市公司治理结构与绩效关系研究》，武汉大学博士学位论文，2018 年。

8.3.2 相关性分析

表8－2是社会效益、经济效益及各控制变量的相关性分析系数表。从表中可以看出，社会效益与经济效益相关系数在1%水平上显著为正，表明中国出版上市企业的社会效益与经济效益之间存在显著的正相关关系。表8－2中其余各控制变量与社会效益的相关系数、各控制变量与经济效益的相关系数均比较小，低于0.8，反映本书所选主要变量间并未出现明显的多重共线问题，亦表明所选变量适合展开回归分析。公司规模、资产负债率、上市年限、成长性、控股股东性质、高管中具有出版工作经验的人数规模这6个控制变量两两之间的相关系数维持在中等或者偏低水平，有助于在模型中同时控制它们对我国出版上市企业社会效益、经济效益的影响。

表8－2 社会效益、经济效益及控制变量间相关分析结果

Variable	*CEP*	*SIZE*	*LEV*	*TIME*	*GROWTH*	*STATE*	*NPE*	*SOB*
CEP	1							
SIZE	0.28**	1						
LEV	0.18*	0.38**	1					
TIME	−0.16	0.24*	0.15	1				
GROWTH	0.1	−0.03	−0.14	−0.19	1			
STATE	0.38**	0.54**	0.56**	0.12	−0.26**	1		
NPE	0.39**	0.48**	0.50**	0.05	−0.1	0.56**	1	
SOB	0.63**	0.36**	0.21	0.09	−0.01	0.49**	0.55**	1

资料来源：作者根据相关分析结果自行整理制作。注：**、*分别表示在5%、10%水平上显著。

8.3.3 多元回归分析

本节运用STATA 14.0对出版企业社会效益对经济效益的影响、经济效益对社会效益的影响展开多元回归分析。

8.3.3.1　社会效益对经济效益影响的实证研究

为研究出版企业社会效益对经济效益的影响，本书以经济效益为因变量，以社会效益为自变量展开多元回归分析。在对研究数据进行 Hausman 检验基础上，最终确定采用随机效应模型。中国出版上市企业社会效益对经济效益影响的回归分析结果见表 8－3。由表 8－3 可知，回归模型的 Hausman 检验结果 $P=0.5445$，大于 0.05，说明应该使用随机效应对模型进行估计。随机效应模型 Wald＝60.11，且通过一致性检验，R 方为 0.6161。解释变量社会效益的回归系数为 0.027，且在 1% 水平上显著，说明出版企业社会效益对经济效益在统计学意义上具有显著直接正向影响，社会效益确实可以对出版企业经济效益产生积极效应。出版企业的社会效益愈好，其经济效益也随之愈好。文中显著正向关系的理论假设得到验证。

表 8－3　出版企业社会效益对经济效益提升影响的回归分析结果

变量	因变量—经济效益（*ROE*）		
	系数	标准差	*t* 值
常数项	－0.100	0.168	－0.60
控制变量			
公司规模（*SIZE*）	0.009	0.008	1.10
财务杠杆（*LEV*）	－0.054	0.040	－1.33
上市年限（*TIME*）	－0.007	0.001	－5.45***
资本保值增值率（*GROWTH*）	－0.005	0.006	－0.78
控股股东性质（*STATE*）	0.010	0.025	0.42
具有出版经验高管规模（*NPE*）	0.002	0.001	2.18**
解释变量			
社会效益（*SOB*）	0.027	0.007	3.67***
Overall_R^2	0.6161		
Wald_chi^2	60.11		
Hausman 检验	随机效应		
	$P=0.5445$		

资料来源：作者根据回归分析结果自行整理制作。括号内的值为 *z* 值（或者 *t* 值）。注：***、**、* 分别表示在 1%、5%、10% 水平上显著。

8.3.3.2 经济效益对社会效益影响的实证研究

为研究出版企业经济效益对社会效益的影响，本书以社会效益为因变量，以经济效益为自变量展开多元回归分析。在对研究数据进行Hausman检验基础上，最终确定采用随机效应模型估计方法。中国出版上市企业经济效益对社会效益影响的回归分析结果见表8－4。由表8－4中模型回归结果可知，Hausman检验结果$P=0.4931$，大于0.05，说明应该使用随机效应对模型进行估计。随机效应模型Wald＝111.40，且通过一致性检验，R方为0.6560。解释变量经济效益的回归系数为7.025，说明出版企业经济效益对社会效益在统计学意义上具有显著正向影响，即经济效益确实可以对出版企业社会效益提升产生积极效应。出版企业的经济效益愈好，其社会效益也随之愈好。本书显著正向关系的理论假设得到验证。

表8－4　出版企业经济效益对社会效益提升影响的回归分析结果

变量	因变量—社会效益（*SOB*）		
	系数	标准差	*t*值
常数项	－8.665	2.512	－3.45***
控制变量			
公司规模（*SIZE*）	0.321	0.123	2.60***
财务杠杆（*LEV*）	－0.012	0.661	－0.02
上市年限（*TIME*）	0.087	0.025	3.52***
资本保值增值率（*GROWTH*）	0.174	0.099	1.76*
控股股东性质（*STATE*）	0.414	0.416	0.99
具有出版经验高管规模（*NPE*）	0.017	0.017	0.99
解释变量			
经济效益（*ROE*）	7.025	1.859	3.78***
Overall_R^2	0.6560		
Wald_chi^2	111.40		
Hausman检验	随机效应		
	$P=0.4931$		

资料来源：作者根据回归分析结果自行整理制作。括号内的值为z值（或者t值）。注：***、**、*分别表示在1%、5%、10%水平上显著。

根据上述多元回归结果，可以发现，在我国出版上市企业中，社会效益对经济效益提升具有显著正向作用，经济效益提升亦对我国出版上市企业社会效益具有显著正向的促进作用。这与本书所提的研究假设是一致的。由此可以证实，我国出版上市企业实现社会效益不仅不会对经济效益产生负面影响，反而对经济效益提升具有带动作用。我国出版企业将部分精力聚焦于经济效益，不仅不会削弱其实现社会效益的能力，反而还能为履行文化责任及履行对利益相关者的责任奠定坚实的经济基础。综合上述社会效益对经济效益影响的研究结果、经济效益对社会效益影响的研究结果，有力廓清了我国出版领域中长期以来对于社会效益与经济效益到底存在何种关系的争论，即中国出版上市企业努力提高社会效益，不仅不会威胁其经济效益，反而对经济效益具有十分重要的促进作用。同样地，我国出版上市企业实现良好的经济效益，亦可以为其履行社会责任、实现社会效益打下坚实的基础，成为我国出版企业提升社会效益的重要的有力保障。

8.3.4　稳健性检验

为验证上述中国出版上市企业社会效益与经济效益相互影响的研究结果是否可靠，需要对其展开稳健性检验。本章分别运用两组检验对经济效益对社会效益的影响、社会效益对经济效益的影响进行稳健性考察。

8.3.4.1　经济效益对社会效益影响的稳健性检验

为检验经济效益对社会效益影响的研究结果，首先，增加现金流（*CF*）这一控制变量。一般来说，现金流水平高的企业，现社会效益的能力可能愈强。加入现金流这一控制变量后，模型回归结果见表 8－5“中国出版上市企业经济效益对社会效益影响的稳健性检验 1”。其次，增加股权集中度（*CR*）这一控制变量。由于在不同股权集中水平下，我国出版上市企业的行权方式及行权效果可能存在一定差异，因此，在原有控制变量基础上，增加这一新的控制变量，再次对模型进行多元回归分析。模型回归结果见表 8－6“中国出版上市企业经济效益对社会效益影响的稳健性检验 2”。从两组检验结果看，虽然少数控制变量的显著性与主模型结果存在差异，但包括解释变量在内的所有变量的回归系数方向与主模型中所有变量的回归系数方向是一致的。由此可以认为，本书关于中国出版上市企业经济效益对社会效益影响的回归分析结果是稳健的、可靠的。

表 8－5　中国出版上市企业经济效益对社会效益影响的稳健性检验 1

变量	因变量—社会效益（*SOB*）		
	系数	标准差	*t* 值
常数项	－8.807	2.468	－3.57***
控制变量			
公司规模（*SIZE*）	0.306	0.122	2.52**
财务杠杆（*LEV*）	0.232	0.673	0.34
上市年限（*TIME*）	0.098	0.025	3.84***
资本保值增值（*GROWTH*）	0.214	0.101	2.11**
控股股东性质（*STATE*）	0.490	0.408	1.20
具有出版经验高管规模（*NPE*）	0.014	0.017	0.84
现金流（*CF*）	0.691	0.430	1.61*
解释变量			
经济效益（*ROE*）	7.781	1.904	4.09***
Overall_R^2	0.6463		
Wald_chi^2	116.93		
Hausman 检验	随机效应		
	$P=0.2825$		

资料来源：作者根据回归分析结果自行整理制作。括号内的值为 *z* 值（或者 *t* 值）。注：***、**、* 分别表示在 1%、5%、10% 水平上显著。

表 8－6　中国出版上市企业经济效益对社会效益影响的稳健性检验 2

变量	因变量—社会效益（*SOB*）		
	系数	标准差	*t* 值
常数项	－12.022	2.689	－4.47***
控制变量			
公司规模（*SIZE*）	0.443	0.126	3.51***

续表

变量	因变量—社会效益（SOB）		
	系数	标准差	t 值
财务杠杆（LEV）	-0.518	0.638	-0.81
上市年限（TIME）	0.109	0.023	4.67***
资本保值增值率（GROWTH）	0.280	0.095	2.94***
控股股东性质（STATE）	0.0003	0.445	0.00
具有出版经验高管规模（NPE）	0.006	0.016	0.35
股权集中（CR_1）	0.020	0.006	3.32***
解释变量			
经济效益（ROE）	6.970	1.693	4.12***
Overall_R^2	0.7035		
Wald_chi^2	141.37		
Hausman 检验	随机效应		
	$P=0.3728$		

资料来源：作者根据回归分析结果自行整理制作。括号内的值为 z 值（或者 t 值）。注：***、**、* 分别表示在 1%、5%、10% 水平上显著。

8.3.4.2　社会效益对经济效益影响的稳健性检验

社会效益对经济效益影响的研究结果，亦需要展开稳健性检验。首先，改变因变量的取值。以总资产收益率（ROA）替代净资产收益率（ROE）作为因变量，再展开多元回归分析。模型回归结果见表 8-7“中国出版上市企业社会效益对经济效益影响的稳健性检验 1”。其次，增加“是否颁布发展规划（PP）”这一时间效应控制变量。考虑到《新闻出版业“十二五”规划》可能会影响出版企业的政策环境，干扰两者关系。因此，本节以 2012 年为时间节点，引入时间效应变量进行回归分析。即将 2012 年之前的年份设置为“0”，将 2012 年以后的年份设置为“1”，再次展开多元回归分析，回归分析结果见表 8-8“中国出版上市企业社会效益对经济效益影响的稳健性检验 2”。将稳健性检验结果与主模型分析结果进行对比分析，可以发现，稳健性检验 1 的结果、稳健性检验 2 的结果与主模型的结论是完全一致的。由此可以认为，本书在主模型中得出的结论是可靠和可信的。

表8-7　中国出版上市企业社会效益对经济效益影响的稳健性检验1

变量	因变量—经济效益（*ROA*）		
	系数	标准差	*t* 值
常数项	-0.122	0.119	-1.03
控制变量			
公司规模（*SIZE*）	0.009	0.006	1.64
财务杠杆（*LEV*）	-0.111	0.028	-3.94***
上市年限（*TIME*）	-0.005	0.001	-4.94***
资本保值增值率（*GROWTH*）	-0.004	0.004	-0.98
控股股东性质（*STATE*）	0.014	0.018	0.76*
具有出版经验高管规模（*NPE*）	0.001	0.001	1.97**
解释变量			
社会效益（*SOB*）	0.015	0.005	3.02***
Overall_R^2	0.5934		
Wald_chi^2	56.38		
Hausman 检验	随机效应		
	$P=0.4740$		

资料来源：作者根据回归分析结果自行整理制作。括号内的值为 *z* 值（或者 *t* 值）。注：***、**、*分别表示在1%、5%、10%水平上显著。

表8-8　中国出版上市企业社会效益对经济效益影响的稳健性检验2

变量	因变量—经济效益（*ROE*）		
	系数	标准差	*t* 值
常数项	-0.108	0.158	-0.68
控制变量			
公司规模（*SIZE*）	0.010	0.007	1.32
财务杠杆（*LEV*）	-0.031	0.039	-0.79
上市年限（*TIME*）	-0.005	0.002	-3.27***
资本保值增值率（*GROWTH*）	-0.006	0.006	-1.08
控股股东性质（*STATE*）	0.004	0.023	0.18

续表

变量	因变量—经济效益（*ROE*）		
	系数	标准差	*t* 值
具有出版经验高管规模（*NPE*）	0.002	0.001	2.05**
是否颁布发展规划（*PP*）	-0.025	0.009	-2.85***
解释变量			
社会效益（*SOB*）	0.022	0.007	3.24***
Overall_R^2	0.6067		
Wald_chi^2	75.74		
Hausman 检验	随机效应		
	P = 0.4371		

资料来源：作者根据回归分析结果自行整理制作。括号内的值为 *z* 值（或者 *t* 值）。注：***、**、* 分别表示在 1%、5%、10% 水平上显著。

8.4 讨论与小结

为研究在激励约束视角下如何协同提升中国出版上市企业的社会效益和经济效益，有必要先研究清楚在我国出版企业中社会效益与经济效益的协同影响关系。在此基础上，本书方能提出促进我国出版企业“双效”协同提升高质量的、有针对性的、可操作性强的对策。为科学研究中国出版上市企业社会效益与经济效益的协同影响关系，本章在吸收借鉴相关理论及前人研究成果的基础上，结合中国出版上市企业的实际情况，厘清中国出版上市企业经济效益影响社会效益、社会效益影响经济效益的理论路径，并提出研究假设。为验证这些假设，选择我国 19 家出版上市企业作为研究样本，并分别将社会效益作为因变量、经济效益作为自变量，以及经济效益为因变量、社会效益为自变量进行多元回归分析。为防止其他因素对解释变量与被解释变量之间的关系造成干扰，将公司规模、资产负债率、上市年限、公司成长率、控股股东性质、高管中有出版工作经验的人数规模作为控制变量。最后，所有数据经 EXCEL 及 STATA 14.0 预处理后，运用 STATA 14.0 进行多元回归分析，实证分析结果汇总见表 8-9。对于研究结果，文章进一步展开讨论。

表8－9　中国出版上市企业社会效益与经济效益协同影响的研究结果

理论影响	是否成立	验证结果
H33：经济效益对社会效益具有显著正向影响	成立	显著正向影响
H34：社会效益亦可显著正向影响经济效益	成立	显著正向影响

资料来源：作者根据分析结果制作。

8.4.1　社会效益优先视角下的“双效”统一是经证实可实现的经营目标

虽然学界有不少观点指出，我国出版企业社会效益与经济效益是相互促进的关系，但是这种观点多源于部分学者的定性推断。这种理论推断多是基于出版社生产发行的一些畅销书、常销书以及这些出版物给出版社所带来的品牌效应而做出的。然而，业界专家们在访谈中，对于社会效益可促进经济效益提升，经济效益可促进社会效益增长的观点仍有迟疑。一方面，并非所有社会效益佳的图书都能够取得好的经济效益，因为有不少社会效益好的出版物市场覆盖面相对较小。不少社会效益好的图书，尤其是一些具有历史文化传承价值的大部头图书，往往需要出版社投入大量的人力、物力、财力，而这些投入往往是难以收获与之相匹配的经济收益的。另一方面，出版行业内并不能保证所有经济效益好的图书一定具有较好的社会效益。正是由于不确定社会效益与经济效益的实际关系，因此，不少出版企业在做经营决策时，实质上往往以经济效益提升为主要经营目标，将社会效益当作经济效益增长过程中的副产品。

本章的实证研究结果揭示了我国出版上市企业社会效益与经济效益之间的本质关系。出版上市企业通过履行文化责任及履行对利益相关者的责任实现出版社会效益，对其经济效益有显著正向促进作用。同时，取得良好的经济效益亦可以促进我国出版上市企业社会效益的进步和提升。社会效益与经济效益本质上是不矛盾的，是经证实在出版实践中可以相互促进、共同进步的。对于社会效益与经济效益互相依赖、相互促进的机理，专家们在深度访谈中所提及的缘由与假设中相似。

实现文化效益，意味着出版上市企业在维护社会主义意识形态安全、传承文化、传播知识等方面取得较好成绩，这一方面可为出版企业争取更多的出版基金资助，弥补社会效益好的图书因市场绩效不佳可能带来的亏损。同时，可帮助出版企业获得较高的媒体关注度，提升出版企业的声誉。此外，生产满足读者需求的精品出版物，可获得读者们的支持，为企业树立良好口碑。从我国出版企业的实践看，诸如商务印书馆、岳麓书社等社会效益极佳的出版社，亦取得不错的经济效益。

出版上市企业履行对利益相关者的责任，对经济效益亦有显著正向影响。首先，资源依赖理论认为，任何企业都不可能拥有进行生产经营所需的全部资源。因此，企业发展需要从赖以生存和发展的外部环境中获取资源，必须与控制这些资源的利益相关者“打交道”[①]。中国出版上市企业属于资源高度依赖型企业，如需要政府的政策及资金支持，需要作者提供内容资源，需要纸张、油墨、印刷机器等生产单位提供生产资料，需要债权人及股东提供资金资源，需要编辑努力贡献智力资源，需要下游渠道商积极分销。而中国出版上市企业履行对利益相关者的责任必然有助于获得利益相关者的支持，从而便于获得所需资源。

其次，从新制度经济学视角看，中国出版上市企业承担和履行社会责任，有助于其与政府、上下游供应商、债权人、编辑等利益相关者建立良好关系，从与利益相关者建立的关于企业道德、伦理、声誉、信任和互助机制的行为规则中获利[②]。我国出版上市企业的出版发行活动需要利益相关者的大力支持，与利益相关者建立良好关系，有助于出版企业积累丰富的社会资本，不断优化社会资本的边际收益和社会责任的边际成本，从而实现资源投入和产出的帕累托最优，促进经济效益提升[③]。

最后，从交易成本理论看，出版企业满足利益相关者需求，可以避免因违背正式契约而产生的高成本[④]。虽然在某些情况下履行对利益相

---

① 刘力钢，刘杨：《中国企业非市场战略的影响因素与模式选择》，北京，经济管理出版社，2015 年，第 61 页。

② 苏冬蔚，贺星星：《社会责任与企业效率：基于新制度经济学的理论与经验分析》，《世界经济》2011 年第 9 期。

③ 苏冬蔚，贺星星：《社会责任与企业效率：基于新制度经济学的理论与经验分析》，《世界经济》2011 年第 9 期。

④ 朱蓉：《商业银行社会责任、企业声誉与财务绩效》，《金融与经济》2015 年第 4 期。

关者的责任可能会增加出版企业的显性成本，如出版企业通过捐资、捐物等方式来完成国家要求的对口扶贫工作会增加其显性成本，但同时完成上级部门规定的任务也可明显降低其隐性成本。总的看来，增加的显性成本小于降低的隐性成本。并且从长远看，履行社会责任有助于推动出版企业与利益相关者之间的密切关系，降低隐性成本，获得长期收益，改善经济效益①。

8.4.2 经济效益是“双效”统一经营目标实现的物质保障

出版企业在履行文化责任、实现社会效益的过程中，也需要足够的经济效益作为基础。一方面，部分社会效益好的出版物，诸如部分大部头图书，其市场覆盖面相对较小，但生产成本较高，需要出版企业投入较多的人力、物力、财力，才能保证出版物的生产活动正常进行。同样地，出版企业履行对利益相关者的责任，诸如向国家缴纳税收，积极向供应商回款，培养优秀的出版人才，保障员工利益，开展对口扶贫以及社会捐赠等工作，都需要出版上市企业有足够的经济实力作为支撑。任何一个文化企业，经济实力是其生存、繁荣的根本。良好的经济效益必然推动它创造良好的社会效益②。

从另一方面看，出版企业为追求经济效益，需要从长远利益和眼前利益出发考虑出版社的品牌，以及如何提升出版社的知名度等。也就是说，出版社为了经济效益和长远发展，会自觉或不自觉地考虑出版一些文化含量高的优秀图书，以提升社会效益，再以社会效益带动经济效益。有些人会因此担心，出版社为追求经济效益而出版一些落后、媚俗低下、淫秽不堪，甚至有悖于社会主义精神文明建设的图书。这种担心不无道理。但这种担心与市场法规及出版法规不完备有密切关系。倘若相关部门制定出相应的完备的法规，加强市场监管的力度，对一些无视国家法规、出版淫秽低俗和有错误政治倾向图书的出版单位实行严重警告甚至一票撤销制度，从而提升出版法规的震慑力，维护出版的严肃

---

① Jones, M. T. 1995: “Instrumental Stakeholder Theory: A Synthesis of Ethics and Economics”, *Academy of Management Review*, April.

② 李继峰：《经济效益是编辑出版的基本目标》，《编辑之友》2004年第2期。

性，便可以保证出版市场的正常运作和良好市场秩序的形成[①]。实际上，将经济效益与社会效益对立起来，即使放弃经济效益也未必能换取好的社会效益。应当做的是完善市场经济机制，使市场秩序规范化，增大政府的调控力度，通过道德及法律的规范作用，对文化企业的经济活动进行约束，迫使所有文化企业履行文化责任，在有利于社会稳定、社会进步的范围内，追求最大化的经济利润。

本章通过实证研究廓清我国出版企业社会效益与经济效益的关系，即出版企业实现社会效益并不会危及其经济效益，实现良好的经济效益可为实现社会效益奠定坚实的物质基础。正如童兵教授所言，在社会主义市场经济条件下，若无法实现经济效益，其社会效益也是空洞的；如果罔顾社会效益，甚至违背社会道德，即便可能会得一时之利，却终将被逐出市场[②]。在当前我国市场经济条件下，社会效益与经济效益不存在不可调和的矛盾，只要善于协调，社会效益和经济效益是完全可以实现统一的[③]。出版企业对质量好、印量大的图书，措施一定要得力，把该赚的钱赚回来；对社会效益非常好、能做贡献或树品牌的书，要舍得下功夫，力求质量上档次，不浪费好的选题[④]。这一研究结论可为我国出版企业做出面向社会效益和经济效益的决策以及为本文提出高质量的对策建议提供有力支持。

8.4.3 小结

经验证发现，在中国出版上市企业中，经济效益可以对其社会效益产生显著正向影响。这也意味着，一家出版企业经济效益愈好，其社会效益亦愈佳。本书的假设得到证实。同时，在中国出版上市企业中，社会效益亦可以促进其经济效益提升。本书的假设亦得到证实。这两大研究结果共同有力廓清了我国出版领域中对于社会效益与经济效益究竟存

---

① 汤伏祥：《出版产业发展需要认识和解决的几个问题》，《中国出版》2005 年第 5 期。

② 童兵：《马克思主义新闻观读本》，上海，复旦大学出版社，2016 年，第 103 ～ 106 页。

③ 梁上启，严定友：《论转企改制后大学出版社价值追求的新变化》，《出版发行研究》2013 年第 5 期。

④ 刘杲：《总编辑要积极探讨新形势提出的新课题》，《科技与出版》2008 年第 7 期。

在何种关系的长期争论，即中国出版上市企业努力提高社会效益，不仅不会威胁其经济效益或者“拖累”其经济效益，反而对经济效益具有十分重要的促进作用。同样地，我国出版上市企业实现良好的经济效益，亦可以为其履行社会责任、实现社会效益打下坚实的基础，成为我国出版企业提升社会效益的重要的有力保障。

同时，本章研究结果也证实，社会效益优先视角下的“双效”统一是经证实可实现的经营目标。虽然学界有不少观点指出，我国出版企业社会效益与经济效益是相互促进的关系，但是这种观点多源于部分学者的定性推断。业界专家们在访谈中对于社会效益可促进经济效益提升，经济效益可促进社会效益增长的观点仍有迟疑。正是由于不确定社会效益与经济效益的实际关系，因此，不少出版企业及其管理层在做经营决策时，实质上往往以经济效益提升为主要经营目标，将社会效益当作经济效益增长过程中的副产品。上述研究结论为后续研究如何对出版企业激励约束机制进行改革提供重要的理论基础和方向指引。应用性实证研究的关键在于根据研究结果提出富有价值的对策建议。本书将在下一章提出激励约束视角下“双效”协同提升的对策建议。

9　激励约束视角下中国出版上市企业“双效”协同提升的对策建议与研究展望

第 8 章的研究结果证实，在中国出版上市企业中，经济效益可以对其社会效益产生显著的正向影响。同时，社会效益亦可以促进其经济效益提升。

本章研究的重点是根据上述研究结果，以及结合深度访谈结果，提出激励约束视角下我国出版上市企业“双效”协同提升的对策建议。

对第 5 章、第 6 章、第 7 章的研究结果进行梳理，可以发现影响我国出版上市企业“双效”提升的激励约束变量，如图 9－1 所示。控制权激励、声誉激励、编辑委员会约束仅能够促进社会效益提升。股权激励、机构投资者约束、顶层管理者约束仅对经济效益提升有显著促进作用。制衡股东约束、独立董事约束、市场化进程约束、政府对市场干预

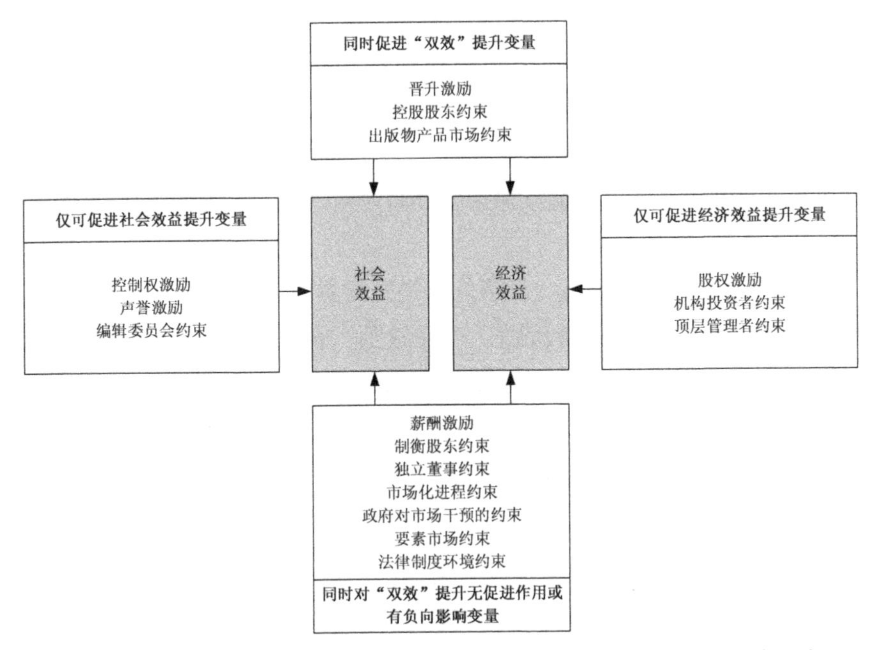

图 9－1　激励约束视角下影响中国出版上市企业“双效”提升的因素分类

带来的约束、要素市场约束、法律制度环境约束对社会效益及经济效益提升均无显著促进作用。值得注意的是，顶层管理者约束对我国出版上市企业社会效益提升有显著负向影响，薪酬激励、控制权激励对我国出版上市企业经济效益提升亦有显著负向影响。

9.1 对策及建议

童兵教授在学习《关于推动国有文化企业把社会效益放在首位、实现社会效益和经济效益相统一的指导意见》后曾指出，我国新闻传媒业改革需要从三方面入手：一是在传媒管理制度上有所突破，将加强党的领导与完善企业治理统一起来；二是在传媒运作机制上有所突破，在坚持传媒事业与企业分开、采编与经营分开、采编播人员与经营人员不混岗的前提下，确保不同岗位的不同人员职责明确、分配合理；三是在国有传媒资产监管运营上有所突破，充分发挥文化经济政策的引导、激励和保障作用[①]。这一改革思路为我国出版上市企业的改革指明方向。本书遵循上述思路，结合前述章节的研究结果，以优先实现社会效益、同时亦有助于经济效益提升为原则向我国出版上市企业的主管主办机构及股东大会提出促进“双效”协同提升的对策建议。

9.1.1 明确晋升依据，继续保持晋升激励对“双效”的正向促进作用

晋升激励对社会效益、经济效益提升均具有显著推动作用。在薪酬激励、股权激励、控制权激励、声誉激励、晋升激励这 5 种激励方式中，仅有晋升激励对推动“双效”提升均具有显著作用。这说明对于我国出版上市企业管理层而言，职位晋升在其私有收益效用函数中占据重要角色，对管理层具有吸引力。总的来说，晋升激励之所以具有如此明显的效果，如假设所言，是因为国有出版上市企业管理层的外部工作

① 童兵：《中国新闻传媒改革的重大课题——学习〈关于推动国有文化企业把社会效益放在首位、实现社会效益和经济效益相统一的指导意见〉的体悟》，《当代传播》2015 年第 6 期。

机会相对有限，职位晋升成为其获取新的外部工作机会的重要方式。职位晋升后还可以获得许多隐形收益，诸如地位、声望等。这就使得职位晋升成为出版上市企业管理层货币薪酬激励的补充，成为一种十分有效的激励手段①。对他们来说，职位晋升所带来的非货币收益可能比薪酬所带来的激励效应更有效②③。具体来说，晋升机制能够对社会效益、经济效益发挥激励作用，关键在于两大因素：其一在于拟晋升职位与现任职位之间的利益差距，职位差距愈大，职位晋升的激励效果愈明显；其二在于晋升条件与企业绩效的关联程度，两者的相关度愈大，职位晋升的激励效果愈明显④。这也为主管机构建立面向社会效益、经济效益协同提升的职位晋升机制提供重要启示。

首先，适度扩大出版上市企业管理层拟晋升职位与现任职务之间的收益差距。这就要求主管机构多关注管理层的贡献，对于社会效益及经济效益俱佳的高层，为其提供尽可能多的晋升机会。主管机构及组织部门尤其需要规避一种可能出现的人才选拔倾向：将出版行业及出版上市企业认定为推动社会经济发展的边缘行业及机构，对其管理层所做贡献关注得不多或者虽有关注但并没有给予足够晋升激励。

同时，对于出版上市企业中非董事长或非总经理的管理层而言，主管机构也需要适度扩大其在出版上市企业内部拟晋升职位与现任职务之间的收益差距。若其帮助出版上市企业在社会效益或经济效益方面获得优异成绩，不仅可以在组织内部享有晋升机会，还可以随着职位晋升获得更多薪酬、更多在职消费等利益，增加其工作成就感，充分发挥晋升机制对其的吸引力。

最后，建立与“双效”相关联的职位晋升制度，只有社会效益、经济效益综合起来业绩更佳的管理者方可以从激烈的晋升竞争中胜出。在此情况下，管理者为获取与拟晋升高层职位相关的各种利益，有动力

---

① 赵妍，赵立彬：《晋升激励影响并购价值创造吗？——来自国有控股企业的经验证据》，《经济经纬》2018 年第 2 期。

② 权小锋，吴世农，文芳：《管理层权力、私有收益与薪酬操纵》，《经济研究》2010 年第 11 期。

③ 陈霞，马连福，丁振松：《国企分类治理、政府控制与高管薪酬激励——基于中国上市公司的实证研究》，《管理评论》2017 年第 3 期。

④ 廖理，廖冠民，沈红波：《经营风险、晋升激励与公司绩效》，《中国工业经济》2009 年第 8 期。

改善出版企业的社会效益或经济效益[①]。值得一提的是，在深度访谈中，不少出版企业的管理层在一定程度上表示出对晋升依据的担忧和困惑。由于出版上市企业的绩效评价，尤其对社会效益的评价比较困难，因此其晋升依据往往难以确定。在晋升依据不完备的情况下，高级管理者往往会不约而同产生两种不同心态：一种是相对保守的心态，即不愿意承担企业经营风险；另一种是更具有开拓精神，能够相对充分地发挥企业家精神，通过运筹资源实现企业高速发展。很显然，前一种心态对出版上市企业的发展是不利的，但是对于管理层来说，是相对安全的自我保护策略，因此，他们更倾向于采纳这种策略[②]。

对此，有必要建立清晰、具体的面向管理层的职位晋升的绩效考核机制，避免晋升主管机构对管理层绩效信息的不对称。同时，也要确保考核结果的客观性，否则将导致考核结果缺乏权威性，削弱晋升激励应有的效果[③]。2018 年 12 月，中宣部印发《图书出版单位社会效益评价考核试行办法》，制定了我国图书出版单位社会效益评价考核体制。该办法主要从出版质量、文化和社会影响、产品结构和专业特色、内部制度和队伍建设等方面对图书出版单位社会效益进行评价考核，并明确说明图书出版单位绩效考核为综合性考核，应兼顾社会效益和经济效益，并把社会效益评价考核的占比权重提升至 50% 以上。相信这一制度的出台，会进一步促进中国出版企业管理层职位晋升依据的优化。

再次，主管机构及组织部门给予管理层相对充裕的晋升指标。晋升通道窄、晋升层级短、晋升过程难以成为我国出版上市企业普遍面临的难题[④][⑤]。给予管理层相对充裕的晋升指标，是发挥晋升机制激励作用的重要保障。在优先实现社会效益的前提下，保持社会效益与经济效益协同提升对我国出版上市企业而言，是一项系统性的复杂工程，仅靠董

---

① 廖理，廖冠民，沈红波：《经营风险、晋升激励与公司绩效》，《中国工业经济》2009 年第 8 期。

② 李瑞：《出版传媒上市公司投融资研究》，北京，中国传媒大学出版社，2016 年，第 47 页。

③ 姜晓萍，马凯利：《我国公务员绩效考核的困境及其对策分析》，《社会科学研究》2005 年第 1 期。

④ 徐志武：《我国青年编辑工作满意度研究》，《出版科学》2016 年第 5 期。

⑤ Xu, Z. et al, 2021: “Career Difficulties That Chinese Academic Journal Editors Face and Their Causes”, *Journal of Scholarly Publishing*, July.

事长及总经理的能力和精力很难撑起这一艰巨任务。给予管理层更多的晋升机会，比如完善出版上市企业管理层与政府人员交叉任职或职位交流的渠道，用行政晋升激励弥补薪酬激励的不足，使得管理层能够看到晋升的机会和希望，有助于充分激发其工作的积极性和主观能动性[①]。

9.1.2 真正建立与“双效”挂钩的物质激励机制，降低内部人控制风险

研究结果表明，面向管理层的薪酬不仅无益于社会效益，还对我国出版上市企业经济效益提升具有显著负向影响。也就是说，与经济效益好的出版上市企业相比，经济效益差的出版上市企业管理层获得了更高薪酬。这说明在我国出版上市企业中，薪酬激励不仅没有解决代理问题，反而可能是我国出版上市企业委托代理问题的一部分[②]。这亦表明，一方面，在我国出版上市企业中，可能存在“内部人”控制现象，部分管理层可能会利用手中的权力或者影响力自定薪酬或者展开利益寻租，以此弱化薪酬本应具有的激励效用[③]。另一方面，不充分的薪酬水平以及与“双效”关联度不高的薪酬制度可能弱化了我国出版上市企业中薪酬—社会效益、薪酬—经济效益的敏感性。要提升我国出版上市企业的经济效益，薪酬发挥激励作用的关键在于将薪酬水平、薪酬结构均与社会效益、经济效益关联起来[④]。《出版业“十四五”时期发展规划》也指出，要健全以创新能力、质量、实效、贡献为导向的出版人才评价体系，构建充分体现知识、技术等创新要素价值的激励机制[⑤]。

首先，建立与社会效益、经济效益相挂钩的薪酬制度。充足的物质

---

① 陈霞，马连福，丁振松：《国企分类治理、政府控制与高管薪酬激励——基于中国上市公司的实证研究》，《管理评论》2017 年第 3 期。

② 卢锐，魏明海，黎文靖：《管理层权力，在职消费与产权效率——来自中国上市公司的证据》，《南开管理评论》2008 年第 5 期。

③ 卢锐，魏明海，黎文靖：《管理层权力，在职消费与产权效率——来自中国上市公司的证据》，《南开管理评论》2008 年第 5 期。

④ 唐松，孙铮：《政治关联、高管薪酬与企业未来经营绩效》，《管理世界》2014 年第 5 期。

⑤ 中华人民共和国中央人民政府新闻出版署：《出版业“十四五”时期发展规划》，2021 年 12 月 30 日，http：//www. gov. cn/xinwen/2021 - 12/30/content_5665670. htm.

奖励会将管理层与出版上市企业所有者的利益捆绑起来，结成利益共同体[①]。尤其是合理的变动薪酬能够鼓励管理层按照出版企业所有者利益最大化的目标行事，缓解管理层作为代理人与出版企业所有者作为委托人之间利益取向不一致的矛盾，防止管理层为了获得私利，罔顾出版企业所有者利益的行为。需要注意的是，由于我国出版企业教材教辅出版发行工作具有一定的优势地位，再加上出版行业本身属于弱周期行业，导致我国出版上市企业的经济效益及其增长具有稳定性。也就是说，管理层即使在不那么努力工作的情况，依然可以为出版上市企业带来较好的经济收益。这也容易使管理层产生较强的职业安全感。这种情况下，主管机构需要科学地衡量管理层所创造的教材教辅经营业绩以外的绩效并据此发放变动薪酬，以达到激励管理层的效果。除经济效益外，对于取得优秀社会效益的管理层，也需要给予适度的物质奖励。倘若管理层在实现社会效益过程中的劳动多属于义务劳动，那么必然会削弱薪酬激励—社会效益的敏感性。

在“限薪”制度影响下，当前我国出版上市企业管理层的综合年薪并不高。从 2018 年至 2020 年，我国出版上市企业管理层的平均年薪看，基本不超过 50 万元[②]。与其他行业如金融、地产、钢铁、石化等行业动辄数百万甚至数千万的管理层年薪相比，显然是偏低的。仅在 2020 年，我国 A 股上市公司中，已有 7459 位高管年薪超过百万，其中方大特钢董事长的薪酬更是高达 4122 万元[③]。较低报酬可能会导致管理层忽视出版企业的长期发展，追求短期利益。若要使管理层为出版上市企业的长远发展考虑，则必须通过采取相应物质激励手段，给予管理层更好的酬劳。这需要政府适度减少对国有控股出版上市公司管理者薪酬的直接干预或管制[④]。政府可以按照《公司法》的相关要求，将管理层的薪酬决定权交由股东大会，或者转变监管方式，通过培育敢于担当、勇于作为的独立董事，将经营管理层的薪酬决定权交由真正独立的

---

① 吕新军：《股权结构、高管激励与上市公司治理效率——基于异质性随机边界模型的研究》，《管理评论》2015 年第 6 期。

② 数据来源：作者根据我国出版上市企业 2018—2020 年年报数据整理获得。

③ 新浪财经：《A 股上市公司高管薪酬榜：7459 位高管年薪过百万》，2021 年 6 月 1 日，https：//baijiahao. baidu. com/s？ id = 1668269631288481104&wfr = spider&for = pc.

④ 冯根福，赵珏航：《管理者薪酬、在职消费与公司绩效——基于合作博弈的分析视角》，《中国工业经济》2012 年第 6 期。

薪酬委员会决定。尽量减少政府过度干预管理层薪酬，以防扭曲上市公司合理的内在薪酬决定机制，导致薪酬激励机制畸形发展，甚至影响管理层的经营积极性，降低出版企业绩效[①]。政府需要集中精力关注出版上市企业的独立董事及其所在的薪酬委员会在制定管理层薪酬时是否公平，只有薪酬制定程序公平，才能产生公平的薪酬结果[②]。

其次，建立与经济效益相挂钩的股权激励制度。虽然管理层股权激励对社会效益提升没有明显促进作用，但可以显著促进经济效益提升。而本书研究发现，经济效益提升可以促进出版上市企业社会效益发展。目前，我国部分出版上市企业已经开始试点与经济效益挂钩的管理层股权激励机制，但是仍未大面积推广。主管机构及股东大会在建立股权激励机制时，需要逐渐摸索并保持合理的激励额度与恰当的业绩指标行权条件[③]。过高的股权激励额度既容易增加出版上市企业的运营成本，又可能在企业内部造成明显的不公平感，不利于出版上市企业内部建立和谐向上的氛围。而过低的股权激励额度，可能不及管理层利用职权开展自利行为所获收益，难以起到应有的激励效果。类似地，出版上市企业也需要逐渐探索合理的经济效益指标作为股权激励的行权条件。过高或者过低的经济效益指标都有可能会制约股权激励机制的效用发挥。

再次，注重薪酬制定程序以及薪酬额度的公平性。由于绩效考核关系到管理层薪酬激励、股权激励的行权条件及具体额度，为保证激励机制的公平公正，主管机构需要建立一套全面、科学、可行的绩效考核机制。当前，中宣部已建立出版企业社会效益考核方法并正在出版行业内试行，这一考核方法总体是科学合理的，可操作性强，但也要在试行过程中进一步对其进行调整和优化，使之行稳致远。对于薪酬激励及股权激励的额度，也需要保持与出版企业内部不同层级工作人员薪酬额度的平衡。公平理论认为，薪酬或股权激励发挥作用的大小相当程度上取决于薪酬、股权相对数的大小，而非薪酬、股权绝对数的大小[④]。已有研

---

① 冯根福，赵珏航：《管理者薪酬、在职消费与公司绩效——基于合作博弈的分析视角》，《中国工业经济》2012 年第 6 期。

② 王莉：《高管薪酬公平对公司绩效的影响研究》，山东大学博士学位论文，2014 年。

③ 朱培臻：《股权激励对我国上市公司绩效及股价的影响》，华东政法大学硕士学位论文，2016 年。

④ 张兆国，曹丹婷，张弛：《高管团队稳定性会影响企业技术创新绩效吗——基于薪酬激励和社会关系的调节作用研究》，《会计研究》2018 年第 12 期。

究证实，内部激励差距与企业绩效之间存在倒 U 型关系[①]。也就是说，薪酬或股权所具有的正向激励效应会随着差距的扩大而波动，当内部差距逐渐增大，反而会弱化激励机制应有的激励效果。当前，我国部分出版上市企业管理层团队中，薪酬最高者年薪达 220 万元，薪酬最低者年薪仅 10 万元，薪酬差距达 22 倍。如此悬殊的薪酬差距可能会削弱薪酬低者的工作积极性，这一点值得关注。

最后，建立薪酬激励与股权激励的约束机制。公开透明的信息有利于压缩管理层利用薪酬或者股权展开利益寻租的空间。对此，有必要完善管理层的薪酬、股权信息披露制度，强制披露出版上市企业管理层的隐形薪酬以及薪酬的具体组成部分[②]。同时，为防止薪酬或者股权激励结束后社会效益或经济效益出现明显下滑，出版上市企业可在股权或者薪酬激励方案中将激励结束后的绩效水平作为完全行权的限制条件，即将部分股权或者薪酬与管理层激励结束的绩效水平相挂钩。一旦出版企业的经济效益出现非正常原因的大幅度下滑，出版企业可以给予管理层收回股权或收回薪酬激励收益等惩罚措施，以此防范在激励机制结束后可能出现的出版企业绩效非正常大幅度下滑的风险[③]。同时，建立与激励机制相配套的法律法规也十分必要。完善的法律法规一是防范管理层利用职权为自己制定过高的薪酬与股权激励额度，或者故意降低激励机制的行权条件；二是防范管理层利用职权操纵股票价格谋利等行为[④]。

9.1.3 重视声誉及控制权激励对社会效益的价值，扩大其激励效应

管理层声誉激励对出版上市企业社会效益具有显著正向影响，但无益于经济效益。这一研究结论启示出版上市企业及其主管主办机构，首先，有必要大力宣传我国出版上市企业在社会效益方面所取得的重要成

---

① 高良谋，卢建词：《内部薪酬差距的非对称激励效应研究——基于制造业企业数据的门限面板模型》，《中国工业经济》2015 年第 8 期。

② 王莉：《高管薪酬公平对公司绩效的影响研究》，山东大学博士学位论文，2014 年。

③ 朱培臻：《股权激励对我国上市公司绩效及股价的影响》，华东政法大学硕士学位论文，2016 年。

④ 朱培臻：《股权激励对我国上市公司绩效及股价的影响》，华东政法大学硕士学位论文，2016 年。

就，以扩大声誉对管理层的激励效应。传媒经济的本质是意义经济，而文化属性是产生和制约意义影响最重要的属性，它的效度则以权威性、公信力、美誉度来评价[①]。一本优秀的出版物可以为出版上市企业带来极好的声誉，这种声誉会投射至管理层身上。因此，对于取得优异社会效益成绩的出版企业，比如出版某些具有文化传承价值的出版物、在文化输出方面取得优异成绩、管理层或出版企业获得出版行业领域的重要奖项等，主管机构可以调动出版行业内部及外部的媒体资源给予高密度、多频率的报道，以聚积出版企业声誉。这一过程也可为管理层带来更多可被利益相关方或公众记忆的评价和影响力，进一步激励管理层为出版企业的社会效益努力。

其次，主管机构可以结合利益相关者的评价，每年对出版上市企业的声誉进行调查和排名，并向社会公布，进一步发挥声誉对管理层的激励效应及约束效应。出版企业的声誉很大程度上源于利益相关者对出版物产品、服务或者出版企业行为的肯定性评价。来自多元利益相关者的综合评价能够精准反映出版上市企业的总体声誉水平。对总体声誉水平进行排名并向社会公布，有利于持续发挥对声誉排名靠前出版企业管理层的激励作用，以及发挥对声誉排名靠后出版企业管理层的约束作用。约束管理层在与利益相关者持续交往过程中，发掘、满足利益相关者的权益诉求，在市场运营中更关注社会效益创建与维护，稳步提升自身声誉，累积企业的声誉资本，从而赢得竞争优势[②]。

控制权激励对经济效益提升具有显著负向影响，而对社会效益提升具有显著促进作用。这一研究结论的重要启示在于，首先需要向管理层提供更多与社会效益相关的控制权。为进一步提升与社会效益相关的控制权给管理层带来的激励作用，主管机构及股东大会可以建立并明确与社会效益相关的控制权激励要素清单。如到底有哪些与社会效益相关的经营行为可以获得自主控制权或者在职消费，每种行为可以获得多大的自主控制权或在职消费额度，社会效益优秀的出版企业管理层可获得多大的控制权奖励等。同时，也要建立与社会效益控制权相关的约束机

① 谭天：《传媒经济的本质是意义经济》，《国际新闻界》2010 年第 7 期。

② 和芸琴，郭志强：《出版企业声誉创建与提升的战略思考》，《编辑之友》2012 年第 11 期。

制。倘若管理层没有创造好的社会效益，甚至在出版导向或者出版物质量方面出现严重错误，那么相关主管机构极有可能会视管理层所犯错误的严重程度对其进行处罚，管理层亦将面临被替换的风险，他们所享有的上述控制权收益也会被取消。由此，引导管理层更好履行维护意识形态的责任，积极传播党和政府的声音，当好伟大时代的见证者和记录者，努力将最好的精神食粮奉献给人民①。

其次，主管机构及股东大会需要反思并限制与经济效益相关的控制权。一方面，主管机构及股东大会需要反思并重建与经济效益挂钩的控制权。控制权激励对经济效益提升的负向影响显然是与理论目标相悖的。其中缘由需要每家出版上市企业的主管机构及股东大会进行反思。到底是何种原因导致管理层越高的控制权激励，会产生越差的经济效益？是源于内部约束力量的独立性不强，还是内部约束力量太弱，存在不作为或难作为的情形？这些问题都需要进行梳理并反思。另一方面，控制权激励对经济效益提升的负面影响也说明在中国出版上市企业中，控制权激励不仅难以有效地减少代理问题，反而可能带来新的委托代理问题，其原因可能在于管理层在推动经济效益提升过程中存在一定程度的权力寻租行为。主管机构及股东大会尤其需要关注并把握好管理层控制权激励力度与经济效益之间的匹配问题。如果控制权激励收益小于管理层自利行为的收益，则在经营过程中可能出现激励不足的问题，控制权激励机制难以达到最好的效果。相反，如果控制权激励收益大于管理层自利行为的收益，则在经营过程中也可能出现激励过多的问题，由于超额支付，给公司带来新的治理问题。主管机构及股东大会尤其需要注意审查并限制出版上市企业管理层的与实现经济效益相关的职位特权，要限制其享受过高的与实现经济效益相关的职位消费，比如“灰色收入”“在职消费”“非货币效用”等。对此，有必要建立和完善相关的法律法规，提高管理层利用控制权展开违法违规行为的成本，降低其利用控制权展开自利行为的发生概率。

---

① 蒋茂凝：《新时代出版业两个效益辩证统一的理论和实践》，《中国编辑》2020 年第 5 期。

9.1.4 建立国有股份适度集中且多元股东共同约束的内部约束机制

控股股东约束与经济效益的关系是倒 U 型的。当控股股东的约束水平处于60.29%时，我国出版上市企业可以获得最佳的经济效益。当控股股东的约束水平小于60.29%时，出版企业的经济效益会随控股股东持股比例的提升而逐渐升高。而当第一大股东的股权集中度高于60.29%时，出版企业的经济效益反而会随着控股股东持股比例的提升而愈渐降低。控股股东约束管理层与社会效益的关系是正向的，即控股股东的持股比例越高，则出版上市企业的社会效益也就越好。控股股东约束对社会效益、经济效益的不同影响说明在我国出版上市企业中若要同时取得好的社会效益及经济效益，实现“双效”统一，需要合理安排控股股东的持股比例。总的来说，控股股东比例并非越高越好，而当第一大股东的股权集中度处于60.29%时，出版企业可以实现最佳的经济效益。当控股股东持股比例高于这一数值时，经济效益反而会随着控股股东持股比例的提升而愈渐降低。本书在第8章业已证实，经济效益对社会效益提升的影响是正向的，经济效益降低也意味着社会效益降低。虽然第一大股东持股比例高于60.29%时，出版企业的社会效益也会随着提升，社会效益提升也会促进经济效益的发展。然而，此时需要关注的是社会效益提升所促进增加的经济效益能否弥补由于第一大股东持股比例高于60.29%所带来的经济效益下降损失，这一点需要主管机构及出版上市企业在股权结构调整中进一步摸索。

可以肯定的是，建立国有股份处于控股地位的股权结构对我国出版上市企业社会效益、经济效益均具有显著正向影响。当国有股份处于控股地位时，首先，主管机构需要继续授予出版企业中小学教材的独家出版权以及授予新华书店中小学教材的独家发行权，同时赋予我国出版上市企业充分的出版资质支持。当前，我国国有出版上市企业旗下的出版社根据其主营业务基本拥有图书出版许可证、音像制品出版许可证、电子出版物出版许可证、报刊出版许可证、网络出版服务许可证、互联网新闻信息服务许可证、信息网络传播视听节目许可证等众多准入资质。与民营出版上市企业相比，这些准入资质为我国出版上市企业生产和传播优秀出版物提供了极大便利和巨大优势。

其次，为促进出版企业社会效益、经济效益提升，主管机构还应通过多种支持手段为出版上市企业管理层的经营活动提供便利。我国出版行业属于典型的“强位弱势”产业，即一方面，出版行业具有正向传播党和政府的声音、整合社会意识形态、凝聚社会共识的重要功能，另一方面，出版产业经营存在生产优秀出版物或者社会效益佳的出版物投入大，但预期经济收益不确定性强、成本回收周期长、投资风险大等特征，仅靠市场自主调节难以维系出版企业持续开展高出版社会效益的生产传播活动①。有鉴于此，“强位弱势”的出版行业是典型的需要国家大力扶持的重要产业。一是需要国家对包括出版业在内的文化产业继续给予大力度的税收政策支持。二是需要国家通过设立出版基金来资助那些社会效益佳，但是市场收益可能不足以补偿生产所需成本的出版物的生产传播。比如，2019 年中央财政预算、文化产业发展重大项目专项预算、国家出版基金都加大了对出版业发展的资金支持力度②。国家尤其注重通过设立基金和项目来推动优秀出版物的版权与实物以及优秀出版企业“走出去”，希望外国读者通过这些优秀出版物和出版企业，全面、真实、立体地认识中国。亚洲经典著作互译计划、“走出去”图书基础书目库、图书版权输出普遍奖励计划、丝路书香工程、中国出版物国际营销渠道拓展工程、经典中国国际出版工程、中外互译图书项目、中国图书对外推广计划等基金和项目应该继续运转并对相关出版活动予以支持。三是继续通过设置重要奖项对优秀出版物及优秀出版人才给予精神及物质奖励，在出版行业中树立正面典型和榜样，引导出版上市企业及其管理层朝着生产优秀出版物、推动我国出版事业繁荣发展的方向迈进。当前，“五个一”工程奖、“中华优秀出版物奖”、“中国出版政府奖”已经成为我国出版行业内的三大权威奖项。韬奋出版奖也成为激励在出版工作中有特殊成就和做出重大贡献者的重要奖项。

而海外一些在文化领域与我国具有相似历史民族文化情结、政策特征和任务挑战的国家，其政府扶持出版业的一些做法也值得主管机构批判性吸收和借鉴。比如，中法两国的文化政策都是以政府为主导，文化

---

① 方卿，徐丽芳，许洁：《出版价值引导研究》，北京，商务印书馆，2018 年，第 99 页。

② 巨潮资讯网：《中文传媒 2020 年年度报告》，2021 年 3 月 31 日，http：//www.cninfo.com.cn/new/disclosure/detail? orgId = gssh0600373&announcementId = 1209488394&announcementTime.

产业的发展受到政府的指导和干预，两国均既强调保护民族文化，又强调文化创新、应对美国文化侵袭等问题[①][②]。法国每年对出版产业的资金扶持力度非常大，不仅包括对出版社、独立书店的扶持，还包括对作者、翻译人员以及文化节庆活动等的扶持，其资金扶持政策几乎遍及出版产业的利益相关者。税收方面，法国政府以税收优惠政策为出版业“减负”，仅2020年，法国在文化和通信方面的税收补贴预算为15亿欧元，其中图书和文化产业占比25%，报刊占比12%[③]。在对外出版方面，法国政府为促进国家文化的输出，提高法国文化国际影响力，制定了完善的资助体系，如资助国外书店、法语图书翻译者、国外文化交流活动等，并支持出版企业积极与国外出版商进行合作交流，充分了解国际市场需求，积极地向世界推广法国文化[④]。

再次，主管机构需要继续利用行政手段、更替压力以及法律法规对管理层实现出版社会效益的行为进行约束。其一，继续利用行政许可、行政审查、行政监督、行政指导和行政处罚5种行政管理手段对出版企业的经营行为进行约束。相关主管机构应当加强对本行政区域内出版单位出版活动的日常监督管理，尤其需要充分依据《出版管理条例》以及根据《图书出版单位社会效益评价考核试行办法》《关于加强和改进出版工作的意见》《报刊出版单位社会效益评价考核试行办法》《新华书店社会效益考核评价办法》《网络文学出版服务单位社会效益评估试行办法》等，对出版企业及其管理层实现并提升社会效益的行为加强约束。其二，继续利用潜在的更替压力要求管理层积极推动社会效益提升。实现出版社会效益、推动出版社会效益提升是我国上市企业管理层的责任和义务。主管机构可以进一步将这一原则作为我国出版上市企业管理层实现职位晋升的重要依据。倘若某位出版上市企业管理层没有创造优秀的社会效益，甚至在出版物选题或者出版物内容方面出现严重政

---

① 李亚囡：《法国文化政策对出版产业的影响及启示分析》，北京印刷学院硕士学位论文，2022年。

② 林佩：《文化外交政策视角下法国对外出版实践研究》，《出版发行研究》2022年第12期。

③ 王珺，陈贝：《2020年法国出版业发展报告》，《印刷文化（中英文）》2022年第3期。

④ 李亚囡：《法国文化政策对出版产业的影响及启示分析》，北京印刷学院硕士学位论文，2022年。

治错误，那么就要降低其在职位晋升“锦标赛”中获胜的概率。

当国有股份处于适度控股比例时，剩余的股权应该由谁来持有更有利于我国出版上市企业社会效益、经济效益提升？本书的研究结果发现，我国出版上市企业中持股数量排名第二、第三的制衡股东多为控股股东的利益关联股东，可能存在与控股股东结成利益同盟并失去对出版上市企业及其管理层进行监督和约束动力的风险。而在众多类型股东中，持股数量较少、持股排名相对靠后的机构投资者对管理层的监督和约束作用能够在很大程度上促进我国出版上市企业经济效益提升，且在我国出版上市企业中引入机构投资者不会对社会效益的提升和发展产生不良影响。因此，主管机构及股东大会可以在我国出版上市企业的股权结构中适度引入机构投资者。鼓励机构投资者充分利用自身的信息优势，如获取出版上市企业大量第一手“软信息”，进行精准解读和及时跟踪，了解出版上市企业的真实经营情况，及时发现出版上市企业的生产经营异动，敏锐地感受出版上市企业投融资背后的机会主义行为，直接监督管理层，降低控股股东或股东大会因信息不对称而导致的高额代理成本①。主管机构应该尽可能允许机构投资者采用“用脚投票”的方式来表达自己对于管理层战略决策及经营行为的不满并规避风险和损失。一旦多数机构投资者采用“用脚投票”的方式表达意愿，极有可能对我国出版上市企业的股价及经济效益产生不利影响，这是我国出版上市企业及其管理层所忌惮的，由此可以约束其积极提升经济效益。

当国有股份减持并引入较多机构投资者时，为了保持市场稳定以及我国出版上市企业始终坚持优先实现社会效益的经营目标，有必要在我国出版上市企业股东大会的投票决策程序中引入特殊管理股制度。特殊管理股制度是国有资本让渡收益权和一定程度的经营权，在吸引资本的同时保持最高决策权的制度，政府在特定事项上具有“一票否决权”②③。特殊管理股制度是通过特殊的股权结构，使国有出版传媒企业

---

① 吴静娴：《新常态下的中国金融市场发展》，上海，同济大学出版社，2019 年，第 27～28 页。

② 刘莎莎，杨海平：《出版传媒企业特殊管理股实施的风险问题研究》，《科技与出版》2017 年第 8 期。

③ 梁君，陈广：《国有出版传媒企业建立特殊管理股制度初探》，《出版发行研究》2014 年第 11 期。

在股份改造和融资过程中，有效防止控制权转移及恶意收购，保证最高决策权的一种股权制度①。它既可保证我国出版上市企业始终坚持优先实现社会效益、保持“双效”协同提升的经营目标，又可为我国出版传媒企业尝试不同的资本运营方式亮起绿灯②。

9.1.5 培育积极作为的独立董事，持续提升内部约束力量的独立性

当前，我国出版上市企业管理层在提升经济效益过程中正普遍面临诸多风险。首先是新技术革新的风险。互联网、大数据、人工智能等新技术发展迅速，新媒体产业迅速崛起，对传统出版业态形成较大冲击③。媒体融合情境下出版业态的改变和出版者角色的变化应该引起注意，正确认识出版业的新环境、新产业、新尺度和新学问尤为紧迫④。其次是转型升级与多元经营的风险。从我国出版上市企业的产业结构看，营业收入对传统出版主业依赖程度较高，对教材教辅的依赖程度尤甚⑤。再次是生产成本上涨的风险。出版上市企业出版业务毛利率水平受纸张、版权等原材料的影响较大，纸张价格、版权价格的上涨将影响出版上市企业的生产成本和盈利能力⑥。复次是宏观政策和税收调整的风险。出版传媒企业享受国家大力的税收优惠政策，若目前享受的税收优惠政策到期后不能延续，则会对企业的经营状况产生不利影响⑦。从教育政策看，未来如果国家或地区教育政策环境发生变化，可能对公司

---

① 付国乐，张志强：《中国出版传媒业的创新共生：媒介融合与特殊管理股》，《现代传播（中国传媒大学学报）》2018 年第 7 期。

② 刘莎莎，杨海平：《出版传媒企业特殊管理股实施的风险问题研究》，《科技与出版》2017 年第 8 期。

③ 巨潮资讯网：《出版传媒 2020 年年度报告》，2021 年 4 月 24 日，http://www.cninfo.com.cn/new/disclosure/detail? orgId=9900003948&announcementId=1209790360&announcementTime.

④ 于殿利：《从融合出版到出版融合——数字传媒时代的出版新边界探析》，《出版发行研究》2022 年第 4 期。

⑤ 巨潮资讯网：《山东出版 2020 年年度报告》，2021 年 4 月 14 日，http://www.cninfo.com.cn/new/disclosure/detail? orgId=9900031730&announcementId=1209681640&announcementTime.

⑥ 巨潮资讯网：《出版传媒 2020 年年度报告》，2021 年 4 月 24 日，http://www.cninfo.com.cn/new/disclosure/detail? orgId=9900003948&announcementId=1209790360&announcementTime.

⑦ 巨潮资讯网：《南方传媒 2020 年年度报告》，2021 年 4 月 28 日，http://www.cninfo.com.cn/new/disclosure/detail? orgId=9900024439&announcementId=1209842670&announcementTime.

的教材教辅出版发行业务构成负面影响①。最后是国际环境多变与竞争加剧的风险。受语言文化和意识形态的影响较小的科技出版领域，国外的科技出版物可以相对容易地通过纸质出版物或数字出版物等形式进入国内市场②。而在单边主义和保护主义的冲击下导致的贸易摩擦、汇率波动将不同程度影响我国出版企业的进出口业务及海外业务③。面对上述风险，独立董事理应可以凭借其自身专业知识、信息优势帮助出版上市企业及其管理层做出正确决策，成功应对上述风险，促进我国出版上市企业经济效益提升。

在促进社会效益提升方面，独立董事理应能够为我国出版上市企业及其管理层履行文化责任、实现社会效益的相关决策提供外部视野，在一定程度上增强履行文化责任决策的科学性④。当前，我国出版上市企业在履行文化责任过程中仍面临一些突出的风险和困境，比如出版选题风险、版权诉讼与盗版侵权风险、分销渠道增长乏力的困境等，这些风险和困境制约了我国出版上市企业履行文化责任的能力和实现社会效益的水平。我国出版上市企业的独立董事多为出版、法律、管理、投融资等领域的专家学者，部分独立董事还在多家不同类型上市企业担任独立董事，具有丰富的跨领域经营管理经验。他们的加入理应可以帮助我国出版上市企业及其管理层在履行文化责任、应对文化风险时做出科学决策，提升我国出版上市企业的社会效益。

独立董事的核心职责本就是监督约束管理层、辅助管理层决策⑤。而当前我国出版上市企业中独立董事对管理层的约束对社会效益、经济

---

① 巨潮资讯网：《青岛城市传媒股份有限公司 2020 年年度报告》，2021 年 4 月 20 日，http://www.cninfo.com.cn/new/disclosure/detail?orgId=gssh0600229&announcementId=1209729211&announcementTime.

② 巨潮资讯网：《中国科技出版传媒股份有限公司 2020 年年度报告》，2021 年 4 月 28 日，http://www.cninfo.com.cn/new/disclosure/detail?orgId=9900023751&announcementId=1209834184&announcementTime.

③ 巨潮资讯网：《中国科技出版传媒股份有限公司 2020 年年度报告》，2021 年 4 月 28 日，http://www.cninfo.com.cn/new/disclosure/detail?orgId=9900023751&announcementId=1209834184&announcementTime.

④ 仲继银：《董事会与公司治理》，北京，企业管理出版社，2018 年，第 3 版，第 138 页。

⑤ 李燕媛，刘晴晴：《中国独立董事制度的有效性：基于盈余管理维度的评价与建议》，《经济与管理研究》2012 年第 11 期。

效益提升都没有显著正向作用，这说明独立董事在我国出版上市企业中的作用基本是失效的。为充分发挥独立董事在内部约束机制中的价值，首先，主管机构及股东大会需要赋予独立董事充分的审查权和否决权。主管机构及司法机构要为独立董事履职提供充分的法律法规依据。当前，我国出版上市企业的独立董事没有从法律法规层面获得足够的授权来监督和约束管理层。他们对管理层的决策仅有建议权，没有实质意义的否决权①。主管机构及股东大会赋予独立董事充分的审查权和否决权后，若独立董事真正发现我国出版上市企业管理层开展自利行为时，就有足够的能力和权限阻止该行为发生。尤其应该赋予独立董事足以真正起到监督效力的某些职权以弥补现有公司法规定的不足，具体包括：业务监督权、临时股东大会的召集权、公司代表权、特殊情况下的起诉权等②。例如，汤森路透（Thomson Reuters）独立董事拥有较大的审查权，其不仅可以主持所有董事长未出席的董事会会议，还可以就管理层发送给董事会信息的质量、数量、适当性和及时性向首席执行官提出要求③。同时，为防止独立董事与“内部控制人”沆瀣一气，相关机构有必要从法律和制度层面建立关于独立董事失职渎职的惩罚措施，对独立董事可能出现的不作为、乱作为现象进行强有力的约束，保持独立董事始终处于独立位置。

其次，建立出版行业的独立董事协会，实行独立董事派遣制度。已有研究证实，具有会计专业知识的独立董事确实可以对管理层起约束作用，抑制上市企业不正当的盈余管理④。对此，主管机构可以建立面向出版行业企业的独立董事协会，聘任更多能力结构与出版企业所需能力相匹配的独立董事，尤其是具备财务、审计、会计知识背景以及出版行业工作经验的独立董事，建立独立董事人才库。汤森路透（Thomson Reuters）出版集团选聘德才兼备的独立董事的经验对我国出版上市企业主管机构及股东大会具有较大的借鉴价值。汤森路透公司治理委员会

---

① 郑春美，李文耀：《基于会计监管的中国独立董事制度有效性实证研究》，《管理世界》2011 年第 3 期。

② 唐跃军：《独立董事制度的中国之痛》，《北大商业评论》2014 年第 8 期。

③ Thomson Reuters：“Governance Highlights”，https：//ir. thomsonreuters. com/corporate-governance/governance-highlights，最后访问日期：2021 年 5 月 19 日。

④ 李燕媛，刘晴晴：《中国独立董事制度的有效性：基于盈余管理维度的评价与建议》，《经济与管理研究》2012 年第 11 期。

在全面评估岗位需求的基础上，再依据拟聘人员的性格、管理技能、业务经验、专业知识水平、人品是否正直、已有成就记录、推动汤森路透发展的潜力等要素对其严格审查。同时，公司治理委员会亦要求新进董事会成员有充分的履职时间，与原有董事会成员无明显矛盾，全面了解汤森路透的经营战略与目标、财务状况与绩效以及主要竞争对手表现等[①]。可以由独立董事协会向出版上市企业股东大会和董事会提名或推荐独立董事，也可由该协会参与独立董事的任用表决和薪酬制定工作，以减少独立董事聘任过程中的“任人唯亲”现象[②③]。而独立董事协会的运营经费可以由出版上市企业缴纳或者由主管机构拨款。为解决谁需要独立董事、独立董事应该向谁负责的难题，设计的主管独立董事协会其行政机构层级应该更高一些，独立董事由此可以获得更充分的授权以及被赋予更强烈的社会责任感，有助于驱使独立董事更独立、积极地开展监督约束和辅助决策工作。

再次，完善面向独立董事的激励约束机制。如前所述，从对2018—2020年我国出版上市企业独立董事的薪酬调查看，其薪酬基本不超过10万元。比如，中国科传独立董事每年领取10万元董事津贴[④]，中国出版独立董事领取的年度津贴为6万元[⑤]。这一薪酬与我国出版上市企业独立董事所承担的责任和所付出的辛勤劳动相比，是难以匹配的。如此不充分的报酬往往会导致真正有能力的人并不愿意从事责任如此重大的独立董事工作。解决这一难题的关键还是在于提升面向独立董事的物质激励及精神激励措施。主管机构及股东大会批准给予独立董事一定的股权激励，在独立董事的物质报酬总额中引入较大变量可能

① Thomson Reuters：“Governance Guidelines”，https：//ir. thomsonreuters. com/corporate-governance/governance-guidelines，最后访问日期：2021年5月24日。

② 徐志武：《我国出版上市公司治理结构与绩效关系研究》，武汉大学博士学位论文，2018年。

③ 田冠军：《公司治理参与者功能发挥和治理效率研究》，西安，西南交通大学出版社，2012年，第53页。

④ 巨潮资讯网：《中国科技出版传媒股份有限公司2020年年度报告》，2021年4月28日，http：//www. cninfo. com. cn/new/disclosure/detail？orgId = 9900023751&announcementId = 1209834184&announcementTime.

⑤ 巨潮资讯网：《中国出版传媒股份有限公司2020年年度报告》，2021年4月29日，http：//www. cninfo. com. cn/new/disclosure/detail？plate = sse&orgId = 9900031902&stockCode = 601949&announcementId = 1209861057&announcementTime.

是对管理层激励行之有效的重要手段[①]。已有研究证实，独立董事薪酬激励对企业经营绩效具有显著的提升作用[②]。同时，有必要建立面向独立董事的问责及信用评级机制，对于因工作失误给股东及利益相关者造成损失的，可以根据决策过程记录对独立董事进行追责。对于存在一定过错者，可以降低其信用评级或者从独立董事人才库中除名，对于存在重大过错者或者存在明显违法违规行为者，可以移交司法机关。已有研究也证实，压力效应是中国情境下独立董事尽责履职的重要机制之一[③]。不过，对于尽职尽责、工作成效突出的独立董事，主管机构也有必要给予精神嘉奖或提升信用评级，并且予以优先聘任。

最后，主管机构及股东大会应该进一步完善出版上市企业的信息披露制度。独立董事需要利用出席董事会、股东大会以及其他时间对出版上市企业内部进行现场检查，深入了解出版企业的内部控制和财务状况，重点对出版上市企业的股东大会决议、董事会决议执行情况、内部控制制度的建设及执行情况、募集资金使用情况、生产经营情况以及财务状况等方面进行检查，及时获悉出版上市企业内部的各重大事项的进展情况，掌握出版上市企业内部的运行动态[④]。因此，充分的内部信息是保证独立董事有效行权的首要条件。为此，主管机构及股东大会应该建立规则和制度，保证独立董事能够全面、充分地接触、了解和查阅出版上市企业的相关数据、信息或者文件，为独立董事履职开“绿灯”。

9.1.6 在董事会旗下设立编辑委员会，统一优先实现社会效益的认知

编辑委员会约束无益于我国出版上市企业的经济效益，但是对我国出版上市企业社会效益提升有显著促进作用。前文业已证实，社会效益提升对经济效益发展确可起到显著促进作用。因此，为促进“双效”协同提升，首先有必要在我国出版上市企业董事会旗下设立编辑委员

---

① 鲁桐：《独立董事制度的发展及其在中国的实践》，《世界经济》2002 年第 6 期。

② 周泽将，卢倩楠，雷玲：《独立董事薪酬激励抑制了企业违规行为吗?》，《中央财经大学学报》2021 年第 2 期。

③ 周泽将，王浩然：《股东大会投票与独立董事异议行为：声誉效应 VS 压力效应》，《经济管理》2021 年第 2 期。

④ 巨潮资讯网：《中原传媒 2020 年年度报告》，2021 年 4 月 27 日，http：//www.cninfo.com.cn/new/disclosure/detail? orgId = gssz0000719&announcementId = 1209811631&announcementTime.

会。当前，在媒体融合情境下，出版经济的感受力和体验性得以凸显，场景式与浸入感、现场直播与互动性、知识服务与参与性成为增强这种感受力和体验性的新元素[①]。为进一步发挥编辑委员会在我国出版上市企业内部的决策价值，董事会在设立编辑委员会时有必要对编辑委员会成员进行慎重选择，尤其需要注重选择具有丰富出版工作经验的专家学者进入编辑委员会。当前，我国出版上市企业已设立的编辑委员会中，其成员多为中宣部全国文化名家暨“四个一批”人才和青年文化英才、中国出版政府奖先进个人、国务院特殊津贴专家、省百千万人才工程人选、全国新闻出版行业领军人才等高端人才，并有一大批在经营管理、出版发行、投融资领域有所专长的业内精英。这些成员具有丰富的出版经验以及极高的专业造诣，可以为我国出版上市企业及其管理层在新闻出版导向管理、履行文化责任、挺拔出版主业等方面提供专业的决策建议，辅助管理层做出正确决策。

其次，主管机构及股东大会需要进一步明确编辑委员会的监督职责及其审查权限，尤其需要注重赋予编辑委员会两方面的监督职权和审查权限。一方面是赋予对出版上市企业旗下所有出版社的选题以及提升选题质量的制度进行审查的权力。比如对经责任编辑、编辑室主任、总编辑、出版选题论证委员会层层进行论证的选题进行审核，引导出版企业在主题出版和重大工程上下功夫[②]。另一方面对出版上市企业社会效益相关战略的制定及执行效果展开监督。尤其需要重点避免出版上市企业及其管理层在实现社会效益过程中可能出现的三种倾向：一是只看重自身的经济效益，忽视出版发行活动整体的社会效益；二是以社会效益为借口，掩盖经济效益低下的缺陷；三是不重视对利益相关者社会责任的履行[③]。通过避免这三种倾向以帮助出版上市企业找到社会效益与经济效益的平衡点，提升管理层及出版上市企业履行文化责任、履行对利益相关者责任的能力，带动我国出版上市企业创造更好的社会效益。

顶层管理者约束虽有利于经济效益，但是对社会效益具有显著的负

① 于殿利：《媒体融合的新特征与出版经济的新属性》，《现代出版》2021 年第 5 期。

② 腾讯 · 大湘网：《文化体制改革的“中南传媒样本”》，2018 年 12 月 5 日，https://hn.qq.com/a/20181205/003239.htm.

③ 本刊记者：《出版发行企业“硬指标”考核体系建立初探》，《编辑之友》2016 年第 10 期。

面影响，这说明在我国出版上市企业内部，在保持董事长对总经理约束的情况下开展面向社会效益的决策，不排除存在决策效率低下、危及社会效益提升的情况。

解决这一问题的关键在于充分发挥编辑委员会的决策价值，在我国出版上市企业内部统一优先实现社会效益的认知。当管理层在做面向社会效益的决策时，尤其对于某些影响较大或者存在一定分歧的社会效益议题，可以充分参考编辑委员会的决策意见。编辑委员会在出版上市企业内部属于相对独立的机构，提出的社会效益决策意见具有一定的公信力和权威性，能够为董事会决策提供有价值的参考。以相对中立、客观的第三方意见为参照，能够在很大程度上避免社会效益决策过程中可能产生的内耗。同时，编辑委员会作为以实现社会效益为目的的专业委员会，也要主动作为，在出版上市企业内部统筹内容导向管理体制。以坚持导向管理与企业经营管理相融合、坚持社会效益与经济效益相统一为原则，建立自上而下的导向管理体系，为内部社会效益决策提供依据[①]。只有通过加强对社会效益议题的统一认知，防范董事长及总经理可能在社会效益议题方面产生的内耗，才能提高社会效益问题的决策质量，推动我国出版上市企业社会效益、经济效益提升。

9.1.7 重视出版物产品市场的约束作用，持续培育出版物产品市场

市场机制的作用会给出版上市企业及其管理层带来外部竞争压力，促使他们进行创新，提高出版物质量，由此出版企业才能在激烈的市场中站稳脚跟，最终实现社会效益第一、社会效益与经济效益协同提升的经营目标[②]。鉴于出版物产品市场发育对管理层所起的约束作用确实有助于促进我国出版上市企业社会效益、经济效益共同提升，因此，主管机构应该努力培育具有高度竞争性的市场环境，鼓励出版行业市场主体积极参与市场竞争，并建立与竞争结果相挂钩的管理层收益机制。

首先，发挥出版物产品市场约束作用的关键在于培育竞争激烈的市

---

① 腾讯·大湘网：《文化体制改革的“中南传媒样本”》，2018 年 12 月 5 日，https://hn.qq.com/a/20181205/003239.htm.

② 魏成龙：《中小投资者利益保护研究》，北京，中国经济出版社，2016 年，第 181 页。

场环境和敢于竞争的市场主体。近年来，随着中国国力及文化软实力不断提升，世界其他国家迫切地想了解中国，这在一定程度上为中国出版“走出去”创造了机会①。主管机构对文化“走出去”工作越来越重视，相继出台各种资助扶持政策，鼓励代表中国特色文化、先进科技水平的优秀出版物走出国门、走向国际，从而提升中国出版物的国际影响力②。同时，主管机构还应该继续扶持、鼓励我国出版企业积极参与出版国际市场的竞争，努力将中国出版物输出至世界其他国家，让更多国家的人民深度了解一个全面真实的中国，并将其列为我国出版上市企业管理层绩效考核的重要指标之一。另一方面，主管机构应该努力培育具有高度竞争力的国内出版竞争市场。从总体看，由于国有出版企业掌握书号资源优势，民营出版企业没有资格直接获得出版主管机构的书号资源，所有民营出版企业的图书出版业务基本都是与国有出版企业合作展开的。出于国家意识形态安全考虑，主管机构所制定的这一出版物生产管理机制虽有其合理性，但也在很大程度上限制了民营出版企业参与市场竞争。已有研究也证实，与国有企业相比，主管机构为企业发展创造资源和条件，对企业高质量发展的促进作用在民营企业中显著增强③。如果出版主管机构能够给予合法合规的民营出版企业以书号资源，将大大增加参与出版物市场竞争的主体数量，进一步增强出版物市场竞争的激烈程度，刺激部分国有出版企业管理层跳出舒适区，更积极主动地参与市场竞争，由此出版物产品市场将更有力地发挥约束作用。虽然有一些观点认为，给予民营出版企业书号资源可能具有一定的对国家意识形态安全不利的风险，但当前我国对于出版行业意识形态管理的相关法律法规是相对健全的，相信完善的法制环境能够防范可能出现的安全风险。

其次，发挥出版物产品市场约束作用的关键还有赖于真正将经济效益与管理层的晋升、收益等利益挂钩。竞争性的出版物产品市场最核心的功能在于能够使管理层及出版上市企业的经营绩效一目了然，从而可

---

① 范军，王卉莲，王珺：《国际出版业风云变幻的十年》，《中国新闻出版广电报》2018年8月10日。

② 郑艳杰，李妍：《出版物国际市场拓展策略探讨》，《出版参考》2016年第12期。

③ 周泽将，雷玲，伞子瑶：《营商环境与企业高质量发展——基于公司治理视角的机制分析》，《财政研究》2022年第5期。

对管理层绩效做出明确评价[①]。主管机构进一步发挥出版物产品市场约束作用的关键在于将激烈竞争环境下的出版上市企业绩效真正与管理层的收入、声誉、晋升等物质或者精神收益关联起来，使竞争结果能够在相当程度上影响管理层的职业前途或切身利益。这有助于真正切实发挥出版物产品市场的约束作用。在社会效益绩效方面，相关主管机构每年组织的主题出版项目申报、相关出版物奖项评选，以及每年试点展开的社会效益考核评价结果均为直接观测管理层创造社会效益的大小提供了重要窗口。通过这些项目、奖项评选结果以及社会效益考核结果，主管主办机构能够看到管理层及其所带领的出版上市企业在创造社会效益方面所取得的成果。优秀的社会效益成果既是管理层能力的体现，亦是其任期内的优异成绩展示。主管机构可以这种能力和成绩作为提拔管理层的重要依据，使其能够深刻影响管理层的职业前途。为获得更好的职业前途，管理层往往需要更努力勤勉地工作，生产更多社会效益佳的优秀出版物，使自己能够在竞争激烈的出版物市场中脱颖而出，为自己的职业前途加分。

在经济效益方面，竞争性的出版物市场也为出版上市企业主管主办机构及股东直接观测和合理评价管理层的经济效益提升能力提供信息平台[②]。主管主办机构及股东可以通过对比同类出版企业经济效益来理解和评估管理层在经营管理活动中的努力程度[③]。经济效益突出的出版上市企业管理层往往可能能力更强或工作更为努力。同社会效益类似，优秀的经济效益既是出版上市企业管理层能力的体现，亦是其任期内优异成绩的展示。主管主办机构应该将管理层在实现经济效益方面的能力作为其晋升依据之一。股东大会应该将管理层在经济效益方面所创造的价值作为给予其更高薪酬、更多股权的重要依据，使得经济效益提升能够深刻影响管理层在出版行业内外的职业前途以及实质收益。获得更好的职业前途及其附属的物质收益与精神收益往往是诸多管理层的本能愿望。为获得更好的职业前途及其附属的物质收益与精神收益，管理层往往需要更努力勤勉地工作，带领出版上市企业创造更卓越亮眼的经济效

---

① 魏成龙：《中小投资者利益保护研究》，北京，中国经济出版社，2016 年，第 181 页。

② 姜付秀，〔美〕肯尼思 · A. 金（Kenneth A. Kim），王运通：《公司治理：西方理论与中国实践》，北京，北京大学出版社，2016 年，第 217 页。

③ 魏成龙：《中小投资者利益保护研究》，北京，中国经济出版社，2016 年，第 181 页。

益，以便自己能够在主管主办机构及股东的对比中脱颖而出。

9.1.8 完善经理人市场和法律制度环境，建立更严密有力的外部约束环境

职位晋升对我国出版上市企业社会效益、经济效益均具有显著正向影响，而外部市场对管理层的约束基本是失效的。综合两大研究结论，本书认为，主管机构应该引导、推动我国出版上市企业建立成熟的职业经理人市场，向管理层施加更大的因社会效益或经济效益不佳带来的被外部职业经理人更替的职业风险。张维迎曾指出，“从某种意义上说，过去好多年我们改革的目标就是怎样创造一个经理人市场，形成企业家阶层”[①]。这一机制为出版上市企业的主管主办机构鉴别经理人的能力、素质，聘任德才兼备的职业经理人提供了便利和可能。充分竞争的经理人市场能够克服因信息不对称而引起的逆向选择现象，使职业经理人能够始终保持危机感并主动约束自身的机会主义行为[②]。职业经理人市场化可以改变以往政府对出版上市企业管理层进行直接任命的单一聘任方式，引入面向经理人的市场化竞聘方式，由此提高管理层的市场化水平，有助于形成管理层自我约束、自我激励的市场治理机制，督促管理层关注自身的市场形象以及职业素养，严格自律并遵守职业规范，恪守股东价值及利益相关者价值最大化的目标。引入职业经理人制度后，通过经理人市场对不同经理人的相互比较，可以有效降低出版上市企业主管主办机构对管理层进行考察的成本[③]。当前，我国出版上市企业管理层薪酬激励对经济效益提升具有显著负向影响，这说明在出版上市企业中可能存在一定程度的“内部人控制”问题。在当前我国绝大多数出版上市企业属于国有企业，而且存在一定程度的所有人缺位情况下，为我国出版上市企业聘任一位尽责、公正、廉洁的“保姆”非常重要。成熟的职业经理人出现后，经理人的信托责任才会成立。[④]。

---

① 张维迎：《企业理论与中国企业改革》，上海，上海人民出版社，2015 年，第 371 页。

② 许楠：《中国上市公司股权激励财富效应——基于控制权配置视角》，天津，天津科学技术出版社，2015 年，第 132 页。

③ 魏成龙：《中小投资者利益保护研究》，北京，中国经济出版社，2016 年，第 181 页。

④ 张维迎：《企业理论与中国企业改革》，上海，上海人民出版社，2015 年，第 371 页。

发育成熟的经理人市场给管理层带来较高的被更替风险，这种风险能够督促和约束管理层努力工作，提升企业经济效益。被更替风险能够约束管理层的核心中介要素是声誉。倘若管理层不努力为出版上市企业创造好的经济效益，或者不遵守职业道德，做出逆向选择或道德风险行为，会对管理层在经理人市场的声誉产生负面影响。没有良好的声誉，其可能无法获得续聘及晋升的机会，亦无法获得在外部更好的工作机会，在薪酬增加、股权增长、控制权增大及职业发展方面亦可能遭受阻碍①。我国出版企业绝大多数属于国有企业，社会效益一直是我国出版企业的首要经营目标。声誉是我国出版上市企业管理层职位晋升的重要依据之一，尤其是出版上市企业在实现社会效益方面的声誉。因此，为了不影响自身职业发展晋升，管理层在自身工作岗位上务必要使出版工作保持正确的价值导向，努力为人民生产发行更优质的作品。

建立成熟的资本市场亦会对管理层形成约束作用，积极推动我国出版上市企业的社会效益、经济效益提升。在成熟的资本市场中，如果我国出版上市企业的社会效益、经济效益不佳，则极有可能招致分散的小股东通过“用脚投票”的形式对管理层的经营管理活动投下不信任票，以表达对管理层的不满。这种“用脚投票”的方式会在相当程度上对管理层形成约束作用，因为一旦分散股东以“用脚投票”形式抛售持有的股票，会导致出版上市企业的股票价格下跌。股价下跌则有可能会加剧出版上市企业管理层经营管理的难度，甚至造成经营危机②。同时，股价下跌也会影响管理层的口碑和声誉，甚至可能会被控股股东撤职并影响其职业外部发展，这种不利影响显然是管理层不愿看到的。因此，为避免这种对其不利的局面出现，在成熟的资本市场中，管理层往往会注重提升出版上市企业的社会效益、经济效益。

持续完善法律制度环境，尤其注重对债权人及投资者保护的立法，注重对管理层侵害企业利益、侵害利益相关者利益的处罚和执法力度。具体来说，一是需要提高法律法规对管理层的约束能力。虽然近 10 年来，我国与证券发行、证券交易相关的法律制度逐步完善，但是这些法

---

① 王帅，徐宁，姜楠楠：《高管声誉激励契约的强度、效用及作用途径——一个中国情境下的实证检验》，《财经理论与实践》2016 年第 3 期。

② 李维安：《公司治理》，北京，高等教育出版社，2016 年，第 149 页。

律体系在保护投资者方面的力度和作用仍较薄弱。一些研究也发现，我国关于债权人及投资者保护的法律环境与发达国家相比相对薄弱，执法力度也较轻。当前，我国证券市场发展仍处于初期阶段，随着国家对证券市场的日益重视，我国证券市场的法律制度会日益健全。二是完善合同法、商法以及破产法并严格执行，规范出版上市企业管理层的代理行为以及抑制管理层非效率投资行为（如过度投资或者投资不足），保护投资者的利益，抑制其可能给出版上市企业投资者可能带来的利益侵害，增强投资者的投资意愿，引导投资者积极向出版上市企业投资，降低出版上市企业的融资成本，为出版上市企业发展注入资金[①]。三是法律法规能够规范市场主体的经营活动行为，为管理层实现经济效益的经营活动提供便利。数字作品天然具有可复制、易篡改、非独占等特点，加上消费者版权意识薄弱，数字作品被盗用、滥用的现象非常普遍，版权保护工作变得更加迫切。对此，主管机构及司法机关有必要出台系列政策，从审查授权、行政执法、司法保护、仲裁调解、行业自律等各个环节改革、完善知识产权保护的工作体系。

9.2 结论与贡献

总结本书的研究结论，归纳文章的学术贡献，使专家和读者能够更直观、便利地理解文章的研究结果及价值，是严谨的学术研究过程中的一项基本要求。

9.2.1 研究结论

围绕激励约束视角下中国出版上市企业“双效”协同提升这一核心研究问题，本书首先科学确立出版上市企业激励约束机制的具体结构。其中，物质激励包括薪酬激励、股权激励；精神激励包括控制权激励、晋升激励、声誉激励；内部约束机制包括控股股东约束、制衡股东

① 姜付秀，〔美〕肯尼思·A. 金（Kenneth A. Kim），王运通：《公司治理：西方理论与中国实践》，北京，北京大学出版社，2016 年，第 193 页。

约束、机构投资者约束、独立董事约束、顶层管理者约束、编辑委员会约束；外部约束机制包括市场化进程约束、政府对市场干预带来的约束、出版物市场约束、要素市场约束、法律制度环境约束。

其次，精准厘清我国出版上市企业的内涵、结构并分别建立客观可行的社会效益、经济效益衡量方法。以此为基础，本书借助最优契约理论、管理层权力理论、锦标赛理论、利益相关者理论，建立激励约束机制各要素分别对社会效益提升、对经济效益提升的研究假设。运用2006—2020年我国出版上市企业的管理层激励约束数据以及社会效益、经济效益数据对上述研究假设进行实证研究。将实证研究结果与研究假设进行对照，重点讨论实证结果与假设相悖的机理。最后，本书以我国出版上市企业社会效益与经济效益的相互关系、出版双效兼顾理论为指导，面向主管主办机构及股东大会提出改革和优化管理层激励约束机制的措施，以保证出版上市企业在优先促进社会效益提升的前提下亦能推动“双效”协同提升。

研究发现，在物质和精神激励中，晋升激励是唯一能同时促进社会效益、经济效益提升的要素。控制权激励、声誉激励仅对社会效益提升具有促进作用，对经济效益没有明显正向影响。薪酬激励、股权激励均对社会效益提升没有益处，但股权激励对经济效益提升有正向影响。值得关注的是，薪酬激励与控制权激励均对经济效益提升具有显著负向影响，也就是说，面向管理层的薪酬激励水平越高、控制权激励水平越高，我国出版上市企业的经济效益反而越差。这一反常现象说明在中国出版上市企业中可能存在一定程度的“内部人控制”问题，管理层可能存在利用手中控制权展开自利行为的现象。薪酬激励、控制权激励不仅不是解决委托代理问题的有效工具，反而可能是委托代理问题的反映，这一点值得我国出版上市企业的主管机构及股东大会警惕。

在内部约束中，控股股东约束对社会效益提升具有显著正向作用，但对经济效益提升的影响是倒U型的，这说明适中的控股股东持股比例更有利于社会效益、经济效益同时提升。制衡股东约束对社会效益、经济效益提升均没有显著影响，这说明在我国出版上市企业中制衡股东约束基本是失效的。值得关注的是，机构投资者约束能够显著促进经济效益提升，并且不会影响或威胁其社会效益。由此可见，中国出版上市企业中适度引入机构投资者对管理层进行约束是可行且有价值的。独立董事约束对“双效”提升均无明显正向影响，这在一定程度上说明要防范我国出版上市企业独立董事以及管理层发挥监督作用不佳的风险。保持董事长对总经理的约束虽对经济效益有益，但不利于促进社会效益提升。在董事会旗下设立编辑委员会，保持其对管理层的约束确实可以对社会效益提升起促进作用，说明当前出版主管机构要求中国出版上市企业成立编辑委员会的管理措施是非常正确的，也是十分必要的。

在外部约束中，仅有出版物产品市场约束能够同时显著促进我国出版上市企业社会效益、经济效益提升。市场化进程约束、政府对市场干预带来的约束、要素市场约束、法律制度环境约束均对社会效益、经济效益提升没有明显影响。这一结论说明，目前在我国出版上市企业中，能够对管理层产生有效约束的力量主要还是来自出版企业内部，对管理层进行有效约束的外部力量还存在巨大的值得主管机构培育的空间。

根据上述研究结果，本书厘定了中国出版上市企业中面向管理层的优质、劣势及权变激励约束机制要素。其一，可同时显著促进社会效益、经济效益提升的优质激励约束要素包括晋升激励、控股股东约束、出版物产品市场约束。其二，仅可以促进社会效益提升的权变要素是控制权激励、声誉激励、编辑委员会约束。仅可以促进经济效益提升的权变要素是股权激励、机构投资者约束、顶层管理者约束。其三，同时对社会效益、经济效益提升没有显著正向影响，甚至具有直接负向影响的劣势要素包括薪酬激励、制衡股东约束、独立董事约束、市场化进程约束、政府对市场干预的约束、要素市场约束、法律制度环境约束。如图9－2所示。

针对上述研究结果，本书采用深度访谈法、文献研究法并结合我国出版行业的实际情况，从制度、环境及政策等多方面深入探究实证结果与研究假设相背离的原因及机理。在此基础上，本书系统性地向我国出版上市企业主管机构及股东大会提出高质量的促进“双效”协同提升的激励约束机制改革措施。要在优先实现社会效益的前提下促进“双效”协同提升，首先，在激励机制方面，要明确晋升依据，继续将晋升机制作为优秀管理层的激励手段，要真正建立与“双效”挂钩的薪酬与股权激励机制，降低“内部人控制”风险，要重视声誉及控制权激励对社会效益的价值，进一步扩大其激励效应。其次，在内部约束机制方面，要建立国有股份适度集中且多元股东共同约束的内部约束机

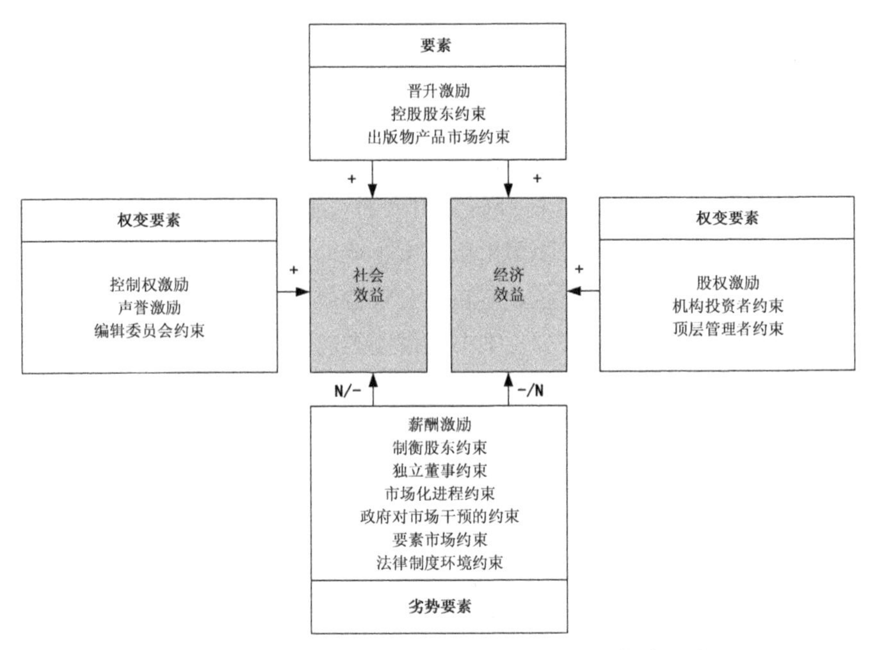

图 9-2　激励约束机制中的优质、劣势以及权变要素

制，适度引入机构投资者并提高其持股比例，要培育敢于担当、积极作为的独立董事，持续提升并保持内部约束力量的独立性，要继续要求出版上市企业在董事会旗下设立编辑委员会，统一优先实现社会效益的认知。最后，在外部约束机制方面，要重视出版物产品市场的约束作用，持续培育出版物产品市场，要持续完善经理人市场和面向管理层的相关法律制度，建设更为有力的外部约束环境。

9.2.2　主要贡献

当前，我国出版上市企业主管机构正在改革面向“双效”协同提升的管理层激励与约束机制。如何为我国出版上市企业建立真正有效的管理层激励约束机制，保障我国出版上市企业在优先实现社会效益的前提下，实现社会效益与经济效益协同提升，是本书研究解决的核心课题。这是一项极具理论和应用价值的重要研究。具体来说，本书的主要贡献主要体现于理论和实践两方面。

理论方面：一是，为出版领域“双效”协同提升研究引入科学量化研究这一新视角。长期以来，出版领域对于社会效益提升研究、经济效益提升研究、社会效益与经济效益的关系研究、社会效益与经济效益协同提升研究多采取定性和思辨的研究范式，而鲜见对于“双效”提升的量化研究。本书克服诸多困难，从面向管理层的激励与约束视角出发，为出版“双效”及其提升研究引入通过面板数据展开实证研究的新范式。二是，科学厘清中国出版上市企业社会效益的内容与结构。学界一直提倡中国出版上市企业应将社会效益放在首位，但对于社会效益与社会责任的关系讨论甚少。本书在借鉴国内外相关研究及理论的基础上，确定中国出版企业社会效益的内容及其具体结构，揭示中国出版企业社会效益与社会责任的关系。本书研究认为，出版企业履行社会责任的绩效属于社会效益的一部分，社会效益属于社会责任绩效的上位概念。这一结论有利于全面准确地计量中国出版上市企业社会效益，也在一定程度上丰富和拓展中国出版上市企业绩效理论的内涵及外延。三是，有力廓清中国出版上市企业激励约束机制各要素与“双效”的理论关系。本书立足中国出版上市企业实际情况，结合最优契约、管理层权力、锦标赛、利益相关者等经典理论，按照“激励约束机制各要素—激励约束机制的功能—社会效益或经济效益提升”的思路，分别提出中国出版上市企业管理层激励约束机制与社会效益提升、管理层激励约束机制与经济效益提升的关联机理，这在一定程度上丰富和拓展激励约束机制影响社会效益或经济效益的关系理论。

实践方面：一是，为改革和优化中国已上市、亟待上市出版企业的激励与约束机制提供重要对策建议。本研究得到诸多具有改革指导价值的结论，比如薪酬激励、控制权激励不仅不是解决委托代理问题的有效工具，反而可能是委托代理问题的反映，这一点值得我国出版上市企业的主管机构及股东大会警惕。中国出版上市企业中适度引入机构投资者对管理层进行约束是可行且有价值的。在董事会旗下设立编辑委员会，保持其对管理层的约束确实可以对社会效益提升起促进作用。同时，本书也重点对研究假设与实证研究结果相悖的机理展开研究。中国出版上市企业激励约束机制对“双效”提升影响的实证分析结果及其机理研究，既可以帮助中国出版上市企业及时发现激励约束机制各要素存在的缺陷及问题，为中国已上市出版企业主管机构及其股东大会指明改革激励约束机制的方向，也为正准备上市出版企业激励约束机制改革工作提

供参考和借鉴。二是，可有效促进中国出版上市企业在实现社会效益的同时，实现“双效”协同提升。本书提出针对优先实现社会效益，同时促进“双效”协同提升的体制机制改革对策与建议。这些对策建议有助于完善中国出版上市企业的激励与约束机制，有效促进管理层激励与出版企业所有者利益之间形成激励相容，约束管理层的逆向选择及自利行为，加强对管理层的监督，有力提高我国出版上市企业的整体科学决策水平及抵御经营风险的能力，提升管理层的经营管理水平，最终帮助中国出版企业显著提升社会效益和经济效益。

9.3 局限与展望

本书运用中国出版上市企业2006—2020年的面板数据，从理论和实证角度分别研究中国出版上市企业管理层激励约束机制分别对社会效益提升、经济效益提升的影响，据此研究如何对中国出版上市企业管理层激励约束机制进行改革，以促进“双效”协同提升。本书虽然取得一些颇具应用和改革价值的研究成果，但是仍有一些不足之处。笔者虽然尽力运用科学和严谨思维来对待研究过程中的每个关键节点，但囿于出版行业特征、研究条件乃至自身能力，本书仍有进步空间。这些不完美之处仍有待笔者在后续研究中积极向传媒经济、出版管理等领域的学界及业界专家请教交流，以期进一步完善。

9.3.1 研究局限

（1）数据收集工作还可继续深入挖掘。传媒经济相关研究注重大量实际数据的收集，研究难度与研究投入较大，对数据的深入挖掘和解析工作亦具有极高要求[①]。本书主要依据2006—2020年我国出版上市企业的面板数据展开研究，虽然本书已经论证采用这些数据展开研究是科学的和可行的，但是作为一项实证研究，采用更为丰富的面板数据展开研究是学界所提倡的。在后续研究中，有必要持续动态关注本书的核

① 喻国明：《2010年中国传媒学术界关注了什么》，《新闻与写作》2011年第2期。

心研究问题，通过进一步扩大样本和数据量对本书的核心问题展开研究。随着我国出版上市企业信息披露制度日益健全，相信我国出版上市企业会逐渐公布更多可用的、有效的数据，届时采用这些数据进一步展开研究将有助于拓展现有的研究结论，丰富影响“双效”提升研究的相关结果。

（2）对某些可能的约束力量研究得不够。外部约束机制是外部环境约束企业财务行为的一种有效方式，包括法律及制度约束、经济约束、道德约束等①。虽然在本书已对法律及制度约束、经济约束展开研究，但是对于管理层的道德约束的研究尚未展开。所谓道德约束，是指依靠社会舆论、社会评价的力量，以及人们内心的信念、理想等精神力量来影响和约束员工的行为，从而达到规范财务工作的目的。笔者虽在研究之初已考虑到是否应将道德约束纳入管理层约束机制中，但在查阅企业管理、公司治理以及会计学等领域的诸多研究后发现，已有研究对外部约束机制的关注鲜有涉及道德约束这一要素。而且这一要素的计量工作亦存在不小难度。在未来研究中，应该始终保持并发扬创新精神与探索精神，努力论证将道德约束纳入管理层外部约束机制的可能性和可行性，并积极请教传媒、企业管理等领域的专家学者，深入探究对道德约束这一变量的科学计量方法。

（3）可继续运用其他方法对研究结果进行验证，并开展探索性应用。基于面板数据的定量研究，其研究成果往往是基于过往业已存在的数据，分析、总结出的规律以及事物之间的联系。随着企业内外环境的不断变化，未来变量之间是否仍然存在同样的联系，还要继续观察。在未来研究中，本书有必要将定性分析和定量分析结合起来，在准确的定性分析基础上展开定量分析②。同时，还有必要继续采用实地调研的方式，以及深度访谈、系统动力学等方法对激励约束视角下的“双效”提升问题展开研究。此外，本书更多是从学理层面对激励约束视角下出版上市企业的“双效”提升展开研究，再加上定量方法是对大量样本

---

① 中国人民银行大连市中心支行编：《领导干部金融基础知识读本》，北京，中国金融出版社，2018 年，第 285～286 页。

② 王振成：《统计学》，重庆，重庆大学出版社，2019 年，第 202 页。

的少数特征做精确计量，对个案以及社会现象中的一些复杂因素可能考虑得不足，出版上市企业及其主管机构在应用研究结论的过程中，也应保持审慎和试探性，在逐步验证本书研究结果的科学性和可靠性基础上，方可开展大规模应用。

9.3.2 研究展望

（1）从动态和演化视角研究中国出版上市企业激励约束机制对“双效”的影响，为建立具有中国特色的出版上市企业激励约束机制提供借鉴。出版肩负着生产与传播精神文化产品的重任，在新文科建设背景下，更应该积极进行学科建设探索，建强具有中国特色的出版学科[①]。包括出版企业在内的传媒业治理问题，必须认识到公司运营所处的特定的环境，因为其不仅影响治理的结构与力度，亦会影响所有权与管理权发生作用的条件[②]。为此，研究者应尽可能地将出版学的研究对象放在前提条件更加完善的环境中进行研究[③]，必须根植于新的传媒经济实践，对其思考和研究也应摆脱构筑公理化体系的束缚，比较静态的分析模式，全面引入发展和演化思维[④]。激励约束机制是一个非常复杂的概念，除静态的激励约束要素外，还包括动态的激励约束行为。而动态的激励约束行为同样可能会对中国出版上市企业“双效”产生影响。本书主要从激励约束机制出发揭示中国出版上市企业激励约束机制与“双效”的关系，动态激励约束行为可能对“双效”产生的影响还有进一步研究空间。在未来研究中，应该以更广阔的视角，系统地将激励约束要素、激励约束机制以及激励约束行为结合起来，共同揭示其对社会效益和经济效益的影响。此外，作为一项以激励约束机制对“双效”提升影响为主题的研究，本书仅研究激励约束机制对“双效”的影响，并未反向考虑两者关系。因此，在未来研究中，有必要进一步探究中国

---

① 王关义，万安伦，宋嘉庚：《新文科背景下加强出版学科建设的思考》，《出版发行研究》2021 年第 2 期。

② 杭敏，〔美〕罗伯特·皮卡德：《西方传媒公司治理问题初探》，《新闻记者》2013 年第 5 期。

③ 丛挺：《我国出版企业新媒体技术采纳研究》，武汉大学博士学位论文，2014 年。

④ 王雪野，郭立宏：《传媒变革与传媒经济发展研究》，《现代传播》2019 年第 1 期。

出版上市企业“双效”对其激励约束机制的影响。

（2）采用多种研究范式持续深入研究出版企业的“双效”问题、激励约束问题，经过学术共同体的批评、证伪及实践应用来检验，促进研究成果应用。

“三原一方”（即原史、原著、原理和方法论）是为哲学社会科学学科核心架构的基本逻辑框架，这四者构成学科的基本支撑。建强出版学科也应从这四方面着手①。激励约束视角下出版企业的“双效”协同提升问题，是出版学研究中的关键问题，亦是丰富出版原理、拓展出版方法的重要突破口。出版的本质是基于书稿的知识传播，追求传播效益、效果的最大化，其理论研究需要在传播学理论范式的引领下，深耕出版传播的独特领域，以深厚的文化底蕴、原创性理论内涵屹立于传播学林②。王关义教授亦指出，出版学科体系的构建，要牢固树立多元化交叉融合发展的思维，在出版经济、出版管理等方向思考发力，构建具有中国特色的出版学科体系③。

上述论证说明，借鉴与出版企业“双效”协同提升问题密切相关的传媒经济学的理论体系和研究方法对解决问题十分重要。从研究传统和学者群体的学术习惯来看，传媒经济学的研究范式大体上被划分为经济学范式、管理学范式、传播学范式④⑤，亦被划分为理论型范式、应用型范式和批评型范式⑥。同时，传媒经济研究跨越经济学、媒介管理

---

① 万安伦，刘浩冰：《构建中国特色出版学科体系的历史依据、理论价值和实践路径》，《中国出版》2020 年第 12 期。

② 李频：《编辑出版学科的发展与变革管窥——以编辑出版的专业逻辑为讨论中心》，《现代出版》2018 年第 3 期。

③ 王关义：《新文科背景下构建中国特色出版学科体系的思考》，《中国出版》2022 年第 22 期。

④ 崔保国：《传媒经济学研究的理论范式》，《新闻与传播研究》2012 年第 4 期。

⑤ 曾琼，张金海：《传媒经济学研究范式的再讨论》，《新闻记者》2015 年第 7 期。

⑥ 杭敏：《鲁莽与疯狂之后的第 25 年：2014 年国际传媒经济与管理研究综述》，《全球传媒学刊》2015 年第 1 期。

学、新闻学和传播学等多个学科领域①②③。在未来的研究中，笔者将紧紧围绕上述研究范式，同时重点关注传媒产业经济学和媒介经营管理这两个传媒经济研究的主要范式④，结合上述跨学科知识，继续对出版企业的“双效”问题展开深度研究，尤其注重对社会效益的研究，毕竟传媒业的绩效属“影响力”经济⑤和“意义”经济⑥，与其他产业较关注盈利不同，顾及社会责任，将社会效益放首位，是其根本的责任和价值所在⑦。

此外，出版学属于广义社会科学范畴，是一门应用型社会科学⑧。再加上，本课题作为一项面向出版业界的典型研究，其研究成果终究是要回馈社会的⑨。笔者在后续研究过程中会一如既往地加强与出版业界的互动，以促进学界理论与业界实践的互为支撑⑩。同时，还会一如既往向编辑出版、企业治理等领域的各位专家和前辈请教学习，加强与学术共同体的沟通、交流和合作，以持续提升理论体系、研究过程、研究方法、研究结论的可靠性，为我国出版行业“双效”协同提升，以及建强深度贯通“政产学研用”的出版学科不断努力⑪⑫。

---

① 丁和根：《“媒介经济学”还是“传媒经济学”》，《新闻与传播研究》2015 年第 5 期。

② 昝廷全，刘静忆，王燕萍：《传媒经济学研究的历史、现状与对策》，《现代传播》2007 年第 6 期。

③ （教育部社会科学委员会语言文学、新闻传播学和艺术学学部新闻学与传播学学科“十二五”战略规划研究报告课题组）郑保卫，杨保军，龙耘：《新闻学与传播学“十二五”战略发展方向及目标》，《国际新闻界》2011 年第 8 期。

④ 谭天：《试论我国传媒经济的研究》，《暨南学报（哲学社会科学版）》2007 年第 1 期。

⑤ 喻国明：《关于传媒影响力的诠释——对传媒产业本质的一种探讨》，《新闻战线》2003 年第 6 期。

⑥ 谭天：《传媒经济的本质是意义经济》，《国际新闻界》2010 年第 7 期。

⑦ 赵启正：《全球化背景下传媒业要实现多样性发展——在第七届世界传媒经济学术会议开幕式上的致辞》，《“媒介产业全球化·多样性·认同——第七届世界传媒经济学术会议”论文集》，2006 年，第 17～18 页。

⑧ 方卿：《关于出版学学科性质的思考》，《出版科学》2020 年第 3 期。

⑨ 方卿：《出版学科共建的要义与进路》，《出版广角》2022 年第 17 期。

⑩ 孔正毅：《关于出版学学科体系建构的若干思考》，《出版科学》2009 年第 3 期。

⑪ 周卓，陈丹：《勇担使命，守正创新：出版强国视域下的出版学科共同体建设》，《出版广角》2022 年第 17 期。

⑫ 万安伦，姚之婧：《“政产学研用”贯通视角下的出版学科建设》，《出版参考》2023 年第 1 期。

附录一　访谈提纲

1. 出版上市企业管理层的总体薪酬待遇如何？薪酬结构是怎样的？您认为薪酬结构中的哪个部分对管理层的激励作用最大，为什么？当前管理层的薪酬总额及薪酬结构分别会对社会效益、经济效益产生怎样影响？

2. 当前出版上市企业中面向管理层的股权激励现状是怎样的？您觉得股权激励对管理层实现社会效益和经济效益是否有一定影响？为什么？

3. 出版上市企业中面向管理层的办公费、差旅费、业务招待费、通信费、出国培训费、董事会费、小车费和会议费等的现状是怎样的？您觉得它在出版企业实现社会效益和经济效益中可起到何种作用？对“双效”的作用力度有多大？

4. 职业晋升对出版上市企业管理层的吸引力有多大？您认为它是否对社会效益、经济效益具有足够的激励作用？它对董事长和总经理的激励效果与对其他管理层的激励效果是否相同？

5. 整体来说，您认为出版上市企业的管理层看重职业声誉吗？其缘由是什么？您认为它能否起到激励作用，分别对社会效益、经济效益产生一定的影响？

6. 您认为在出版上市企业中，股权集中与股权制衡哪种更有利于企业“双效”？具体来说，股权集中、股权制衡分别对社会效益、经济效益可能会产生怎样的影响？

7. 您所在出版上市企业引入了哪些机构投资者？它分别对社会效益和经济效益产生何种影响？其中的机理为何？

8. 您认为出版上市企业中的独立董事能否充分发挥辅助决策和监督的作用？其发挥作用或者不完全发挥作用的机理是什么？您认为应当如何增强董事会的独立性？

9. 相较于董事长和总经理两职合一，两职分离对出版企业社会效

益、经济效益提升有何帮助？其是否亦存在一定的弊端？您认为该如何解决？

10. 当前出版上市企业中是否普遍设立编辑委员会？您认为设立这一机构的初衷是什么？其核心职能和运作机理大致是怎样的？它能否对出版企业的社会效益、经济效益提升发挥一定的作用？其中的机理为何？

11. 对于面向出版上市企业管理层的激励约束机制及其对“双效”的影响，您还有哪些需要补充的内容吗？

附录二　本课题前期成果

[1]《融媒体环境下出版人才培养工作的不足与变革》.《中国编辑》（CSSCI，一作），2021 年 7 月.

[2]《我国出版上市公司股权结构与社会责任绩效关系研究》.《中国出版》（CSSCI，独著），2019 年 10 月.

[3]《我国出版上市公司董事会结构与经济绩效关系研究》.《湘潭大学学报》（CSSCI，独著），2019 年 6 月.

[4]《我国出版上市公司高级经理层激励与绩效关系研究》.《现代出版》（CSSCI，独著），2018 年 10 月.

[5]《我国传统出版单位青年编辑职业奉献意愿研究》.《现代出版》（CSSCI，一作），2019 年 12 月.

[6]《传统出版单位青年编辑组织归属感提升研究——基于工作满意视角》.《中国编辑》（CSSCI 扩展版，一作），2019 年 10 月.

[7]《传统出版单位青年编辑薪酬满意度研究》.《现代出版》（CSSCI，一作），2017 年 6 月.

[8]《我国女性青年编辑工作满意度研究》.《中国出版》（CSSCI，独著），2017 年 3 月.

[9]《我国青年编辑工作满意度研究》.《出版科学》（CSSCI，独著），2016 年 10 月.

[10] Career difficulties that Chinese academic journal editors face and their causes. *Journal of scholarly publishing*，July，2021（SSCI，一作）.

[11] Exporting China's scholarly books：current conditions for Chinese publishers. *Journal of scholarly publishing*，February，2020（SSCI，一作）.

[12] The impact of the COVID－19 Crisis on scholarly publishing in China. *Journal of scholarly publishing*，June，2020（SSCI，通讯作者）.

[13] A study on the relationship between mindfulness and work performance

of web editors: Based on the chain mediating effect of workplace spirituality and digital competencies. *Frontiers in psychology*, January, 2023（SSCI，三作）.

参考文献及资料

一、中文文献

1. 专著

[1]〔日〕清水英夫：《现代出版学》，沈洵澧、乐惟清译，北京，中国书籍出版社，1991 年。

[2]〔美〕菲利普·科特勒（Philip Kotler），〔美〕凯文·莱恩·凯勒（Kevin Lane Keller）：《营销管理》，何佳讯，于洪彦，牛永革，徐岚译，上海，格致出版社，2016 年。

[3]〔美〕菲利普·科特勒（Philip Kotler），〔美〕南希·李（Nancy Lee）：《企业的社会责任：通过公益事业拓展更多的商业机会》，姜文波译，北京，机械工业出版社，2006 年。

[4]〔美〕弗雷德里克·温斯洛·泰勒：《科学管理原理》，居励、胡苏云译，成都，四川人民出版社，2017 年。

[5]〔美〕拉里·克里斯滕森，〔美〕伯克·约翰逊，〔美〕莉萨·特纳：《研究方法设计与分析》，赵迎春译，北京，商务印书馆，2018 年，第 11 版。

[6]〔英〕克里斯·布鲁克斯（Chris Brooks）：《金融计量经济学导论》，王鹏译，上海，上海人民出版社，2019 年，第 3 版。

[7] 阿奇 B. 卡罗尔、安 K. 巴克霍尔茨：《企业与社会：伦理与利益相关者管理》，黄煜平、朱中彬等译，北京，机械工业出版社，2004 年。

[8] 蔡宁：《中国上市公司股权结构及其代理问题研究》，北京，中国经济出版社，2018 年。

[9] 曾康华：《计量经济学》，北京，清华大学出版社，2016 年。

[10] 曾秀芹，张楠：《新闻传播统计学基础》，厦门，厦门大学出版

社，2015 年。

[11] 常永新：《传媒集团公司治理》，北京，中国传媒大学出版社，2006 年。

[12] 陈慧慧，方小教，周阿红，等：《社会调查方法》，合肥，中国科学技术大学出版社，2019 年。

[13] 陈效东：《股权激励动机差异对企业投资决策的影响研究》，上海，立信会计出版社，2018 年。

[14] 醋卫华：《声誉机制的公司治理作用研究》，西安，西安交通大学出版社，2018 年。

[15] 邓小平：《邓小平文选（第 2 卷）》，北京，人民出版社，1994 年。

[16] 杜江：《计量经济学及其应用》，北京，机械工业出版社，2015 年，第 2 版。

[17] 杜雯翠：《国有垄断企业改革与高管薪酬》，上海，东方出版中心，2016 年。

[18] 法规应用研究中心：《中华人民共和国公司法一本通》，北京，中国法制出版社，2016 年。

[19] 樊纲，王小鲁，朱恒鹏：《中国市场化指数》，北京，经济科学出版社，2010 年。

[20] 范军，李晓晔：《中国新闻出版业改革开放 40 年》，北京，中国书籍出版社，2018 年。

[21] 范军：《2016—2017 中国出版业发展报告》，北京，中国书籍出版社，2017 年。

[22] 方卿，徐丽芳，许洁：《出版价值引导研究》，北京，商务印书馆，2018 年。

[23] 疯狂的里海：《A 股价值成长投资之路》，北京，中国铁道出版社有限公司，2019 年。

[24] 高明华：《公司治理与国有企业改革：高明华文集》，上海，东方出版中心，2017 年。

[25] 郭淑娟：《上市公司高管薪酬激励机制研究：基于中国证券市场的理论与实践》，北京，企业管理出版社，2013 年。

[26] 国家工商行政管理总局：《商事制度改革重要文件选编（2013—

2017 年)》，北京，中国工商出版社，2018 年。

[27] 国务院国资委：《企业绩效评价标准值》，北京，经济科学出版社，2016 年。

[28] 郝振省：《中国出版业发展报告》，北京，中国书籍出版社，2005 年。

[29] 姜付秀，〔美〕肯尼思·A. 金（Kenneth A. Kim），王运通：《公司治理：西方理论与中国实践》，北京，北京大学出版社，2016 年。

[30] 经济合作与发展组织：《OECD 公司治理原则》，张政军、张春霖译，北京，中国财政经济出版社，2005 年。

[31] 柯希嘉：《机构投资者与上市公司治理》，上海，东方出版中心，2016 年。

[32] 李光洲，黄鑫：《公司金融学》，上海，立信会计出版社，2019 年。

[33] 李寒娜：《我国产业赶超的机制与实现路径研究》，北京，中国经济出版社，2017 年。

[34] 李金静，郑璐：《管理学》，上海，上海交通大学出版社，2014 年。

[35] 李孟洁：《转型经济中的公司治理与变革》，上海，同济大学出版社，2019 年。

[36] 李娜：《传媒经济制度影响因素及发展模式》，《中国报业》2015 年。

[37] 李瑞：《出版传媒上市公司投融资研究》，北京，中国传媒大学出版社，2016 年。

[38] 李山赓：《经济学基础》，北京，北京理工大学出版社，2016 年，第 2 版。

[39] 李维安：《公司治理》，北京，高等教育出版社，2016 年，第 3 版。

[40] 李维安：《公司治理学》，北京，高等教育出版社，2016 年。

[41] 李长春：《文化强国之路（下)》，北京，人民出版社，2013 年。

[42] 刘桂荣：《统计学原理》，上海，华东理工大学出版社，2019 年。

[43] 刘海东：《逻辑场经济学》，广州，暨南大学出版社，2014 年。

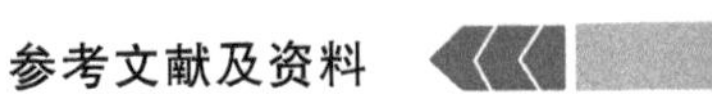

[44] 刘建梅:《社会责任履行影响企业品牌资产的实证研究》,北京,北京理工大学出版社,2012 年。
[45] 刘力钢,刘杨:《中国企业非市场战略的影响因素与模式选择》,北京,经济管理出版社,2015 年。
[46] 刘湘丽:《绩效与薪酬实务》,北京,中央广播电视大学出版社,2018 年,第 2 版。
[47] 禄正平:《证券法学》,北京,商务印书馆,2019 年。
[48] 罗紫初,吴赟,王秋林:《出版学基础》,太原,山西人民出版社,2005 年。
[49] 罗紫初:《出版学导论》,武汉,武汉大学出版社,2014 年。
[50] 罗紫初:《出版学基础》,太原,山西人民出版社,2005 年。
[51] 童兵:《马克思主义新闻观读本》,上海,复旦大学出版社,2016 年。
[52] 庞沁文:《现代出版学概论》,北京,中国书籍出版社,2015 年。
[53] 尚志强:《企业会计信息披露与分析》,上海,立信会计出版社,2000 年。
[54] 沈洪涛,沈艺峰:《公司社会责任思想:起源与演变》,上海,上海人民出版社,2005 年。
[55] 宋木文:《一个“出版官”的自述:出版是我一生的事业》,北京,中国书籍出版社,2015 年。
[56] 孙波:《绩效管理本源与趋势》,上海,复旦大学出版社,2018 年。
[57] 田冠军:《公司治理参与者功能发挥和治理效率研究》,西安,西南交通大学出版社,2012 年。
[58] 田志龙:《经营者监督与激励:公司治理的理论与实践》,北京,中国发展出版社,2001 年。
[59] 汪茜,郝云宏:《多个大股东结构下第二大股东的制衡机理研究》,杭州,浙江工商大学出版社,2017 年。
[60] 王关义:《中国出版业绩效评估研究》,北京,中国财政经济出版社,2010 年。
[61] 王化成:《财务管理研究》,北京,中国金融出版社,2006 年。
[62] 王丽娟,何妍:《绩效管理》,北京,清华大学出版社,2009 年。

[63] 王雍君：《财务精细化分析与公司管理决策》，北京，中国经济出版社，2008 年。
[64] 王振成：《统计学》，重庆，重庆大学出版社，2019 年。
[65] 王志立：《经济与政治基础知识》，天津，天津教育出版社，2008 年。
[66] 魏成龙：《中小投资者利益保护研究》，北京，中国经济出版社，2016 年。
[67] 文传浩：《经济学研究方法论：理论与实务》，重庆，重庆大学出版社，2015 年。
[68] 吴江江，石峰，邬书林，等：《中国出版业的发展与经济政策研究》，武汉，湖北人民出版社，1994 年。
[69] 吴静娴：《新常态下的中国金融市场发展》，上海，同济大学出版社，2019 年。
[70] 吴炯：《公司治理》，北京，北京大学出版社，2015 年。
[71] 吴俊卿：《绩效评价的理论与方法》，北京，社会科学技术出版社，1992 年。
[72] 习近平：《习近平谈治国理政（第二卷）》，北京，外文出版社，2017 年。
[73] 肖淑芳：《股权激励实施中经理人机会主义行为：基于管理权力视角的研究》，北京，北京理工大学出版社，2018 年。
[74] 新闻出版署图书管理司：《图书出版管理手册》，沈阳，辽宁大学出版社，1994 年。
[75] 新闻出版署图书管理司：《图书出版管理手册》，沈阳，辽宁大学出版社，1991 年。
[76] 新闻出版总署出版管理司：《图书出版管理手册（2006）修订》，北京，中国法制出版社，2006 年。
[77] 新闻出版总署出版管理司：《图书音像电子出版物出版管理手册》，北京，中国法制出版社，2013 年。
[78] 徐国祥：《统计预测和决策》，上海，上海财经大学出版社，2005 年。
[79] 许力以：《中国大百科全书·新闻出版》，北京，中国大百科全书出版社，1990 年。

[80] 许楠:《中国上市公司股权激励财富效应：基于控制权配置视角》，天津，天津科学技术出版社，2015 年。
[81] 杨春方:《企业社会责任驱动机制研究：理论、实证与对策》，广州，中山大学出版社，2015 年。
[82] 杨海芬，胡汉祥:《现代公司董事会治理研究》，北京，中国市场出版社，2007 年。
[83] 杨礼琼:《社会保障理论与实践》，哈尔滨，黑龙江人民出版社，2008 年。
[84] 易图强:《出版学概论》，长沙，湖南师范大学出版社，2008 年。
[85] 国务院发展研究中心研究所:《中国企业发展报告 2012》，北京，中国发展出版社，2012 年。
[86] 袁家方:《企业社会责任》，北京，海洋出版社，1990 年。
[87] 臧兴东:《上市公司高管薪酬法律规制研究》，北京，知识产权出版社，2019 年。
[88] 张东风，陈登平，张东红:《卓越绩效管理范式研究：核心理论、技法与典范案例》，北京，人民出版社，2008 年。
[89] 张维迎:《产权、激励与公司治理》，北京，经济科学出版社，2005 年。
[90] 张维迎:《企业理论与国有企业改革》，北京，北京大学出版社，1999 年。
[91] 张维迎:《企业理论与中国企业改革》，上海，上海人民出版社，2015 年。
[92] 张新华:《转型期中国出版业制度分析》，北京，中国传媒大学出版社，2010 年。
[93] 张咏莲，段静，沈乐平:《公司治理：从企业管理和风险控制的视角》，大连，东北财经大学出版社，2016 年。
[94] 张志强:《现代出版学》，苏州，苏州大学出版社，2003 年。
[95] 张治编:《微观经济学》，天津，天津科学技术出版社，2011 年。
[96] 张智光:《绿色中国（第三卷）：绿色共生模式的运作》，北京，中国环境科学出版社，2011 年。
[97] 郑海东:《企业社会责任行为表现：测量维度、影响因素及绩效关系》，北京，高等教育出版社，2012 年。

[98] 郑谢臣：《中小企业管理创新视角与运营》，北京，航空工业出版社，2019 年。

[99] 郑志刚：《中国公司治理的理论与依据》，北京，北京大学出版社，2016 年。

[100] 中共中央文献研究室：《习近平关于社会主义文化建设论述摘编》，北京，中央文献出版社，2017 年。

[101] 中国出版研究所：《出版改革与出版发展战略研究中国出版科学研究所“八五”科研成果汇编》，北京，中国书籍出版社，1998 年。

[102] 中国人民银行大连市中心支行编：《领导干部金融基础知识读本》，北京，中国金融出版社，2018 年。

[103] 仲继银：《董事会与公司治理》，北京，企业管理出版社，2018 年，第 3 版。

[104] 周百义：《新时期出版人改革亲历丛书：长江十年》，南昌，江西高校出版社，2019 年。

[105] 朱建平：《经济预测与决策》，厦门，厦门大学出版社，2019 年。

[106] 朱永新：《见证十年把握明天的罗盘》，太原，山西教育出版社，2018 年。

[107] 阿奇 B. 卡罗尔，安 K. 巴克霍尔茨：《企业与社会：伦理与利益相关者管理》，黄煜平、朱中彬等译，北京，机械工业出版社，2004 年。

[108] 祖强，黄希惠，吴正林：《微观经济学》，哈尔滨，黑龙江人民出版社，2011 年。

2. 期刊论文

[109] 颜爱民，马箭：《股权集中度、股权制衡对企业绩效影响的实证研究：基于企业生命周期的视角》，《系统管理学报》2013 年第 3 期。

[110] （本刊编辑部）皮钧，周昌恩，黄强，刘永升，贾新田，肖风华，刘东风，朱敏：《展望“十四五”奋进新征程：出版业“十四五”规划大家谈》，《印刷文化（中英文）》2021 年第 4 期。

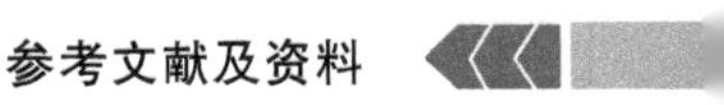

[111] （教育部社会科学委员会语言文学、新闻传播学和艺术学学部新闻学与传播学学科“十二五”战略规划研究报告课题组）郑保卫，杨保军，龙耘：《新闻学与传播学“十二五”战略发展方向及目标》，《国际新闻界》2011 年第 8 期。

[112] 白贵玉，罗润东：《知识型员工福利激励与创新绩效关系研究》，《山东社会科学》2016 年第 5 期。

[113] 本刊记者：《出版发行企业“硬指标”考核体系建立初探》，《编辑之友》2016 年第 10 期。

[114] 本刊记者：《出版社社会效益量化评价中的几个关键问题》，《编辑之友》2016 年第 12 期。

[115] 蔡晓宇：《思维，认识与举措：出版业改革发展的战略思考》，《出版广角》2015 年第 6 期。

[116] 曹继东：《融媒体时代出版媒介融合发展的多元路径选择》，《图书情报工作》2014 年第 1 期。

[117] 曾辉：《中国书号管理制度与出版管理创新》，《全国新书目》2017 年第 4 期。

[118] 曾庆宾：《论中国出版企业的法人治理结构创新》，《编辑之友》2004 年第 2 期。

[119] 曾庆宾：《中国出版企业家的激励和约束机制研究》，《学术研究》2004 年第 2 期。

[120] 曾琼，张金海：《传媒经济学研究范式的再讨论》，《新闻记者》2015 年第 7 期。

[121] 查朱和：《教材出版领域的意识形态建设探析》，《中国编辑》2015 年第 2 期。

[122] 陈大利：《实体书店建设，在“颜”在“文”更在“人”》，《新阅读》2018 年第 10 期。

[123] 陈丹，张聪聪：《元评估理论在出版社社会效益评估中的应用构想》，《中国编辑》2017 年第 9 期。

[124] 陈丹，朱椰琳：《数字经济视域下出版融合发展的启示与思考》，《出版广角》2019 年第 18 期。

[125] 陈德萍，陈永圣：《股权集中度，股权制衡度与公司绩效关系研究：2007—2009 年中小企业板块的实证检验》，《会计研究》

2011 年第 1 期。
[126] 陈冬华，陈信元，万华林：《国有企业中的薪酬管制与在职消费》，《经济研究》2005 年第 2 期。
[127] 陈冬华，梁上坤，蒋德权：《不同市场化进程下高管激励契约的成本与选择：货币薪酬与在职消费》，《会计研究》2010 年第 11 期。
[128] 陈晗：《利益相关者视角的出版企业社会效益分析》，《中国出版》2020 年第 9 期。
[129] 陈丽蓉，韩彬，杨兴龙：《企业社会责任与高管变更交互影响研究：基于 A 股上市公司的经验证据》，《会计研究》2015 年第 8 期。
[130] 陈文强，贾生华：《股权激励、代理成本与企业绩效：基于双重委托代理问题的分析框架》，《当代经济科学》2015 年第 2 期。
[131] 陈霞，马连福，丁振松：《国企分类治理、政府控制与高管薪酬激励：基于中国上市公司的实证研究》，《管理评论》2017 年第 3 期。
[132] 谌新民，刘善敏：《上市公司经营者报酬结构性差异的实证研究》，《经济研究》2003 年第 8 期。
[133] 成祖松：《出版企业利益相关者共同治理研究》，《出版发行研究》2013 年第 5 期。
[134] 程丽，周蔚华：《2021 年出版业上市公司发展亮点与展望》，《出版广角》2022 年第 9 期。
[135] 迟云：《坚持做精品 开创出版新时代》，《中国编辑》2022 年第 1 期。
[136] 仇小燕：《图书社会效益管见》，《新闻出版交流》2003 年第 6 期。
[137] 储安全：《图书出版的社会效益评价体系探析》，《唯实（现代管理）》2017 年第 5 期。
[138] 崔保国，何丹嵋：《中国传媒产业规模将超万亿元：2014 中国传媒产业发展报告》，《中国报业》2014 年第 9 期。
[139] 崔保国：《传媒经济学研究的理论范式》，《新闻与传播研究》2012 年第 4 期。

[140] 单翔：《家国情怀：中国企业家精神的信仰基因》，《南京社会科学》2021 年第 10 期。

[141] 丁柏铨，胡菡菡：《对“入世”后中国新闻传播业的考察》，《杭州师范学院学报（社会科学版）》2005 年第 5 期。

[142] 丁汉青，王军：《中国传媒上市公司股权结构对经营绩效的影响》，《当代传播（汉文版）》2016 年第 3 期。

[143] 丁和根，耿修林：《传媒制度绩效评价：思路、框架及方法》，《新闻界》2007 年第 3 期。

[144] 丁和根：《“媒介经济学”还是“传媒经济学”》，《新闻与传播研究》2015 年第 5 期。

[145] 窦鸿潭：《转企改制背景下对出版物社会效益问题的一点思考》，《出版科学》2010 年第 6 期。

[146] 杜传贵：《在坚持党性和人民性相统一中做好新闻舆论工作》，《新闻战线》2022 年第 19 期。

[147] 杜俊娟：《出版业上市公司治理结构与经营业绩关联性研究》，《安徽建筑大学学报》2016 年第 5 期。

[148] 段维：《转企改制背景下出版工作如何坚持社会主义核心价值观》，《中国出版》2011 年第 13 期。

[149] 樊纲，王小鲁，马光荣：《中国市场化进程对经济增长的贡献》，《经济研究》2011 年第 9 期。

[150] 范海峰，郭葆春：《异质机构投资者退出威胁对公司创新效率的影响》，《科技进步与对策》2023 年第 21 期。

[151] 范军，曹世生：《关于切实做好图书出版单位社会效益评价考核的思考》，《科技与出版》2019 年第 7 期。

[152] 范军，肖璐：《出版融合背景下传统出版企业人才队伍建设的困境与对策》，《中国出版》2016 年第 23 期。

[153] 范军，邹开元：《“十三五”时期我国出版“走出去”发展报告》，《中国出版》2020 年第 24 期。

[154] 范军：《加强和完善出版业的制度建设》，《出版科学》2020 年第 3 期。

[155] 范军：《论出版人的文化类型》，《河南大学学报：社会科学版》2015 年第 3 期。

[156] 范军：《试论建立有文化特色的现代出版企业制度：兼谈出版企业制度中非正式制度的作用》，《中国出版》2016 年第 11 期。
[157] 范军：《中国内地新闻出版上市企业一瞥》，《中国出版史研究》2015 年第 1 期。
[158] 范新坤：《关于国有出版企业把社会效益放在首位的实践思考》，《出版发行研究》2017 年第 1 期。
[159] 方卿，徐丽芳：《积极治理文化发展中的乱象》，《中国编辑》2014 年第 6 期。
[160] 方卿，许洁：《论出版的价值引导功能》，《出版科学》2015 年第 4 期。
[161] 方卿，张新新：《推进出版业高质量发展的几个面向》，《科技与出版》2020 年第 5 期。
[162] 方卿：《出版学科共建的要义与进路》，《出版广角》2022 年第 17 期。
[163] 方卿：《关于出版功能的再思考》，《现代出版》2020 年第 5 期。
[164] 方卿：《关于出版学学科性质的思考》，《出版科学》2020 年第 3 期。
[165] 冯根福，赵珏航：《管理者薪酬、在职消费与公司绩效：基于合作博弈的分析视角》，《中国工业经济》2012 年第 6 期。
[166] 冯彦良：《出版企业社会效益、经济效益与社会责任之间的关系》，《合作经济与科技》2014 年第 24 期。
[167] 付国乐，张志强：《中国出版传媒业的创新共生：媒介融合与特殊管理股》，《现代传播（中国传媒大学学报）》2018 年第 7 期。
[168] 高海涛：《我国书号管理制度：功能，效果及反思》，《编辑之友》2021 年第 7 期。
[169] 高雷，宋顺林：《高管人员持股与企业绩效：基于上市公司 2000—2004 年面板数据的经验证据》，《财经研究》2007 年第 3 期。
[170] 高良谋，卢建词：《内部薪酬差距的非对称激励效应研究：基于制造业企业数据的门限面板模型》，《中国工业经济》2015 年第 8 期。
[171] 高雅萍，周泽将：《行业锦标赛激励与企业投资效率》，《南财经

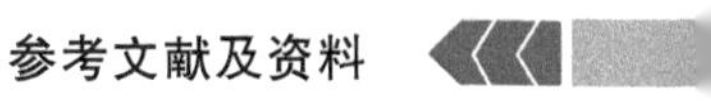

政法大学学报》2023 年第 4 期。
[172] 耿相新：《出版学定位研究方法论纲要》，《科技与出版》2022 年第 1 期。
[173] 耿相新：《从媒介到数字媒体：“四书合一”的出版时代》，《现代出版》2021 年第 1 期。
[174] 耿相新：《书籍的革命》，《现代出版》2021 年第 4 期。
[175] 耿云江，宁艳辉：《出版企业绩效评价指标体系的构建研究》，《金融经济》2013 年第 12 期。
[176] 恭竟平，戴思俊：《精品出版融入绩效考核的制度性思考和建议》，《科技与出版》2018 年第 6 期。
[177] 关明坤，曾庆东：《我国上市公司高管薪酬结构差异性对经营绩效影响的实证研究》，《生产力研究》2013 年第 6 期。
[178] 关新红：《构建合理的商业银行绩效评价体系》，《中央财经大学学报》2003 年第 7 期。
[179] 郭惠容：《激励理论综述》，《企业经济》2001 年第 6 期。
[180] 郭璐，张欣宇，周荣庭：《我国出版上市公司数字化教育业务的发展现状透视》，《出版广角》2021 年第 8 期。
[181] 郭雪萌，梁彭，解子睿：《高管薪酬激励、资本结构动态调整与企业绩效》，《山西财经大学学报》2019 年第 4 期。
[182] 郭毅青：《厉以宁教授谈出版社的承包经营》，《中国出版》2008 年第 10 期。
[183] 韩建民，周蔚华，毛小曼：《主题出版的动力机制与评价机制分析》，《出版与印刷》2022 年第 6 期。
[184] 杭敏，〔美〕罗伯特·皮卡德：《西方传媒公司治理问题初探》，《新闻记者》2013 年第 5 期。
[185] 杭敏：《鲁莽与疯狂之后的第 25 年：2014 年国际传媒经济与管理研究综述》，《全球传媒学刊》2015 年第 1 期。
[186] 郝秀原：《论科技期刊的社会责任》，《中国科技期刊研究》2013 年第 4 期。
[187] 何国军：《出版单位社会效益量化评价指标体系的构建》，《中国编辑》2017 年第 2 期。
[188] 何皓：《书号：作为出版宏观调控的手段》，《出版科学》2009

年第 1 期。
[189] 何军民，朱寒冬：《关于主题出版做强主线做优产品的若干思考》，《出版广角》2022 年第 11 期。
[190] 何奎：《当前新闻出版业投融资现状、问题及对策》，《中国出版》2014 年第 11 期。
[191] 和芸琴，郭志强：《出版企业声誉创建与提升的战略思考》，《编辑之友》2012 年第 11 期。
[192] 贺小桐，刘雨萌：《融合发展背景下出版企业人力资源管理的创新对策研究》，《出版科学》2017 年第 5 期。
[193] 贺正举：《新形势下出版人的责任与担当》，《湘潭大学学报（哲学社会科学版）》2016 年第 1 期。
[194] 胡鞍钢，张晓群：《国际视角下中国传媒实力的实证分析：兼与黄旦、屠正锋先生商榷》，《清华大学学报（哲学社会科学版）》2007 年第 3 期。
[195] 胡芳豪：《中南国家数字出版基地的社会效益研究》，《科技与出版》2017 年第 10 期。
[196] 胡凤，朱寒冬：《“一带一路”倡议下数字出版“走出去”的关键性问题研究》，《出版广角》2021 年第 24 期。
[197] 胡婉丽，汤书昆，肖向兵：《上市公司高管薪酬和企业业绩关系研究》，《运筹与管理》2004 年第 6 期。
[198] 胡晓东：《教育融合出版产品现状及发展思路浅析》，《出版广角》2021 年第 13 期。
[199] 胡艳，马连福：《创业板高管激励契约组合、融资约束与创新投入》，《山西财经大学学报》2015 年第 8 期。
[200] 胡正荣：《后 WTO 时代我国媒介产业重组及其资本化结果：对我国媒介发展的政治经济学分析》，《新闻大学》2003 年第 3 期。
[201] 华风霞，王志刚：《学术著作编辑社会效益考核的困境及疏解》，《中国编辑》2020 年第 2 期。
[202] 贾生华，陈文强：《国有控股、市场竞争与股权激励效应：基于倾向得分匹配法的实证研究》，《浙江大学学报：人文社会科学版》2015 年第 5 期。

[203] 贾兴平，刘益：《外部环境、内部资源与企业社会责任》，《南开管理评论》2014 年第 6 期。

[204] 姜帅，贝政新：《新时期出版企业绩效评价体系构建研究：基于社会效益与经济效益同构视角》，《科技与出版》2019 年第 4 期。

[205] 姜晓萍，马凯利：《我国公务员绩效考核的困境及其对策分析》，《社会科学研究》2005 年第 1 期。

[206] 蒋茂凝：《新时代出版业两个效益辩证统一的理论和实践》，《中国编辑》2020 年第 5 期。

[207] 金兼斌：《网络辅助出版：作者弱势地位的突破?》，《中国出版》2004 年第 12 期。

[208] 康苗：《出版企业内部控制的国际比较及启示》，《出版广角》2013 年第 21 期。

[209] 孔峰，张微：《基于双重声誉的国企经理长期激励最优组合研究》，《中国管理科学》2014 年第 9 期。

[210] 孔正毅：《关于出版学学科体系建构的若干思考》，《出版科学》2009 年第 3 期。

[211] 赖政兵，廖进球：《试论出版集团构建法人治理结构的难题及对策》，《出版发行研究》2009 年第 7 期。

[212] 雷鹤：《全媒体时代出版业资本运营人才建设的问题与对策》，《出版发行研究》2020 年第 7 期。

[213] 雷启立：《浅谈产业转型期的编辑出版人才培养》，《编辑学刊》2005 年第 1 期。

[214] 李斌，孙月静：《经营者股权激励、约束水平与公司业绩：基于民营上市公司的实证分析》，《中国软科学》2009 年第 8 期。

[215] 李成军：《高度重视检测工作不断提高出版物印装质量》，《印刷质量与标准化》2007 年第 7 期。

[216] 李继峰：《经济效益是编辑出版的基本目标》，《编辑之友》2004 年第 2 期。

[217] 李继峰：《论编辑出版效益机制的重建》，《出版发行研究》2004 年第 11 期。

[218] 李佳玉，韩梅：《新闻出版业推进书香社会建设指标体系构建》，

《中国出版》2016 年第 6 期。
[219] 李建红：《浅析专业出版编辑的“专业化”》，《出版发行研究》2017 年第 4 期。
[220] 李景端：《用好书号的调节功能》，《编辑学刊》2018 年第 3 期。
[221] 李良荣，蔡颖：《传媒经济发展的非经济因素》，《新闻界》2004 年第 1 期。
[222] 李频：《编辑出版学科的发展与变革管窥：以编辑出版的专业逻辑为讨论中心》，《现代出版》2018 年第 3 期。
[223] 李频：《出版工作“两为”方针的由来与提出的准确时间》，《中国出版史研究》2017 年第 1 期。
[224] 李姝，谢晓嫣：《民营企业的社会责任、政治关联与债务融资：来自中国资本市场的经验证据》，《南开管理评论》2014 年第 6 期。
[225] 李天燕，蒋姗姗：《大学出版社“双效益”统一发展机制构建》，《科技与出版》2018 年第 8 期。
[226] 李天钰，辛宇，徐莉萍，等：《持股金融机构异质性与上市公司投资效率》，《财贸研究》2020 年第 7 期。
[227] 李维安，刘绪光，陈靖涵：《经理才能、公司治理与契约参照点：中国上市公司高管薪酬决定因素的理论与实证分析》，《南开管理评论》2010 年第 2 期。
[228] 李维安，周婷婷，韩忠雪：《管理层及其关联方持股动态效应：基于过度投资视角》，《管理工程学报》2015 年第 3 期。
[229] 李维安：《公司外部治理：从“演习”到“实战”》，《南开管理评论》2016 年第 2 期。
[230] 李雅筝，周荣庭：《国内出版上市企业多元化经营对其绩效影响的实证分析》，《科技与出版》2015 年第 10 期。
[231] 李燕媛，刘晴晴：《中国独立董事制度的有效性：基于盈余管理维度的评价与建议》，《经济与管理研究》2012 年第 11 期。
[232] 李莹：《我国传媒产业产权制度改革的路径探析》，《今传媒》2013 年第 5 期。
[233] 李永强：《出版企业媒体融合困境及突围策略》，《中国出版》2019 年第 10 期。

[234] 李永强：《从中国人民大学出版社“走出去”实践谈出版增强中华文明传播力影响力》，《现代出版》2023 年第 1 期。

[235] 李永强：《后疫情时代国际出版合作中的文明互鉴、合作共赢：中国人民大学出版社国际出版合作新路径》，《出版广角》2021 年第 23 期。

[236] 李友生：《社会效益与经济效益统一与中小出版社的路径》，《传播与版权》2016 年第 11 期。

[237] 厉以宁：《企业的社会责任》，《中国流通经济》2005 年第 7 期。

[238] 梁君，陈广：《国有出版传媒企业建立特殊管理股制度初探》，《出版发行研究》2014 年第 11 期。

[239] 梁上启，段维：《出版单位社会效益评价指标体系的思考》，《中国出版》2017 年第 12 期。

[240] 梁上启，严定友：《论转企改制后大学出版社价值追求的新变化》，《出版发行研究》2013 年第 5 期。

[241] 廖理，廖冠民，沈红波：《经营风险、晋升激励与公司绩效》，《中国工业经济》2009 年第 8 期。

[242] 林浚清，黄祖辉，孙永祥：《高管团队内薪酬差距、公司绩效和治理结构》，《经济研究》2003 年第 4 期。

[243] 林佩：《文化外交政策视角下法国对外出版实践研究》，《出版发行研究》2022 年第 12 期。

[244] 林穗芳：《明确“出版”概念，加强出版学研究》，《出版发行研究》1990 年第 6 期。

[245] 凌卫，赵红卫，赖军伟：《以产业板块融合打造出版集团文化自信自强：以江西出版传媒集团实践为例》，《出版广角》2023 年第 1 期。

[246] 凌卫：《出版传媒企业融合发展的思考与探索：以某大型国有出版企业为例》，《文化产业》2022 年第 28 期。

[247] 凌卫：《出版企业数字化转型发展探析》，《出版广角》2022 年第 14 期。

[248] 刘爱芳：《传统出版企业开展知识服务的四种能力建设》，《出版发行研究》2016 年第 1 期。

[249] 刘伯根：《中国出版企业“走出去”与创“世界一流”的六重

维度》，《出版发行研究》2021 年第 3 期。
[250] 刘春，孙亮：《薪酬差距与企业绩效：来自国企上市公司的经验证据》，《南开管理评论》2010 年第 2 期。
[251] 刘大年：《当代西方出版产业政策：变迁与趋势》，《现代出版》2015 年第 4 期。
[252] 刘杲：《出版：文化是目的 经济是手段：两位出版人的一次对话》，《中国编辑》2003 年第 6 期。
[253] 刘杲：《出版：文化是目的，经济是手段：两位出版人的一次对话》，《中国编辑》2003 年第 6 期。
[254] 刘杲：《总编辑要积极探讨新形势提出的新课题》，《科技与出版》2008 年第 7 期。
[255] 刘广东，刘大年：《论传统出版转型的三维动因》，《现代出版》2022 年第 1 期。
[256] 刘慧龙，张敏，王亚平，等：《政治关联、薪酬激励与员工配置效率》，《经济研究》2010 年第 9 期。
[257] 刘建岭：《基于平衡计分卡的出版企业绩效评估体系构建研究》，《科技与出版》2017 年第 7 期。
[258] 刘建明：《“传媒没有入世”争鸣南辕北辙》，《新闻记者》2003 年第 12 期。
[259] 刘立佳：《国有企业激励机制中的不足及其对策》，《财经界(学术版)》2014 年第 24 期。
[260] 刘龙章：《共建全民阅读研究基地 为文化强国作出新贡献》，《新阅读》2021 年第 12 期。
[261] 刘莎莎，杨海平：《出版传媒企业特殊管理股实施的风险问题研究》，《科技与出版》2017 年第 8 期。
[262] 刘芍佳，李骥：《超产权论与企业绩效》，《经济研究》1998 年第 8 期。
[263] 刘绍娓，万大艳：《高管薪酬与公司绩效：国有与非国有上市公司的实证比较研究》，《中国软科学》2013 年第 2 期。
[264] 刘婷婷，高凯，何晓斐：《高管激励，约束机制与企业创新》，《工业技术经济》2018 年第 9 期。
[265] 刘伟见：《文化体制改革下文化企业社会责任探究：以出版企业

为例》，《中国行政管理》2012 年第 3 期。
[266] 刘莹，高璆崚，谌开：《高管激励对中国企业海外并进型战略的影响研究：基于激励因素及高管任期的实证研究》，《北京工商大学学报（社会科学版）》2020 年第 1 期。
[267] 刘运国，陈国菲：《BSC 与 EVA 相结合的企业绩效评价研究：基于 GP 企业集团的案例分析》，《会计研究》2007 年第 9 期。
[268] 柳斌杰：《在改革开放中加强出版行政管理》，《中国出版》2002 年第 12 期。
[269] 柳丰：《论书号收紧对中国书业的影响及出版社的应对》，《衡阳师范学院学报》2020 年第 1 期。
[270] 卢代富：《国外企业社会责任界说述评》，《现代法学》2001 年第 3 期。
[271] 卢锐，魏明海，黎文靖：《管理层权力，在职消费与产权效率：来自中国上市公司的证据》，《南开管理评论》2008 年第 5 期。
[272] 卢锐：《管理层权力、薪酬差距与绩效》，《南方经济》2007 年第 7 期。
[273] 卢馨，丁艳平，汪柳希：《经理人市场化能抑制国企高管腐败吗?：经理人市场竞争对公司高管权力和行为约束效应分析》，《商业研究》2017 年第 1 期。
[274] 卢馨，方睿孜，郑阳飞：《外部治理环境能够抑制企业高管腐败吗?》，《经济与管理研究》2015 年第 3 期。
[275] 鲁桐：《独立董事制度的发展及其在中国的实践》，《世界经济》2002 年第 6 期。
[276] 罗向京，刘睿：《“十三五”时期出版业繁荣发展政策与法治保障综述》，《科技与出版》2020 年第 9 期。
[277] 珞珈：《把出版内容建设放在突出位置》，《出版科学》2011 年第 4 期。
[278] 珞珈：《出版“两个效益”的有机统一》，《出版科学》2011 年第 3 期。
[279] 吕新军：《股权结构、高管激励与上市公司治理效率：基于异质性随机边界模型的研究》，《管理评论》2015 年第 6 期。
[280] 吕长江，张海平：《股权激励计划对公司投资行为的影响》，《管

理世界》2011 年第 11 期。

[281] 吕长江，赵宇恒：《国有企业管理者激励效应研究：基于管理者权力的解释》，《管理世界》2008 年第 11 期。

[282] 吕长江，郑慧莲，严明珠：《上市公司股权激励制度设计：是激励还是福利?》，《管理世界》2009 年第 9 期。

[283] 马连福，刘丽颖：《高管声誉激励对企业绩效的影响机制》，《系统工程》2013 年第 5 期。

[284] 马亮：《官员晋升激励与政府绩效目标设置：中国省级面板数据的实证研究》，《公共管理学报》2013 年第 2 期。

[285] 马霄行：《浅谈把社会效益放在首位的制度建设》，《科技与出版》2016 年第 10 期。

[286] 莫林虎：《我国出版发行企业履行社会责任的实践与未来发展》，《出版广角》2020 年第 10 期。

[287] 南长森：《高校出版社转制后的生存发展之道》，《出版发行研究》2012 年第 3 期。

[288] 倪庆华：《出版业转企改制的新制度经济学分析》，《出版发行研究》2011 年第 12 期。

[289] 聂震宁：《出版学应该成为一级学科的五个理由》，《现代出版》2020 年第 3 期。

[290] 聂震宁：《抓住重点环节发展出版产业》，《北京观察》2003 年第 9 期。

[291] 宁向东，崔弼洙，张颖：《基于声誉的独立董事行为研究》，《清华大学学报（哲学社会科学版）》2012 年第 1 期。

[292] 潘力剑：《传媒经济学的研究范式：传媒经济研究的一个基础问题》，《新闻记者》2007 年第 7 期。

[293] 彭玻：《文化企业家精神助力文化投融资研究》，《怀化学院学报》2021 年第 3 期。

[294] 彭玻：《以出版和技术助推教育高质量发展》，《湖南教育》2022 年第 6 期。

[295] 彭玻：《在实施“三高四新”战略中彰显出版担当作为》，《新湘评论》2021 年第 11 期。

[296] 钱颖一：《激励与约束》，《经济社会体制比较》1999 年第 5 期。

[297] 秦艳华，杜洁：《媒介素养：乡村文化振兴的重要推动力》，《中国编辑》2021 年第 11 期。
[298] 秦艳华，赵玉山：《出版品牌建设的基本逻辑和创新之道》，《出版广角》2022 年第 18 期。
[299] 曲柏龙：《出版高质量发展路径探析：以黑龙江出版集团为例》，《出版参考》2020 年第 11 期。
[300] 权小锋，吴世农，文芳：《管理层权力、私有收益与薪酬操纵》，《经济研究》2010 年第 11 期。
[301] 任晓伟：《国企高管声誉激励机制构建与运行》，《经营与管理》2015 年第 4 期。
[302] 山石：《新闻出版署党组召开扩大会议总结 1994 年上半年工作》，《中国出版》1994 年第 8 期。
[303] 邵益文：《出版单位转制与编辑工作》，《编辑之友》2005 年第 1 期。
[304] 沈洪涛，王立彦，万拓：《社会责任报告及鉴证能否传递有效信号?：基于企业声誉理论的分析》，《审计研究》2011 年第 4 期。
[305] 沈锡宾，刘红霞，李鹏，等：《突发重大公共事件下科技期刊数字出版平台的社会责任与使命担当》，《科技与出版》2020 年第 4 期。
[306] 师曾志：《新形势下出版价值观的追问》，《中国出版》2005 年第 1 期。
[307] 师曾志：《影响出版企业竞争力因素的综合分析》，《图书情报工作》2001 年第 5 期。
[308] 石峰：《论出版工作的文化取向》，《出版科学》2004 年第 5 期。
[309] 石义彬，周劲：《传媒经济学研究的回顾与反思》，《新闻与传播评论》2003 年第 1 期。
[310] 司马长风：《在两个效益之间：写在“两个效益”提出二十周年之际》，《传媒》2003 年第 8 期。
[311] 宋德舜：《国有控股，最高决策者激励与公司绩效》，《中国工业经济》2004 年第 3 期。
[312] 宋吉述，朱璐：《深度融合与业态创新：关于“十四五”期间出版融合发展的思考》，《科技与出版》2021 年第 1 期。

[313] 宋吉述:《“双减”政策下教育出版发展思路》,《中国出版》2021年第20期。
[314] 宋吉述:《建立全方位推动体系 打造数字出版新生态:关于推进出版深度融合发展的思考》,《科技与出版》2022年第11期。
[315] 宋吉述:《践行出版业“十四五”规划 推进出版融合发展迈上新台阶》,《出版广角》2022年第6期。
[316] 宋丽梅,高路遥:《出版企业人力资源管控有效性评价体系的构建与应用研究》,《出版参考》2020年第9期。
[317] 宋琪,陈昱锦:《上市图书出版企业社会效益评价研究:基于熵权模糊物元模型》,《出版科学》2018年第5期。
[318] 苏冬蔚,贺星星:《社会责任与企业效率:基于新制度经济学的理论与经验分析》,《世界经济》2011年第9期。
[319] 孙宝寅,金兼斌:《繁荣出版与出版伦理建设》,《科技与出版》1998年第1期。
[320] 孙惠玉:《学术出版理念从树立到践行》,《科技与出版》2019年第2期。
[321] 孙健敏,焦长泉:《对管理者工作绩效结构的探索性研究》,《人类工效学》2002年第3期。
[322] 孙利军,高金萍:《改革开放以来中国大陆畅销书出版历程初探》,《文化产业》2020年第2期。
[323] 孙利军:《对出版体制改革背景下书号实名申领制的思考》,《中国出版》2009年第5期。
[324] 孙玲,舒志彪:《拓展出版物消费市场的现状及对策:以北京地区为例》,《出版发行研究》2014年第5期。
[325] 孙真福:《新时代教育出版融合发展的思考》,《出版参考》2021年第1期。
[326] 孙真福:《以更大担当推进文化自信自强》,《群众》2022年第23期。
[327] 谭天:《传媒经济的本质是意义经济》,《国际新闻界》2010年第7期。
[328] 谭天:《试论我国传媒经济的研究》,《暨南学报(哲学社会科学版)》2007年第1期。

[329] 汤伏祥:《出版产业发展需要认识和解决的几个问题》,《中国出版》2005 年第 5 期。
[330] 唐伽,韩飞:《浅析出版企业社会效益考核体系设计原则与考核内容》,《中国出版》2017 年第 9 期。
[331] 唐松,孙铮:《政治关联、高管薪酬与企业未来经营绩效》,《管理世界》2014 年第 5 期。
[332] 唐雄兴:《打好“文化牌”为乡村注入新活力:四川文投集团的实践与思考》,《乡村振兴》2021 年第 7 期。
[333] 唐雄兴:《国有企业推行职业经理人制度的实践与思考》,《四川劳动保障》2021 年第 10 期。
[334] 唐学贵:《数字出版物市场调研的价值分析》,《科技与出版》2016 年第 5 期。
[335] 唐跃军:《独立董事制度的中国之痛》,《北大商业评论》2014 年第 8 期。
[336] 陶己,卞晓琰:《专业发展,蓄力创新,推动教育出版高质量发展:对教育出版社社会效益的评估与实践探索》,《科技与出版》2019 年第 7 期。
[337] 陶萍,张睿,朱佳:《高管薪酬、企业绩效激励效应与政府限薪令影响:133 家 A 股国有控股公司的实证研究》,《现代财经(天津财经学院学报)》2016 年第 6 期。
[338] 田建平:《我国出版产业中“两个效益”问题之辨析》,《出版发行研究》2005 年第 5 期。
[339] 田雪平:《从培植核心竞争力的高度做好品牌:访中南传媒出版部负责人》,《中国出版》2014 年第 12 期。
[340] 童兵:《中国新闻传媒改革的重大课题:学习《关于推动国有文化企业把社会效益放在首位、实现社会效益和经济效益相统一的指导意见》的体悟》,《当代传播》2015 年第 6 期。
[341] 万安伦,黄婧雯,曹培培:《对出版和出版学科的再认识》,《出版科学》2021 年第 2 期。
[342] 万安伦,刘浩冰:《构建中国特色出版学科体系的历史依据、理论价值和实践路径》,《中国出版》2020 年第 12 期。
[343] 万安伦,姚之婧:《“政产学研用”贯通视角下的出版学科建

设》，《出版参考》2023 年第 1 期。
[344] 王斌会：《新媒体时代突发公共事件中出版企业社会责任与社会效益契合探析》，《科技与出版》2020 年第 3 期。
[345] 王关义，李俊明：《出版上市公司股权结构与绩效关系实证分析》，《首都经济贸易大学学报》2013 年第 2 期。
[346] 王关义，刘苏：《我国文化传媒企业股权结构与企业绩效关系的实证研究》，《中国出版》2018 年第 9 期。
[347] 王关义，万安伦，宋嘉庚：《新文科背景下加强出版学科建设的思考》，《出版发行研究》2021 年第 2 期。
[348] 王关义：《新文科背景下构建中国特色出版学科体系的思考》，《中国出版》2022 年第 22 期。
[349] 王关义：《中国出版社绩效考核评价指标体系探讨》，《中国行政管理》2009 年第 5 期。
[350] 王广照：《出版社社会效益考核的实践与探索：以中原大地传媒股份有限公司为例》，《出版发行研究》2015 年第 11 期。
[351] 王海云，刘益，付海燕：《经营性出版单位考核指标体系研究》，《北京印刷学院学报》2007 年第 5 期。
[352] 王华，陈月梅：《我国出版企业社会责任发展对策探讨》，《科技与出版》2014 年第 1 期。
[353] 王华生：《数字网络环境下学术期刊创新发展研究》，《河南大学学报》（社会科学版），2014 年第 54 期。
[354] 王建辉：《出版业评价体系创新的五重观照》，《新华文摘》2009 年第 8 期。
[355] 王珺，陈贝：《2020 年法国出版业发展报告》，《印刷文化（中英文）》2022 年第 3 期。
[356] 王联合：《企业社会责任理论框架下的“双效出版”解释》，《现代出版》2012 年第 6 期。
[357] 王帅，徐宁，姜楠楠：《高管声誉激励契约的强度、效用及作用途径：一个中国情境下的实证检验》，《财经理论与实践》2016 年第 3 期。
[358] 王为达：《为国家立心、为民族立魂 做好新时代主题出版工作》，《中国出版》2022 年第 11 期。

[359] 王新，李彦霖，李方舒：《企业社会责任与经理人薪酬激励有效性研究：战略性动机还是卸责借口?》，《会计研究》2015 年第 10 期。
[360] 王秀芬，徐小鹏：《高管股权激励，经营风险与企业绩效》，《会计之友》2017 年第 10 期。
[361] 王旭，徐向艺：《基于企业生命周期的高管激励契约最优动态配置：价值分配的视角》，《经济理论与经济管理》2015 年第 6 期。
[362] 王旭：《技术创新导向下高管激励契约最优整合策略研究：企业生命周期视角》，《科学学与科学技术管理》2016 年第 9 期。
[363] 王雪野，郭立宏：《传媒变革与传媒经济发展研究》，《现代传播》2019 年第 1 期。
[364] 王炎龙，李长鸿：《新中国 70 年出版业发展态势与运行逻辑》，《中国编辑》2019 年第 9 期。
[365] 王炎龙：《出版产业政策演变轨迹与逻辑》，《编辑之友》2018 年第 7 期。
[366] 王艳萍：《传媒市场的结构、行为与绩效：中外理论和经验研究》，《中州学刊》2006 年第 6 期。
[367] 王勇安，杨忠杨：《“+出版”还是“出版+”：业态变革背景下出版人才培养的思考与实践》，《出版科学》2019 年第 1 期。
[368] 王勇安，郑珂：《媒介内容生产方式变革与编辑职业的前途》，《编辑之友》2017 年第 7 期。
[369] 王余光：《阅读，与经典同行》，《新阅读》2022 年第 6 期。
[370] 韦干鹏：《近几年出版物社会效益研究述评》，《东南传播》2012 年第 11 期。
[371] 魏刚：《高级管理层激励与上市公司经营绩效》，《经济研究》2000 年第 3 期。
[372] 魏颖辉，陈树文：《高管薪酬、股权、控制权组合激励与绩效》，《统计与决策》2008 年第 10 期。
[373] 魏玉山：《把社会效益放在首位需要建立考核评估体系》，《出版发行研究》2015 年第 9 期。
[374] 魏玉山：《关于开展出版单位社会效益考核评估的思考》，《现代

出版》2015 年第 3 期。
[375] 温志宏，师曾志：《从内容供给、技术动能到管理创新：出版深度融合发展的挑战》，《出版广角》2022 年第 9 期。
[376] 吴成颂，唐伟正，钱春丽：《制度背景、在职消费与企业绩效：来自证券市场的经验证据》，《财经理论与实践》2015 年第 5 期。
[377] 吴良海，王玲茜：《控制权激励、公益性捐赠与企业风险承担》，《南京工业大学学报（社会科学版）》2020 年第 1 期。
[378] 吴培华：《出版业应该走出两个效益认识上的误区》，《中国出版》2005 年第 10 期。
[379] 吴尚之：《为少年儿童提供更多更好的精神食粮》，《中国出版》2015 年第 1 期。
[380] 吴松，郑小朋：《股权约束、债权约束与市场约束：我国上市公司约束机制分析》，《理论与改革》2003 年第 5 期。
[381] 吴信根：《融合而生，打造文化国企改革“江西样本”》，《董事会》2022 年第 10 期。
[382] 吴信训，储靖伦：《我国传媒经济学的研究进展（下）》，《新闻与写作》2017 年第 2 期。
[383] 吴懿伦：《浅谈提高图书印装质量的方法和措施》，《印刷杂志》2021 年第 1 期。
[384] 吴育辉，吴世农：《高管薪酬：激励还是自利?：来自中国上市公司的证据》，《会计研究》2010 年第 11 期。
[385] 吴育辉，吴世农：《企业高管自利行为及其影响因素研究：基于我国上市公司股权激励草案的证据》，《管理世界》2010 年第 5 期。
[386] 吴云：《西方激励理论的历史演进及其启示》，《学习与探索》1996 年第 6 期。
[387] 吴子明：《试论出版社会效益和经济效益的辩证关系》，《出版参考》2018 年第 12 期。
[388] 夏纪军，张晏：《控制权与激励的冲突：兼对股权激励有效性的实证分析》，《经济研究》2008 年第 3 期。
[389] 向东，张睿，张勋：《国有控股、战略产业与跨国企业资本结

构:来自中国A股上市公司的证据》,《金融研究》2015年第1期。
[390] 向志强,欧阳刘婕:《微观因素对传媒产业发展影响的实证研究:基于传媒上市公司董事会特征的视角》,《新闻与传播研究》2013年第6期。
[391] 肖风华:《守初心 创精品 强保障:打造新时代地方人民社主题出版的特色品牌》,《编辑学刊》2021年第5期。
[392] 肖星,陈婵:《激励水平、约束机制与上市公司股权激励计划》,《南开管理评论》2013年第1期。
[393] 谢清风,黄璨:《主题出版"走出去"引领对外话语体系建设》,《科技与出版》2022年第7期。
[394] 谢清风:《2022年我国出版"走出去"的趋势性特征分析》,《科技与出版》2023年第3期。
[395] 谢诗蕾,许永斌,胡舟丽:《繁忙董事、声誉激励与独立董事监督行为》,《厦门大学学报(哲学社会科学版)》2016年第5期。
[396] 谢新洲,黄杨:《技术创新:数字出版发展与管理的新路径:专访中国新闻出版研究院副院长张立》,《出版科学》2019年第6期。
[397] 谢媛媛:《我国新闻出版产业的内涵、特征及其评价指标体系研究》,《合肥工业大学学报(社会科学版)》2018年第4期。
[398] 辛宇,黄欣怡,纪蓓蓓:《投资者保护公益组织与股东诉讼在中国的实践:基于中证投服证券支持诉讼的多案例研究》,《管理世界》2020年第1期。
[399] 辛宇,宋沛欣,徐莉萍,等:《经营投资问责与国有企业规范化运作:基于高管违规视角的经验证据》,《管理世界》2022年第12期。
[400] 徐柏容:《编辑出版工作和质量与效益同步规律》,《出版发行研究》2002年第12期。
[401] 徐海:《如何从传统文化中挖掘主题出版选题》,《出版广角》2021年第10期。
[402] 徐宁,徐向艺:《技术创新导向的高管激励整合效应——基于高科技上市公司的实证研究》,《科研管理》2013年第9期。

[403] 徐宁，徐向艺：《控制权激励双重性与技术创新动态能力：基于高科技上市公司面板数据的实证分析》，《中国工业经济》2012年第10期。

[404] 徐同亮：《出版单位社会效益论析》，《出版发行研究》2017年第1期。

[405] 徐细雄：《晋升与薪酬的治理效应：产权性质的影响》，《经济科学》2012年第2期。

[406] 徐向艺，王俊韡，巩震：《高管人员报酬激励与公司治理绩效研究：一项基于深、沪A股上市公司的实证分析》，《中国工业经济》2007年第2期。

[407] 徐向艺，王旭：《基于企业生命周期的高管激励契约最优动态配置：价值分配的视角》，《经济理论与经济管理》2015年第6期。

[408] 徐志武，章萌：《传统出版单位青年编辑薪酬满意度研究》，《现代出版》2017年第3期。

[409] 徐志武：《我国出版上市公司高级管理层激励与绩效关系研究》，《现代出版》2018年第5期。

[410] 徐志武：《我国青年编辑工作满意度研究》，《出版科学》2016年第5期。

[411] 徐志武：《中国出版上市企业高级管理层激励与绩效关系研究》，《现代出版》2018年第5期。

[412] 许乃青：《出版社社会效益评估的构想与实践》，《中国出版》2005年第10期。

[413] 薛保勤：《新闻出版工作要增强文化责任》，《出版参考》2013年第22期。

[414] 闫群，张凡，彭斌：《非公资本参与我国科技期刊出版产业链的现状与思考》，《中国科技期刊研究》2021年第3期。

[415] 阎现章：《试论中国当代出版理念与出版思想体系的建设和发展》，《河南大学学报（社会科学版）》2001年第3期。

[416] 杨景：《上市：传媒业生产方式变革的催化剂》，《中国数字电视》2010年第8期。

[417] 杨瑞龙，王元，聂辉华：《“准官员”的晋升机制：来自中国央

企的证据》,《管理世界》2013 年第 3 期。
[418] 杨石华,陶盎然:《出版产业社会效益与经济效益的双元型平衡模式:基于利益相关者理论》,《科技与出版》2018 年第 10 期。
[419] 杨咸海:《建立以质量为中心的激励和约束机制》,《中国出版》1995 年第 6 期。
[420] 杨萱:《我国出版企业高管团队特征与企业绩效关系研究:基于出版业上市公司的经验数据》,《编辑之友》2016 年第 7 期。
[421] 杨迎会:《坚持高质量发展,推动出版业繁荣发展》,《出版广角》2018 年第 1 期。
[422] 杨中文,吴颖,袁德美:《德尔菲法的定量探讨》,《情报理论与实践》1995 年第 5 期。
[423] 姚德权,邓阳:《出版类上市公司多元经营绩效的实证分析》,《现代传播(中国传媒大学学报)》2016 年第 1 期。
[424] 姚德权,李倩:《传媒上市公司高管薪酬激励与经营绩效实证研究》,《现代传播(中国传媒大学学报)》2011 年第 12 期。
[425] 姚德权,李倩,张佳:《出版上市企业股权结构对企业效率影响的实证研究》,《现代出版》2012 年第 6 期。
[426] 姚艳虹,王润甜:《企业高管人员内部控制权激励:以品德能力为视角》,《湖湘论坛》2011 年第 4 期。
[427] 国家新闻出版署:《新闻出版总署日前下达〈关于加强对出版单位与境外出版机构联合冠名管理的通知〉》,《中国出版》2002 年第 7 期。
[428] 易图强:《出版的社会效益与经济效益的关系新释》,《中国出版》2010 年第 12 期。
[429] 尹昌龙:《深圳出版发行集团提升社会效益的探索与思考》,《出版发行研究》2016 年第 7 期。
[430] 尹开国,刘小芹,陈华东:《基于内生性的企业社会责任与财务绩效关系研究:来自中国上市公司的经验证据》,《中国软科学》2014 年第 6 期。
[431] 尹世昌:《出版企业社会效益评估的对象化与具体化研究:来自企业社会责任研究的借鉴》,《现代出版》2011 年第 2 期。
[432] 于殿利:《"双碳"目标驱动下出版业的困惑与出路》,《科技与

出版》2022 年第 2 期。
[433] 于殿利:《从融合出版到出版融合:数字传媒时代的出版新边界探析》,《出版发行研究》2022 年第 4 期。
[434] 于殿利:《论出版经济的文化性》,《现代出版》2017 年第 2 期。
[435] 于殿利:《论出版企业意识形态管理与国家治理体系与治理能力现代化》,《现代出版》2021 年第 6 期。
[436] 于殿利:《论媒体融合与出版的关系》,《现代出版》2020 年第 2 期。
[437] 于殿利:《论三大认知革命与出版学科建设》,《现代出版》2022 年第 3 期。
[438] 于殿利:《媒体融合的新特征与出版经济的新属性》,《现代出版》2021 年第 5 期。
[439] 于殿利:《以“十四五”规划促进出版高质量发展和现代化进程》,《科技与出版》2021 年第 1 期。
[440] 于殿利:《优化制度结构,推进“十三五”规划实施》,《科技与出版》2016 年第 7 期。
[441] 于殿利:《主题出版的产业与企业逻辑》,《出版发行研究》2022 年第 7 期。
[442] 于殿利:《主题出版的历史与社会逻辑》,《出版发行研究》2022 年第 5 期。
[443] 于殿利:《主题出版的时代与现实逻辑》,《出版发行研究》2022 年第 6 期。
[444] 于东智:《董事会、公司治理与绩效:对中国上市公司的经验分析》,《中国社会科学》2003 年第 3 期。
[445] 于友先:《论现代出版产业的双效益活力》,《出版发行研究》2003 年第 8 期。
[446] 余祥草:《网络出版社会效益考核指标体系研究》,《科技与出版》2017 年第 3 期。
[447] 俞仁龙:《论股权结构、控制权激励与公司绩效》,《嘉兴学院学报》2001 年第 4 期。
[448] 虞文军:《把握正确导向 积极开拓市场 坚持“专而特”:对转企后地方人民社发展的一些思考》,《中国出版》2012 年第 19 期。

[449] 喻国明，潘佳宝：《“互联网 +” 环境下中国传媒经济的涅槃与重生：2015 年中国传媒经济研究的主题与焦点》，《国际新闻界》2016 年第 1 期。

[450] 喻国明：《2010 年中国传媒学术界关注了什么》，《新闻与写作》2011 年第 2 期。

[451] 喻国明：《传媒上市的利弊谱系：传媒上市的利弊分析与风险评估》，《编辑之友》2009 年第 7 期。

[452] 喻国明：《关于传媒影响力的诠释：对传媒产业本质的一种探讨》，《新闻战线》2003 年第 6 期。

[453] 袁保华：《出版企业策划编辑激励机制重构》，《出版发行研究》2017 年第 4 期。

[454] 昝廷全，刘静忆，王燕萍：《传媒经济学研究的历史、现状与对策》，《现代传播》2007 年第 6 期。

[455] 张栋，杨兴全，郑红媛：《高管货币薪酬、晋升激励与国有上市银行绩效》，《南方金融》2016 年第 5 期。

[456] 张光明，李文昌，施晓军：《刍议企业经济效益和社会效益》，《工业技术经济》1996 年第 5 期。

[457] 张红彬：《新时代新闻出版业供给侧结构性改革思考》，《中国编辑》2018 年第 4 期。

[458] 张红军：《中国上市公司股权结构与公司绩效的理论及实证分析》，《经济科学》2000 年第 4 期。

[459] 张慧君，杨建军：《建立科学的图书评价机制：“三个代表”重要思想对图书出版工作的根本要求》，《太原理工大学学报：社会科学版》2004 年第 1 期。

[460] 张沛泓：《图书的社会效益及其评价初探》，《中国出版》2001 年第 10 期。

[461] 张蕊：《企业经营业绩评价理论与方法的变革》，《会计研究》2001 年第 12 期。

[462] 张维迎：《控制权损失的不可补偿性与国有企业兼并中的产权障碍》，《经济研究》1998 年第 7 期。

[463] 张维迎：《所有制，治理结构及委托—代理关系：兼评崔之元和周其仁的一些观点》，《经济研究》1996 年第 9 期。

[464] 张悦:《出版传媒企业社会责任分析与提升对策》,《出版发行研究》2016 年第 6 期。
[465] 张兆国,曹丹婷,张弛:《高管团队稳定性会影响企业技术创新绩效吗:基于薪酬激励和社会关系的调节作用研究》,《会计研究》2018 年第 12 期。
[466] 张兆国,刘亚伟,亓小林:《管理者背景特征、晋升激励与过度投资研究》,《南开管理评论》2013 年第 4 期。
[467] 张之晔,李常庆:《新媒体环境下实体书店发展路径探析:以十点书店为例》,《出版广角》2021 年第 1 期。
[468] 张志华:《以高质量治理推动文化创新、融合发展》,《董事会》2022 年第 11 期。
[469] 张志强,孙张,尹召凯:《出版在文化强国建设中的功能、定位与赋能路径》,《中国出版》2022 年第 21 期。
[470] 张志强:《主题出版:定位、评价与提升》,《编辑之友》2019 年第 10 期。
[471] 张子云:《把好思想政治工作的“度量衡”》,《新湘评论》2020 年第 15 期。
[472] 章平,池见星:《10 年来中国传媒经济研究回顾:对 1996 年至 2005 年《新闻与传播研究》《新闻大学》的实证分析》,《新闻大学》2007 年第 2 期。
[473] 赵丽华,吴俊庭:《在调整中前行:对当前大学出版社发展态势的反思》,《出版广角》2019 年第 20 期。
[474] 赵文义,张积玉:《学术期刊的定价和发行问题分析》,《科技与出版》2011 年第 5 期。
[475] 赵妍,赵立彬:《晋升激励影响并购价值创造吗?:来自国有控股企业的经验证据》,《经济经纬》2018 年第 2 期。
[476] 郑保卫:《论马克思主义新闻出版观与编辑出版工作》,《中国编辑》2015 年第 2 期。
[477] 郑春美,李文耀:《基于会计监管的中国独立董事制度有效性实证研究》,《管理世界》2011 年第 3 期。
[478] 郑可:《打造出版精品,推动高质量发展:关于新时代出版人践行“四力”的若干思考》,《中国编辑》2019 年第 11 期。

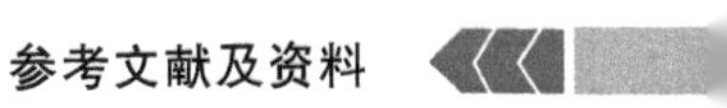

[479] 郑可：《高质量发展主题下的高水平编辑队伍建设：以时代出版传媒股份有限公司为例》，《中国出版》2019 年第 18 期。
[480] 郑甜，于殿利：《以出版融合创新发展推动文化自信》，《出版广角》2020 年第 17 期。
[481] 郑艳杰，李妍：《出版物国际市场拓展策略探讨》，《出版参考》2016 年第 12 期。
[482] 郑志刚，梁昕雯，黄继承：《中国上市公司应如何为独立董事制定薪酬激励合约》，《中国工业经济》2017 年第 2 期。
[483] 郑志刚：《对公司治理内涵的重新认识》，《金融研究》2010 年第 8 期。
[484] 支庭荣，谭天，吴文虎：《传媒经济不是经济学的弃儿：与周鸿铎教授商榷》，《现代传播》2006 年第 5 期。
[485] 周鸿铎：《传媒经济不是经济学科：我的传媒经济理论形成过程》，《现代传播（中国传媒大学学报）》2006 年第 1 期。
[486] 周鸿铎：《传媒与传播本质的揭示：中国传媒经济理论研究四十年之一》，《东南传播》2018 年第 9 期。
[487] 周建波，孙菊生：《经营者股权激励的治理效应研究：来自中国上市公司的经验证据》，《经济研究》2003 年第 5 期。
[488] 周黎安：《中国地方官员的晋升锦标赛模式研究》，《经济研究》2007 年第 7 期。
[489] 周蔚华，方卿，张志强，等：《出版学“三大体系”建设（笔谈）》，《华中师范大学学报（人文社会科学版）》2021 年第 3 期。
[490] 周蔚华，杨石华：《出版与国家治理体系和治理能力现代化》，《中国出版》2020 年第 8 期。
[491] 周蔚华，杨石华：《大学出版社在出版业的地位及当前面临的主要问题》，《现代出版》2018 年第 1 期。
[492] 周蔚华：《出版企业核心竞争力分析》，《编辑之友》2003 年第 1 期。
[493] 周蔚华：《出版物的价值和效益评价辨析：兼评“两个效益”重大命题》，《中国人民大学学报》2009 年第 4 期。
[494] 周蔚华：《出版在马克思主义中国化传播中的独特作用》，《出版

发行研究》2021 年第 5 期。
[495] 周蔚华：《从出版物的双重属性看出版者的社会责任》，《中国出版》2004 年第 9 期。
[496] 周蔚华：《对“在坚持社会效益第一的前提下，实现社会效益和经济效益的统一”重大命题的一点看法》，《中国出版》2009 年第 1 期。
[497] 周蔚华：《中国出版体制改革 40 年：历程、主要任务和启示》，《出版发行研究》2018 年第 8 期。
[498] 周蔚华：《中国式出版现代化的时代内涵、本质特征与动力机制》，《编辑之友》2023 年第 1 期。
[499] 周蔚华：《重新理解当代中国出版业》，《出版发行研究》2020 年第 1 期。
[500] 周雪光，练宏：《中国政府的治理模式：一个“控制权”理论》，《社会学研究》2012 年第 5 期。
[501] 周玉波，田常清：《企业化背景下出版物的价值追求》，《出版发行研究》2011 年第 1 期。
[502] 周泽将，雷玲，杜兴强：《本地任职与独立董事异议行为：监督效应 vs. 关系效应》，《南开管理评论》2021 年第 2 期。
[503] 周泽将，雷玲，伞子瑶：《营商环境与企业高质量发展：基于公司治理视角的机制分析》，《财政研究》2022 年第 5 期。
[504] 周泽将，卢倩楠，雷玲：《独立董事薪酬激励抑制了企业违规行为吗?》，《中央财经大学学报》2021 年第 2 期。
[505] 周泽将，王浩然：《股东大会投票与独立董事异议行为：声誉效应 VS 压力效应》，《经济管理》2021 年第 2 期。
[506] 周中胜，何德旭，李正：《制度环境与企业社会责任履行：来自中国上市公司的经验证据》，《中国软科学》2012 年第 10 期。
[507] 周卓，陈丹：《勇担使命，守正创新：出版强国视域下的出版学科共同体建设》，《出版广角》2022 年第 17 期。
[508] 周祖城：《企业社会责任：视角、形式与内涵》，《理论导刊》2005 年第 2 期。
[509] 周祖城：《走出企业社会责任定义的丛林》，《伦理学研究》2011 年第 3 期。

[510] 朱寒冬:《突出新时代 深耕大题材 推动主题出版高质量发展》,《出版参考》2019 年第 6 期。
[511] 朱红军,汪辉:《“股权制衡”可以改善公司治理吗?:宏智科技股份有限公司控制权之争的案例研究》,《管理世界》2004 年第 10 期。
[512] 朱京玮:《坚持社会效益为先,引导中国网络文学良性发展》,《出版广角》2017 年第 18 期。
[513] 朱倩倩:《对外汉语出版物的海外传播困境及对策》,《中国出版》2016 年第 14 期。
[514] 朱蓉:《商业银行社会责任、企业声誉与财务绩效》,《金融与经济》2015 年第 4 期。
[515] 朱松:《企业社会责任、市场评价与盈余信息含量》,《会计研究》2011 年第 11 期。
[516] 朱作言,梅宏,刘徽,等:《新时代中国科技期刊出版的机遇与挑战》,《科学通报》2022 年第 3 期。
[517] 宗峰,冯鹏蒴,殷敬伟,等:《党组织治理、政策响应与国有企业参与脱贫攻坚》,《财经研究》2022 年第 2 期。
[518] 宗文龙,王玉涛,魏紫:《股权激励能留住高管吗?:基于中国证券市场的经验证据》,《会计研究》2013 年第 9 期。
[519] 邹石川,郝婷:《建立有文化特色的现代出版企业制度改革之路径选择》,《出版发行研究》2017 年第 7 期。
[520] 梁上启,段维:《出版单位社会效益评价指标体系的思考》,《中国出版》2017 年第 12 期。
[521] 石峰:《论出版工作的文化取向》,《出版科学》2004 年第 5 期。
[522] 石洪印:《建立与完善出好书的保障,激励,约束机制》,《出版发行研究》1994 年第 5 期。
[523] 王关义:《中国出版社绩效考核评价指标体系探讨》,《中国行政管理》2009 年第 5 期。
[524] 翁昌寿:《金融危机下的出版产业:发展及瓶颈:解读国内上市出版公司 2008 年报及 2009 年一季报》,《国际新闻界》2009 年第 6 期。
[525] 谢清风:《文化自信理论下出版“走出去”的高质量推进》,

《科技与出版》2020 年第 5 期。
［526］徐同亮：《出版单位社会效益论析》，《出版发行研究》2017 年第 1 期。
［527］张兆国，曹丹婷，张弛：《高管团队稳定性会影响企业技术创新绩效吗：基于薪酬激励和社会关系的调节作用研究》，《会计研究》2018 年第 12 期。
［528］赵立涛，徐建中：《我国出版产业国际竞争力评价研究》，《学习与探索》2006 年第 5 期。
［529］周鸿铎：《传媒融合时代的“模式集聚”发展战略选择》，《新闻前哨》2011 年第 1 期。
3. 学位论文
［530］薄丽丽：《河北省图书出版业社会效益研究》，河北大学硕士学位论文，2013 年。
［531］褚振东：《国有企业经营者激励约束机制研究》，山东大学硕士学位论文，2006 年。
［532］丛挺：《我国出版企业新媒体技术采纳研究》，武汉大学博士学位论文，2014 年。
［533］翟文华：《国企高管创新协同激励论》，吉林大学博士学位论文，2017 年。
［534］韩凌雯：《我国上市出版企业社会效益评价体系构建及实证研究》，青岛科技大学硕士学位论文，2019 年。
［535］李亚囡：《法国文化政策对出版产业的影响及启示分析》，北京印刷学院硕士学位论文，2022 年。
［536］李阳：《国有文化传媒企业绩效审计评价体系研究及应用》，广东外语外贸大学硕士学位论文，2018 年。
［537］连星星：《出版企业社会效益评价指标研究》，北京印刷学院硕士学位论文，2016 年。
［538］梁威：《我国新闻出版企业投融资研究》，湖南师范大学硕士学位论文，2016 年。
［539］廖小菲：《基于股权激励的国有企业经营者激励约束机制研究》，南京理工大学博士学位论文，2006 年。
［540］刘丽芳：《文化传媒上市公司绩效的影响因素研究》，天津商业

大学硕士学位论文，2014 年。

[541] 鲁婧：《公益性出版单位的社会绩效评价指标体系研究》，武汉理工大学硕士学位论文，2010 年。

[542] 倪庆华：《新制度经济学视角下我国出版业转企改制研究》，武汉大学博士学位论文，2011 年。

[543] 佘璐：《湖南出版投资控股集团治理机制优化设计》，湘潭大学硕士学位论文，2012 年。

[544] 孙奕驰：《上市公司财务绩效评价及其影响因素研究》，辽宁大学博士学位论文，2011 年。

[545] 童露：《竞争性国有企业混合所有制改革中的经理人激励机制研究》，云南大学硕士学位论文，2016 年。

[546] 王莉：《高管薪酬公平对公司绩效的影响研究》，山东大学博士学位论文，2014 年。

[547] 相宇航：《出版业上市公司高管薪酬对财务绩效的影响研究》，北京印刷学院硕士学位论文，2021 年。

[548] 谢媛媛：《新闻出版产业发展指数及其影响因素研究》，合肥工业大学博士学位论文，2016 年。

[549] 徐志武：《我国出版上市公司治理结构与绩效关系研究》，武汉大学博士学位论文，2018 年。

[550] 许娟娟：《股权激励、盈余管理与公司绩效》，东北财经大学博士学位论文，2015 年。

[551] 尹秋楠：《基于平衡计分卡的出版社编辑部门绩效考核研究：以 A 出版社为例》，北京化工大学硕士学位论文，2013 年。

[552] 尹映集：《中国家族控股上市公司内部治理与绩效关系研究：基于社会与经济属性双重视角》，山东大学博士学位论文，2014 年。

[553] 袁申：《J 出版社编辑岗位绩效考核指标体系构建研究》，广西大学硕士学位论文，2014 年。

[554] 张炳辉：《国有企业经营者激励与绩效机制研究》，吉林大学博士学位论文，2008 年。

[555] 张聪聪：《出版企业主题出版考评指标研究》，北京印刷学院硕士学位论文，2018 年。

[556] 张啸：《新时期国有 F 出版集团实践“两效”相统一问题研究》，南京理工大学硕士学位论文，2019 年。
[557] 赵明超：《传媒治理问题：理论与实践的比较研究》，复旦大学硕士学位论文，2012 年。
[558] 赵莹：《我国出版社转企改制后的社会责任研究》，陕西师范大学硕士学位论文，2011 年。
[559] 朱培臻：《股权激励对我国上市公司绩效及股价的影响》，华东政法大学硕士学位论文，2016 年。
[560] 章彪：《中国上市公司的治理结构与公司绩效：理论与实证研究》，浙江大学博士学位论文 2003 年。

4. 报纸文献

[561] 曹征平：《努力开创教材出版工作新局面》，《中国新闻出版广电报》2021 年 7 月 27 日。
[562] 陈莹：《新时代出版人才培养的着力点》，《光明日报》2018 年 11 月 5 日，第 11 版。
[563] 程晶晶，赵玉山：《出版业薪酬福利现状调查》，《中国出版传媒商报》2021 年 5 月 18 日。
[564] 范军，王卉莲，王珺：《国际出版业风云变幻的十年》，《中国新闻出版广电报》2018 年 8 月 10 日。
[565] 范以锦，王冰：《创新：传媒业可持续发展的不竭动力》，《中国新闻出版报》2016 年 7 月 11 日，第 5 版。
[566] 郭元军：《牢记总书记“教育为本”“立德树人”嘱托，努力开创新时代教材出版发行工作新局面》，《中国新闻出版广电报》2021 年 5 月 20 日。
[567] 黄千，卞卓周：《出版物不能唯市场马首是瞻：访外研社社长蔡剑峰》，《人民日报》2014 年 11 月 20 日。
[568] 霍小光，张晓松，罗争光，等：《党的十九大以来以习近平同志为核心的党中央坚定不移推进全面深化改革述评》，《人民日报》2018 年 8 月 6 日，第 1 版。
[569] 李慧：《十八大以来文化建设和文化体制改革综述》，《光明日报》2016 年 1 月 5 日，第 1 版。
[570] 卢金增，寇文一：《出版集团原董事刘强因贪腐受审》，《检察日

报》2017 年 10 月 21 日，第 6 版。
[571] 鲁元珍，杨君，刘坤：《找准产业发展新坐标：国有文化企业落实“双效统一”指导意见座谈会综述》，《光明日报》2015 年 10 月 10 日，第 6 版。
[572] 罗贵权：《文化发展为何要把社会效益放在首位》，《人民日报》2008 年 10 月 1 日，第 7 版。
[573] 聂震宁，谢迪南：《文化：出版的本质，出版企业的终极目标》，《中国图书商报》2007 年 4 月 17 日，第 A2 版。
[574] 郄建荣：《“扫黄打非”法治体系日趋完善》，《法制日报》2021 年 8 月 21 日。
[575] 石羚：《赓续共产党人精神血脉》，《鄂州日报》2021 年 3 月 5 日，第 4 版。
[576] 同济大学和上海证券联合课题组：《我国上市公司股权制衡度研究》，《中国证券报》2002 年 10 月 25 日。
[577] 王斌：《全球大变局：从镶嵌到再融合》，《中国社会科学报》2022 年 4 月 7 日，第 008 版。
[578] 王冰：《创新：传媒业可持续发展的不竭动力》，《新闻出版报》2006 年 7 月 11 日。
[579] 谢迪南：《文化：出版的本质，出版企业的终极目标》，《中国图书商报》2007 年 4 月 17 日，第 02 版。
[580] 徐京跃，隋笑飞：《深化文化体制改革任务展望：访中央文化体制改革和发展工作领导小组办公室主任、中宣部副部长孙志军》，《光明日报》2014 年 3 月 12 日，第 3 版。
[581] 姚雪青：《江苏凤凰出版传媒股份有限公司总经理吴小平：坚持出好书 就会有回报》，《人民日报》2015 年 9 月 22 日。
[582] 张焱：《怎样看出版发行上市企业的标杆意义》，《光明日报》2016 年 3 月 13 日，第 03 版。
[583] 赵强：《中国出版业参与国际竞争，能!》，《中国新闻出版广电报》2019 年 9 月 19 日，第 3 版。
[584] 左志红：《精准扶贫，上市书企在行动》，《中国出版传媒商报》2020 年 5 月 18 日。

5. 电子资料及其他

[585] 出版商务周刊：《出版发行主业哪家强？多家书企业绩排名来了》，2021 年 5 月 25 日，https：//mp. weixin. qq. com/s/GUz1J6OrWiLUg0iezfFD6w.

[586] 巨潮资讯网：《凤凰传媒 2020 年年度报告》，2021 年 4 月 23 日，http：//www. cninfo. com. cn/new/disclosure/detail？orgId = 9900021782&announcementId = 1209768667&announcementTime.

[587] 巨潮资讯网：《长江传媒 2020 年年度报告》，2021 年 4 月 16 日，http：//www. cninfo. com. cn/new/disclosure/detail？orgId = gssh0600757&announcementId = 1209697591&announcementTime.

[588] 巨潮资讯网：《中文传媒 2020 年年度报告》，2021 年 3 月 31 日，http：//www. cninfo. com. cn/new/disclosure/detail？orgId = gssh0600373&announcementId = 1209488394&announcementTime.

[589] 出版商务周报：《上市书企旗下出版机构业绩大盘点，赚钱能力哪家强?》，2020 年 5 月 11 日，https：//mp. weixin. qq. com/s/UeJZMe5X0usQJC2ttv1AeA.

[590] 出版商务周刊：《出版上市企业资产、营收、利润哪家强?》，2020 年 4 月 30 日，https：//mp. weixin. qq. com/s/ZKgFquuhL-WcwXQElQ8sEWw。

[591] 郭薇灿，徐海瑞：《文化体制改革的“中南传媒样本”》，2018 年 12 月 5 日，https：//hn. qq. com/a/20181205/003239. htm.

[592] 国家新闻出版署：《国家新闻出版署公布 65 种编校质量不合格出版物》，2018 年 11 月 21 日，https：//www. sohu. com/a/276570667_757863.

[593] 国务院国有资产监督管理委员会：《国资委印发〈中央企业负责人经营业绩考核办法〉》，2016 年 12 月 13 日，http：//www. sasac. gov. cn/n2588035/n2588320/n2588335/c4258423/content. html.

[594] 国务院国有资产监督管理委员会：《上市公司国有股权监督管理办法》，2018 年 5 月 16 日，http：//www. sasac. gov. cn/n2588035/n2588320/n2588335/c9015521/content. html.

[595] 国务院国有资产监督管理委员会：《主要职责》，最后访问日期：

2020 年 1 月 5 日，http：//www. sasac. gov. cn/n2588020/index. html.

[596] 国资小新：《国资报告：国有控股上市公司治理实践分析》，2021 年 6 月 21 日，https：//baijiahao. baidu. com/s? id = 1703134202468864898&wfr = spider&for = pc.

[597] 郝振省：《主题出版问题研究》，2019 年 5 月 10 日，http：//www. cbbr. com. cn/article/128483. html.

[598] 河南省纪委官网：《中原出版传媒投资控股集团有限公司原董事长邓本章违纪违法案件剖析》，2009 年 12 月 10 日，http：//www. hncom. gov. cn/cs_jcs_fgzd/show/75524. aspx.

[599] 界面新闻：《界面新闻发布 2020 中国 A 股上市公司高管薪酬榜：7459 位高管年薪过百万》，2020 年 6 月 1 日，https：//www. jiemian. com/article/4410568. html.

[600] 巨潮咨询网：《中信出版 2020 年年报》，2021 年 3 月 24 日，http：//www. cninfo. com. cn/new/disclosure/detail? orgId = gfbj0834291&announcementId = 1209436127&announcementTime.

[601] 巨潮资讯网：《出版传媒 2020 年年度报告》，2021 年 4 月 24 日，http：//www. cninfo. com. cn/new/disclosure/detail? orgId = 9900003948&announcementId = 1209790360&announcementTime.

[602] 巨潮资讯网：《读者传媒 2020 年年度报告》，2021 年 4 月 16 日，http：//www. cninfo. com. cn/new/disclosure/detail? orgId = 9900026062&announcementId = 1209700040&announcementTime.

[603] 巨潮资讯网：《凤凰传媒 2020 年年度报告》，2021 年 4 月 23 日，http：//www. cninfo. com. cn/new/disclosure/detail? orgId = 9900021782&announcementId = 1209768667&announcementTime.

[604] 巨潮资讯网：《南方传媒 2020 年年度报告》，2021 年 4 月 28 日，http：//www. cninfo. com. cn/new/disclosure/detail? orgId = 9900024439&announcementId = 1209842670&announcementTime.

[605] 巨潮资讯网：《青岛城市传媒股份有限公司 2020 年年度报告》，2021 年 4 月 20 日，http：//www. cninfo. com. cn/new/disclosure/detail? orgId = gssh0600229&announcementId = 1209729211&announcementTime.

[606] 巨潮资讯网:《山东出版 2020 年年度报告》, 2021 年 4 月 14 日, http://www.cninfo.com.cn/new/disclosure/detail?orgId=9900031730&announcementId=1209681640&announcementTime.

[607] 巨潮资讯网:《时代出版 2020 年年报》, 2021 年 4 月 23 日, http://www.cninfo.com.cn/new/disclosure/detail?orgId=gssh0600551&announcementId=1209776620&announcementTime.

[608] 巨潮资讯网:《时代出版传媒股份有限公司 2020 年年度报告》, 2021 年 4 月 23 日, http://www.cninfo.com.cn/new/disclosure/detail?orgId=gssh0600551&announcementId=1209776620&announcementTime.

[609] 巨潮资讯网:《皖新传媒 2020 年度报告》, 2021 年 4 月 17 日, http://www.cninfo.com.cn/new/disclosure/detail?orgId=9900010089&announcementId=1209713565&announcementTime.

[610] 巨潮资讯网:《长江出版传媒股份有限公司 2020 年年度报告》, 2021 年 4 月 16 日, http://www.cninfo.com.cn/new/disclosure/detail?plate=sse&orgId=gssh0600757&stockCode=600757&announcementId=1209697591&announcementTime.

[611] 巨潮资讯网:《中国出版传媒股份有限公司 2020 年年度报告》, 2021 年 4 月 29 日, http://www.cninfo.com.cn/new/disclosure/detail?plate=sse&orgId=9900031902&stockCode=601949&announcementId=1209861057&announcementTime.

[612] 巨潮资讯网:《中国科技出版传媒股份有限公司 2020 年年度报告》, 2021 年 4 月 28 日, http://www.cninfo.com.cn/new/disclosure/detail?stockCode=601858&announcementId=1209834184&orgId=9900023751&announcementTime.

[613] 巨潮资讯网:《中南出版传媒集团股份有限公司 2020 年年度报告》, 2021 年 4 月 27 日, http://www.cninfo.com.cn/new/disclosure/detail?plate=sse&orgId=9900015470&stockCode=601098&announcementId=1209807055&announcementTime.

[614] 巨潮资讯网:《中南传媒 2018 年年度报告》, 2019 年 4 月 23 日, http://www.cninfo.com.cn/new/disclosure/detail?orgId=9900015470&announcementId=1206066506&announcementTime.

[615] 巨潮资讯网:《中南传媒 2020 年年报》, 2021 年 4 月 27 日, ht-

tp：//www. cninfo. com. cn/new/disclosure/detail? orgId = 9900015470&announcementId = 1209807055&announcementTime.

[616] 巨潮资讯网：《中文天地出版传媒集团股份有限公司 2020 年年度报告》，2021 年 3 月 31 日，http：//www. cninfo. com. cn/new/disclosure/detail? stockCode = 600373&announcementId = 1209488394&orgId = gssh0600373&announcementTime.

[617] 巨潮资讯网：《中文在线 2020 年年度报告》，2021 年 4 月 23 日，http：//www. cninfo. com. cn/new/disclosure/detail? orgId = 9900023871&announcementId = 1209776984&announcementTime.

[618] 巨潮资讯网：《中原传媒 2020 年年度报告》，2021 年 4 月 27 日，http：//www. cninfo. com. cn/new/disclosure/detail? orgId = gssz0000719&announcementId = 1209811631&announcementTime.

[619] 李玉平：《让"社会效益评价"助推出版业高质量发展》，2019 年 4 月 11 日，http：//media. people. com. cn/n1/2019/0411/c14677 – 31025058. html.

[620] 柳斌杰：《中国文化产业八大政策取向》，2017 年 5 月 9 日，http：//collection. sina. com. cn/wjs/2017 – 05 – 09/doc – ifyeycfp9397250. shtml.

[621] 每经网：《副总裁涉嫌违纪被查：中国出版集团上市前景蒙尘》，2014 年 3 月 26 日，http：//www. nbd. com. cn/articles/2014 – 03 – 26/820389. html.

[622] 每经网：《各地出版企业争相上市，"国家队"中国出版"赶个晚集"》，2017 年 7 月 25 日，http：//www. nbd. com. cn/articles/2017 – 07 – 25/1132052. html。

[623] 全国人民代表大会发布《中华人民共和国公司法》，2018 年 10 月 28 日，http：//www. npc. gov. cn/wxzl/gongbao/2014 – 03/21/content_1867695. htm.

[624] 上海证券交易所：《关于加强上市公司社会责任承担工作暨发布〈上海证券交易所上市公司环境信息披露指引〉的通知》，2008 年 5 月 14 日，http：//www. sse. com. cn/lawandrules/sserules/listing/stock/c/c_20150912_3985851. shtml.

[625] 术语在线：《绩效》，2019 年 10 月 8 日，https：//www. termonline.

cn/search? k = % E7% BB% A9% E6% 95% 88&r = 1623057827518.

[626] 术语在线：《马斯洛需求动机层次》，2020 年 2 月 1 日，https：//www. termonline. cn/search? k = % E9% A9% AC% E6% 96% AF% E6% B4% 9B% E9% 9C% 80% E6% B1% 82&r = 1622349717113.

[627] 腾讯 · 大湘网：《文化体制改革的“中南传媒样本”》，2018 年 12 月 5 日，https：//hn. qq. com/a/20181205/003239. htm.

[628] 习近平：《坚持以人民为中心的创作导向创作更多无愧于时代的优秀作品》，2014 年 10 月 16 日，http：//news. sohu. com/20141015/n405152687. shtml。

[629] 新华社：《中共中央关于制定国民经济和社会发展第十四个五年规划和二〇三五年远景目标的建议》，2020 年 11 月 3 日，http：//www. gov. cn/zhengce/2020 – 11/03/content_5556991. htm.

[630] 新京报：《安徽出版集团原党委书记、董事长王亚非一审获刑 13 年》，2019 年 1 月 24 日，https：//baijiahao. baidu. com/s? id = 1623529024642565862.

[631] 新浪财经：《A 股上市公司高管薪酬榜：7459 位高管年薪过百万》，2020 年 6 月 1 日，https：//baijiahao. baidu. com/s? id = 1668269631288481104&wfr = spider&for = pc.

[632] 央视网：《企业国有资产法草案从严掌握国有公司董事长兼任经理》，2008 年 6 月 24 日，http：//news. cctv. com/china/20080624/107139. shtml.

[633] 浙江省联合出版集团：《浙江省出版印刷物资集团有限公司副总经理钟旭艳严重违纪违法被开除党籍和公职》，2019 年 10 月 11 日，https：//www. zjcb. com/index. php? process = news&newsID = 5594 .

[634] 中国高校教图书网：《国家新闻出版广电总局关于实施〈“十三五”国家重点图书、音像、电子出版物出版规划〉的通知》，2016 年 5 月 17 日，http：//www. nppa. gov. cn.

[635] 中国经济网：《百花洲文艺出版社原社长姚雪雪被逮捕》，2020 年 12 月 21 日，http：//www. ce. cn/xwzx/gnsz/gdxw/202012/21/t20201221_36138028. shtml.

[636] 中国证监会:《2021 年 1 季度上市公司行业分类结果》, 2021 年 4 月 14 日, http://www.csrc.gov.cn/csrc/c100103/c29a6845e0d0b4912adcc1cdfa5f679eb/content.shtml.

[637] 中国证券监督管理委员会:《2020 年 1 季度上市公司行业分类结果》, 2020 年 4 月 14 日, http://www.csrc.gov.cn/csrc/c100103/c1451995/content.shtml.

[638] 中国证券监督管理委员会:《关于在上市公司建立独立董事制度的指导意见》, 2001 年 8 月 16 日, http://www.csrc.gov.cn/pub/newsite/flb/flfg/bmgf/ssgs/gszl/201012/t20101231_189696.html.

[639] 中国政府网:《习近平:高举中国特色社会主义伟大旗帜 为全面建设社会主义现代化国家而团结奋斗:在中国共产党第二十次全国代表大会上的报告》, 2022 年 10 月 25 日, http://www.gov.cn/xinwen/2022-10/25/content_5721685.htm.

[640] 中华人民共和国国家统计局发布数据, https://data.stats.gov.cn/easyquery.htm? cn=C01.

[641] 中华人民共和国国务院新闻办公室:《国资委圈定央企 2023 年发展重点 新一轮改革将启》, 2023 年 1 月 6 日, http://www.scio.gov.cn/xwfbh/xwbfbh/wqfbh/49421/49486/xgbd49493/Document/1735390/1735390.htm。

[642] 中华人民共和国教育部:《教育部 财政部关于全面实施城乡义务教育教科书免费提供和做好部分免费教科书循环使用工作的意见》, 2017 年 5 月 31 日, http://www.moe.gov.cn/srcsite/A26/moe_714/201706/t20170615_307015.html.

[643] 中华人民共和国教育部:《统编义务教育三科教材今秋启用》, 2017 年 8 月 29 日, http://www.moe.gov.cn/jyb_xwfb/xw_fbh/moe_2069/xwfbh_2017n/xwfb_20170828/mtbd_20170828/201708/t20170829_312625.html.

[644] 中华人民共和国生态环境部:《环境保护部公开征询〈上市公司环境信息披露指南〉意见》, 2010 年 9 月 14 日, http://www.mee.gov.cn/gkml/sthjbgw/qt/201009/t20100914_194484.htm?keywords=.

[645] 中华人民共和国中央人民政府:《财政部、监察部、审计署、国资委关于印发〈国有企业负责人职务消费行为监督管理暂行办法〉的通知》,2012 年 2 月 13 日,http://www.gov.cn/gongbao/content/2012/content_2177021.htm.

[646] 中华人民共和国中央人民政府:《出版管理条例》,2016 年 2 月 6 日,http://www.gov.cn/gongbao/content/2016/content_5139389.htm.

[647] 中华人民共和国中央人民政府:《关于继续实施文化体制改革中经营性文化事业单位转制为企业若干税收政策的通知》,2019 年 2 月 16 日,http://www.gov.cn/zhengce/zhengceku/2019-10/15/content_5439878.htm.

[648] 中华人民共和国中央人民政府:《关于推动国有文化企业把社会效益放在首位、实现社会效益和经济效益相统一的指导意见》,2015 年 9 月 14 日,http://www.gov.cn/xinwen/2015-09/14/content_2931437.htm.

[649] 中华人民共和国中央人民政府:《关于推动国有文化企业把社会效益放在首位、实现社会效益和经济效益相统一的指导意见》,2015 年 9 月 14 日,http://www.gov.cn/xinwen/2015-09/14/content_2931437.htm.

[650] 中华人民共和国中央人民政府:《关于印发〈关于进一步推进新闻出版体制改革的指导意见〉的通知》,2009 年 4 月 7 日,http://www.gov.cn/zwgk/2009-04/07/content_1279346.htm.

[651] 中华人民共和国中央人民政府:《国务院办公厅关于印发文化体制改革试点中支持文化产业发展和经营性文化事业单位转制为企业的两个规定的通知》,2016 年 9 月 21 日,http://www.gov.cn/zhengce/content/2016-09/21/content_5110267.htm.

[652] 中华人民共和国中央人民政府:《国务院关于修改和废止部分行政法规的决定》,2020 年 11 月 29 日,http://www.gov.cn/zhengce/content/2020-12/11/content_5568885.htm.

[653] 中华人民共和国中央人民政府:《国资委主要职责、内设机构和人员编制规定》,2008 年 7 月 22 日,https://www.gov.cn/gzdt/2008-07/22/content 1052533.htm.

[654] 中华人民共和国中央人民政府：《企业国有资产法草案要求国家出资企业对子公司严格履行出资人职责》，2008 年 6 月 24 日，http：//www. gov. cn/jrzg/2008 -06/24/content_1026451. htm.

[655] 中华人民共和国中央人民政府：《新闻出版广电总局、财政部关于推动传统出版和新兴出版融合发展的指导意见》，2015 年 3 月 31 日，http：//www. gov. cn/gongbao/content/2015/content_2893178. htm.

[656] 中华人民共和国中央人民政府：《新闻出版总署公布首次经营性出版社等级评估情况》，2009 年 8 月 10 日，http：//www. gov. cn/jrzg/2009 -08/10/content_1388082. htm.

[657] 中华人民共和国中央人民政府：《新闻出版总署关于支持民间资本参与出版经营活动的实施细则》，2012 年 6 月 29 日，http：//www. gov. cn/zwgk/2012 -06/29/content_2172870. htm.

[658] 中华人民共和国中央人民政府：《引导和规范非公有资本包括境外资本有序进入新闻出版业》，2010 年 8 月 19 日，http：//www. gov. cn/wszb/zhibo404/content_1682491. htm.

[659] 中华人民共和国中央人民政府：《中共中央、国务院关于深化国有企业改革的指导意见》，2015 年 9 月 13 日，http：//www. gov. cn/zhengce/2015 -09/13/content_2930440. htm。

[660] 中华人民共和国中央人民政府：《中共中央办公厅、国务院办公厅印发〈关于强化知识产权保护的意见〉》，http：//www. gov. cn/zhengce/2019 -11/24/content_5455070. htm，最后访问日期：2020 年 4 月 17 日。

[661] 中华人民共和国中央人民政府：《中共中央关于坚持和完善中国特色社会主义制度 推进国家治理体系和治理能力现代化若干重大问题的决定》，2019 年 11 月 5 日，http：//www. gov. cn/zhengce/2019 -11/05/content_5449023. htm.

[662] 中华人民共和国中央人民政府：《中华人民共和国企业国有资产法（主席令第五号）》，2008 年 10 月 28 日，http：//www. gov. cn/flfg/2008 -10/28/content_1134207. htm.

[663] 中华人民共和国中央人民政府新闻出版署：《出版业“十四五”时期发展规划》，2021 年 12 月 30 日，http：//www. gov. cn/xin-

wen/2021－12/30/content_5665670.htm.

[664] 中宣部：《图书出版单位社会效益评价考核试行办法》，2019年3月11日，https：//www.sohu.com/a/300543010_210950.

[665] 中央宣传部出版物质量评审中心：《主要职能》，http：//www.pqsi.org.cn/ZJWebAdmin/Html/20103129033159.html，最后访问日期：2019年1月2日。

[666] 出版商务周刊：《上市书企旗下出版机构业绩盘点》上，2020年5月11日，https：//mp.weixin.qq.com/s/UeJZMe5X0usQJC2ttv1AeA.

[667] 人民网：《我国报纸出版下滑趋缓 数字出版持续高速增长》，2017年7月26日，http：//media.people.com.cn。

[668] 术语在线：《企业》，2013年，https：//www.termonline.cn/search？k＝%E4%BC%81%E4%B8%9A&r＝1621388061650.

[669] 网易财经：《史多丽：〈推出每股社会贡献值，量化公司社会责任〉》，2010年12月18日，https：//www.163.com/money/article/6O6R8FM300254KOC.html.

[670] 中国新闻网：《读者出版集团原董事长王永生获刑14年》，2020年4月30日，https：//www.chinanews.com/sh/2020/04－30/9172823.shtm.

[671] 中国证券监督管理委员会：《2020年1季度上市公司行业分类结果》，2020年4月14日，http：//www.csrc.gov.cn/csrc/c100103/c1451995/content.shtml。

[672] 中华人民共和国中央人民政府：《关于发布〈上市公司治理准则〉的通知》，2002年1月7日，http：//www.gov.cn/gongbao/content/2003/content_62538.htm.

[673] 杨华等“完善金融行业分工　防范与化解金融风险”项目组：《完善金融行业分工　防范与化解金融风险综合研究报告》，2001年，第188页。

[674] 赵启正：《全球化背景下传媒业要实现多样性发展：在第七届世界传媒经济学术会议开幕式上的致辞》，《“媒介产业全球化·多样性·认同：第七届世界传媒经济学术会议”论文集》，2006年，第17～18页。

二、英文文献及资料

1. 英文著作

[675] Berle, A. A. et al, The Modern Corporation and Private Property, New Jersey: Transaction Publishers, 1991.

[676] Berle, M. et al, The Modern Corporation and Private Property, New York: Commerce Cleaning House, 1932.

[677] Bowen, Howard Rothmann, Social Responsibilities of the Businessman, New York: Harper, 1953.

[678] Freeman, R. E. 1983: "Strategic Management: A Stakeholder Approach", Advances in Strategic Management.

[679] Freeman, R. E. Strategic Management: A Stakeholder Approach, Cambridge: Cambridge University Press, 1984.

[680] John Moore Bryson. Strategic Planning for Public and Nonprofit Organizations: A Guide to Strengthening and Sustaining Organizational Achievement, San Francisco: Jossey-Bass Publishers, 1995.

[681] Penrose, E. T. The Theory of the Growth of the Firm, Oxford: Oxford University Press, 2009.

[682] Phillips, R. Stakeholder Theory and Organizational Ethics, Oakland: Berrett-Koehler Publishers, 2003.

2. 英文论文

[683] Aghion, P. et al, 1997: "Formal and Real Authority in Organizations", *Journal of Political Economy*, February.

[684] Baker, Terry. et al, 2003: "Stock Option Compensation and Earnings Management Incentives", *Journal of Accounting, Auditing & Finance*, October.

[685] Bebchuk, L. A. et al, 2003: "Executive Compensation as An Agency Problem", *Journal of Economic Perspectives*, July.

[686] Cambini, C. et al, 2015: "Incentive Compensation in Energy Firms: does Regulation Matter?", *Corporate Governance: An Interna-*

tional Review, April.

[687] Carroll, A. B. 1979: "A Three-Dimensional Conceptual Model of Corporate Performance", *Academy of Management Review*, January.

[688] Clarkson, M. et al, 1994: " The Toronto Conference: Reflections on Stakeholder Theory", *Business and Society*, April.

[689] Cornell, B. 2004: "Compensation and Recruiting: Private Universities Versus Private Corporations", *Journal of Corporate Finance*, January.

[690] Dalkey, N. et al, 1963: "An Experimental Application of the Delphi Method to the Use of Experts", *Management Science*, April.

[691] Di, F. et al, 2012: "Factors Affecting Global Integration of Chinese Multinationals in Australia: A Qualitative Analysis", *International Business Review*, February.

[692] Donaldson, T. et al, 1995: "The Stakeholder Theory of the Corporation: Concepts, Evidence, and Implications", *Academy of Magement Review*, January.

[693] Fama, 1980: "Agency Problems and the Theory of the Firm", *Journal of Political Economy*, April.

[694] Florian Englmaier. et al, 2005: "Optimal Incentive Contracts under Inequity Aversion", *Games and Economic Behavior*, July.

[695] Freeman, E. et al, 2013: "Stakeholder Management and CSR: Questions and Answers", *uwf Umwelt Wirtschafts Forum*, January.

[696] Gul, F. A. et al, 2011: "Perks and the Informativeness of Stock Prices in the Chinese Market", *Journal of Corporate Finance*, December.

[697] Holmström, B. 1999: "Managerial Incentive Problems: A Dynamic Perspective", *The Review of Economic Studies*, January.

[698] Hong, B. et al, 2016: "Minor D. Corporate Governance and Executive Compensation for Corporate Social Responsibility", *Journal of Business Ethics*, December.

[699] Hurwicz, L. 1973: "The Design of Mechanisms for Resource Alloca-

tion", *The American Economic Review*, May.

[700] Jensen, M. C. et al, 1976: "Theory of the Frm: Managerial Behavior, Agency Costs and Ownership Structure", *Journal of Financial Economics*, October.

[701] Jones, M. T. 1995: "Instrumental Stakeholder Theory: A Synthesis of Ethics and Economics", *Academy of Management Review*, April.

[702] Laux, V. 2012: "Stock Option Vesting Conditions, CEO Turnover, and Myopic Investment", *Journal of Financial Economics*, June.

[703] Lazear, E. P. et al, 1981: "Rank-Order Tournaments as Optimum Labor Contracts", *Journal of Political Economy*, October.

[704] ltoh, H. 2004: "Moral Hazard and Other-regarding Preferences", *Japanese Economic Review*, March.

[705] Main, B. G. M. et al, 1993: "Top Executive Pay: Tournament or Teamwork?", *Journal of Labor Economics*, October.

[706] Markmann Christoph. et al, 2020: "Improving the Question Formulation in Delphi-like Surveys: Analysis of the Effects of Abstract Language and Amount of Information on Response behavior", *Futures & Foresight Science*, August.

[707] Mauksch, S. et al, 2020: " Who is an Expert for Foresight? A Review of Identification Methods", *Technological Forecasting and Social Change*, February.

[708] Mingming Feng. et al, 2015: "Monetary Compensation, Workforce-oriented Corporate Social Responsibility, and Firm Performance", *American Journal of Business*, August.

[709] Murphy, K. J. 1985: "Corportate Performance and Managerial Remuneration: An Empirical Analysis", *Journal of Accounting and Economics*, April.

[710] Rajan, R. G. et al, 2006: "Are Perks Purely Managerial Excess?", *Journal of Financial Economics*, January.

[711] Rowe, G. et al, 1999: "The Delphi Technique as A Forecasting Tool: Issues and Analysis" , *International Journal of Forecasting*,

October.

[712] Rowe, G. et al, 2001: “Expert Opinions in Forecasting: the Fole of the Delphi Technique”, *Principles of Forecasting*, January.

[713] Souder, D. et al, 2010: “Constraints and Incentives for Making Long Gorizon Corporate Investments”, *Strategic Management Journal*, April.

[714] Tzioumis, K. 2008: “Why do Firms Adopt CEO Stock Options? Evidence from the United States”, *Journal of Economic Behavior & Organization*, October.

[715] Venter, J. C. et al, 2001: “The Sequence of the Human Genome”, *Science*, February. Xu Z. et al, 2021: “Career Difficulties That Chinese Academic Journal Editors Face and Their Causes”, *Journal of Scholarly Publishing*, July.

3. 电子资料及其他

[716] “Wikipedia. Expectancy Theory,” April 9, 2020, https://en.wikipedia.org/wiki/Expectancy_theory#cite_note-3.

[717] Harper Collins Publishers: CORPORATE SOCIAL RSPONSIBILITY, http://corporate.harpercollins.com/us/corporate-social - responsibility，最后访问日期：2021 年 4 月 28 日。

[718] McGraw-Hil: Creating a Brighter Future for Learners Around the World, https://www.mheducation.com/about/social - responsibility - sustainability.html，最后访问日期：2021 年 4 月 26 日。

[719] Thomson Reuters: “Governance Guidelines”, https://ir.thomsonreuters.com/corporate-governance/governance-guidelines，最后访问日期：2021 年 5 月 24 日。

[720] Thomson Reuters: “Governance Highlights”, https://ir.thomsonreuters.com/corporate-governance/governance-highlights，最后访问日期：2021 年 5 月 19 日。

[721] Thomson Reuters: “Partnering For Impact-Corporate Responsibility & Inclusion Report 2016”, https://annual-report.thomsonreuters.com/downloads/thomson-reuters-cri-report - 2016.pdf ，最后访问

日期：2021 年 6 月 25 日。

[722] Wikipedia：Delphi method，https：//en. wikipedia. org/wiki/Delphi_method，最后访问日期：2021 年 2 月 13 日。

[723] Wikipedia：Expectancy theory，https：//en. wikipedia. org/wiki/Expectancy_theory#cite_note-3，最后访问日期：2020 年 4 月 9 日。